事業承継に活かす
従業員持株会の法務・税務
〔第3版〕

牧口 晴一・齋藤 孝一 ◎著

中央経済社

第3版 はしがき

　第3版で追加したのは，55頁に及ぶ新規原稿と，従来部分のメンテナンスとして数十カ所です。

　新規原稿は，最終第3編の第2章に最高裁判決で終結した竹中工務店事件。続く新設の第3章に，従業員持株会を一般社団法人化するスキームです。

　それを語るには，そもそも一般社団法人や財団とは何か？　なぜ社団を使うのか？　どう使うのか？　税務はどうか？　の疑問から解きほぐしました。

　さらに，以下のように，これまでの従業員持株会とどう異なるのか？

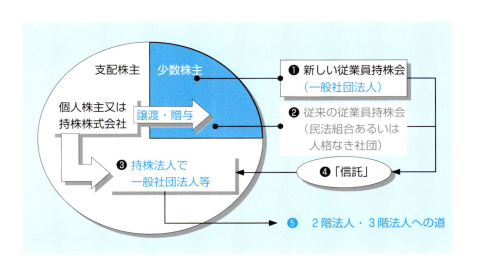

　一般的に語られることの多い，❸支配株主を一般社団法人にした場合から入り，本書の論点である❶従業員持株会を一般社団法人とした場合を述べて❹の信託との関係を僅かながら垣間見ます。

その結果，❸の従業員持株会を一般社団法人とした場合は，意外に親和性が高いことに気付きます。

「持分がない」だけに，退会する際に，これまでの従業員持株会で最も多いトラブルであった「持分の払戻し」に関する問題が起きようがないのです。竹中工務店事件も，これが一般社団法人であったならば，（もちろん，当時はこの制度がなかったのですが…）膨大な「みなし配当」にもなりようがないのです。なにせ，一般社団法人は剰余金の分配が禁止されているからです。

資料として追加したのは，元来，従業員持株会は種類株式の典型的で古典的で，実績ある活用事例ですから，講演では，「種類株式の活用」からスポットを当てて話すことが多いことから，会社法の内，**株式**，特に種類株式の条文の中心部分を注釈付きで載せることにしました。

何事も条文を押さえておくことの重要性は，種類株式も同じです。これにより最大漏らさず理解を深めて頂けるものと信じております。

平成27年12月

牧口　晴一
齋藤　孝一

第2版 はしがき——常識との付き合い方「守・破・離」

初版の構想の中心となった事項について，税務では初めての判決が出ました。
　従業員持株会からの「自己株式の取得」にともなう「みなし配当」や「組合」の本質にも関わる竹中工務店事件です。前二者は，従業員持株会でなくとも事業承継に不可欠な要素です。

　初版の段階では非公開採決のために詳細には触れることができないものの，このような惨事にならないために…と教訓をちりばめて，「従業員持株会，かくあるべし」と，従来の「常識」をさらに高めました。

　しかし，地裁判決文までを入手して検討してみると「従業員持株会は組合でとする常識」を打ち破るヒントが見えてきました。「社団」化です。
　これまでの従業員持株会はほとんど民法による組合でした。なぜ，そうだったのか？　常識に囚われず，離れて見えてくる世界……に新たな地平がありま

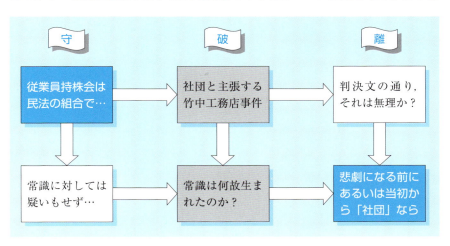

した。

　裁判の結末がどうであれ，「自己株式の取得」で多大な「みなし配当」が出る前に，否，そもそも設立当初から「社団」であれば，それらのリスクは回避できる……さらには，それがために従来は常識的に禁断の手法であった，キャピタル・ロスがなくて，キャピタル・ゲインのみの従業員福利も前面に押し出せる……それ故，結果として相続税の節税も副次的効果として容易に達成できるとすれば，まさに世の中の望むものとなります。

　その「社団」化のための障害は何か？　最も大きなものが「常識」そして…。

　これらを本書の最終章に，平成24年3月時点の新しい資料共々，60頁程追加し，従来の部分では200箇所を超える加筆や見易さのための変更を加え，ここに第2版をお届けします。

平成24年8月

著　者　税理士　牧口　晴一
　　　　税理士　齋藤　孝一

はしがき ── 往きは良い良い「後が怖い」

　従業員持株制度というと，「中小企業には関係ない。」と考えられる方が多いようです。なぜなら，中小企業では従業員が自社株式を所有したところで，市場で売却はできません。まして配当すらしていない会社も多く，いつ紙切れになるか分からない不安定な財産を買おうとはしません。だから社長も，従業員に株式を持ってもらおうとも考えません。

　従業員持株会も，間近に上場を目指し，その暁には巨額のキャピタル・ゲインを期待できる企業と考えるのが一般的です。確かに，税理士の試験勉強でもお目にかかりません。それを表すかのように，現に従業員持株会を直接規定する法律は，未だに存在しません。

従業員持株会を直接規定する法律はなく，主な法令は右図の通り。

ガイドラインはあっても，上場会社と大規模非上場会社向けで，通常の中小会社の規定はない。

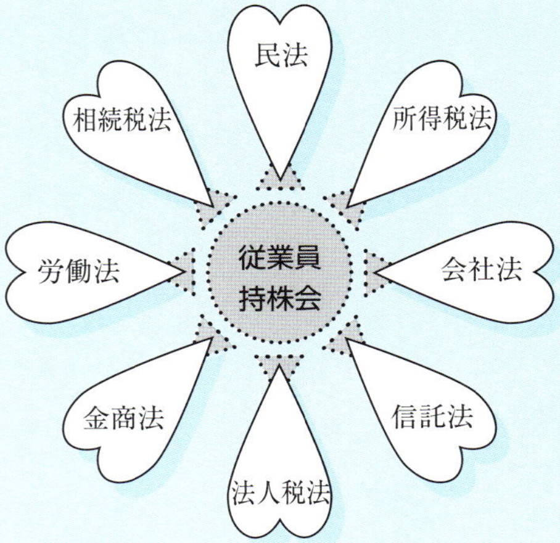

（図：従業員持株会を中心に，民法・所得税法・会社法・信託法・法人税法・金商法・労働法・相続税法が取り囲む）

　民法にはじまる各種法規の狭間に，それぞれの法の影響を受けつつもグレーゾーンに咲く花のように存在するのが従業員持株会です。

日本証券業協会から「ガイドライン」は出ているものの，対象となるのは上場会社と，大規模非上場会社で，通常の中小会社については直接的には言及されていません。

　しかし，従業員持株会や従業員持株制度は，相続・事業承継対策に役立つなど，様々なメリットを持っているのです。しかも極端な話，従業員が二人いれば設立できて，登記も不要で，容易に作れて，節税効果も高い……ところが，それゆえに，安易に設立されて，後日のトラブルを引き起こす例も少なくありません。税理士法違反の業務を行うコンサルタントも多く，「仏作って魂を入れず」の結果，後日，税務調査で否認されたり，果ては従業員から訴えられたりして，トラブルを起こす要因になってしまうのです。

　会社法改正により種類株式が充実してきたこともあって，従来以上に法的に安定してきた従業員持株会や，従業員持株制度としても可能となったとは言え，これを確実に機能させ，トラブルなく運営するためには，先の図に登場する各法の「絶妙なバランス」を成り立たなければならないのです。

　本書は，従業員持株会の効果と具体的な設立実務を述べつつ，最後の第3編で紹介する先進事例という，定款変更と登記まで済ませた種類株式を用いた最先端の事例にアプローチしつつ，空理空論でない，従業員持株会の設計と設立実務を提供しました。是非，その果実である，事業承継の円滑化や節税効果と従業員福利，さらにモチベーションアップへのツールとして使いこなされることを祈念いたします。

　　平成21年12月　　　　　　　　　　　　　　　　　　　　著　者

目　　次

第1編　従業員持株会の効果と運営

はじめに──「本来の目的」と「本音の目的」………… 2

第1章◆従業員持株会の効果 ……………………… 5

1．相続税の節税に役立つ…8
2．事業承継対策になる…10
3．株主構成の変更・グループ法人課税回避…11
4．自己株式の受け皿となる…12
　⑴　事業承継対策として自己株式を買い集める2つの場面　12
　⑵　譲渡等承認請求からは逃げられない　14
　⑶　そして「みなし贈与」へ　16
　⑷　「みなし贈与」の概要　18
　⑸　回避する様々な手段　21
　⑹　従業員持株会を用いた対策　24
5．従業員福利（本来の目的）あればこそ…26
　⑴　「標準型」は問題に抵触しない最低限のバランス　26
　⑵　「標準型の発展形」…何故，従業員持株会を使うのか？　30
　⑶　第二段階の「改革型」は経営者のさらなるパワーが必要　32
　⑷　「標準型」と「改革型」の異なる理由　37
　⑸　「時価買戻し」を導入しやすい役員等に限定する方法　45
　⑹　「時価買戻し」なら拠出時も時価…資金調達として活用　46
　⑺　時価取得が必要な場合〈従業員等による事業承継…EBO〉　47
　⑻　中間型　48
　⑼　本来目的のための「覚書」　49

第2章◆従業員持株会の設立から解散まで …………… 51

1．意外に簡単な設立・設計はシビアに…52
2．株式の供給方法…64
　⑴　2つの方法　64
　⑵　第三者割当における有利発行と贈与の問題　68
　⑶　第三者割当による従業員持株会への株式供給による効果　72
3．税務上の「時価」の考え方に注意…74
　⑴　結論　74
　⑵　「時価」へのアプローチ　76
　⑶　国税三法，それぞれの「時価」の相違に注意　78
　⑷　法人税基本通達の「時価」　82
　⑸　所得税基本通達の「時価」　90
　⑹　相続税財産評価基本通達の「時価」　100
　⑺　改めて国税三法の「時価」の関係を比較　120
4．加入資格・子会社従業員や役員は？…122
5．普通株式の種類株式への転換手続…124
　⑴　種類株式の必要性（配当優先）　124
　⑵　その他の機能を有した種類株式を組み込む　125
　⑶　少数株主権や税務評価と議決権をもって適用する規定に注意し設計　126
　⑷　普通株式の種類株式への転換手続　127
6．従業員の株式取得資金の調達方法…130
7．奨励金で加入を促進する…132
8．従業員等それぞれの税務…134
　⑴　従業員　134
　⑵　会社　135
　⑶　オーナー　135
　⑷　従業員持株会　135

9．一般的な規約・書式一覧…138
10．退会時の買戻し価額…142
　　⑴　固定化する理由　142
　　⑵　竹中工務店事件が教えるもの　144
　　⑶　多少の変動要素と右下がり状況下の対処　146
11．入会から退会までの手続一覧…148
12．種類株式で安定度を増した従業員持株会…150
　　⑴　取得条項付株式　152
　　⑵　取得請求権付株式　156
　　⑶　拒否権付株式（いわゆる「黄金株」）　160
　　⑷　属人的株式（いわゆる「資格株」）　162
13．種類株式が整備されても直接保有は危険…166
　　⑴　何故，個々人に持たせないのか？　166
　　⑵　従業員持株会のメリット（その１）　167
　　⑶　既に直接持たせている場合　168
　　⑷　「お家騒動」が簡単に株主代表訴訟にされる　169
　　⑸　「取得条項付株式」で直接保有か？　従業員持株会のメリット（その２）　170
14．役員持株会・取引先持株会は事業承継先候補…172
　　⑴　役員持株会　172
　　⑵　取引先持株会　176
15．持株会の解散と清算・そこに至るまでの対策…178
　　コラム１　「準共有」で，相続クーデターが起きる危険　194

第2編　従業員持株会の問題点と対策

第1章◆幽霊持株会の危険 ……………………………… 199
　1．利点がある故に跋扈する幽霊持株会と否認事例…200
　2．開かれた従業員持株会…202
　　(1)　生きている従業員持株会　202
　　(2)　従業員持株会のデメリットの克服　203
　　(3)　「開かれた従業員持株会」を活かす　204
　　(4)　実体として従業員持株会を機能させる　207
　　コラム2　配当優先無議決権株式の株主総会における意見表明権
　　　　　　─定款自治の活用─　208

第2章◆退会時の強制買戻しと価額 ………………… 211
　1．概要──判例の変遷と現状での対策…212
　　(1)　従業員持株会があっても，買戻し価額で揉めるリスク　212
　　(2)　従業員持株会の買戻し特約に関する判例　212
　　(3)　最高裁判決への学説の批判多発　214
　　(4)　新たな事態の発生（平成14年札幌地裁「ドラール事件」）　214
　　(5)　今後の展開　215
　2．最高裁に至るまでの裁判例…218
　　(1)　争点1　株式譲渡の自由　218
　　(2)　争点2　公序良俗違反　221
　　(3)　小括　223
　3．国税不服審判所の裁決…224
　　(1)　視点の相違　224
　　(2)　事件の概要と裁決　225
　　(3)　小括　225

4．最高裁判決（平成7年）…226
　　　⑴　判決の内容　226
　　　⑵　学説　228
　　　⑶　実務　232
　　　⑷　小括　235
　　5．最高裁判決（平成7年）以降…236
　　　⑴　オーナーの相続税対策否認の可能性　236
　　　⑵　札幌地裁判決　238
　　　⑶　小括　244
　　　⑷　日本経済新聞社事件（平成21年最高裁）　245
　　　⑸　今後　247

第3章◆平時の一部引出し価額 ………………………… 249
　　1．非公開会社の問題点…250
　　　⑴　平時とは　250
　　　⑵　上場会社の適法性　250
　　　⑶　非公開会社の違法性　251
　　　⑷　民法90条の公序良俗違反　251
　　　⑸　小括　252
　　2．従業員持株会の方式による区分…254
　　3．具体的な制限期間と引出し対策…257
　　4．さらに現実的な対応…259

第4章◆「中間型」の提案 ……………………………… 261
　　1．今後の展開…262
　　2．キャピタル・ゲインの付与方法…264
　　3．従業員持株会の設計との関連…268
　　　⑴　基本設計「従業員福利」と「モチベーションアップ」が調和

する価額　269
　(2)　実務的な懸念を解決する設計　270
　(3)　「社団」化　271

第5章◆従業員等への事業承継の道 …………………… 273

1．従業員等への承継の2つの問題点…274
2．従業員等が「買収する」事業承継がMBO…278
3．MBOの資金手当と事業承継形態…280
　(1)　概要　280
　(2)　経営権のみ承継すれば従業員等にも買える　284
4．MBOにおける適正な税務上の時価…286
　(1)　どこまで配当還元価額で移転できるか？　286
　(2)　役員持株会を用いて，親族外後継者に事業承継する方法　296
　(3)　役員持株会を用いないで，親族外後継者に事業承継させる方法　298
　　コラム3　役員持株会の必要性・既存株式の現物組入　302
　(4)　種類株式の評価　304
5．投資育成会社の活用 …313
6．日本版ESOPの可能性について…318
　　コラム4　「相続クーデター」と利害関係者の議決権排除の論点　319

第3編　従業員持株会の先進活用事例と判決検討

第1章 ◆ 従業員持株会の先進活用事例 ………………… 325

1. 退いていく者の想いを託する… …326
2. コンサル依頼先の現状分析…328
3. 従業員持株会組成を前提の定款整備…330
   - (1) 定款整備の工夫点と実際　―定款実例と登記簿実例―　330
   - (2) 定款整備の法的手続の実際　―各種フォーマット―　336
4. 従業員持株会規約はこうして作成した…338
   - (1) 従業員持株会規約の工夫点と実際　―規約実例―　338
   - (2) 役員持株会規約の工夫点と実際　―規約実例―　344
5. 従業員持株会の組成・運営の実際…346
6. 対策の効果…349
   - コラム5　持株会会員の帳簿閲覧権はあるのか？　350

第2章 ◆ 最新判決から学ぶ従業員持株会の設立と再生 ―「組合」から「社団」へ― ………………… 407

1. 既存の「従業員持株会」を再生する…408
2. 事件の概要…410
3. 地裁判決の争点…412
4. 地裁判決から学ぶ全体像…414
   - (1) 現行「従業員持株会」制度の根本的問題　414
   - (2) 地裁判決を検討して学ぶ3つのこと　415
5. 問題の発生原因…高額買戻し…416
   - (1) なぜ高額買戻しをするのか？　416
   - (2) 現物組入れの必要から高額買戻し保証に？　418
6. 争点1・「みなし配当」か「非課税所得」か？…420

(1) 「みなし配当」の基本・根拠条文　420

　　　(2) 争点1の全体像　422

　　　(3) 実務対応（常識的対応）　424

　7．争点2・法律上「組合」か「社団」か？…426

　　　(1) 争点1＋争点2へ「社団」のメリット　426

　　　(2) 「社団」の要件と本件持株会の実態から「新スキーム」へ　428

　　　(3) 「組合」の会計は高度　434

　　　(4) 「社団」の実態　438

　　　(5) 「組合」と「社団」のメリット・デメリット　440

　8．竹中工務店事件・地裁・最高裁判決文…442

第3章◆持株会社を一般社団法人として組成する新たな方法 ………………………… 471

　1．一般社団法人・一般財団法人・信託との関係…472

　2．一般社団法人と信託をどこで使うか？…474

　3．一般社団法人・一般財団法人の区分…476

　　　(1) まずは，法人税の観点から区分する　476

　　　(2) 通常は使われない2階法人・要件を外れた時のペナルティ　477

　4．「一般財団法人」とは？…478

　　　(1) 「一般財団法人」とは？　個人の所有財産でなくなる！　478

　　　(2) 「一般財団法人」のメリットとデメリット　479

　5．本命の「一般社団法人」とは？…480

　　　(1) 「一般社団法人」の必要性から"持分がない"ことを理解　480

　　　(2) 株式会社や組合と，「持分」で比較してみると…　481

⑶　持分がないということは，「残余財産」の分配はどうなるのか？　482
　　⑷　一般社団法人の設立手続・重要な「目的」　484
６．「一般社団法人」の課税の全体像…486
７．③の一般社団法人の入り口と出口課税…488
　　⑴　「一般社団法人」に贈与等をすると贈与税が（相法66条4項）　488
　　⑵　「一般社団法人」から利益を得ると贈与税等が（相法65条）　489
８．③の「一般社団法人」の税務…入り口…490
９．③の実務の中心スキーム…「譲渡」…492
　　⑴　買取資金計画　492
　　⑵　譲渡価額　495
10．①の「一般社団法人」である従業員持株会…496
　　⑴　一般社団法人は剰余金の分配禁止規定がある　496
　　⑵　「目的」に従った支出で従業員福利を達成する　498
　　⑶　譲与価額と贈与　499
　　⑷　⑤の2階法人にできる！　500
　　⑸　2階法人の税務上のメリット　502
　　⑹　従業員の拠出は「なし」とする方法が一般的　504
　　⑺　従業員の拠出を「基金」とする方法もあるが…　506
11．⑤の「公益法人」の参考事項…508

〔資料〕
１．持株制度に関するガイドライン　514
２．中小企業投資育成株式会社法　530
３．中小企業投資育成株式会社が第三者割当てに基づき引き受ける新株の価額および保有する株式を処分する場合の価額にかかる課税上の取扱いについ

て（国税庁長官　個別通達）534
4．金融商品取引法等ガイドライン　539
5．会社法（注釈付き）　543

第3版　あとがき　552
第2版　あとがき　553
あとがき　554
〔索引〕　555

凡　例

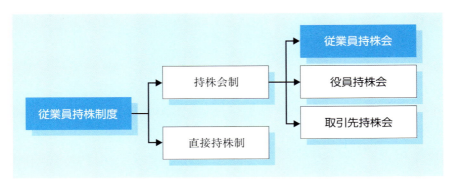

注：従業員持株会を中心に述べ，他は折に触れて述べます。

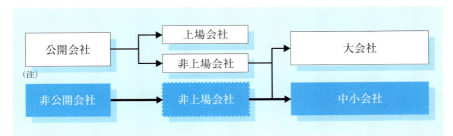

注：会社法上は，1株でも譲渡制限を外せば，公開会社です。本書では**非公開会社＝非上場会社**である「中小会社」として記述しました。

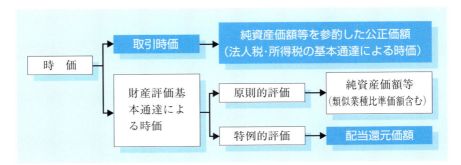

注：この詳細な概念等は，76頁からの記述があります。

第1編

従業員持株会の効果と運営

はじめに ── 「本来の目的」と「本音の目的」

非公開会社における従業員持株会の目的は，本音としては，「相続税の節税と事業承継対策」がメインと言えます。しかしその効果が余りに劇的であるがゆえに，その本来の目的である「従業員のモチベーションアップと福利厚生」がないがしろにされると，"表裏一体"であるものの全てが瓦解してしまいます。

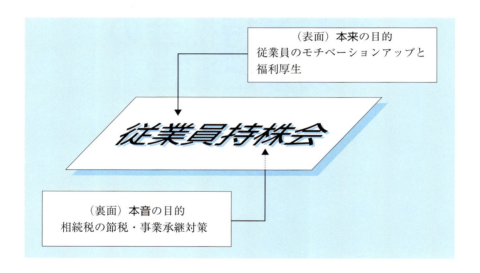

本書では，本音の目的と表裏の関係にある本来の目的とを，バランスさせる従業員持株会の設計と設立・運営について述べてまいります。

したがって，本書の構成は右図のように，第1編で「従業員持株会の効果と運営」と題して，本音の目的である「相続税の節税・事業承継対策の効果」を中心に述べた上で，これを成り立たせるために，本来の目的である「従業員のモチベーションアップと福利厚生」を述べます。そのために必要な一般的な設

立と運営の方法，さらには万一のために解散するとするとどうなるのかを概観します。実務的には，この第1編のみで従業員持株会の設立と運用はとりあえず可能です。しかし，これをしっかり成立させるためには，その問題点を理解しておく必要があります。

そこで，第2編において，「従業員持株会の問題点と対策」として，買取価額の問題と議決権行使の問題を中心に下図の論点について，裁判例なども参照しつつ詳細に述べてまいります。ここでは，先の第1編において何故そのような規定や運用をするのかの裏付けを裁判例と共に確認し，今後増大する，親族外承継の手段としての活用方法，さらには将来への発展形への提案を述べます。

最後の第3編では，「従業員持株会の先進活用事例と判例」として，従業員持株会に対応する種類株式を発行のために定款を変更し，登記をして現実に運

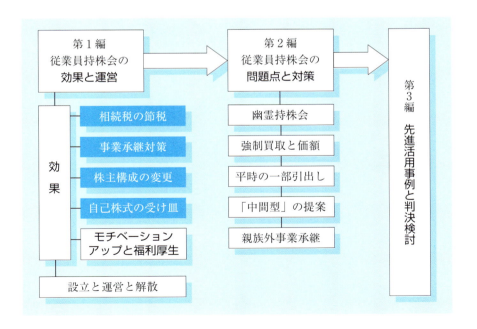

用している先進活用事例と判決を紹介してまいります。

　特に第3編の第2章は，第2版により増頁された部分となります。ここでは竹中工務店事件を題材にして，これまで従業員持株会と言えば「組合で行う」ことが常識であったものを「社団」として設立する，あるいは，途中で「社団」化するアプローチへと進みます。

第1章

従業員持株会の効果

従業員持株会のメリット・デメリットはよく語られることです。ここでは，まず，上場を予定していない，非公開会社の一般的なメリットとデメリットを一覧して概観し，2頁後から本書の構成に従って，会社側のメリット5つに沿った形で，より具体的に述べてまいります。デメリットについては，世の中に100％万全な方法はありませんから，メリットを享受しつつ，デメリットを克服する…要は，「リスクは恐れるものではなく管理するもの」なのです。だからこそ，本書で述べる運用ノウハウも大切なのです。

		メリット
会社・オーナー側	1	**相続税の節税** ① オーナーの持株を**従業員持株会へ譲渡**することで，支配権を維持しつつも，財産の評価を減らすことができる。 ② **第三者割当方式**でも，上記より節税効果は薄いが可能。
	2	**事業承継対策** 従業員の**モチベーションアップをはかる**ツールとなり，安定した会社が構築できる。親族承継が減少する中，**親族外承継**の有効な手段となり，**株式の社外流出を防止**できる。
	3	**株主構成の変更・グループ法人課税回避** デッドロック状態の株主構成を解消させたりグループ法人課税の適用を回避する。
	4	**自己株式の受け皿となる（最大のメリット）** 株主からの自己株式取得要請の際の難題である「トリプル課税」回避の手段となり，株主・会社・オーナーの課税問題を解決。
	5	**従業員福利厚生** 高額配当を優先的に支払い，奨励金を支給することによる従業員の福利厚生面での支援をする。
従業員側	1	**資産運用に役立つ（社団ならキャピタル・ゲインも可能）** **高額配当を優先的**受領＋**奨励金**受領。途中退会でも元本回収ができる。倒産しない限りキャピタル・ロスはない。
	2	**モチベーションの向上** ただ単に働くのではなく，職場を長期的に維持する視点を持てると働き甲斐を持ち易い。

以上のように従業員持株会の効果は劇的です。しかしその効果を確実なものとするためには，**本来の目的である「従業員のモチベーションアップと福利厚生」に寄与しなければなりません**。以降，これを目指して，会社側のメリットを中心に詳しく述べてまいります。

		デメリット
会社・オーナー側	1	オーナーの専横的経営ができなくなる 　最初の設計を間違えると大変なリスクを負うことになる。何故なら，従業員持株会が株主となるため，株主すなわち**会社の法的な所有者としての権利**が生じることになり，「株主代表訴訟」を誘発することになる。 　特にオーナーの支配権確保の議決権割合の設計や，将来の承継方法や，**買取価額**について，**経営と税務とを両立**させないと，逆効果にすらなる。 　設立後においても，株主総会や会員総会など**管理運営は慎重**にしなければ，根本から否認されかねない。
	2	配当を継続しなければならない 　業績低迷で高額配当が実現できないと不信感を招き，新規加入者がなくなる。高齢化で退会者が増加し，これらの結果，**退会等による換金が集中**したりすると維持ができなくなる。 　「社団」とした場合に回避の途があります。
従業員側	1	職場と財産を一緒に失う可能性 　倒産時には，**職場と財産を失う**。最大のキャピタル・ロスとなる。
	2	高額配当は保証されていない 　業績が良くなければ，優先配当といえども得られない。
	3	株式投資のようなキャピタル・ゲインは通常ない（社団なら可能） 　例外的な従業員持株会を除き，キャピタル・ゲインはない。

1 相続税の節税に役立つ

　従業員持株会の最大メリットは、何と言っても「相続税の節税」があげられます。しかも従業員持株会の組合の規約を作れば直ぐにでもできますし、組合ですから登記不要で、通常は収益事業をおこなわないので税務申告も不要です。この設立の仕方などについては、第2章で述べることにして、ここでは相続税の節税の効果を、簡単な例をもって述べることにします。

　今、下図のように1,000株で20億円、すなわち1株200万円と評価される会社の株式を、全て社長が所有している会社があるとします。そのままでは相続税

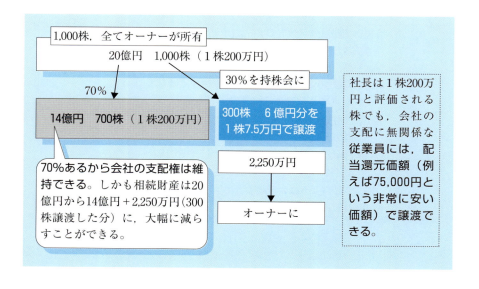

は10億円ほどになります。簡単にするために50人の従業員としましょう。そこで従業員持株会を作ります。社長から従業員持株会に対して，例えば自社株の30％（この割合は規模や人数等で検討をします）を譲渡したとします。

　さて，従業員持株会は同族関係者ではありませんので，税務上は配当還元価額（例えば75,000円）で譲渡できます。だから従業員でも買えるわけです。
　すると社長には300株の代金75,000円×300株＝2,250万円が入り，残る70％の株は14億円で，財産は20億円から14億2,250万円へと大幅減になります。この結果，相続税額は10億円から7億円になり3億円の節税ができます。
　しかも社長は議決権の3分の2以上を持ちますから特別決議も単独で可能で，会社の支配権はゆるぎません。それでも心配な場合には，従業員持株会の株式は議決権制限株式という種類株式にすれば全く問題ありません。

　このように，従業員持株会の活用で相続財産を圧縮しながら議決権も確保することができるのです（第三者割当による方法もあります（64頁参照））。

　また，従業員持株会による節税は，平成21年度税制改正で創設された「事業継承税制」の一環の「納税猶予」とは異なり，絶対額としての税額を減らします。
　さらに，「納税猶予」の枠は3分の2ですから，残余の3分の1を従業員持株会に使う併用も可能です。

2 事業承継対策になる

　従業員持株会の活用により，第一に，「相続税の節税」ができれば，リスクの高い納税猶予制度（猶予取消しによる一括納税と利子負担）の選択が不要となり，第一に，親族後継者の手元に資金が残り，事業資金への再投資ができます。

　第二に，後継者は先代に比較すると，カリスマ性が弱いので円滑な事業承継のツールとなります。

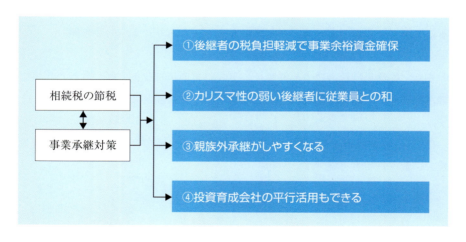

　第三に，親族内に後継者不在なケースの多い現在，親族外承継への橋渡しが可能になります。昨今これが重要視されています（第2編第5章参照）。

　第四に，投資育成会社の平行活用もできます（第2編第5章⑤参照）。

3 株主構成の変更・グループ法人課税回避

①の「相続税の節税に役立つ」は，税務面のことですが，経営面の効果も重要です。従業員持株会の保有によって，株主構成が変更されます。

節税効果を最大に考えた1の方法では，オーナーの持株から拠出していますので，その分，オーナーの持株割合が減少したにすぎませんが，「第三者割当」（72頁参照）によれば節税効果は少し減りますが，全体の議決権割合に変化をもたらします。

即効性はありませんが，例えば，3人の兄弟株主が先代の平等相続の意識で3分の1ずつ保有していて，意思決定上のデッドロックに乗り上げているとします。真に従業員持株会の福利目的から設立させることを，他の株主2人に認めさせた上で導入し，その後育成して割合を増やして従業員持株会との合計においてデッドロック状態を打開していく等の方法です。

また，平成22年度税制改正で創設された100％の完全支配関係会社間のグループ法人課税制度においては，他のグループ会社を利用した「損出し」ができなくなるデメリットからグループ法人税制を適用したくない場合もあります。

この場合，民法組合である従業員持株会が発行済株式総数（自己株式を除く）の5％未満の株式数であれば，無議決権株式であっても従業員持株会の株式数を除いて，グループ法人税制の適用上100％か否かを判断します（法人税法施行令4の2②一）。したがって，5％以上の株式を従業員持株会に持たせれば，グループ法人税制の適用を回避することが可能になります。

4 自己株式の受け皿となる

「トリプル課税」問題の回避策

（注意：この項は高度です。初心者の方は飛ばして26頁にお進み下さい。）
　前著『非公開株式譲渡の法務・税務』で指摘した自己株式買取時の「みなし贈与」・「みなし譲渡」・「みなし配当」の，いわゆる「トリプル課税」[1]への対策として，従業員持株会を用いることにより一挙に解決がはかれます[2]。

　「トリプル課税」の理解には，幅広い知識が必要です。これまでと異なり，10頁にわたって記述が続きます。しかし，最悪の場合には，発行法人側の「受贈益課税」までの「クアドラブル（4重）課税」となる可能性すらありますから，実務家としては見逃すことができません[3]。それでも，ここでは関連知識を広く浅く述べるに留まりますので詳細は前著をご覧下さい。しかし既に知識のある方は，対策を著した(6)までお進み下さい。

(1) 事業承継対策として自己株式を買い集める2つの場面

　その昔，の相続税の節税で流行ったのが，遠い親戚に5％未満の株を贈与して相続財産を減らす手法です。これにより，確かに節税にはなりましたが，後継者にとっては，その遠い親戚の叔父などが口うるさいと，経営がやりづらいものとなります。

---

1 牧口晴一＝齋藤孝一『非公開株式譲渡の法務・税務』（中央経済社，第4版，2014年）
2 この対策は，髭正博「自社株の買取問題と税務」平成19年12月10日講演によるところが多い。
3 従業員持株会を用いないで，持株会社を設立するなり，関連会社を経由する方法については，前掲注(1)の拙著を参照。

今日では1株でも持っていれば13,000円[4]で株主代表訴訟が起こせることもあって、相続や離婚がらみで嫌がらせで起こされることもあり、泥沼の「争続」となることも稀にあります[5]。この株主代表訴訟の実態については、次のような国会答弁もあります。

平成13年12月4日国会法務委員会での質疑で最高裁判所長官代理者の答弁によると「(前略) 全国で一番この種の事件が係属しております東京地裁の担当の裁判官の方に問い合わせをいたしまして、その感覚的な意見ということで御理解いただきたいと思いますが、感覚的な意見では非公開会社のものが大体8割以上である、こういうことでございます。[6]」と述べています。

つまり、中小企業のお家騒動、夫婦喧嘩の成れの果てという訴訟なのです。

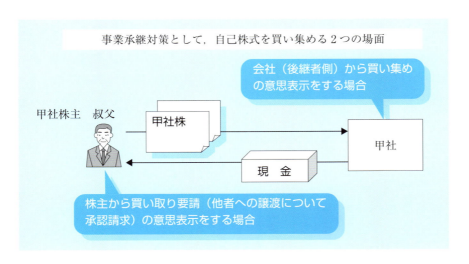

しかも、株主代表訴訟は中小企業では、取締役側が敗訴する可能性が高いのです。何故なら、株主と言っても身内であったりして、社内への出入りが自由

---

4 民事訴訟法費用等に関する法律4条2項・別表1。
5 訴えて勝訴したところで、被告経営者は会社に損害額を弁済するわけだから、訴えた側にさしたる利益はなく、零細企業ほど所有と経営は分離されていないので、単なる「嫌がらせ」なのです。
6 平成13年12月4日衆議院法務委員会議事録。

で，訴訟になる前に，社内で証拠書類を集められてしまうからです。

　そんなリスクを摘み取ることから株式を集中させるために，会社側（後継者側）から株主に仕掛けることを事業承継対策として考えます。しかし，逆の場合もあります。叔父から，買い取ってくれと言ってくる場合です。

(2) 譲渡等承認請求からは逃げられない

　「いくらでも良いから買ってくれ」と優しく叔父に言われて，後継者側（発行法人を含めて）が「じゃあ配当還元価額で…」などと，非常に安い値段で叔父と合意したとしても，この後，述べるような「トリプル課税」になってしまう可能性があります。

　しかし，逆に叔父自身が手強い時もあります。そういう場合は通常，弁護士が付いていて，「譲渡等承認請求」を仕掛けて（会社法136〜145条）きます。譲渡等承認申請は，簡単に言えば，結局は後継者側（発行法人も含む）が買い取らなければならないことになります[7]。つまり逃げられないのです。

株主からの承認の請求とその方法（会社法136条・138条）

　譲渡制限株式の株主は，その有する株式を当該発行会社以外の他人に譲渡しようとするときは，当該株式会社に対し，そのことにつき承認の認否の決定を請求することができます。認否の請求にあたっては，当該株主は次の事項を明らかにして行なわなくてはなりません。

① 当該請求する株主が譲り渡そうとする譲渡制限株式の数（種類株式の場合は種類及び種類ごとの数）

② 当該株式を譲り受ける者の氏名又は名称

③ 株式会社が当該譲渡を承認しない旨の決定をする場合において，当該株式会社[8]又は当該株式会社が指定する指定買取人が当該株式を買い取ることを請求する場合には，その旨

7　譲渡等承認請求は，譲渡制限株式にあって，第三者への譲渡が自由にできず，譲渡する場合には会社の承認が必要ですが，この際に会社が当然に嫌がる仮の第三者を立てたりして，その承認をしない場合は代わりに買受するものを指定するか，会社が買い取らねばならない義務があります。このため，結果的に会社側が買い取る構造となります。

譲渡承認請求による価格決定のプロセス

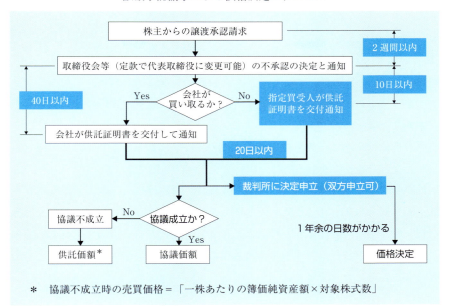

* 協議不成立時の売買価格＝「一株あたりの簿価純資産額×対象株式数」

　何故なら，いくら譲渡制限がついた株式であっても，株式の譲渡は原則自由[9]だから買い取らなければならなくなります。つまり強制なのです。

　したがって，先述のように事業承継対策として，会社側から仕掛けている場合には，難しければ止めれば良いのですが，ここでは叔父から仕掛けてきているので，必ず応じなければなりません。

　しかも譲渡等承認請求は，最初においては時間が勝負です。上図のように刻々と日数が過ぎてしまうと，裁判所への価格決定の申し立てさえもできなくなってしまう，いわば時限爆弾です。

8　会社が買い取る場合には，財源規制があります（会社法461条1項1号）。会社法138条1号ハ又は2号ハの請求に応じて当該株式会社の株式を買い取る際には，株主に対して交付する金銭等の帳簿価額の総額は，当該行為がその効力を生じる日における分配可能額を超えてはなりません。
9　会社法127条「株主は，その有する株式を譲渡することができる。」。

しかしながら、裁判所まで持ち込まれると、今度は持久戦の様相をなして、通常は1～2年はかかることも珍しくはありません。これも大変です。

(3) そして「みなし贈与」へ

さて、「買い取れ！」と譲渡等承認請求してくる時は、当然高い値段を要求してきます。「配当還元価額」などというのは、税法上の特例の特に安い価額ですから、この値段で良いとは言わないでしょう。持株割合にもよりますが、高い方の価額である「純資産価額」で求めてくるのが通常でしょう。

簡単な例を下図で考えてみましょう。会社の純資産が100億円で、株主は社長（90％）と叔父（10％）と仮定しましょう。

叔父は、その割合に応じた株式価値である10億円で買い取ってくれと言ってきたとします。社長は買い取らなければなりませんが、資金がないので会社で買い取ることになります[10]。

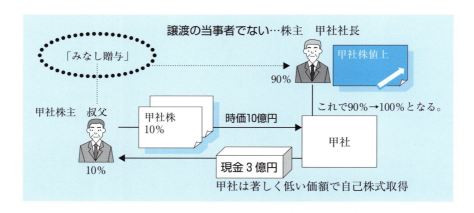

しかし10億円などという大金は仮に銀行借入したにしろ返済が困難を極めます。そこで当然のことながら、株主（叔父）との協議になります。裁判所に持

---

10 通常、個人でこのような大金は用意できません。銀行借入も返済の見込みがなければ受けられないからです。個人の返済原資は役員給与ですから、これでは返済では不可能です。

ち込まれると，時間も費用もかかる上に，純資産価額に近い決定が出てしまいがちなため，協議で決着をつけようとします。

そして協議の結果，何とか3億円で話が付き，これなら融資を受けて返済も可能になると実行しました。

しかしこれでは，双方に大変なことになるのです。まず，譲渡した株主（叔父）側の問題は，10億円の時価の株式を2分の1未満の3億円なので，個人から法人への譲渡ですから所得税法59条の「みなし譲渡」に該当してしまいます。

> **所得税法59条**（贈与等の場合の譲渡所得等の特例）
> 1　次に掲げる事由により居住者の有する山林（事業所得の基因となるものを除く。）又は譲渡所得の基因となる資産の移転があつた場合には，その者の山林所得の金額，譲渡所得の金額又は雑所得の金額の計算については，その事由が生じた時に，その時における価額に相当する金額により，これらの資産の譲渡があつたものとみなす。
> 　一　贈与（法人に対するものに限る。）又は相続（限定承認に係るものに限る。）若しくは遺贈（法人に対するもの及び個人に対する包括遺贈のうち限定承認に係るものに限る。）
> 　二　著しく低い価額の対価として政令で定める額による譲渡（法人に対するものに限る。）
> 2　（略）

すなわち，譲渡した叔父は，3億円しか受け取っていないのに，時価の10億円で譲渡したとみなされます。さらにこのような場合「みなし配当」にも該当するため[11]，住民税なども含めて約5億円の税金がかかり，売却代金の3億円以上の税金で「山より大きい猪」が出てしまう結果，当然支払えません。

11　配当所得は，法人の剰余金の分配を「配当」として株主が受けたことによって発生します。しかし「みなし配当」は，法人が「配当」として株主に金銭等を支払わなくとも，すなわち支払いの名目にかかわらず，計算上で剰余金を分配したとみなされる金額については，配当とみなして課税されます。配当所得は，他の所得との総合課税になるため，通常他の所得を有する株主は，累進税率の適用を受けて，最高税率（配当控除後，47.5％）となってしまう可能性があります。

次に，今回の自己株式の取得は，叔父と会社との取引のため，社長は売買当事者ではないものの，会社が10億円の時価のものを著しく低い価額である3億円により取得したことによって会社にとっては「自己株式（金庫株）」となり，自己株式の数だけ株数が減少するため，7億円の含み益が生じことになります[12]。

つまり，譲渡した株主（叔父）以外の株主（社長）の持分は，相続税法9条によって，その7億円の含み益を，その譲渡した株主（叔父）から贈与（税率50％）を受けたとみなされるのです。これを「みなし贈与」といい，先の「みなし譲渡」と「みなし配当」と合わせて，世に「トリプル課税」と言われる最悪の事態です。

幸い，発行法人は，平成18年度税制改正により自己株式の取得は資本等取引との規定があるため，現行法上は原則として問題なしです[13]。

さりとて，売主側にとっては損益取引ですから，取引価額に恣意性があったり，課税上弊害があると認定される場合には，買主である発行法人側において受贈益課税があり得るとの論もあります[14]。それによれば，原則として，資本等取引で課税されない自己株式の取得が，課税上弊害がある場合には，クアドラブル（4重）課税になる可能性すらあります。

(4) 「みなし贈与」の概要

「みなし贈与」の種類（相続税法3～6条・9条の2以降を除く）

根拠条文	内容
相続税法7条	低額譲渡：譲渡当事者間の規定
相続税法9条	単純贈与以外で対価を支払わない贈与：譲渡当事者外の規定

---

12 社長は，100億円の価値の会社の90％，すなわち90億円を所有していましたが，会社は自己株式の取得によって3億円を叔父に支払ったため，会社の価値は97億円となります。しかし，社長は会社の株式の100％を所有することになるので，97億円の株式は全て社長のものとなります。

さて，上記説例において登場した「みなし贈与」について，条文を当たってみます。「みなし贈与」は下のような体系となっていますが，平成19年度税制改正で追加された信託税制に関する9条の2以降は直接関係しませんので省略して，本書に直接関係するのは前頁に抽出した7条と9条とに大別できます。そのうち，下の条文9条以外は概要だけとしました。

> **相続税法**
> 第3条　（相続又は遺贈により取得したものとみなす場合）
> 第4条　（遺贈により取得したものとみなす場合）
> 第5条　（贈与により取得したものとみなす場合）
> 　　　　保険事故等で保険金を贈与により取得したものとみなす場合。
> 第6条　＊条文タイトルなし
> 　　　　定期金給付で贈与により取得したものとみなす場合。
> 第7条　（贈与又は遺贈により取得したとみなす場合）
> 　　　　著しく低い価額の対価で財産の譲渡を受けた場合に贈与により取得したものとみなす場合。
> 第8条　＊条文タイトルなし
> 　　　　債務の免除，引受け又は第三者のためにする債務の弁済による利益を受けた場合に贈与により取得したものとみなす場合。
> 第9条　＊条文タイトルなし
> 　　　　第4条から前条までに規定する場合を除くほか，対価を支払わないで，又は著しく低い価額の対価で利益を受けた場合においては，当該利益を受けた時において，当該利益を受けた者が，当該利益を受けた時における当該利益の価額に相当する金額（対価の支払があつた場合には，その価額を控除した金額）を当該利益を受けさせた者から贈与（当該行為が遺言によりなされた場合には，遺贈）により取得したものとみなす。

これを読みますと9条は，3条から8条以外であっても「利益を受けた」ら「みなし贈与」になるという広範な規定振りです。

13　垂井英夫「自己株式の譲渡は資本等取引か〜会社法との関連〜」税理2007年11月号72〜79頁。
14　由比祝生編『平成19年版各税目の視点から回答　税務相談事例集』100頁（大蔵財務協会）。

しかも，具体的に課税される場合として，相続税基本通達に以下のように例示により規定されています。

相続税基本通達
第9条《その他の利益の享受》関係
(「利益を受けた」の意義)
9－1　法第9条に規定する「利益を受けた」とは，おおむね利益を受けた者の財産の増加又は債務の減少があつた場合等をいい，労務の提供等を受けたような場合は，これに含まないものとする。

(株式又は出資の価額が増加した場合)
9－2　同族会社（法人税法第2条第10号に規定する同族会社をいう。以下同じ。）の株式又は出資の価額が，例えば，次に掲げる場合に該当して増加したときにおいては，その株主又は社員が当該株式又は出資の価額のうち増加した部分に相当する金額を，それぞれ次に掲げる者から贈与によって取得したものとして取り扱うものとする。この場合における贈与による財産の取得の時期は，財産の提供があった時，債務の免除があった時又は財産の譲渡があった時によるものとする。（平15課資2－1により改正）
　（一）　会社に対し無償で財産の提供があつた場合　当該財産を提供した者
　（二）　時価より著しく低い価額で現物出資があつた場合　当該現物出資をした者
　（三）　対価を受けないで会社の債務の免除，引受け又は弁済があつた場合　当該債務の免除，引受け又は弁済をした者
　（四）　会社に対し時価より著しく低い価額の対価で財産の譲渡をした場合　当該財産の譲渡をした者

このように相続税基本通達9－2は同族会社に限定して「例えば」の中に，先ほどの説例と同じ場合を掲げ，株式を譲渡した者から，他の株主に移転した部分の金額の贈与があったものとみなすと規定しています。

この問題は，合意した株式の譲渡の時点では顕在化せず（こんなことになることを知っていたら，安易に3億円で合意しないでしょう。），後日の税務調査

において噴出してくるだけに取り返しがつかなくなるのです。

　当然，延滞税がかかります。それどころか，社長は贈与になると認識していなかったため，贈与税の申告をしていません。したがって善意，悪意は関係なく，無申告加算税（20％）もかかることになり，会社は「みなし配当」の源泉税の不納付加算税もかかって，踏んだり蹴ったりの状態になります。

　しかし，「みなし贈与」は，実務上課税していないとの説もあります。この説の場合，自己株式の高価買入れのように，外からの資産流入に伴い会社の純資産が増加したか，あるいはDESで消滅する負債に対応する株式を発行しないなど，対価の流出がないまま負債が減少したことに伴い会社の純資産が増加した場合にのみ「みなし贈与」となるので，評価計算上の株価が増加したとしても，社外から資産が流入したこと等にともなうものではないため，相続税法第9条「みなし贈与」に規定する経済的利益の享受があったものと解することが出来ないと考えるのです。

　しかし，その統一見解としての通達はないにも拘わらず，課税に関しては，相続税基本通達9－2にその旨が明記され，実務では通達は「たかが通達。されど通達」と事実上実務の憲法に等しき扱いを受けているのが実情です。さらに，昭和53年5月11日の大阪地裁で，相続税法9条による「みなし贈与」課税が判決が下されため，金額の大きな取引にあたってはどうしても慎重にならざるを得ず，様々な回避策が検討されることになっているのです。

　では，どうしたら良かったでしょうか？　譲渡等承認請求の通り10億円で譲渡すれば，確かに課税上の問題は生じない。しかし，そもそも払えないのだから問題解決になりません。

(5)　回避する様々な手段

　上記のような悲惨なことにならないように回避する手段としてまず考えられ

るのは「著しく低い価額の対価」としない方法が考えられます。

では，この「著しく低い価額の対価」とは幾らかとなると所得税法59条2号（17頁掲載）から，時価の2分の1未満と導き出されますが，これには注意が必要です。

すなわち，所得税法基本通達59－3（同族会社等に対する低額譲渡）により2分の1以上の価額であっても「みなし譲渡」が機能する場合があります。

さらには，これらはあくまで，「所得税法上の著しく低い価額の対価」であって，相続税法上の規定ではないことです。現に同様の判決（次章で検討します。）が大阪地裁で昭和53年にあり，「著しく低い価額」とは時価の4分の3未満の価額を判示されました。これでゆけば先ほどの説例の場合，10億円の時価に対して7億5千万円の対価となり，これを支払えば「みなし贈与」とはならないことになりますが，資金負担は相当大変ですから実現可能性は依然として低いものと言えます。

逆に，少なくとも売主の個人は「みなし譲渡」から回避され所得税などの納税は可能となります。しかし高値で取得するほど，「みなし配当」の金額は高額となる別の問題が起こってきますから，どっちに転んでも売主である株主の納得が得られ難いことになります。

オーナーに資金があれば，「みなし配当」，「みなし譲渡」は起きませんが，そんな資金は通常持ちえません。借入れは，返済可能な収入（役員給与など）が必要で，必要資金が多額になる場合には現実的ではありません。

よって関連会社（なければ持ち株会社を設立する場合も）による取得が考えられることになります。この場合，「みなし配当」と「みなし贈与」は回避できますが，発行法人の場合には資本等取引のため受贈益課税は生じなかったものの，売主個人への「みなし譲渡」や，自己株式ではない買主の法人側での

「受贈益課税」が発生します。

これらの，課税関係を表にまとめると以下のようになります。

様々な手段と課税関係

買主		形態	受贈益	みなし配当	みなし譲渡	みなし贈与（相9条）
法人	発行法人	自己株式の取得	なし	あり*	あり	あり
	関連法人	有価証券の取得	あり	なし	あり	なし
個人		自社株の取得	みなし贈与（相7条）	なし	なし	なし

＊相続開始から3年10ヶ月以内の相続人からの取得の場合はありません。

しかし，発行法人ではないため，通常の有価証券として資産計上される損益取引となり，将来において「経済合理性」の判断のもとに，発行法人に譲渡した場合の譲渡損は他の益との通算が可能ですし，譲渡した場合のみなし配当は益金不算入の適用を受けることができますが，否認されるリスクは高くなります[15]。この関連法人に人格のない社団として従業員持株会を位置させることも可能です（第3編第2章参照）。

いずれの方法が良いかは，調達可能な資金などを勘案しての総合判断が必要です。ここに，次項で述べるような従業員持株会等の設立を図り，組み合わせる等のタックスプランニングが必要となるのです。

---

15 牧口晴一＝齋藤孝一・前掲注(1)341〜343頁。平成22年度税制改正でこのスキームは部分的にシャットアウトされました。

24　第1編　従業員持株会の効果と運営

(6) 従業員持株会を用いた対策

　ここでやっと「トリプル課税」問題の回避策の本題に入ることができます。(3)で取り上げた例（16頁）で具体策を検討してみましょう。

　この関係において重要なのは，売主である叔父は3億円で納得していることです。買主の会社も，3億円ならなんとか資金調達ができるとして，この点では双方が合意していることです。これを土台に使うのがポイントです[16]。

　ここで，①従業員持株会を設立します。そして，②叔父の株式の一部を従業員持株会が買い取るのです。従業員持株会は同族株主ではありませんから，税務上は原則評価ではなく，はるかに安い配当還元価額で譲渡しても，税務上は適正な時価による譲渡になります。

　そして，③従業員持株会と甲社とへの譲渡の株数等を調整して，その譲渡価額の合計が叔父との合意価額である3億円になるようにすればよいのです。

> 　右図で具体的に見ましょう。今，原則評価による時価が100億円の株数が1万株（社長9,000株，叔父1,000株）とすると，1株当たり100万円となります。そして，その1株当たりの配当還元価額を5万円としましょう（規模が大き過ぎると感じる時は10分の1で考えてください。）。
>
> 　仮に従業員持株会に参加できる従業員が72人とします。そこで後述する購入のための支援策（貸付金・奨励金・臨時賞与など）を用意し，一人当たり50万円の持株会への拠出をしてもらいます。すると，72人×50万円＝3,600万円となります。この3,600万円で，叔父の1,000株の内，720株を1株当たり5万円（旧額面）で従業員持株会が買い取ります。残る280株を甲社が，税務上の原則評価額である1株100万円で取得すると2億8,000万円となり，合計3億1,600万円になります。次に合意価額の3億円にするためには自己株式の取得で1,600万円値下げをして，2億6,400万円とします。

　この場合の値下げは，5％強の値下げですから著しく低い価額による譲渡（所得税法59条）にも該当しない範囲と考えられます[17]。

16　髭正博・前掲注(2)講演等による。
17　牧口晴一＝齋藤孝一・前掲注(1)371頁。

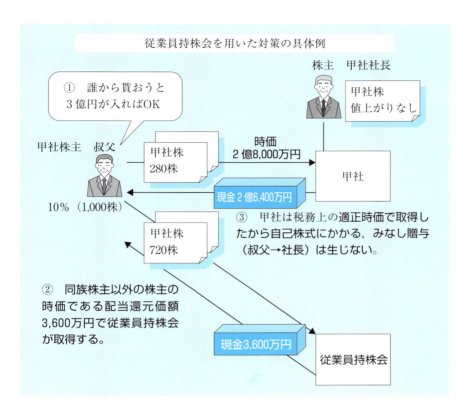

 このようにして、合意価額の3億円を「組み立てる」ことができます。勿論、上記の具体例は、叔父との合意前にも達成可能な組み合わせを検討し様々なシミュレーションをします。ですから上記では72人の従業員に一人当たり50万円の拠出と表現しましたが、幹部には多く拠出してもらう等、3,600万円をどう個々人に割り当てるかも含めてシミュレーションすることになります。
 なお、申すまでもありませんが、「トリプル課税」を回避するとは、全ての課税を回避することではありません。発行法人が自己株式を取得すれば、「資本金等の額」を上回わる価額の場合「みなし配当」は避けられません。上記対策では、「みなし譲渡」と③に示したように「みなし贈与」を回避したことに意義があります。

5 従業員福利（本来の目的）あればこそ

　この項は、従来とかくお題目だけで、表面的に規約に「従業員の福利厚生・財産形成」と謳われて、数行で簡単に片付けられていたことについて、経営面からもアプローチし、従業員持株会に芯を通します。またそれ故、後の具体策に影響することを、24頁にわたって熱く語っていきます。従って、従業員持株会設立の技術面には直接関係しませんが、理念的に重要な部分となります。

(1) 「標準型」は問題に抵触しない最低限のバランス

　従業員持株会の本来の目的は、従業員の福利厚生ですが、非公開会社においては、それが往々にして建前となって、本音の目的であるところの、特に相続税の節税対策として設立される例が圧倒的です。

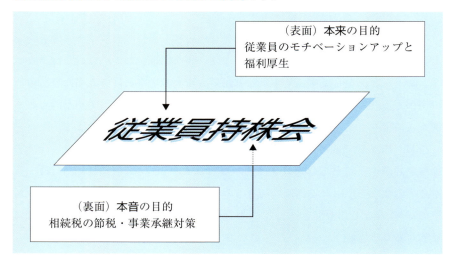

しかし,「節税効果」を万全なものとするためには,この本来の目的を無視することはできません。そうでないと,幽霊従業員持株会化してしまうことになり,税務上否認される可能性が高くなるからです(201頁参照)。

実務上は,この取り扱いが極めて重要になります。各種判例も,これをもって判断されることを如実に示しています(202頁参照)。

また,仮に節税効果を成功させたとしても,従業員持株会の「有効的活用」が図れないと,却って従業員との間の紛争の種となって経営面で逆効果になることもあり得ます。なぜなら,従業員持株会は,長期間に渡って存在し続けることが前提となります。それは,間接的に従業員も株主になり,法的には会社の所有者に加わることで,この意味合いは重いものがあります。

後述する従業員持株会の規約の冒頭に出てくる「目的」では,その本来の目的が謳われ,本音の目的は,何故だか(あるいは当然)表現されません。

誤解を恐れずに言えば,本書では,この「本来の目的」を最小限度に満たすバランスを"中心"に述べます。そしてこれを「標準型」と名付けます。

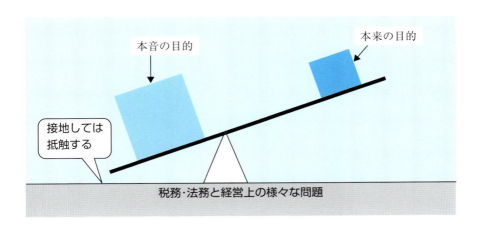

すなわち,「本音の目的」を充足させるために,欠くべからざる程度に「本

来の目的」を満たしつつ「経営上」問題を生じさせないために必要な条件は何かという視点です。この条件を満たすだけでも，多くの非公開会社の経営者にとっては高いハードルとなるものです。

その，一番簡単な試金石が「決算書を従業員に見せることができるか？」です。これができなければ，最低限の条件も満たすことは出来ません。何故なら，従業員持株会は株主だからです。株主なら決算書を見せなければ話になりません。ところが，閉鎖的な経営の多い非公開会社では，従業員に経営の数値をほとんど知らせていない場合が多いのです。

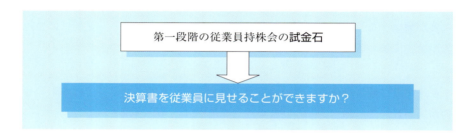

したがって，従業員持株会を作っても，決算書さえも見せていないでは早晩，「幽霊従業員持株会」として「名ばかり持株会」として認定されてしまい，税務・法務の問題に抵触し「本音の目的」はたちどころに崩壊します。

仮に，業績を上げて，従業員に還元し，福利厚生に資するというだけなら，決算書も見せずに，右図にあるように，むしろ，昇給や福利厚生費のアップ，さらには賞与増額や臨時賞与の方が損金にもなり，遥かに法人税の上でも効果的です。

また本当のところ，従業員にとっても，従業員持株会から配当として貰うより給与の方を喜ぶことが多いでしょう。確定申告の手間もいらず給与の年末調整だけで終わり，給与所得控除が適用されるからです。さらには，比較的倒産しやすい非公開会社においては，万一の場合に職場と資産とを同時に失う「危

うい金融商品」であるとさえ酷評されることすらあります。

もちろん，これだけでは有利不利を判定はできません（確定申告した方が痛税感が分かるのでしたいとか）が，一般的には，昇給等で処遇した場合の方が，従業員にも分かり易くて会社の倒産などの場合のリスクもありません。

	従業員持株会によって従業員の福利厚生の充実を図る方法		昇給・賞与・臨時賞与・福利厚生費の増額等による方法
従業員側			
所得区分（税務利点）	配当所得（配当控除適用）	社団の場合雑所得	給与所得（給与所得控除適用）
確定申告	原則必要		原則不要（年末調整）
倒産の場合	最悪，ただの紙切れ化 **職場と資産を同時に失う**		労働債務は最優先保護
法人側			
法人税の扱い	損金とならない		損金となる

それを，わざわざ，従業員持株会を組成して，支払った会社側からすれば損金にもならず，従業員にとっては，給与所得よりは税務上不利な配当所得にする意味があるのでしょうか？

理由は結局，2つに絞られるのです。第一に相続税の節税が本音の目的であるからです。第二に，それ以上に本気で従業員を巻き込んで経営をしてゆく姿勢がある場合です。これが，「経営者意識の醸成」と言われるもので，標準型をさらに発展させたタイプとなり，次項で述べることとします。

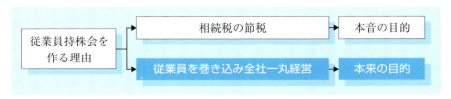

(2) 「標準型の発展形」…何故, 従業員持株会を使うのか？

「標準型」は, 実例の多くが, この程度に留まるため, 不本意ながら「標準」と言うだけで, 実は最低限度の仕組みです。

さりとて, 次項で紹介する「改革型」はリスクが高いので, これを抑え, 出来る限りのパフォーマンス, すなわち従業員を巻き込んで, 経営者意識を醸成して全社一丸となり, 成果を引き出そうとする志向にあるものとして是非目指していただきたいのが, この「標準型の発展形」です（この実践事例が第3編です。）。

さて29頁の表でも見たように, 税務上も不利な従業員持株会を使って, 何故, 配当という分配方法を採る従業員持株会を使おうとするのでしょうか？

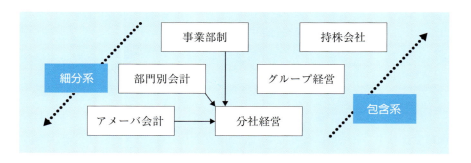

会社活性化には様々な方法があります。一つには, 測定評価の単位を細分化してゆく事業部制, 部門別会計, アメーバ会計等とする「細分系」, そしてその細分化したものを, 別法人として, 法的・社会的に分離して測定評価を明確化した分社経営です。さらに, それを親子会社やグループ全体で連結評価, 持株会社経営たるホールディングカンパニーとする「包含系」とがあります。

いずれにせよ, より多くの従業員が, 方向性（ベクトル）を合わせて, 一致団結して経営者意識で, 事業にあたることが出来る組織が求められています。

しかし「細分系」も「包含系」も，間接管理部門とか研究開発部門など，評価のし難い部門が必ず存在し，内部振り替え等どうしても不明朗になりがちな計算の繰り返しの結果算出される計算上の評価はそれなりに必要でしょうが，恣意性が入り易いく，役割を補完しあって助け合っていることを無視する個人別成果分配だけではギスギスしがちです。

結局，全社として，節税まで考え，最後の最後で，どれだけ残るかが重要です。従業員と言えども昇給や賞与だけで喜ぶのは，下図で言えば人件費さえ上がれば良いとする考えです。それだけでは，トレード・オフの関係に終わってしまいます。従業員を厚遇しつつ，利益を出さなければなりません。

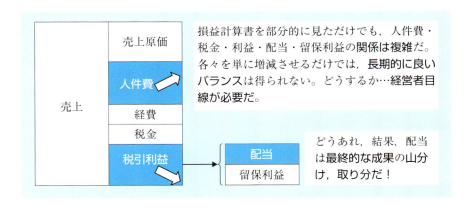

税引き後の利益で将来に備える留保利益を得，一部を配当として，どれだけ分け前にあずかれるか？　株主で山分けする最後の取り分が配当です。これらのバランスなくして企業存続と人件費の厚遇は長期的には保証されません。その一連の流れを，つぶさに理解を共有して切磋琢磨し，従業員を同じベクトルにするためのツールとして有効なのが従業員持株会といえます。

このフレーズは，一言で「経営者意識の醸成」という，その具体的内容で，従業員持株会を活用する場合のトークとして重要です。

さらに，従業員持株会は，どの経営形態であっても，別軸の浮揚策として採用できて相性が良いのです。つまり，細分系でも最後は会社全体として決算・申告がなされ，最後に配当として成果を確認できます。包含系でも，より上位の会社の株式を子会社従業員として取得して成立できるのです。

(3) 第二段階の「改革型」は経営者のさらなるパワーが必要

さらに本書では，"より積極的に"「本来の目的」を目指し，従業員が経営に参画する土壌を醸成し，民主的経営から，従業員自らが株主意識を持ち，インセンティブを求め従業員の意欲向上へ導くための「改革型」の従業員持株会も取り上げます。

これは，創業者に比較してカリスマ性の劣ることの多い後継者に対して，(1)の「標準型」以上に，従業員持株会をもって後継者の経営を容易にするツールにすることも不可能ではありません。

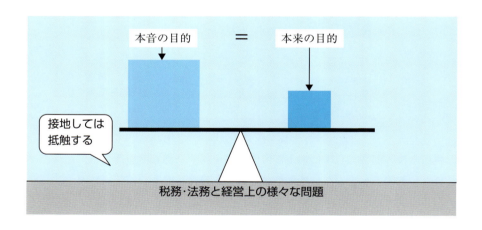

そこにおいては上図のように，税務・法務の上での抵触は全くと言って良いほどに問題にならなくなります。しかし，今度は，後述するような，現実問題として，従業員持株会が果たして運営できてゆくのか，資金面も含めて経営上の問題が起こりかねないというのも事実です。

したがって、これは相当に高度あるいは、経営者の人間力が問われるものと考えられます。間違っても、従業員持株会さえ導入すれば、皆が株主になってやる気になり、その結果、儲かるなどと軽率に信じないことです。

確かに、そのツールにはなる一つの方法に違いはありませんが、ツールはすなわち道具です。それを使いこなす経営者如何です。

ここでは、冒頭に述べたように、"より積極的に"「本来の目的」を目指すのですから、残念ながら多くの非公開会社の経営者には難度の高いものだと覚悟頂いて採用を検討して下さい。

企業理念から始まる経営方針などと、従業員持株会の目的とが一致することが成功のための条件で、これは言うは易く行い難いものです。特に非公開会社においては、オーナー経営者の性格にマッチしていなければ成果を望むことは不可能です。これらを敢えて一言で表現して試金石とするならば…。

その試金石は、「退職者から持分を取引時価で買戻す[18]ことができますか？」です。これは、実は大変なことなのです。

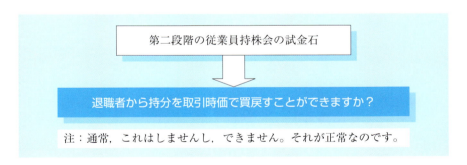

一般に（標準型では）、従業員持株会は、退職者からその持分を買戻す際には、従業員が取得した価額（旧額面や配当還元価額に類似した、要するに「純

---

[18] 著者は持株会が民法の組合であることから「払戻す」という表現が適切であると考えています（次頁参照）。

資産価額等を参酌したて評価した価額」＝「取引時価」に比べて著しく安い価額）で買い取ることを，その規約に規定します。

何故そうするのかは，後の論議に大きく影響してきますから重要です。

端的にいうならば，そうしないと，従業員持株会が成立しないからです。つまり，従業員が拠出した金額は，株式の提供者であるオーナー（第三者割当増資なら会社）に持株会経由で渡っていますから，下図のように，従業員持株会は，月掛け制でなければ資金をほとんど持たない団体です。

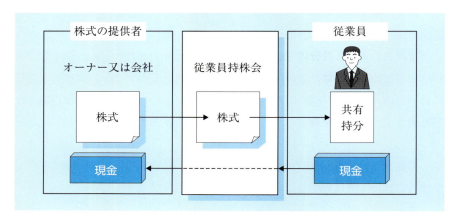

〈記述上のお断り〉

従業員持株会は「民法上の組合」として組成しますから，入会時に組合に「拠出」し，退会の折には，従業員持株会から「払戻」を受けるというのが，民法の組合理論からすれば当然の表現となります。したがって，退職時に従業員持株会を退会する際に「株式を買戻す」という表現は正確ではなく「持分を払戻す」でなければなりません。

しかし，判例や他の書籍においても「株式の買戻し」と表現することが少なからず見受けられます。これは，会社と従業員の間に本来存在する「組合」である従業員持株会を，課税上のパススルー理論で考えるため「持分」との認識が希薄になり，さらに，オーナー側の主導で組成されるという従業員持株会の生い立ちから，オーナー・会社側から捉えるために，「買戻す」と表現

> してしまうもの思われます。正確に使い分けている場合では，従業員持株会が存在せず，従業員に対する直接持株制度を用いている場合には「株式の買戻し」で問題ありませんが，読者にとっては混乱しやすくなります。あるいは，書籍によっては，これを従業員側から表現して「株式の売渡し」と表現したりしています。本来は「払戻し」と記述すべきところですが，混乱することを避けるため，本書では，オーナー・会社側からの視点で，「持分を買戻す」に統一して記述いたします。ただし，判例や文献を引用する場合にはそれに従うこととします。

　そこで，会社が成長し，取引時価が倍になった時に従業員が退職した場合を考えてみましょう。持分の株式の価値が倍になったからといって，その時価で買い戻すとしていては，従業員持株会にその買い戻す財源はありません。

　仕方なく，従業員持株会は会社から借り入れをして支払います。従業員持株会は返せる当ての無い借入金が，会社は回収見込みの立たない貸付金が残ったままとなり健全ではありません。それでも小さな会社の場合にはその金額も少ないでしょうが，一般的に従業員持株会を設立するような会社はある程度の会社が多いため，その金額が肥大化して，返済できなくなり会社が債務免除をすれば，給与所得課税の問題になりかねません。

　さらに，昨今のように従業員の高齢化が進み退職者が増えたら借り入れがどんどん大きくなります。会社の貸付金がどんどん大きくなり，放置できなくなって起きたのが竹中工務店事件（144頁参照）なのです。

　時価で買い戻すのが当然とされる場合は2つあり，第一に，現在は非公開会社（未上場会社を意味しています。）で，公開会社（上場会社を意味しています。）を目指して，公開会社の規約を当初から規定している場合です。

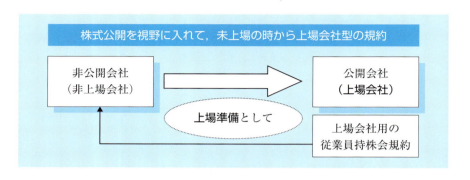

　第二に，竹中工務店のような大規模な非公開会社である場合は，実質上場会社並の経営をしていますから，時価買戻しがあり得ます。

　従って，一般の非公開会社で，時価で買戻すというのは，非常に特異なことです。

　それなのに，「従業員持株会を作りなさい」とする著名な経営指南書の中には，上記の2つ以外の場合でも，「標準型」とは正反対の「取引時価で買い戻す方法」が書かれていることがあります。

　この記述の違いは，概ねその本の著者が経営者か会計人等の専門家かによって大きく分かれることが多いのです。何故でしょう？　これが，「改革型」において，何故試金石になるのか？　についての，まさに辣腕経営者の経営スタイルに関わる領域となります。

　以下，その謎解きをしつつ，従業員持株会の全体像への理解を深めてまいります。

(4)　「標準型」と「改革型」の異なる理由

　何故(3)のように正反対の記述になるのかを知らなければ，全く方法の異なる処方箋を実施してしまい大変なことになりかねません。

①　標準型

　本書で中心的に取り扱う従業員持株会は，次図の中央の類型の会社で，株式公開は当面は考えず，従業員持株会が時価より大幅に低い価額で取得し，従業員が退職時に，従業員持株会の取得価額で買戻すことを規約により規定している標準型の従業員持株会です。

　したがって，従業員にしてみれば，39頁の右図にあるように，買戻し時には，値上り益や値下り損である，キャピタル・ゲインやキャピタル・ロスが生じない，株式投資というよりは，貯蓄の性質に近いものです。

　何故，そうするかについては，先述のように，①株式の供給面では，従業員持株会に株式をオーナーから極めて低い価額による譲渡が税務上も認められていることを利用した相続税対策を図ることがあります（8頁参照）。

　また，②運営面では，株式の分散防止のために従業員持株会を用いて退職時に強制的に従業員持株会が買い戻すにしても，その間に株価が値上りしていると買戻すことが出来なくなります（34頁参照）。そればかりか，買戻した持分相当額を従業員持株会が持ち続けることはできませんので，次の会員に拠出してもらう必要があります。しかし高値で買戻せば，その価額で拠出してもらわなければならなくなる結果，新しい会員の参加が困難となり，結果として従業員持株会が，循環的に運営できなくなるためです（社団によれば不可能ではありません。第3編第2章参照）。

　多くの従業員持株会に関する書籍では，非公開会社の従業員持株会については，このスタンスで書かれています。しかし経営者の著わした経営書の中で従業員持株会については，次頁の図の3段目で書かれることがあります[19]。

38 第1編 従業員持株会の効果と運営

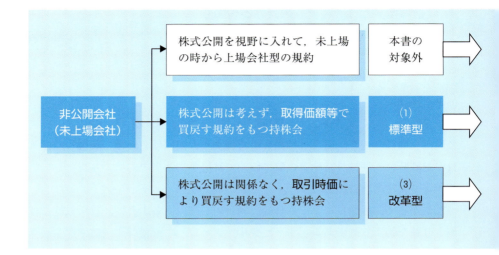

② 改革型

この場合,上昇志向の経営者(アクセルの役割)にとって,従業員,特に幹部従業員や役員に対して,従業員持株会や役員持株会あるいは,その様な会を通さず直接に「持株制度」として,退職時に時価で買戻し,キャピタル・ゲインを還元してモチベーションアップを図るという経営スタイルを前面に押し出して経営されます。

もちろん,この場合,キャピタル・ロスをも覚悟してもらいます。ただしキャピタル・ゲインのみとする方法として社団による従業員持株会の設立の方法があります(第3編第2章参照)。

一般に,従業員持株会は従業員の財産形成や福利厚生面も,その本来の目的に含みますから,この点では厳しいのですが上場会社の従業員持株会と同じで,自己責任です。非公開会社にあっても,時価買戻し制で行う場合は同じです。

したがって,時価下落によって窮状に陥るイメージを,上場会社での時価下落や破綻に至った場合をもって知っていただくために,当時のマスコミ報道の

---

19 例えば,牟田学『幾代もの繁栄を築くオーナー社長業』256頁(日本経営合理化協会,1998年)。
田中久夫『社長として断固なすべき6つの仕事』169頁(日本経営合理化協会,2005年)。

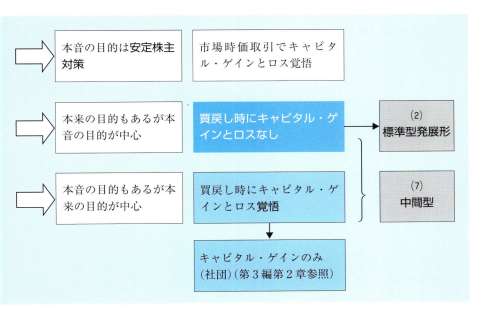

論調をまとめ直した以下3つの話題をみてみます（ネット上で，非公開会社でこの「改革型」で運営した結果，値下りして怨嗟の声が書かれているものもあります。しかし事実や実態の確認のしようがありません。）。

〈上場会社での，業績悪化で，従業員の資産価値の目減りの場合〉

中堅ゼネコンのフジタは，平成11年度に従業員持株会が約2,240万株を保有する筆頭株主（帝国データバンク調べ）。

同社の株価は平成元年には2,270円の最高値を付けたが，現在は50円の額面を割り込んでいる。

株価が高いときは少なく，安いときには多く買うことでリスクを減らしてはいるが，どうしても目減りするケースも出てくる。現在は，株価の値上りを待つという状況。

同じく中堅ゼネコンのハザマは，経営再建に向け債権放棄に望みをかけている。従業員持株会は第4位株主。そのためか従業員の加入率そのものは若干減っているようである。

〈上場会社での，破たんの場合〉

　経営が破たんすると，職場と財産とを共に，同時に失う。

　百貨店のそごうでは，破たん前の従業員持株会が第3位の大株主だったが，民事再生法の適用申請後，持株会を解散。10月の上場廃止を前に株価は5～6円。大半の従業員は投資額から比べてだいぶ目減りしている状況である。

　破たん劇で一躍有名になった山一証券では，平成9年に自主廃業を決めた直後の「どさくさにまぎれて」(?)，持株会の事務局が，メールで会員に通告したのみで，社員から預かっていた株を1株1円で一括売却してしまった。これは市場関係者で疑惑を呼び，「社員による株主代表訴訟を防ぐためだったのでは」という声が根強くささやかれている。

〈気軽に参加している従業員の意識…下落して何たるかを知る〉

　従業員持株会は，実質的に会社側の管理下に置かれているため，経営方針について意見を言うなど株主としての権利を行使する機会を奪われているケースが多い。従業員の方もリスクを考慮せず，社内預金のような軽い感覚で加入しているうえ，給与からの天引きなので株主という意識も薄い。

　バブル期の最高値の時期に持株会に入った社員にとって，当時の高い時価で買っているから，今の株価では売るに売れず嘆く社員も多い。

　自社株といえども株は株。愛社精神も大事だが，投資すべきかどうか慎重な見極めが必要。

　失敗例ばかりでは片手落ちでしょうから，今後の成果待ちですが，前向きな事例も紹介しておきます。これも非公開会社では，詳細が分からないため，上場会社の例です。

> 　東証1部上場のサイボウズでは，従業員の資産形成支援を目的に，2005年4月から従業員持株会制度を導入，同年9月奨励金を拠出金額の5％から100％に引き上げ，2009年6月17日，経営参画意識向上のため，2010年の定時株主総会から，各従業員が個別に議決権を行使できる仕組みを導入。これで決議案に対し無記名で投票できるようになる。また，従前より持株会が経営者から独立して意思決定できるよう，大学教授など社外の有識者3名による「議決権行使委員会」を設置，持株会はこの意見を基に議決権を行使していた。

③　会計人等と経営者との「役割の相違」

　これは，経営スタイルの違いですから仕方のないことです。しかし一般的には，そのような辣腕の経営者ばかりではなく，不測の事態や税務上のリスクなどを考えると保守的にならざるを得ません（ブレーキの役割）。

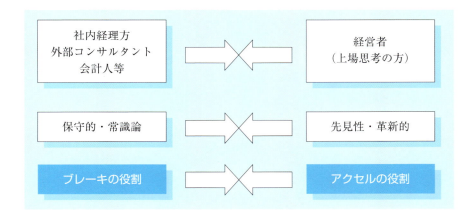

　そうすると，帳面を預かる経理部や会計人等は常識論としての方法を唱えます。コンサルタントも常識論で臨むことが多いようです[20]。これは職能としてある程度仕方の無いことでしょう。特に，筆者に限らず，外部指導者たる会計

20　例えば，井上和弘『会社を上手に任せる法』323頁（日本経営合理化協会，2007年）。

人等やコンサルタントは，自らが経営を取り仕切るわけではありませんから，一般論と唱えるには常識的な方策を選択することになります。

(1)の標準型の従業員持株会を運営することだけも手間なことなのです。そして，本書の立場としては，原則として（次項で「中間型」も提案），より安全性の高い方法である(1)の標準型を勧めます。これは，こと従業員持株会に限らず，あらゆる決断において経理方や外部者は，客観的・保守的・常識的な判断をし，それを勧めます。

しかし，その常識論だけでは，経営は飛躍的発展をしないことも，これまた事実なのです。世の中の優れた製品やサービスは，そうした非常識と思われる経営者の先見性の中から抜きん出たものが生まれ，社会に貢献してゆくのです。ただし，それは確率が非常に低いだけです。上場と同じです。

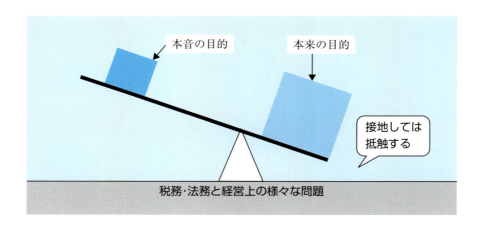

我々外部者や経理方は「殿をお諫めする家老の役目」みたいなものなのです。突進する殿の前に両手を広げて「それでも行くと言われるならば，私を切り捨てて行かれませい！」と立ちはだかります。それをも乗り越えるのは，経営者の経営ポリシーであったり，勘であったり，様々な要素があります。定石を超

えるところに時代を変化させる力があり，全て，経理方の常識的な回答だけで経営していては並の会社にしかなれないのです。しかし，それでも外部者や経理方は，躍進して潰れるよりは，並みの会社で生き残ることをどうしても優先的に判断するものなのです。そして，現にほとんどの場合，定石である方法が優れているからこそ，これまた一般論たり得る「定石」として残っているのです。

この「定石」を打ち破るほどの「奇策」を用いる，まるで信長のような経営者ならば，遠慮なく家老を切り捨てて前進すれば，良いのです。殿が重臣を失う程の痛みを乗り越えて実現するほどの何かをつかんでいるのなら…。

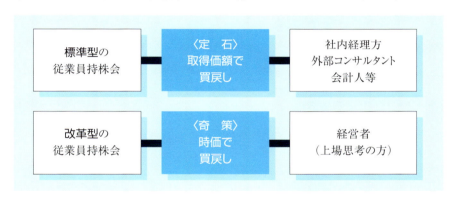

「車は何故走ることができる？」という質問に「エンジン（につながるアクセル）があるから」なのですが，ブレーキのない車を想像してみて下さい。例え時速数kmの速度でも，恐ろしくて走れません。そうです，「車はブレーキがあるから走れる」のです。もっとも，事は上図のように簡単に割り切れるものではありません。あくまで，パターン化すればということです。しかしながら，標準型がほとんどであることも事実です。

しかし，本書第2版において，その「常識」を超える方法を述べることにしました。本書冒頭「はしがき」に示した「社団」化です。詳しくは第3編第2章をお読み下さい。

ここで、非公開会社の「標準型」と「改革型」、そして比較のために上場会社との従業員持株会の対比をしてみます。後から、何度も戻って見直すことがあると思いますので、今は概観するだけで結構です。

	非公開会社（非上場会社）		上場会社
	標準型	改革型	
本音の目的	相続税の節税（発展形は従業員の経営者意識の醸成が加わる）	従業員の経営者意識の醸成＋相続税の節税（社団で可能）	安定株主対策（公開途上は従業員の財産形成と株主確保）
運営の要点	退職時強制買戻し（取得価額で）	退職時強制買戻し（時価で）	長期保有させるようにする
株式の引き出し	原則不可（退会して行う・再加入不可）		売買単位で可
買い取り価額	取得価額等	取引時価	市場価額（時価）
株式の拠出	オーナー等からの臨時拠出または第三者割当		市場から
株式取得資金	臨時または積立金		積立金
一般的保有割合	10％程度だが、オーナーが3分の2以上持っていれば良い 無議決権株式ならもっとでも良い		2～3％程度が多いが筆頭の場合もある
譲渡制限	有り		なし（自由）

さて、取引時価での買戻しの話題が中心となってきたのに合わせて、以下、節を改めて、通常は取引時価での買戻しをしない「標準型」あっても、取引時価買戻しをする場合や、拠出時においても取引時価による拠出（第三者割当による資金調達）をする場合、そして時価買取りの最大場面である EBO（従業員による事業承継）について概要を述べておくことにします。

⑸ 「時価買戻し」を導入しやすい役員等に限定する方法

　取引時価で買戻すやり方が，比較的導入しやすいパターンとしては，幹部従業員対象の従業員持株会や，後述する役員持株会においては可能性が高まると考えます。

　もとよりこれらの役職者については，地位が高まるほどに業績が全てであり，その業績は会社の時価総額に現れてきますから，退職時に通常の退職金と別に，業績を示す株式の値上益をもって処遇するのは，成果配分としては極めて明朗な方法ともなり得ます。

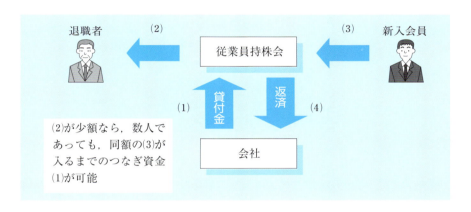

　何故，幹部従業員や役員では導入しやすいかといえば，人数が限定されているため，買戻しの資金の手当てが可能になるからです。つまり，仮に目覚しい発展をして，株価が10倍になって，買戻し額がそれに応じて10倍になっても，買戻す人数が少なければ，資金的に吸収可能だからです。

　これは，人数が少なければ従業員持株会にも当てはまりますが，従業員の場合は，その目覚しい発展により，当然に従業員数も対応して増えるため，後々の退職によって買戻しが困難になる可能性を孕むため，辣腕経営者でない限りは，安易に取引時価での買戻し制度は導入できないわけです。

⑹ 「時価買戻し」なら拠出時も時価…資金調達として活用

　一般的に，従業員持株会にまとめて拠出する株式の供給は，下図のように，オーナー自身や退職者からの拠出と新株発行（あるいは自己株式の処分）の２種類です。

　この内，後者の場合は，新会員の従業員が多いとか，既存会員が口数を増加させる場合に，新たにオーナーから株式を供出してもらったり，退職者分の株式だけでは不足することがある場合に使うことがあります。

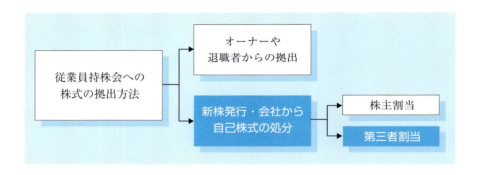

　新株発行等の場合は，既存株主に平等に割り当てる「株主割当」と，不均衡に割り当てる「第三者割当」があります。「第三者割当」は取引時価であればまったく会社法上も，税務上も問題がありません。

　と言うことは…これを多量に行えば，増資になり返済不要な資金が入手できることでもあります。

　このように，取引時価で拠出を受けることは，資金調達法となり，上場と同様な効果を生みます。

　ですから，「第三者割当」は，前記の取引時価での買戻しに親和性があり，辣腕経営者が時折使う手法でもあります。

　（配当還元価額などを用いた第三者割当による従業員持株会の設立も，よく使われますので，これについては68頁参照。）

(7) 時価取得が必要な場合〈従業員等による事業承継…EBO〉

　近年増加している，後継者として親族のいない場合においては，従業員（役員）による事業承継を進める場合の，有益な手段となるのが従業員持株会です。これは本章の②の図解中の③（10頁参照）で述べたことです。

　この時，問題になるのが，経営者となる従業員あるいは従業員持株会が，オーナーから持株を取得する際の時価です。

　これまで述べてきたように，従業員持株会へのオーナー等からの株式の譲渡は，配当還元価額などの非常に低い価額によることが税法上も認められています。それは従業員や従業員持株会の議決権割合が少ないため，配当を期待する程度の価値しかないことによる税務上の評価の特例でしかありません。

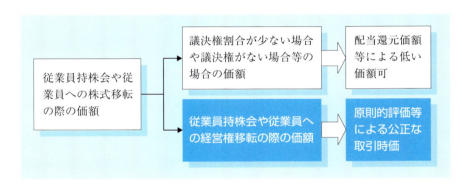

　事業承継をするということは，議決権の通常3分の2以上というような相当数の取得をすることを意味します。すると，もはや配当を期待する程度の価値ではなくなり，例え従業員や従業員持株会であっても，配当還元価額等による低い価額による譲渡はできず，オーナーと近しい親族との譲渡価額の際に使われるべき，原則的評価に近い高い価額となる取引時価によって従業員持株会等は取得しなければなりません。

　そこでは様々な課題が生じますが，今ここでは，「標準型」の従業員持株会でも，取引時価を用いることがあるとの説明に留め，詳細は第2編第5章の「従業員等への事業承継の道」で述べることになります。

(8) **中間型**

38頁の図解をアレンジして下に再掲すると，右下にある「中間型」としたものについて概要を説明します。

これまで述べてきた買戻し価額について，「標準型」では取得価額による買戻しとしているかと言えば，「改革型」のようにすれば，取引時価が高騰して従業員持株会が成立し得なくなる可能性があるためです。しかし「標準型」では従業員にまったくキャピタル・ゲインの機会が失われ面白みに欠ける。

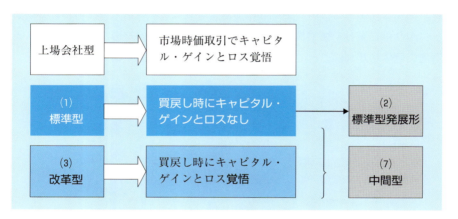

そこで「中間型」は，メリットとデメリットを折衷し，取得価額を取引時価に比例して算定し，これを買戻し価額に利用しようとするものです。詳細は第2編第3章の「平時の一部引出し価額」で述べることになります。

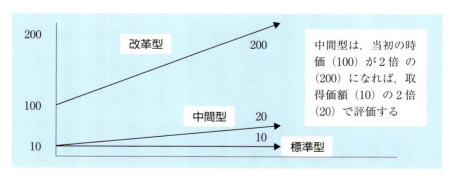

(9) 本来目的のための「覚書」

　以上のように，従業員持株会の本来の目的は，「従業員福利」であり，具体的には資産運用の支援です。これが成り立たない上は，他の目的は雲散霧消します。したがってこの確認のために「覚書」が作られることがあります。

　これは必須書類ではないにしても，ややもすると本来の目的が見失いがちになることを防止すると共に，気付かせてくれるものです。

会社・従業員持株会　覚書

　〇〇〇株式会社（以下甲という）と〇〇〇従業員持株会（以下乙という）は，下記の項目を互いに遵守することを約し，ここにこの覚書を取り交わす。

記

1. 甲及び乙は，互いに協力して，乙の目的である甲従業員の福利厚生と資産運用のために努力し，それ以外の目的に乙が利用されることがあってはならない。
2. 甲は乙に対し，会員への通知，報告等のため，社内報・メールの使用の便宜を与えるものとする。
3. 本覚書に定める以外のことについては，互いに〇〇〇従業員持株会規則及び同運営細則を遵守する。
4. 甲乙の一方もしくは，双方の事業の変動により，この覚書が著しく不適正となった場合は，双方協議の上これを変更する。
5. 甲乙のいずれか一方がこの覚書に違反した場合，他方は，文書により通知することにより，この覚書を破棄することができる。

以上

本覚書の締結を証するために本書2通を作成し，甲乙それぞれ1通を保有する。

　　　　平成〇年〇月〇日
　　　　　　甲　〇〇県〇〇市〇〇町〇番地
　　　　　　　　〇〇〇株式会社　代表取締役　〇〇〇〇
　　　　　　乙　〇〇県〇〇市〇〇町〇番地
　　　　　　　　〇〇〇従業員持株会　理事長　〇〇〇〇

第 2 章

従業員持株会の設立から解散まで

1 意外に簡単な設立・設計はシビアに

　第2章では，従業員持株会の具体的な設立の方法から，万が一の場合として解散するに至った場合には，どうするのかについて概観を実務的に述べることにします。詳細が必要なものについては，2以降で順次述べます。

　従業員持株会の設立方法には，概ね2つの方法があります。第一に，「民法の組合による方法（証券会社方式）」と第二に「任意団体による方法（信託会社方式）」とがあります。会員の権利等の実質的内容は同じですが，2つの方法には，法律形態の違いにより，右頁のような軽微な相違が一応あります。

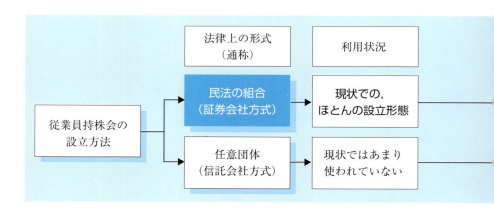

　この他に，今後期待される方式として，「人格のない社団」「一般社団法人」による方法もあります（第3編第2章・第3章で詳細に述べます）。そのよう

なことはないにしても，従業員が受け取る配当金は雑所得となり，配当控除も受けられないため，不利であることから利用されていません。

現状の利用状況は，ほとんどが民法の組合です。なぜ，多くの従業員持株会が，民法の組合となったかについては，恐らく証券会社の営業力と，従業員持株会の設立ニーズの高い上場時の株主対策等に携わることの多い，証券会社がリードしていった結果ではないかと想像しています。

したがって，長いものに巻かれるわけではありませんが，本書では大勢を占める民法の組合を前提として進めることにします。

さて，民法の組合は，民法667条1項の規定に基づき設立されます。そして，組合の保有する株式は，組合員の共有となります。

> 民法667条1項（組合契約）
> 組合契約は，各当事者が出資をして共同の事業を営むことを約することによって，その効力を生ずる。

会員資格	拠出金の性格	株式買付の性格	株式	議決権の行使
組合員	出資	従業員持株会の業務契約	共有	理事長が**不統一行使が**可
信託契約の委託者兼受益者	信託財産	信託契約の履行	信託財産の受益権	議決権は理事長が信託銀行に指示可

なお，組合内部の規律（議決権）は，頭数平等で決定します。

民法の組合は，会社と異なり，登記も不要で，定款認証なども不要，規約1本あれば組合員が2人以上いることで簡単に出来ます。

しかし，相続税の節税等の「本音の目的」からは，少人数では従業員持株会に拠出する株数が少なく，効果は期待できません。また，実際に機能させるには，配当優先株式等を設計するため，会社の定款変更や登記が必要になります。

設立に必要な期間は，下記全体像の(1)の期間を除けば1～2ヶ月程度となりますが，(1)については，数ヶ月を要することはよくあります。

以下，時系列で述べてまいります。まず，以下の図解で全体像を眺めてみると(1)～(10)があります。最初の3つは特に大切で，現実的には(1)で全体像を検討することが重要で，他の手続は，淡々とこなしてゆく作業といえます。(4)と(9)が交渉事ですから十分な準備が欠かせません。従って，(1)でのボタンの掛け違いが後々に影響を及ぼしますから注意が必要です。

従業員持株会の設立手順の全体像

(1) 立　案	(2) 発起人	(3) 事務方法	(4) 根回し	(5) 規約等
全体設計をする最も重要な作業（右の多くを決める）	理事長等の人選。実質(1)で設計済	事務体制を決める。多くは(1)で設計済	主要株主や労働組合へ説明し，理解を得，協力要請する	募集書類等の作成 規約は(1)で設計済

---

(1)　計画立案
　持株比率・株式を提供する時期，拠出方法，金額等を決める。

ここが最も重要な部分であり，多くの場合，会社法にも明るい税理士等がコンサルティングすることになります。制度設計は，広範かつ深い内容となり，規約や株式拠出方法に留まらず，相続・事業承継・経営計画（資本政策）に及

びます。従って，コスト的にもどんなに軽い指導でも50万円は下らない費用となるでしょう。規約の一般的なひな形をもって廉価に，安易にしたくとも出来ないことです。

　計画・指導にあたっては，従業員持株会への加入率，拠出額を予測し組み合わせながら，相続税の節税額の試算等，第１章で検討した，その会社のニーズに即した従業員持株会の効果を引き出すために，本章の次項以降を総合勘案して検討します。
　従業員持株会の議決権数は，25％未満にして，オーナー側が75％以上を確保するのが一般的です（会社法309条４項参照）。また，従業員持株会に対して渡す株式は，無議決権株式にするなどの方法も検討しなければなりません（極めて少人数で従業員持株会の効果が見込めない場合は152頁参照）。

(6) 設立総会	(7) 機関決定	(8) 契約	(9) 募集	(10) ～株式拠出
発起人会・設立総会・理事会開催する	取締役会で会社の承認を得，株主総会の招集・決議	会社や労働組合と給与天引きの契約をする	従業員への説明会の開催し，募集を開始する	拠出される株式の方法の実施。内容は(1)で設計済

　上場見込みで従業員持株会を導入する場合，従業員持株会が多くの株数を低い金額で取得できるため，上場規制期間前に導入することが必要です。

> (2) 理事長候補となる発起人を決定
> 　理事長１名の他，通常は理事２名，監事１名候補を決め発起人とする。

　理事長は，一般的には，総務部または経理部から人選するのが多いのですが，

これも慎重に行う必要があります。会社やオーナーの意向に全くイエスマンと見られてしまうような人材では，従業員持株会の独立性が問われかねません。

かと言って，労働組合を結成しそうな人材でも困ります。会社側べったりではなく，調整役となれる人材が好ましいでしょう。

理事長の人選を比較的安易に決められている例を散見しますが，極めて重要です。従業員持株会の独立性が確保されないと，会社法上の子会社に該当してしまいます（会社法2条3号，同規則2条3項2号）。子会社は親会社の株式を保有できませんから（会社法135条）従業員持株会の存亡に関わる問題となり，また税務上も否認の憂き目に合いかねません（時価課税の可能性）。

> **会社法2条3号**
> 　子会社　会社が総株主の議決権の過半数を有する株式会社その他の当該会社がその経営を支配している法人として法務省令で定めるものをいう。
>
> **会社法施行規則2条3項2号**
> 　会社等　会社（外国会社を含む。），組合（外国における組合に相当するものを含む。）その他これらに準ずる事業体をいう。

役員の人数に法的な定めはありませんが，通常は，理事長，理事数名および監事1名で構成します。

理事会は，理事をもって構成し，規約の改正案の起草，規約の解釈の決定や増資払込手続，議決権の行使等を行う組織となります。決議は，出席理事の過半数をもって決定します（民法670条2項）。

監事は，組合の財産状態を検査し，理事が規約や法令を遵守して運営しているかを監査します（民法673条）。

> **民法670条（業務の執行の方法）**
> 1 組合の業務の執行は，組合員の過半数で決する。
> 2 前項の業務の執行は，組合契約でこれを委任した者（次項において「業務執行者」という。）が数人あるときは，その過半数で決する。
> 3 組合の常務は，前2項の規定にかかわらず，各組合員又は各業務執行者が単独で行うことができる。ただし，その完了前に他の組合員又は業務執行者が異議を述べたときは，この限りでない。

> **民法673条（組合員の組合の業務及び財産状況に関する検査）**
> 各組合員は，組合の業務を執行する権利を有しないときであっても，その業務及び組合財産の状況を検査することができる。

これら役員の任期は，通常は2年とするのが一般的ですが，民法に特に定めはありませんし，重任を禁止する規定もありません。

上場会社では(1)に先立って発起人会が構成されますが，非公開会社では，会社のオーナーが中心となってここまでを準備し，以後，理事長候補者を加えて，役員候補を教育指導しつつ徐々にバトンタッチしてゆきます。

と言いますのも，理事長らは，労使の間に入って，従業員持株会の独立性を確保するために，従業員側の立場を代表しつつも，会社主導で設立・運営していかざるを得ないのが従業員持株会の姿です。理事候補，関係法令や従業員持株会の仕組み，オーナーの意図など，当初は分からないからです。

> **(3) 事務管理の方法を決定**
> 発足後の事務管理を自社で行うか，外部委託を決める。

株式上場を目指すような場合は，証券会社へ委託すべきですが，ほとんどの非公開会社では，会計事務所等の指導を受けて自社で行うことも可能です。し

かし，あくまで指導を委託したり，事務の一部を委託するだけであって，丸投げでは，従業員持株会の実在性を問われかねません。

　事務の多くは会社側や事務委託会社が行うにしても，あくまで従業員持株会の事務局は会社内に存在しなければなりません。事務局は，普通は総務部内等に置かれ，会員名簿の管理，入会退会の処理，給与天引，口数変更等の事務を行います。

　事務管理を委託した場合，持株会は会社と別個の団体ですが，福利厚生制度ですので，外部への事務代行手数料を会社が負担することは可能です。また，負担した場合でも，1人当り年間1,000円程度で済みます。

> (4) 根回し
> 　主要株主等・関係各所や労働組合に事前の理解を得る。

　従業員持株会の設立によって，株主構成が変化しますし，優先的に従業員持株会に配当するため，主要株主には，根回しが必要です。したがって，ここでも従業員持株会によって，生産性が向上し，結果的に配当財源が増える等の説得ができなければ，つまりオーナーの節税という「本音の目的」だけでは同意が得られないことになりかねません。

　また株式の拠出を，第三者割当による場合には，株主総会の特別決議が必要ですから（会社法199条2項，同309条2項5号），その他の株主の価値が希釈化するため，株主構成や，発行価額等によっては，反対されると設立できない可能性も生じます（68頁参照）。

　事務局担当者，労働組合がある場合にはその代表者などへ事前に制度の理解を図ります。従業員持株会に対する誤解から反対運動を起こされては困るからです。また，給与天引きの場合には(9)で契約書を交わすため当然に必要です。

> (5) **規約等の書類作成**
> 　規約・募集説明書等の必要書類の原案を作成する。

　(1)(2)に基づき，必要に応じ，(4)より先に会社側で行います。
・従業員持株会規約案を作成する（見本は140頁参照）。
　会の名称は，株式会社等の表示を外した社名または愛称の後に従業員持株会と付けます。これは株式会社以外は，株式会社の文字を用いることができない会社法7条による制限です。
・募集説明書や，以降の手続に必要な書類を作成しておく。

> (6) **発起人会・設立総会・理事会の開催**
> 　理事長候補者などが集まり，発起人会で従業員持株会を結成し，規約・役員を定めます。

　小規模の従業員持株会の場合は，設立前に，(9)の会員を募集し，会員全員で設立総会を開催するのも良いでしょう。
　また，ある程度の規模の従業員持株会では，このように発起人会で設立しておいて，後で(9)のように追加募集する方が事務処理的には無理がありません。

① 発起人会で規約と役員候補者を「選任」する。
　・「設立発起人会議事録」を作成し，発起人が署名捺印をする。
② 設立総会を開催し，役員を「選任」する。
　・「従業員持株会規約」を調え，発起人が署名捺印をする。
③ 第1回理事会を開催し，理事長を「選定」する。
　・理事会議事録を作成し，各理事が署名捺印をする。

以上で，従業員持株会規約等は「案」の状態から正式な規約等になります。また，理事長の印鑑を作って，従業員持株会名義の口座を開設しておきます。

> (7) 取締役会等の承認・株主総会の特別決議
> 　設立の経緯，規約を説明し，取締役会等の承認を得て，株主総会へ

⑽の株式の拠出において，オーナーの持株を従業員持株会用に，配当優先の議決権制限株式にするにしても，第三者割当による場合には，株主総会の特別決議が必要ですから，株主総会招集の手筈等も打ち合わせなければなりません（68頁参照）。

　・「会社・従業員持株会覚書」を作成します（49頁参照）。

> (8) 関係各所との契約
> 　会社・労働組合・事務委託会社，各々との契約を締結する。

　会社との契約は，通常の事務作業のほとんどを委託するための契約です。給与天引の準備等も欠かせません。

　労働組合との契約は，給与および賞与から従業員持株会の拠出金の天引をする際に，協定書を交わさなければならないのです（労働基準法24条）。

> **労働基準法24条（賃金の支払）**
> 1　賃金は，通貨で，直接労働者に，その全額を支払わなければならない。ただし，法令若しくは労働協約に別段の定めがある場合又は厚生労働省令で定める賃金について確実な支払の方法で厚生労働省令で定めるものによる場合においては，通貨以外のもので支払い，また，法令に別段の定めがある場合又は当該事業場の労働者の過半数で組織する労働組合があるときはその労働組合，労働者の過半数で組織する労働組合がないときは労働者の過半数を代表する者との書面による協定がある場合においては，賃金の一部を控除して支払うことができる。
> 2　（略）

> (9) 会員募集の開始
> 　全従業員に対して説明会を開催し，広報活動を行う。

ここで重要なのは，後日トラブルになりやすいことを，事前にしっかりと書面で説明しておくことです。従って，退職時には従業員持株会が，取得価額で強制的に買戻すので，キャピタル・ゲインを狙うものでなく，毎年の配当利回りが高い（通常10％程度）ことを説明します。その上で，(1)の計画立案時点でシミュレーションした，目標人数に達するように努力しなければなりません。

　説明の要諦は，前章の「標準型の発展形」で述べた「経営者意識の醸成」のためです（30頁参照）。つまり，ただ単に「経営者意識の醸成」と言ったところで，ほとんどの人が分からない（中小企業では経営側の役員さえ分からないのが普通）。それどころか「経営者意識」で連想するのは，「搾取」だったりする従業員は少なからずいるのです。
　これを社長自らが，噛み砕いて説明し理解してもらい，業績を上げて高配当を継続できなければ，会員の退会が続き，従業員持株会の存続すら危ぶまれ，真の意味での従業員持株会は機能しません。

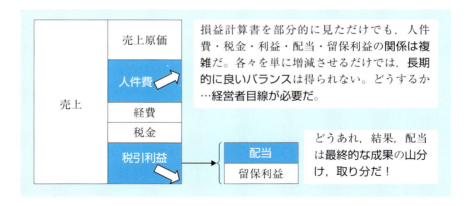

　また，規約などは，専門家でも正直なところ読む気がしないものです。したがって，絶対に，規約だけを配布するのではなく，別に抜書きして，上記の誤解しやすい部分を要約，箇条書きにし，分かりやすい募集説明書（上図のような図解入り）などを配布することです。

⑽ 株式の供給

オーナーからの株式の供給または従業員持株会への株式の第三者割当を行う。

従業員持株会に割り当てる株式を，何処からどうやって作るか（供給）については，下図の２つの方法があります。

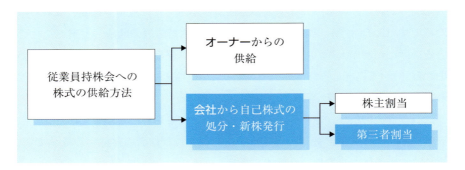

まず，オーナーからの供給の場合は，オーナーが株式を譲渡することになりますから，通常は，譲渡制限株式でしょうから，定款の規定に基づいて取締役会等の承認が必要になります（取締役会議事録が必要）。

また，⑺で説明した通り，オーナーの持株を従業員持株会用に，通常は配当優先の議決権制限株式に変換しますが，これには，定款変更のための株主総会特別決議（会社法466条，同309条２項11号）が必要ですし，種類株式として登記もしなければなりません。

次に，会社からの供給として，第三者割当による方法もよく使われますが，これを行うには，定款変更と有利発行第三者割当の株主総会特別決議（会社法199条３項）が必要になります。

なお，通常は問題ないと考えられますが，金融商品取引法による「有価証券通知書」等の提出が中堅企業では稀に起こることが予想されます。しかも過去２年以内を通算して判断しなれればならないので，注意が必要です。

株式の発行は,「有価証券の売り出し」に該当するため金融商品取引法第4条に留意しなければなりません。同条には売出価格と対象者の数に応じて,下表のように規定されています。

しかし開示ガイドライン[1]に留意し,持株会規約で退会時や解散時に現株を持出しできないと規定されている場合は提出義務はありません（金融庁確認済）。

勧誘人数（注1）	募集・売り出しの金額	
	1,000万円〜 1億円未満（注2）	1億円以上
50人未満	不要	有価証券通知書
50人以上	有価証券通知書	有価証券届出書

注1：過去6ヶ月通算で50人以上になれば有価証券届出書の提出が必要。
注2：過去2年以内に同一種類の有価証券の募集・売り出しが行われている場合には,その2年以内と今回との合計で1億円以上となれば,有価証券届出書の提出が必要。

(11) 臨時拠出・給与天引開始
会員名簿を完成させ,給与（天引）の準備をする。

会員募集の状況をフォローし,勧誘を続け,所定の日付をもって,入会手続を締切り,会社に対して臨時拠出・給与天引の書類を提出します。

臨時拠出・給与天引された拠出金・積立金を従業員持株会の預金口座で管理します。

これ以降は,148頁の「入会から退会までの手続一覧」を参考にしてください。

---

[1] 「開示ガイドライン」とは『企業内容等の開示に関する留意事項について（企業内容開示ガイドライン）平成21年7月金融庁総務企画局』といい,その5-15にて,『従業員持株会への株式を譲渡する場合の取扱いに当たっては,おおむね次のような条件にて合致している場合には,従業員持株会を一人株主として取り扱うことができることに留意する。①株主名簿に「持株会」の名義で登録されていること。②議決権の行使は「持株会」が行うこと。③配当金を「持株会」でプール運用するシステムをとっていること。』と規定されています。

2 株式の供給方法

(1) 2つの方法

非上場会社では，普段から株式は自由に流通していませんので，従業員持株会設立に合わせて，まとめて供給する株式の供給元は，オーナーからの供給か，会社が行う新株発行あるいは自己株式の処分との2種類しかありません。

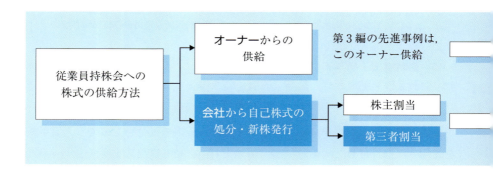

会社からの新株発行等の場合は，既存株主に平等に割り当てる「株主割当」と，不均衡に割り当てる「第三者割当」があります。

「株主割当」は，既存の株主にのみ割り当てられますから，新規に従業員持株会に割り当てることができませんので，ここでは省略します。

したがって，会社からの供給として使えるのは，「第三者割当」のみです。

誤解や混乱が多いようですので，ここで整理しておきますが，オーナーからの供給により従業員持株会が取得する場合は，取引当事者に会社は入りません。

したがって，「自己株式」という概念は登場しないのです。区別するために，オーナーら会社以外の者が所有する当該株式を「自社株式」と表現したりします。

これに対し，会社が取引当事者として関わってくると，会社が取得する自社の株式を「自己株式」と言い，従業員持株会に供給するための株式をあらかじめ会社で取得しておく場合を，「自己株式の取得」あるいは「従業員持株会に譲渡するための自己株式の取得」といいます。

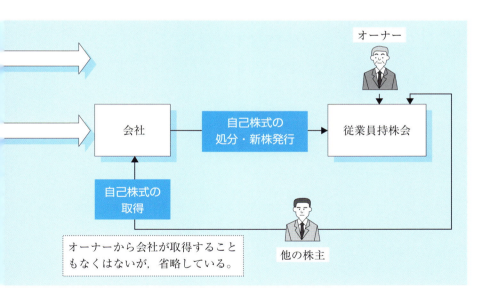

左図の「会社から自己株式の処分」とあるのは，こうして蓄えられた自己株式を処分（譲渡）することを意味します。

通常，従業員持株会の設立に際して，オーナーから会社に対して譲渡することはありません。オーナーから発行会社への譲渡により，会社が自己株式を取得する場合の税務上の適正な時価は，原則的評価額となります。相続後一定期間以外は，オーナーに高額なみなし配当課税が発生し，従業員持株会に譲渡する場合のような相続税の節税が図れません。

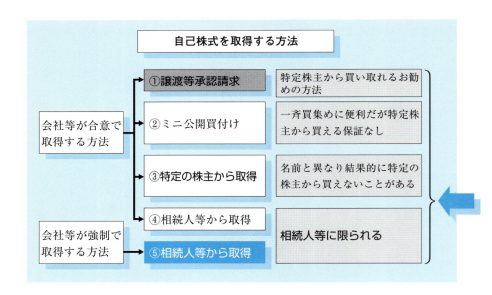

そして「自己株式の取得」は，非上場会社においては上図の方法に限定されています。したがって，他の株主から会社が自己株式を取得する場合には，一般的に，合意を待って取得する受身の方法しかありません。

そこで，オーナーによる主体的・能動的な行動で従業員持株会へ供給をします。この場合には，会社は売買当事者ではありませんから，前図の①～⑤を行うための株主総会等の複雑な会社法上の手続は不要となる訳です。

このように，会社が自己株式を取得する場合には，株主平等の原則を充足するための手続や配当可能利益の範囲内でしか取得できない等，様々な制約を受けます。

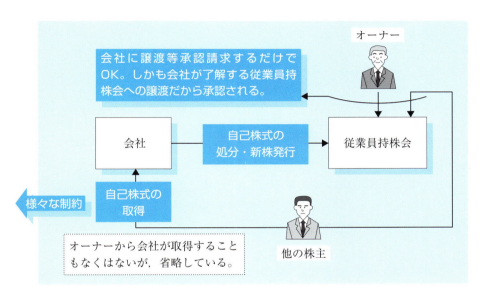

これに対して，オーナーから従業員持株会へ株式を供給するには，譲渡制限株式の譲渡承認を会社から得るだけで済みます。しかも，会社が認める従業員持株会への譲渡ですから，承認は当然受けることができ，配当還元価額という非常に安い価額での譲渡も可能です。

参考までに，上図の「他の株主」からの買取りに当たって，トリプル課税問題を回避するために，従業員持株会と会社への両方に譲渡する方策が12頁で述べたことです。

(2) 第三者割当における有利発行と贈与の問題

第三者割当は非常に重要な概念ですから、しっかり押さえておいて下さい。会社からの新株発行等（会社法では、「募集株式の発行等」といいます）の場合は、既存株主に平等に割り当てる「株主割当」と、不均衡に割り当てる「第三者割当」があることは、先述しました。この根本には「株主平等の原則」があります。

> **会社法109条（株主の平等）**
> 1　株式会社は、株主を、その有する株式の内容及び数に応じて、平等に取り扱わなければならない。
> 2・3　（略）

したがって、既存の株主に新株を割り当てる時には、同じ種類の株式を、その持株数に応じて平等に割り当てなければなりません。

また、既存株主以外に新規に割り当てる場合と、既存の株主に不均衡に割り当てる場合…これを「第三者割当」というわけですが、この場合には、その不均衡を時価による払込額をもって調整しなければ、不平等になってしまいます。

この不平等は、会社法と税法の2つの面があります。下図のように、会社法上は、「有利発行」となるため、株主総会の特別決議が必要になります。

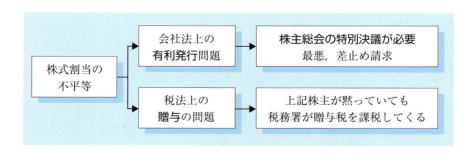

仮に，特別決議を得たとしても，最悪の場合には，不平等に扱われ損害を受ける株主から，その第三者割当の中止を求める「差止め請求」という問題にもなりかねません（通常，従業員持株会の設立では考えられませんが）。

そのようなことはないとしても，優待的に取り扱われた，今回の第三者割当を受けたものに対して，贈与があったとして贈与税が課税される場面です。

例えば，話を簡単にするために，下図のように，会社にA，Bの2人しか株主がいない場合を考えてみましょう。この会社の株式数が10株で，2人がそれぞれ7株と3株を持っていて，1株の評価が100万円，全体で1,000万円だとしますと，この会社の1,000万円の価値は，当然，株主2人のものです。

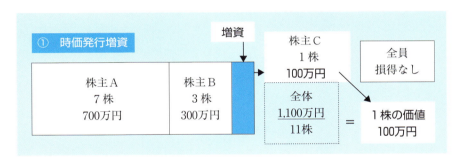

そこに「私も1株出して株主になりたい」というCが現れたとします。「増資」になる訳です。この時，幾ら出資してもらうのが正しいでしょうか？

従前の株主は，「我社は1株当たり100万円の価値だから，1株増資して仲間になるなら，100万円出して下さい」と，（通常は…）言うはずです。何故なら，100万円の出資で，合計で株数は11株で1,100万円の価値となりますから，1株当たりの価値は依然として100万円ですから，既存の株主A，Bの2人の資産価値は下がりません（これが上図①時価発行増資です）。

ところが，株主Cが100万円出すべきなのに78万円しか出資しなかったとし

ましょう（図解②時価発行でない増資）。すると，全体の価値は1,078万円となり，株数は11株となりますから，1株当たりの価値は98万円に下がってしまいます。つまり，既存株主A，Bは損し，Cは得したことになります。言い換えればA，BからCへの贈与があったことになってしまいます。

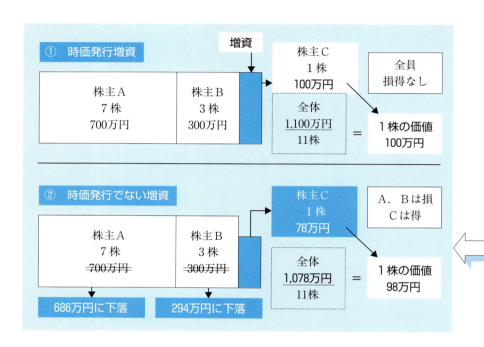

けれども，ここで面白いことにCが従業員とすると，Cの税務上の時価は，後述する配当還元価額（例えば1株5万円）という非常に安い価額となりますので，Cへの贈与課税はありません。逆に不当に高い値段かと言えば，そうでもありません。100万円超で取得したとすれば，CからA，Bへの贈与となりますが，そこまででもありません。つまり，5万円～100万円までの価額であれば，税務上は配当還元価額（5万円）～原則的評価額（100万円）ということになり，誰にも課税関係は起こらないのです。

しかし，それはあくまで税務上のことだけで，本当は，AやBにとっては100万円以下でCが株主に参加してくると，損害が出る訳です。

けれども，例えばAがオーナーだったとして，株価が下がるので相続税の節税になり文句は言いませんし，むしろそれを望む訳です。

ところが，Bはそれを望んでいないとすると従業員持株会の設立に関して協力的でなくなることが考えられます。仮にBの株式（議決権）が4株で，Aが6株であった場合には，特別決議が否決される可能性が生じます。このような場合には特に，事前にBへの根回しが欠かせません。

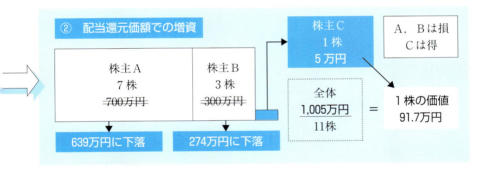

結局のところ，税務上は贈与税のかかるような有利な発行ではないけれども，78万円は会社法上の有利発行（10％程度が目安[2]）となるため，特別決議が必要となります。まして税務上認められる5万円であれば当然に，会社法上の有利発行に該当するため，特別決議が欠かせないのです。

2　一般的な基準として1割程度低くても「特に有利」とはいえないと解されてきている（東京高判昭和46年1月28日高民24巻1号1頁）。法人税基本通達2－3－7参照。

(3) 第三者割当による従業員持株会への株式供給による効果

従業員持株会への株式の供給方法は，前述のように2つあり，第一にオーナーからの供給です。この計算例が，8頁で述べたものです（右頁に再掲）。

それでは，第二の方法である「第三者割当」を用いた場合の効果について，述べることにします。8頁と同様の会社の例とし，1,000株で20億円，すなわち1株200万円と評価される会社の株式を，全て社長が所有している会社があるとします。そのままでは相続税は10億円ほどになります。簡単にするために50人の従業員としましょう。そこで第三者割当によって従業員持株会を作ります。すなわち，会社は新株を発行して，従業員持株会に割り当てるのです。

8頁と同様，1株当たり75,000円で300株を従業員持株会に第三者割当をすると，会社には75,000円×300株＝2,250万円が入ります。

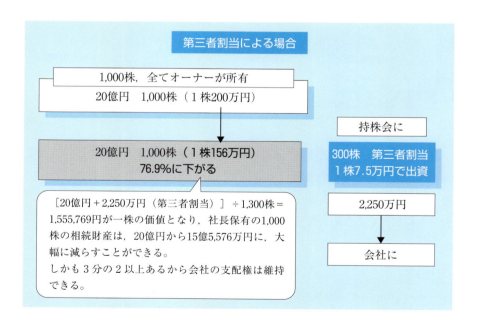

この結果，株式の価値は全体では，元からあった20億円に増資分の2,250万円を加えた額となりますが，全株式数は1,000株から300株増えて1,300株ですので，1株当たりにすると，200万円だった株価が，1,555,769円に低下します。社長は1,000株を保有していますから，15億5,576万円となり，従来の20億円から4,442万円価値を減らすことができた訳です。

　しかも社長は議決権の3分の2以上を持ちますから特別決議も単独で可能で，会社の支配権はゆるぎません。

　オーナー供給による場合に比べると，評価額を下げる効果は低いことが分かります。

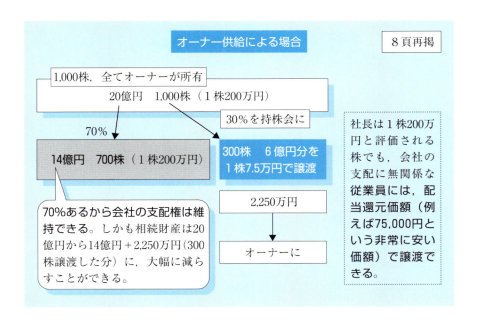

3 税務上の「時価」の考え方に注意

(1) 結論

前項のように，第三者割当をする場合は「時価」であればまったく会社法上も，税務上も問題がありませんが，そうでない場合には，贈与税の問題などが発生することがあります。

ところで，この「時価」とはいったいどんな価額をいうのでしょうか？これについては，本書の凡例には，次の図解を載せておきました。

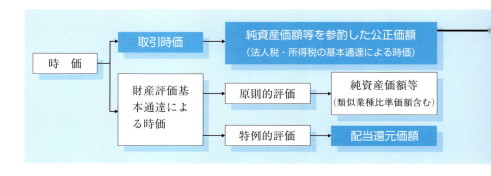

「時価」の検討は長くなりますから，先に結論から述べれば，上図の「取引時価」をいうことになります。ただし，それは，現実として取引相場のない非上場株式のことですから容易につかむことができません（これより右図参照）。そこで，相続や贈与の際に使用する時価として，下側にある「財産評価基本通達による時価」を，いわば"流用"することになります。

この場合，通常であれば，従業員持株会や従業員は，会社支配からは遠く離れた存在ですから，「特例的評価」，すなわち「配当還元価額」という非常に安い価額を適用できることになります（例外的に原則的評価になる場合が，支配権がからむ場合です。47頁参照）。
　一方，オーナーら会社支配に関係する株主にとっての時価は「原則的評価」，すなわち「純資産価額」や「類似業種比準価額」になります。従って，オーナーから従業員持株会へは「配当還元価額」が「取引時価」となりますが，逆に，従業員持株会または従業員個人からオーナーが買取る際には，「原則的評価」が「取引時価」となりますから，迂闊に買戻すことは厳禁です。

　これら「原則的評価」は一般的に高い価額となり，「配当還元価額」は一般的に「原則的評価」の数分の1から100分の1になることすらあります。

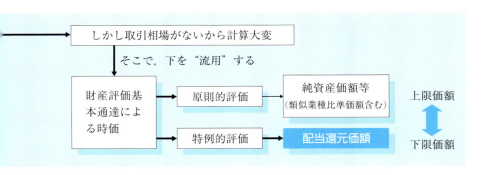

　ここで注意したいのは，「配当還元価額」は下限の価額であるということです。すなわち，上図右に示したように，これ以上安い価額で譲渡すれば，贈与税が課税されると言う価額です。したがって，これ以上の価額で，「原則的評価」に達するまでの価額であれば，贈与税の心配はないのです。配当還元価額よりも低い価額となる場合でも，税務上はパススルー課税ですので，贈与税の基礎控除額である年間110万円以下を会員毎に管理できれば，活用可能となり

ます。

このため，会社が「資金調達」を目的に第三者割当を行う場合には，会社支配に遠い者から出資を受ける場合などでも，「原則的評価」である「純資産価額等」で行っても良いのです。この方法が46頁で述べられた方法です。

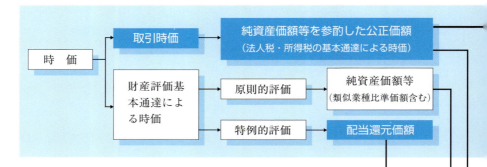

以上の「結論」について，税法間の関係や算定方法の概要を，以下121頁まで，税務上の時価に対する初心者用に述べますので必要に応じてお読み下さい。

(2) 「時価」へのアプローチ

税務上の「時価」は，難解なテーマの一つです。しかし従業員持株会制度の設計に当たって，これを無視することは出来ません。

これを，「譲渡」一般について，詳細に扱ったのが前著『非公開株式譲渡の法務・税務』で，その内の，本書のテーマに必要な基礎部分を次の(3)から，若干の修正を加えて転載しました。それでも「時価」を詳しく勉強しようとするのが目的の読者ならいざ知らず，従業員持株会制度を学ぶ上では，78頁～121頁の44頁にもわたるため，全体像をつかみ難く，少々難解ですから，その「時価」へのアプローチをここに示しました。

下図の(3)〜(6)は，次項からのタイトルを簡略化したものです。これと，74頁〜75頁の見開きで載せた図解を再掲して，関係を矢印で示しましたので全体把握にご活用ください。

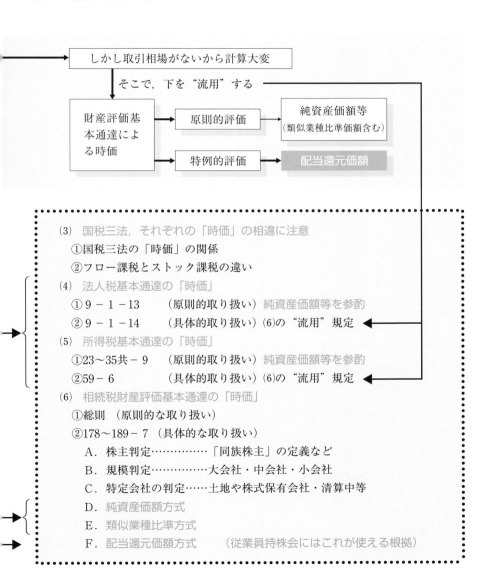

(3) 国税三法，それぞれの「時価」の相違に注意
① 国税三法の「時価」の関係

これから，国税三法，すなわち，相続税，法人税，所得税の各税法における「時価」をみてまいります。結論を先に申しておけば，三法の「時価」は同じ「時価」という文言が使われながらも，その意味合いは微妙に異なります。そして，その異なり具合が，実務においては決定的な相違を生み出し，判断に支障をきたして，立ち往生して先に進めなくなるものです。

最初に，そのイメージとして，三法の「時価」がどのように異なるかを図示しておきます。しかし，この図解は後に行くほどに変化してまいります。最初は表に大まかにつかんで頂くための図解です。

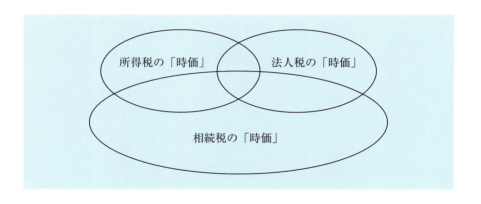

この図解は，誇張があります。がしかし，あえて，違いを際立たせるために，まずはこのイメージから入っていただきます。

すなわち，法人税・所得税共に，似てはいますが，全く同じではないこと。次に，法人税・所得税のそれぞれの規定によって「時価」が決められない時は，相続税法の「時価」の概念を使っても良い場合もあります。逆に言えば使ってはいけない場合もあるということです。

この微妙な差異に気がつかないと，パックリと開いたクレバスに身を落とす

ことになりかねません。

② フロー課税とストック課税の違い

まずは，法人税と所得税との違いです。これらは「譲渡」という取引によって財産が移転しますから，その課税期間という「時の経過」中のフローに着目して課税されますから，「動的な時価」とも言えます。

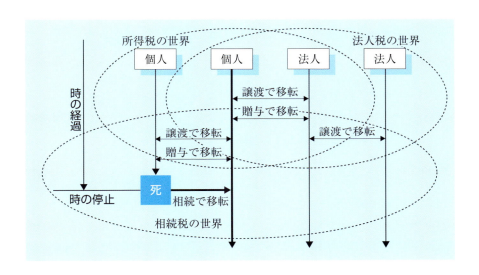

これに対して相続税は，法人税・所得税と全く異なる時価概念で，被相続人の死亡に伴って，自動的に，取引という形態を取らずに，その時点での財産，すなわちストックが，すっと，あたかも被相続人の「時が停止」した瞬間に相続人の所有になる，いわば，「静的な時価」です。

勿論，これらは原則的な場合を述べているだけで，法人にとっても常にゴーイングコンサーンとはならず，法人にとっての「死」，すなわち清算を迎えることもあるでしょうが，その場合の「時価」概念は，静的なものとなると思われますが，ここでは概要をつかむことを目的としていますので，一応捨象しておきます。

また，個人間で頻繁に行われるであろう，「贈与」については，「贈与税は相続税の補完税である」との原則から，贈与の時の「時価」は，相続税のそれを使うことになります。

③　関係通達の俯瞰

既に「結論」の部分で述べたように，従業員持株会の設立に当たっては，「時価」の算定は重要です。しかし，その根本である「時価」についての具体的算定方法は，何ら「法令」の上には書かれていません。法令には「時価による」とあるだけです。

では，どうするのかと言えば，「それでは，実務上困るでしょうから，通達に書いておきましたので，それに従って算定してください。」と言った具合にすべて「通達」に規定されているのです。

先ほどの国税三法の相違を表した図解のイメージを引き継ぎつつ，国税三法における時価に関する通達を表にまとめると次の通りです。

	フローの時価（動的な時価）を規定する	
	法人税基本通達	所得税基本通達
原則的な取り扱い	9－1－13 （4－1－5）	23〜35共－9
具体的な取り扱い	9－1－14 （4－1－6）	59－6

「法人税基本通達」と「所得税基本通達」は，それぞれ原則的取り扱いを規定した通達があります。しかし，これはあくまで原則的であるため，抽象的ですらありますから，実務上では，まだ使いにくいので，それぞれ，さらに具体的な規定がされています。

これが，前述した"流用"規定です。

一方，相続税の「財産評価基本通達」も，抽象的な取り扱いを述べる総則にあたる部分の後，30近い場面に応じた具体的な評価方法が列挙されています。

次頁からはこれを順次解説してまいりますが，法人税と所得税の通達を中心に述べ，財産評価通達は，総則の後，30ほどの場面をそれぞれは述べず，本書のテーマに沿った形で，概観のみを述べるに留めます。

これらの通達の番号は，特に法人税・所得税については，時価を検討する際には，何度も繰り返し登場しますので，その番号を覚えるほどになることでしょう。また，そうでないと，時価に関する講演を聞いていても理解がままならなくなる程に重要な項目ですから，次頁からの解説はしっかりと押さえて下さい。

	ストックの時価（静的な時価）を規定する
	財産評価基本通達
原則的な取り扱い	総則
具体的な取り扱い	178 から 189 - 7

また，財産評価基本通達の勉強をしたことがない方は，これを先に読んでから法人税・所得税へとお進み頂くのが理解しやすいでしょう。

(4) 法人税基本通達の「時価」

　法人税法上の「時価」は，法人税基本通達の9－1－13にその原則が，9－1－14にその具体的な取扱いが規定されています。

　なお，平成12年改正により上場有価証券以外の株式の価額については正式に4－1－5と4－1－6に同内容が規定されましたが，本書では沿革上の根本となった9－1－13と9－1－14で解説します。

　そこで，まず9－1－13を見てまいりましょう。

① 法人税基本通達9－1－13（原則的な取り扱い）

　9－1－13は次頁にあるように，タイトルは「上場有価証券等以外の株式の価額」で，法人税法第33条第2項の「資産の評価換えによる評価損の損金算入」の適用時の，その株式の価額，すなわち「時価」は，次の（一）～（四）の区分に応じて行うと規定しています。しかし，この通達以外に時価を規定する通達もないとから，「評価換え」に限らず，「譲渡」の場合の時価算定にも使われています。

　（一）～（四）は，（三）を見ると「売買実例のないもので」とあり，（四）を見ると「（一）から（三）までに該当しないもの」の場合とありますから，（二）の「公開途上にある」場合は殆どないことから，この番号は，適用の優先順位を表すことになります。

　つまり，まず最初に（一）のように「売買実例のあるもの」は，それが期末以前6ヶ月間におこなわれたもので，適正と認められるなら，それによります。しかし，通常そんな取引実例はありませんので次の（二）に進みます。

　ちなみに，後述する所得税基本通達では「6ヶ月」ではなく，「最近において」になっています。

法人税基本通達9－1－13（上場有価証券等以外の株式の価額）
　上場有価証券等以外の株式につき法第三三条第二項（（資産の評価換えによる評価損の損金算入））の規定を適用する場合の当該株式の価額は，次の区分に応じ，次による。

（一）　売買実例のあるもの　当該事業年度終了の日前六月間において売買の行われたもののうち適正と認められるものの価額
（二）　公開途上にある株式（証券取引所が内閣総理大臣に対して株式の上場の届出を行うことを明らかにした日から上場の日の前日までのその株式）で，当該株式の上場に際して株式の公募又は売出し（以下9－1－13において「公募等」という。）が行われるもの（（一）に該当するものを除く。）証券取引所の内規によって行われる入札により決定される入札後の公募等の価格等を参酌して通常取引されると認められる価額
（三）　売買実例のないものでその株式を発行する法人と事業の種類，規模，収益の状況等が類似する他の法人の株式の価額があるもの（（二）に該当するものを除く。）当該価額に比準して推定した価額
（四）　（一）から（三）までに該当しないもの　当該事業年度終了の日又は同日に最も近い日におけるその株式の発行法人の事業年度終了の時における一株当たりの純資産価額等を参酌して通常取引されると認められる価額

　また，「適正と認められるもの」については，何をもって適正とするかについて問題が起こりやすくなっています。通達の趣旨からして少なくとも，同族関係者間の取引価額を適正に決めたからと言って認められるものではなく，取引銀行が買取った実績をもって，第三者との取引価額だから適正とはされなかった判例もあります。
　そうすると，残る売買実例がある場合とは，純然たる第三者である者が，例えば，M&Aで会社の支配権を得るために株式を取得した場合等の実例ということになります。つまり，そんな売買実例がない場合が殆どと言えます。

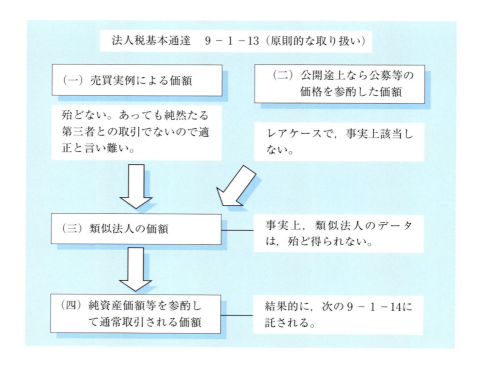

　（二）は公開途上にある株式の場合で，殆どの場合，該当しません。また，公開途上にある法人なら，先の（一）の純然たる第三者との売買実例もある可能性が生じてくるでしょう。その場合は，（一）と（二）とで，どちらか適正な価額を選択しなければなりません。

　次に（三）に進み，「類似法人価額基準」となりますが，注意すべきは，相続税の財産評価通達にある「類似業種」ではなく「類似会社」であることです。そうすると「その株式を発行する法人と事業の種類，規模，収益の状況等が類似する他の法人の株式の価額がある」を見出すことは，これまた殆ど不可能に近いこととなります。

結果，(四)の「当該事業年度終了の日又は同日に最も近い日におけるその株式の発行法人の事業年度終了の時における一株当たりの純資産価額等を参酌して通常取引されると認められる価額」に，殆どの場合がなります。

この場合，この通達が冒頭で述べたように法第33条第2項（資産の評価換えによる評価損の損金算入）の規定を適用する場合の当該株式の価額を算定するものを，「譲渡」に準用するものですから，「事業年度終了の時における」は，「譲渡の時における」に読み替えて適用することとなります。

そして「純資産価額等を参酌する」とは，後述する相続税の財産評価通達にある純資産価額方式などを使って評価することが想定されることになります。従って，次の法人税基本通達9－1－14で，その財産評価通達によって算定する規定へと託されることになります。

②　法人税基本通達9－1－14（具体的な取り扱い）

9－1－14は，87頁にあるように，タイトルは「上場有価証券等以外の株式の価額の特例」とあり，先の9－1－13の「特例」であることが分かります。9－1－14は，9－1－13の（一）売買実例がある場合，（二）公開途上にある場合を除いた時価を算定する場合ですから，（三）類似法人の株価算定と（四）純資産価額等を参酌する場合に，相続税の財産評価通達の「取引相場のない株式の評価」の部分を使って評価しようとする場合の条件が規定されています。

本文で，「課税上弊害がない限り」とあるので，これを1番目の条件とすれば，（一）～（三）に加えて，4条件で財産評価通達によることが出来ることになります。

（一）は，少々読み難い条文なので，親子会社を例にとって述べるとこうなります。

法人（親会社と仮定しましょう）が，所有するある法人（子会社と仮定しま

しょう）の株式を譲渡しようとする時の時価については，後述する相続税の財産評価通達によれば，親会社は，子会社にとって「中心的な同族株主」に該当することになります。

そのような場合に，たとえ子会社が，その財産評価通達上の「大会社」や「中会社」に該当したとしても，子会社は「小会社」に該当するものとして（つまり，通常は価額が高くなることが多い）評価するものとします。

（二）は，土地や上場有価証券を所有する法人の株式の評価は，その土地や上場有価証券については，財産評価通達によらず，譲渡時点の時価で評価し直すものとします。

（三）は，後述する財産評価通達では，含み益に対する法人税を控除して評価するのですが，これを控除しないで評価するものとします。

法人税基本通達 9 − 1 − 14（上場有価証券等以外の株式の価額の特例）

　法人が，上場有価証券等以外の株式（9 − 1 − 13の（一）及び（二）に該当するものを除く。）について法第33条第 2 項（（資産の評価換えによる評価損の損金算入））の規定を適用する場合において，事業年度終了の時における当該株式の価額につき昭和39年 4 月25日付直資56・直審(資)17「財産評価基本通達」（以下 9 − 1 − 14において「財産評価基本通達」という。）の178から189―7 まで（（取引相場のない株式の評価））の例によって算定した価額によっているときは，課税上弊害がない限り，次によることを条件としてこれを認める。

（一）　当該株式の価額につき財産評価基本通達179の例により算定する場合（同通達189―3 の（一）において同通達179に準じて算定する場合を含む。）において，当該法人が当該株式の発行会社にとつて同通達188の（二）に定める「中心的な同族株主」に該当するときは，当該発行会社は常に同通達178に定める「小会社」に該当するものとしてその例によること。

（二）　当該株式の発行会社が土地（土地の上に存する権利を含む。）又は証券取引所に上場されている有価証券を有しているときは，財産評価基本通達185の本文に定める「1 株当たりの純資産価額（相続税評価額によつて計算した金額）」の計算に当たり，これらの資産については当該事業年度終了の時における価額によること。

（三）　財産評価基本通達185の本文に定める「1 株当たりの純資産価額（相続税評価額によって計算した金額）」の計算に当たり，同通達186―2 により計算した評価差額に対する法人税額等に相当する金額は控除しないこと。

③ 法人税基本通達による「時価」のまとめ

この結果，法人税基本通達による「時価」をまとめると，下記のようになります。

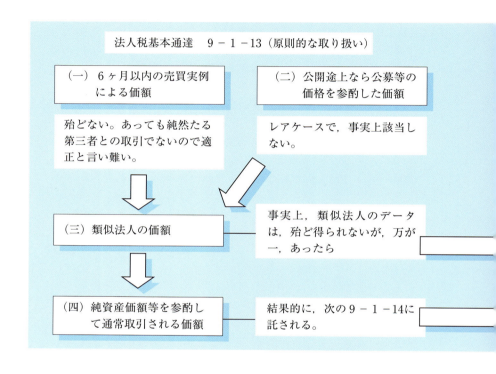

法人税基本通達　9－1－14（具体的な取り扱い）

次の，4つの条件をクリアするなら，財産評価基本通達の「取引相場のない株式の評価」の方法によっても認める。

第一条件

課税上弊害がない限り…

第二条件
その法人が，その保有する非公開会社株式の，「中心的な同族株主」である場合には，その非公開会社株式の時価は，常に「小会社」として評価する。

第三条件
土地や上場有価証券を有する非公開会社の株式は，その土地や上場有価証券については，譲渡時点の時価で評価し直す。

第四条件
純資産価額方式で算定する際の評価益に対する法人税額は控除しないで評価する。

(5) 所得税基本通達の「時価」

　所得税の「時価」は先述したように、法人税のそれと、僅かばかり違いがあります。しかし、共にフローの時価で動的なものという共通点がありますから、先に載せたイメージ図ほどのズレはありません。

　また、法人税と同様に、法令に規定はなく、所得税基本通達において規定されています。以下、法人税と異なる点を中心に見てまいりましょう。

①　所得税基本通達23～35共－9（原則的取り扱い）

　まずは、所得税基本通達の、どこに規定されているかというと、法第23条から第35条まで、つまり「各種所得」に共通する関係通達において規定されています。タイトルは「株式等を取得する権利の価額」で、法人税基本通達と異なり、直接的な規定になっていません。しかし右頁に載せましたように、その柱書で、「株式の価額は、次に掲げる場合に応じ、それぞれ次による。」とあるように、ここで「株式の価額」について規定をしておりますので、これを援用して所得税における時価としている訳です（この通達自体の意味は、この項の終わりで述べます）。

　そして、（一）が上場株式、（二）が旧株が上場されている場合、（三）が気配相場がある場合で、共に本編のテーマからは関係がないため、関係するのは最後の（四）のみということになります。

所得税基本通達23〜35共－9（株式等を取得する権利の価額）

　令第84条第1号から第4号までに掲げる権利の行使の日又は同条第5号に掲げる権利に基づく払込み又は給付の期日（払込み又は給付の期間の定めがある場合には，当該払込み又は給付をした日。以下この項において「権利行使日等」という。）における同条本文の株式の価額は，次に掲げる場合に応じ，それぞれ次による。

（一）　これらの権利の行使により取得する株式が証券取引所に上場されている場合　当該株式につき証券取引法第116条（（売買取引高相場等の公表））の規定により公表された最終価格（同条の規定により公表された最終価格がない場合は公表された最終の気配相場の価格とし，同日に最終価格又は最終の気配相場の価格のいずれもない場合には，同日前の同日に最も近い日における最終価格又は最終の気配相場の価格とする。）による。なお，二以上の証券取引所に同一の区分に属する価格があるときは，当該価格が最も高い証券取引所の価格とする。

（二）　これらの権利の行使により取得する新株（当該権利の行使があったことにより発行された株式をいう。以下この（二）及び（三）において同じ。）に係る旧株が証券取引所に上場されている場合において，当該新株が上場されていないとき　当該旧株の最終価格を基準として当該新株につき合理的に計算した価額とする。

（三）　（一）の株式及び（二）の新株に係る旧株が証券取引所に上場されていない場合において，当該株式又は当該旧株につき気配相場の価格があるとき　（一）又は（二）の最終価格を気配相場の価格と読み替えて（一）又は（二）により求めた価額とする。

（四）　（一）から（三）までに掲げる場合以外の場合　次に掲げる区分に応じ，それぞれ次に掲げる価額とする。

　　イ　売買実例のあるもの　最近において売買の行われたもののうち適正と認められる価額

　　ロ　公開途上にある株式（証券取引所が内閣総理大臣に対して株式の上場の届出を行うことを明らかにした日から上場の日の前日までのその株式及び日本証券業協会が株式を登録銘柄として登録することを明らかにした日から登録の日の前日までのその株式）で，当該株式の上場又は登録に際して株式の公募又は売出し（以下この項において「公募

等」という。）が行われるもの（イに該当するものを除く。）証券取引所又は日本証券業協会の内規によって行われる入札により決定される入札後の公募等の価格等を参酌して通常取引されると認められる価額
　ハ　売買実例のないものでその株式の発行法人と事業の種類，規模，収益の状況等が類似する他の法人の株式の価額があるもの　当該価額に比準して推定した価額
　ニ　イからハまでに該当しないもの　権利行使日等又は権利行使日等に最も近い日におけるその株式等の発行法人の１株又は１口当たりの純資産価額等を参酌して通常取引されると認められる価額

(注) この取扱いは，令第354条第２項（（新株予約権の行使に関する調書））に規定する「当該新株予約権を発行又は割当てをした株式会社の株式の１株当たりの価額」について準用する。

　これを見ると，先述した法人税基本通達（9－1－13）と同様であることに気がつきます。異なるのは，法人税でも述べたように，イの売買実例のある場合に，法人税では「６ヶ月間」となっていたものが「最近において」になっていることのみです。この違いを巡っての判例もあります。

　この通達の冒頭部分の「令第八四条第一号から第四号までに掲げる権利の行使の日又は同条第五号に掲げる権利に基づく払込み又は給付の期日（払込み又は給付の期間の定めがある場合には，当該払込み又は給付をした日。以下この項において「権利行使日等」という。）における同条本文の株式の価額は，次に掲げる場合に応じ，それぞれ次による。」の意味について，若干補足させていただきます。
　ストック・オプション等の権利行使日又は払込期日における株式又は新株等の価額の具体的な評価の方法を明らかにしているものです。

　すなわち，ストック・オプションを付与された場合の経済的利益の額は，以

下の式で表されます。

> （権利行使時の株式の時価）−（権利行使価額）＝ストック・オプションの経済的利益の額

　また，有利な発行価額による新株等を取得する権利を与えられた場合の経済的利益の額は，以下の式で表されます。

> （払込期日の新株等の価額）−（新株等の発行価額等）＝新株等の有利発行の経済的利益の額

　上記2つの算式のそれぞれにおいて株式の科学を必要としていることから，その株式の価額の具体的計算の必要性から規定されたのです。

所得税法施行令84条（株式等を取得する権利の価額）

　発行法人から次の各号に掲げる権利で当該権利の譲渡についての制限その他特別の条件が付されているものを与えられた場合（株主等として与えられた場合（当該発行法人の他の株主等に損害を及ぼすおそれがないと認められる場合に限る。）を除く。）における当該権利に係る法第36条第2項（収入金額）の価額は，当該権利の行使により取得した株式（これに準ずるものを含む。以下この条において同じ。）のその行使の日（第5号に掲げる権利にあつては，当該権利に基づく払込み又は給付の期日（払込み又は給付の期間の定めがある場合には，当該払込み又は給付をした日））における価額から次の各号に掲げる権利の区分に応じ当該各号に定める金額を控除した金額による。

　一〜五　（略）

② 所得税基本通達59-6（具体的取り扱い）

続いて，法人税と同様に，先の「原則的な取り扱い」に対して，その「具体的な取り扱い」が59-6にあります。

	フローの時価（動的な時価）を規定する	
	法人税基本通達	所得税基本通達
原則的な取り扱い	9-1-13 （4-1-5）	23～35共-9
具体的な取り扱い	9-1-14 （4-1-6）	59-6

59-6の通達は，先の23～35共-9の通達の（四）二の最後にあった「一株又は一口当たりの純資産価額等を参酌して通常取引されると認められる価額」を受けて，次頁に載せました59-6の通達の（一）～（四）の条件によるならば，財産評価基本通達の「取引相場のない株式の評価」によって評価しても良い旨，その柱書きで規定しています。

この通達は，法人税基本通達の具体的取扱いを規定した9-1-14と似た形式とはなっていますが，4つの条件の第1の条件が異なります。すなわち，法人税基本通達9-1-14の第1条件は「課税上弊害がない限りは」であったのに対して，所得税基本通達のこの59-6では，「原則として」に代わっています。

また，（一）として追加されたのが，『「同族株主」に該当するか否かは，譲渡又は贈与直前の議決権の数で判定する』と規定されています。ここは非常に重要な部分で，法人税と所得税の際立った相違点となりますし，勘違いしやすい部分ですので注意してください。

所得税基本通達59－6（株式等を贈与等した場合の「その時における価額」）

　法第59条第1項の規定の適用に当たって，譲渡所得の基因となる資産が株式（株主又は投資主となる権利，株式の割当てを受ける権利，新株予約権及び新株予約権の割当てを受ける権利を含む。以下この項において同じ。）である場合の同項に規定する「その時における価額」とは，23～35共－9に準じて算定した価額による。この場合，23～35共－9の（四）二に定める「1株又は1口当たりの純資産価額等を参酌して通常取引されると認められる価額」とは，原則として，次によることを条件に，「財産評価基本通達」の178から189－7まで（（取引相場のない株式の評価））の例により算定した価額とする。

（一）　財産評価基本通達188の（一）に定める「同族株主」に該当するかどうかは，株式を譲渡又は贈与した個人の当該譲渡又は贈与直前の議決権の数により判定すること。

（二）　当該株式の価額につき財産評価基本通達179の例により算定する場合（同通達189―3の（一）において同通達179に準じて算定する場合を含む。）において，株式を譲渡又は贈与した個人が当該株式の発行会社にとって同通達188の（二）に定める「中心的な同族株主」に該当するときは，当該発行会社は常に同通達178に定める「小会社」に該当するものとしてその例によること。

（三）　当該株式の発行会社が土地（土地の上に存する権利を含む。）又は証券取引所に上場されている有価証券を有しているときは，財産評価基本通達185の本文に定める「1株当たりの純資産価額（相続税評価額によって計算した金額）」の計算に当たり，これらの資産については，当該譲渡又は贈与の時における価額によること。

（四）　財産評価基本通達185の本文に定める「1株当たりの純資産価額（相続税評価額によって計算した金額）」の計算に当たり，同通達186―2により計算した評価差額に対する法人税額等に相当する金額は控除しないこと。

　この追加された規定の内，「同族株主」の概念の利用は，後述する相続税の財産評価基本通達によるものです。

　そこで「同族株主」に該当して譲渡する場合には，「純資産価額方式」と

「配当還元方式」による時価の内，通常は高い方の時価となる「純資産価額方式」で評価した価額で譲渡しなければなりません。ちなみに純資産価額では1,000円，配当還元価額では100円といったように，その評価額に大きな開きがあるのが通常です。

そうすると，重要なのは，この通達59－6は，その冒頭で「法第59条第１項の規定の適用にあたっては」とあるように，法59条，すなわち「みなし譲渡」の規定（次頁「参考条文」）に限定した通達であるということです。

つまり「みなし譲渡」の規定は，個人株主が，法人に対して譲渡した場合に，その時の時価よりも著しく低い価額による譲渡をした場合には，その実際の譲渡価額とは無関係に，時価（この場合「純資産価額」）で譲渡したとみなされてしまう規定です。例えば，10円で譲渡した場合に，みなされてしまう時価が1,000円なのか100円なのかでは，差額に対する課税額に大差が生じることとなるのです。

しかし，この規定は，逆に言えば個人株主が，個人に対して譲渡する場合には適用されません。そして，この個人が個人に譲渡する場合の規定は，何と所得税基本通達にはありません。

したがって，個人株主が個人に譲渡する場合は，事実上，法人税基本通達９－１－14を準用するしかないと解されます。しかし，それは結局のところ，59－6（一）の同族株主判定のみを除いて適用するのと同じことになりますから，その点も含めて次項でまとめてみます。

また，59－6（一）の「譲渡又は贈与直前の議決権の数により判定」は，例えば，下図のように，A社の株式の同族株主である甲氏が，B社にA社株式を譲渡する場合，譲渡直前では「同族株主」であることから純資産価額（例えば1,000円）で評価されて，その譲渡後の甲氏の議決権の数で判定するならば，甲氏が「同族株主」とならない場合，配当還元価額（例えば100円）で評価されますが，みなし譲渡の場合には，譲渡直前で判断するのです。

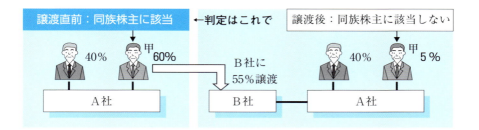

〔参考条文〕

所得税法59条（贈与等の場合の譲渡所得等の特例）
1　次に掲げる事由により居住者の有する山林（事業所得の基因となるものを除く。）又は譲渡所得の基因となる資産の移転があつた場合には，その者の山林所得の金額，譲渡所得の金額又は雑所得の金額の計算については，その事由が生じた時に，その時における価額に相当する金額により，これらの資産の譲渡があつたものとみなす。
　一　贈与（法人に対するものに限る。）又は相続（限定承認に係るものに限る。）若しくは遺贈（法人に対するもの及び個人に対する包括遺贈のうち限定承認に係るものに限る。）
　二　著しく低い価額の対価として政令で定める額による譲渡（法人に対するものに限る。）
2　（略）

③ 所得税基本通達による「時価」のまとめ

　この結果，所得税基本通達による「時価」をまとめると，下記のようになります。88頁の法人税基本通達による「時価」とを比較してみてください。

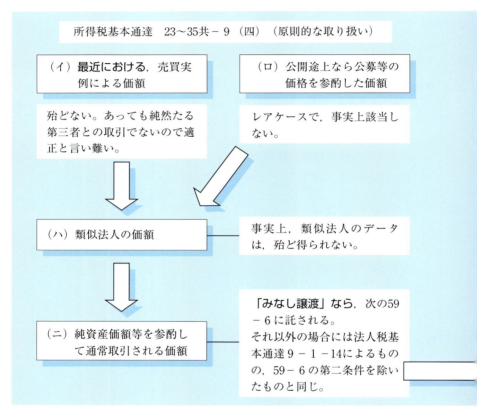

　実質的な大差はないと思われますが，法人税基本通達と比較すると，上記（ハ）については所得税基本通達では右頁に向かう矢印が存在しません。

所得税基本通達 59-6等（具体的な取り扱い）

次の，5つの条件をクリアするなら，財産評価基本通達の「取引相場のない株式の評価」の方法によっても認める。

第一条件
原則として…（法人税基本通達9-1-14の「課税上弊害がない限り」とほぼ同じと解釈）

第二条件
「同族株主」判定は譲渡前の議決権数で行う。

第三条件
その個人が，譲渡する非公開会社株式の，「中心的な同族株主」である場合には，その譲渡する非公開会社の時価は，常に「小会社」として評価する。

第四条件
土地や上場有価証券を有する非公開会社の株式は，その土地や上場有価証券については，譲渡時点の時価で評価し直す。

第五条件
純資産価額方式で算定する際の評価益に対する法人税額は控除しないで評価する。

(6) 相続税財産評価基本通達の「時価」

相続税法上の「時価」は、これまでの法人税や所得税と比較すれば、量こそ多いものの、内容は明確です。これに関する類書は多いこともありますので詳細な部分は、それらの良書に任せることとして、本書では、その概要に留めて、主に法人税や所得税のフローの時価への適用の基盤となる部分との関連で必要になる部分について述べることとします。

	ストックの時価（静的な時価）を規定する
	財産評価基本通達
原則的な取り扱い	総則
具体的な取り扱い	178 から 189 − 7

① 総則（原則的な取り扱い）

まず、相続税法において「時価」はどのように規定されているかをみてまいります。

相続税法第22条では、相続、遺贈又は贈与により取得した財産の価額は、当該財産の取得の時における「時価」によるとあります。

> **相続税法22条（評価の原則）**
> この章で特別の定めのあるものを除くほか、相続、遺贈又は贈与により取得した財産の価額は、当該財産の取得の時における時価により、当該財産の価額から控除すべき債務の金額は、その時の現況による。
> （平15法8・一部改正）

これを受けて財産評価基本通達は、相続税法22条の「時価」という2文字の解釈通達として総則第2項、第3項に以下のように規定されています。

ここでも，法人税法や所得税法と同様に，抽象的な規定がなされ，第2項では「課税時期において，それぞれの財産の現況に応じ，不特定多数の当事者間で自由な取引が行われる場合に通常成立すると認められる価額をいい」と言いつつ，それでは何ら具体的に算定できないので「その価額は，この通達の定めによって評価した価額による。」と一律に規定するのです。

> **第一章　総則**
> **（評価の原則）**
> 一　財産の評価については，次による。
> 　　（一）　評価単位
> 　　　財産の価額は，第二章以下に定める評価単位ごとに評価する。
> 　　（二）　時価の意義
> 　　　財産の価額は，時価によるものとし，時価とは，課税時期（相続，遺贈若しくは贈与により財産を取得した日若しくは相続税法の規定により相続，遺贈若しくは贈与により取得したものとみなされた財産のその取得の日又は地価税法第2条（定義）第4号に規定する課税時期をいう。以下同じ。）において，それぞれの財産の現況に応じ，不特定多数の当事者間で自由な取引が行われる場合に通常成立すると認められる価額をいい，その価額は，この通達の定めによって評価した価額による。
> 　　（三）　財産の評価
> 　　　財産の評価に当つては，その財産の価額に影響を及ぼすべきすべての事情を考慮する。

また，財産評価基本通達の総則の第5項および第6項に以下の規定があり，これもまた物議を生じますが，ここでは載せるだけとします。
　つまり，次の②で取り上げる具体的な取り扱いでも評価できない，例外の場合にここに戻ってくるというのが，財産評価基本通達の特異な部分なのです。

(評価方法の定めのない財産の評価)
五　この通達に評価方法の定めのない財産の価額は，この通達に定める評価方法に準じて評価する。

(この通達の定めにより難い場合の評価)
六　この通達の定めによつて評価することが著しく不適当と認められる財産の価額は，国税庁長官の指示を受けて評価する。

② 178から189－7（具体的な取り扱い）

　財産評価基本通達は，前頁の総則第1項にあるように「財産の価額は，第二章以下に定める評価単位ごとに評価」します。非公開株式は通常，この評価単位の一つとして右頁にある目次のように「取引相場のない株式」として評価されます。

　それでは，次項から具体的な評価を「評価方法選択までのフローチャート」に従って，6つに分けて述べてまいりましょう。

> A．株主判定
> B．規模判定
> C．特定会社の判定
> D．純資産価額
> E．類似業種比準価額
> F．配当還元価額

第一章　総則
第二章　土地及び土地の上に存する権利
第三章　家屋及び家屋の上に存する権利
第四章　構築物
第五章　果樹等及び立竹木
第六章　動産
第七章　無体財産権
第八章　その他の財産
　　第一節　株式及び出資
　　　168（評価単位）
　　　　株式及び株式に関する権利の価額は，それらの銘柄の異なるごとに，次に掲げる区分に従い，その1株又は1個ごとに評価する。
　　　（一）　上場株式
　　　（二）　気配相場等のある株式

　　　（三）　取引相場のない株式（（一）及び（二）以外の株式をいう。）
　　　　　　178（取引相場のない株式の評価上の区分）
　　　　　　……………………
　　　　　　189－7
　　　（四）　株式の割当てを受ける権利
　　　（五）　株主となる権利
　　　（六）　株式無償交付期待権
　　　（七）　配当期待権
　　　（八）　ストックオプション
　　第二節　公社債
　　第三節　定期金に関する権利
　　第四節　削除
　　第五節　信託受益権
　　第六節　その他の財産

評価方法の選択までのフローチャート

　下のフローチャートは，取引相場のない株式を評価するための「判定」とその「評価方法」を，A～Fの6つの項目順に述べていく，これから18頁にわたる見取り図のようなものです。現在地を把握しながら，体系の中の位置づけを見失うことのないように，読み進んでください。また，相続税を学ばれた方にとっては，既知のことですから122頁にお進み下さい。

　まず初めに，Aの「株主判定」です。すなわち相続等によって取得する人が，その会社の同族的株主か否かで分かれます。
　次にBの「規模判定」として，その会社の従業員数等に応じて大中小の3区分に分けられます。

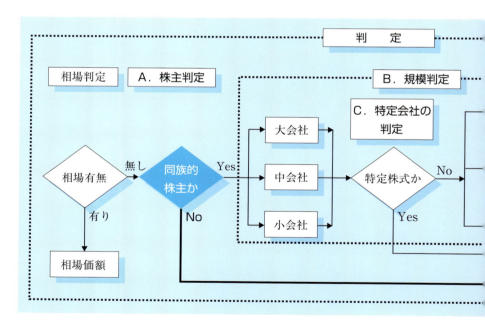

その上でCの特定会社に該当するかどうかの判定をします。つまり、会社の財産の多くが株式や土地である場合など特定の特殊な会社に該当しないかを判定します。これらの判定は大中小の区分によって異なります。

規模判定では、中会社はさらに中の大・中の中・中の小と区分されます。

こうして区分された会社に応じて、原則的評価方法と選択可能な評価方法とがあります。

本書でたびたび登場する「D．純資産価額方式」による評価方法をまず述べ、続いて、「E．類似業種比準方式」による評価方法を述べます。

最後に、Aの株主判定で、同族的株主でない場合とされた場合に使用する「F．特例的評価方法＝配当還元方式」を述べてまいりますが、これらの部分は、多分に規定解説に留まることと、あくまで、本書の理解に資する程度の概要であることに、ご理解のほどお願い致します。

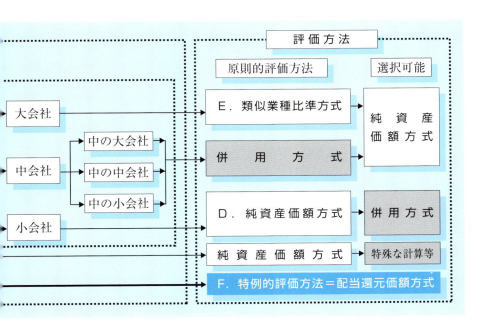

A．株主判定

　最初は「株主判定」です。3種類の株主の定義に注意してください。

ア．「同族株主」とは（財基通188⑴）

　①評価する会社に議決権割合で50％超を持っている株主グループ（同族関係者：ある株主とその親族等に，それらが支配する法人。）がいるとしましょう。すると残りの株主グループはたとえ1人で49％持っても，株主総会では50％超のグループには勝てません。この場合の50％超のグループに属する株主全員は「同族株主」と言います。「同族株主」は会社の意思決定を左右できますから，「同族株主」とされると一部例外を除き，株価は高い評価となる「原則的評価方法」で評価されます。

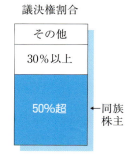

　②上記と異なり，評価する会社に50％超の株主グループがいない場合には，49％のグループは強力な権限を持ちます。したがって30％以上のグループは，あと少し抱き込み3分の1超を持てば株主総会で特別決議を否決できる無視できない存在となりえます。この場合の株主も「同族株主」となります。

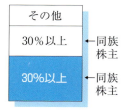

イ．「中心的な同族株主」とは（財基通188⑵）

　前記アで，同族株主の1人と配偶者等の近い親族等だけで（前記アの「同族関係者」は，ここの範囲より広い概念。）25％以上の議決権を有するその株主を「中心的な同族株主」と言います。つまり前記アの「同族株主」のコアになる株主で，求心力があるとされる訳です。これで前記アと合わせて「同族株

主」がいる会社の評価は次の通りです。

ウ．「同族株主」がいる会社の評価

株主の態様による区分				評価法
「同族株主」	取得後の議決権割合が5％以上の株主			原則的評価法（規模判定へ）
	取得後の議決権割合が5％未満の株主	「中心的な同族株主」がいない場合		
		「中心的な同族株主」がいる場合	「中心的な同族株主」	
			役員（平取除く）	
			そ の 他	特例的評価法
「同族株主」以外の株主				

エ．「同族株主」がいない場合の要点となる「中心的な株主」とは（財基通188(4)）

「同族株主」のいない場合の要点となる「中心的な株主」を見てみます。これは議決権の15％以上である株主グループのうち，いずれかのグループの中に，単独で10％以上を有する株主がいる場合，求心力を持つ可能性があるから定義されます。最後に「同族株主」のいない場合の評価は次の通りです。

オ．「同族株主」がいない会社の評価

株主の態様による区分				評価法
議決権割合が15％以上のグループに属する株主	取得後の議決権割合が5％以上の株主			原則的評価法（規模判定へ）
	取得後の議決権割合が5％未満の株主	「中心的な株主」がいない場合		
		「中心的な株主」がいる場合	役員（平取除く）	
			そ の 他	特例的評価法
議決権割合が15％未満のグループに属する株主				

　上記2つの表は一般によく使われますが，少々分かり難いのが難点です。そこで，そのすべてをまとめたフローチャートが次頁にあります。

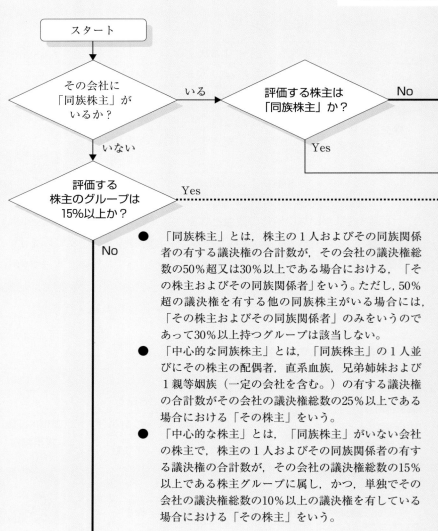

評価方法の判定

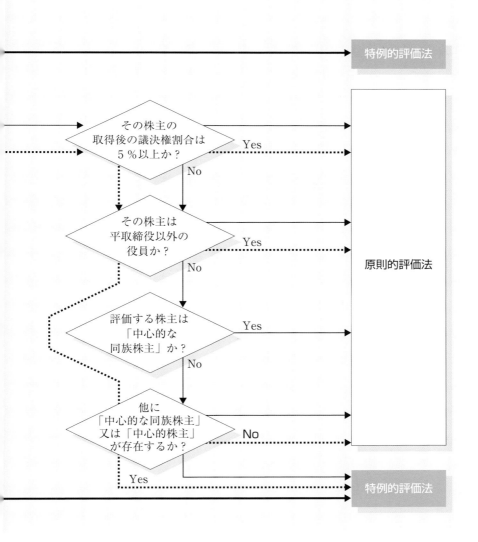

B．規模判定

前ページで原則的評価方法によるとなった場合，下表で規模を判定します。

〈卸売業〉　　　　　　　　　　　　　　　　　　　　　　　　　（財基通178，179(2)）

総資産価額と従業員数	取 引 金 額		判　定
20億円以上かつ50人超	80億円以上		大会社
14億円以上かつ50人超	50億円以上80億円未満	中会社	中の大会社
7億円以上かつ30人超	25億円以上50億円未満		中の中会社
7,000万円以上かつ5人超	2億円以上25億円未満		中の小会社
7,000万円未満又は5人以下	2億円未満		小会社

〈小売・サービス業〉

総資産価額と従業員数	取 引 金 額		判　定
10億円以上かつ50人超	20億円以上		大会社
7億円以上かつ50人超	12億円以上20億円未満	中会社	中の大会社
4億円以上かつ30人超	6億円以上12億円未満		中の中会社
4,000万円以上かつ5人超	6000万円以上6億円未満		中の小会社
4,000万円未満又は5人以下	6000万円未満		小会社

〈上記以外の業種〉

総資産価額と従業員数	取 引 金 額		判　定
10億円以上かつ50人超	20億円以上		大会社
7億円以上かつ50人超	14億円以上20億円未満	中会社	中の大会社
4億円以上かつ30人超	7億円以上14億円未満		中の中会社
5,000万円以上かつ5人超	8,000万円以上7億円未満		中の小会社
5,000万円未満又は5人以下	8,000万円未満		小会社

（注1）　つまり従業員数が100名以上は，すべて「大会社」となります。
（注2）　「総資産価額と従業員数」と「取引金額」で判定が異なる規模になるときは，上のランクに判定されます。その方が評価も下がって有利です。
（注3）　従業員数は下の式で求めます。「直前期間1年間で継続勤務者の数」には就業規則等で定められた1週間当たりの労働時間が30時間未満の者は除いてカウントします。その除いた分は次の（注4）でカウントします。
（注4）　注3以外のパートやアルバイト，中途入社，中途退職者については，直前期末以前1年間の労働時間の合計を下の式の分子に入れて計算します。

$$\text{従業員数} = \begin{array}{c}\text{直前期末以前}\\\text{1年間の継続勤務}\\\text{従業員の数}\end{array} + \frac{\text{上記注4の合計時間}}{1,800\text{時間}}$$

（財基通178(2)）

さて，規模の判定が出たら，評価方法が下の表のように自動的に決まります。

会社規模		評　価　方　法　（財基通179）
大会社		類似業種比準価額
中会社	中の大会社	類似業種比準価額×0.90＋純資産価額×0.10
	中の中会社	類似業種比準価額×0.75＋純資産価額×0.25
	中の小会社	類似業種比準価額×0.60＋純資産価額×0.40
小会社		類似業種比準価額×0.50＋純資産価額×0.50

類似業種比準価額や純資産価額についてはD，Eの項で述べます。

上の割合のことを「Lの割合」といい，この評価法を「併用方式」と言います。

　ただし，財産の多くが株式や土地である場合や配当や利益がない場合など特定の特殊な会社に該当する場合は特別な評価が必要で，次頁で述べます。

C．特定会社の判定

以下のような，特殊な会社は，後述する「純資産価額方式」によって評価することになります。こんな場合があるのだとの記憶に留めておいてください。

ア．「株式保有特定会社」になると（財基通189，189－3）

総資産の内に占める株式等の価額の割合が50％以上である会社は「株式保有特定会社」と判定され，会社の規模に関係なく純資産価額方式（次項で説明）という，通常は高い評価となる方法で評価しなければなりません。

ただし，選択により「S1＋S2方式」という簡易評価方式によることもできます。この方法は，評価する会社の財産を株式等とその他とに分けて評価します。その際に，株式等の部分は純資産価額方式で評価し，その他の財産は規模に応じて前頁の表による区分で評価し，2つを合計する方法です。

イ．「土地保有特定会社」になると（財基通189，189－4）

総資産の内に占める土地等の価額の割合が，中会社で90（大会社は70）％以上の会社は「土地保有特定会社」とされ，規模に関係なく純資産価額方式で評価しなければなりません。小会社は2頁前の表の総資産価額だけで判定すると大会社になる場合には70％以上，中会社となる場合は90％以上の場合に土地保有特定会社になります。ということは総資産価額だけで判定しても，小会社と

なる場合は「土地保有特定会社」とはなりません。（つまり「総資産価額と従業員」と「取引金額」のどちらで判定しても小会社になる会社のことです。）

ウ．開業3年未満の会社（財基通189－5）

開業3年未満の会社も純資産価額方式で評価します。これは先にお話した2つの特定会社と同様，節税目的で会社設立をし，評価の低い「類似業種比準方式」にするのを防止するのです。しかし裏を返せば，相続の日は計画できませんが，贈与の日は調整が効きますので，3年以上経過すれば節税になる訳です。

エ．配当や利益のない会社（財基通189－4）

後でお話します「類似業種比準方式」では過去2期間の配当や利益を使います。しかしこれが0の会社は不当に評価が低くなるので，その時は右表の区分に応じ評価します。

同族株主等の議決権割合	評価方法
50％超	純資産価額
50％以下	純資産価額×80％

したがって「類似業種比準方式」を使うためには配当と利益については"3期間"連続で0にしないよう管理しなければなりません。2年でなく3年です。

オ．開業前や休業中・清算中の会社（財基通189(5)，189－5，189(6)，189－6）

開業前や休業中は純資産価額で，清算中は分配見込額で評価します。
またこれらの場合上記と異なり同族株主等でない場合も特例的評価はできません。

D．純資産価額方式

ア．その名の通り…だが，そっくりさん登場

「純資産価額方式」はその名の通りの評価方法です。しかし，この名に似た名前が最近登場して誤解されやすくなりました。つまり会社法の改正で従来は貸借対照表の「資本の部」と呼ばれていた右下の部分が「純資産の部」に名称が変わりました。「純資産の部」は「資産の部」と「負債の部」の差額という意味では確かに「純」なのですが，「純資産価額方式」の「純」とは微妙に違います。「純資産の部」に2つの調整をして「純資産価額」を出します。

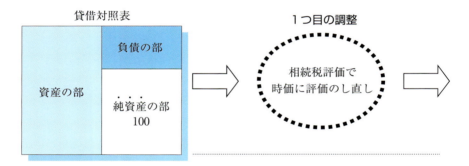

イ．1つ目の調整…評価し直し

1つ目の調整は，「相続税評価で時価に評価し直す」です。つまり貸借対照表の資産や負債は，取得価格で載っていますが相続の時などに使う時価は，評価する時点での時価ですから，そこに含み益や含み損が隠されています。それを相続税の評価に従って加減して純の価額に評価し直します。

ウ．ここにも節税のヒントあり（財基通185）

評価し直しの場面で多くの節税策が登場します。基本的方法では現金よりも土地や家屋などの方が評価が低くなりますから資産の組み換えなどを行います。

ただし相続等の日から3年以内に購入した物は原則的に取引価額で評価されますので3年経てば節税効果が出ます。

エ．2つ目の調整…42％控除（財基通186－2）

2つ目の調整は，イ．の結果，貸借対照表に載った価額よりも高い評価になれば，それは含み益つまり「評価差額」になります。その価額で売ったら，「評価差額に対して法人税等」が掛かってくるはずです。つまり，その税金は隠れた負債ですから，この「評価差額に対する法人税等に相当する金額」は評価差額の42％（法人税と住民税等の合計税率）として差し引かれます。

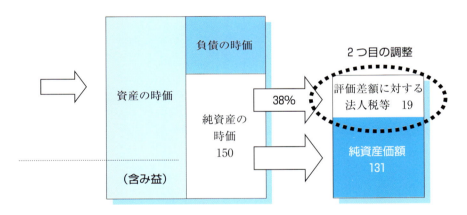

この「純資産価額方式は」は他の評価方法が使える場合でも，純資産価額の方が低ければ選択できる方法ですので，常に計算しておく必要があります。

E．類似業種比準方式

ア．まず類似業種を決める

毎年6月頃に国税庁のHPで公表される『類似業種比準価額計上の業種目及び業種目別株価等』を使って一番類似する業種目を決めます。

国税庁の資料を開くと以下のように書かれています（表の中の数値は，実際とは異なります。）。

業種目			番号	B 配当金額	C 利益金額	D 簿価純資産価額	A（株価）			
大分類							20年平均	21年10月分	21年11月分	21年12月分
	中分類									
		小分類								
製造業			6	4.2	27	284	400	453	441	456
	食料品製造業		7	5.2	29	341	419	447	436	447
		製粉業	8	3.9	23	242	299	311	295	304
		飼料製造			20	240	278	338	313	323
		パン製造			34	430	542	614	602	613
		乳製品製造	11	3.3	18	222	329	421	413	449

（製粉業の行に「我が社の業種」の吹き出し）

相続等の属する月（例12月）以前3ヶ月と前年平均の内一番安い295円を選ぶ

イ．公式に数値を入れる

類似業種比準価額の公式は次頁のように一見するとややこしいです。しかし考え方は簡単です。

まずカギカッコの中を見ると「類似業種に比べて我が社の割合がどれだけか」を配当・利益・純資産の3要素で出して加えます。この時，利益だけは3倍し

て重視します。そしてこの3倍した利益と他の2要素の合計5（c = 0 なら3）で割って平均を出します。これに類似業種の株価Aを掛けて、さらに規模別の斟酌率を掛けるという構造です。

注意するのは、「1株当たり」の計算時には実際の発行済株式数ではなく、「資本金÷50円」で求めた株数で割ることです。

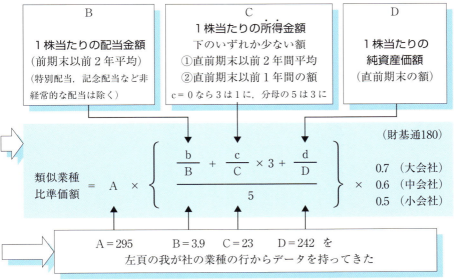

（注意）1〜6月に相続等などが起こった場合は、国税庁の発表のある6月を待たねば計算ができません。

F．配当還元価額方式

ア．対象者は支配権のない株主

本章の最初の株主の判定で，同族株主等でないと判定された株主は，株式を少数持っているだけなので「少数株主」と呼ばれます。これらの株主は，その株式を有しても配当を得る程度の価値しかありませんのでこれまでお話してきた純資産価額等の「原則的評価」と異なる「特例的評価」の配当還元方式を用います。重要なのは，この価額は非常に安いということです。

イ．計算方法

配当還元方式は，配当率を10％と仮定して，これを還元率として逆算して株価を求めます。

> 前頁のbと同じです。したがって実際の発行済株式数ではなく，「資本金÷50円」で求めた株数で，2年間の平均配当総額を割って1株当たりを求めます
> （なお，2円50銭未満になった場合は2円50銭とします）

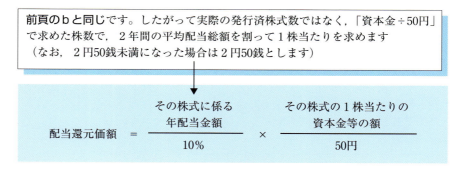

ただし純資産価額よりも高くなった場合には，純資産価額で評価します。

ウ．どんな場面で使う？

一般的に後継者は同族株主となりますから，原則的評価の純資産価額方式や類似業種比準方式で評価します。したがって，特例的評価である配当還元方式は事業承継では関係のないように思われるかもしれません。

しかし大きく分けて次の2つの場面で使います。1つは従業員持株会などの

第三者へ株式を譲渡する場合。2つ目は、将来の後継者となる第三者的などに譲渡する場合です。共に次章で詳しくお話しますので、ここでは配当還元価額を使う場面としての視点から概要をみておきましょう。

下の表は本章の1項目の株主の判定で登場したもので、強調する部分が異なるだけのものです。1つ目の、従業員持株会は「同族株主」でありませんから、表の一番下に該当して特例的評価方法が適用されます。つまり、オーナーが持っていると純資産価額（例えば1株200万円）などで評価されて相続税が高くなってしまうのですが、従業員持株会へは配当還元価額で計算した安い価額（例えば10万円）で譲渡できるので、オーナーにとっては1株当たり200万円の株式が減って、代金として10万円が入ってきますから大幅な資産の減少を通じて相続税の節税ができることになります。

2つ目は同じく第三者という意味では同じですが、将来に後継者とする見込みの遠縁の者に生前贈与をして、1つ目と同様に節税を計りつつ後継者候補に安い価額で譲っておきたい場合です。この場合は表の下から2番目の「その他」に属しますが全くの第三者が後継者候補のときは、一番下になります。

〈「同族株主」がいる会社の評価方法〉

株主の態様による区分				評価法
「同族株主」	取得後の議決権割合が5％未満の株主	取得後の議決権割合が5％以上の株主		原則的評価法
		「中心的な同族株主」がいない場合		
		「中心的な同族株主」がいる場合	「中心的な同族株主」	
			役員（平取除く）	
			その他	特例的評価法
「同族株主」以外の株主				

(7) 改めて国税三法の「時価」の関係を比較

この結果，国税三法による「時価」を非常に荒っぽくですが，まとめると下図のようになります。

これまで述べてきたように，フロー（動的）な時価である，法人税と所得税の時価は大差がありませんので，これを，「原則的な取り扱い」と「具体的な取り扱い」にまとめて，その「具体的な取り扱い」は，結局のところ，ストック（静的）な時価である「財産評価基本通達」頼りになっているのです。

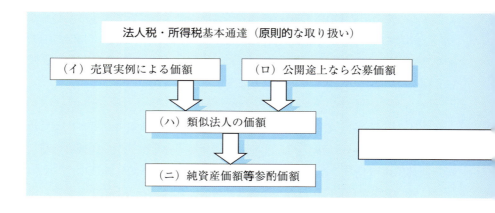

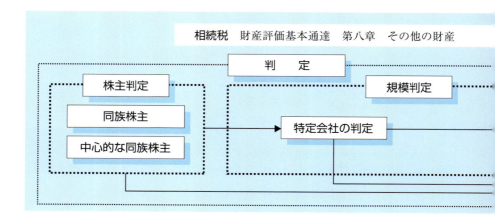

法人税・所得税基本通達（具体的な取り扱い）

第二条件
みなし譲渡なら「同族株主」判定は譲渡前で

第三条件
「中心的な同族株主」の場合，常に「小会社」

第四条件
土地や上場有価証券は，譲渡時の時価で評価

第五条件
評価益に対する法人税額は控除しない。

第一条件
「原則として」あるいは，「課税上弊害がない限り」…

以上，5つの条件の下，財産評価基本通達の「取引相場のない株式」の評価によることを認める。

第一節　株式及び出資（三）「取引相場のない株式」の評価

評価方法

会社区分	評価方式		評価法
大会社	類似業種比準方式		原則的評価法
中会社	純資産価額方式	併用方式	
小会社	配当還元方式		特例的評価法

4 加入資格・子会社従業員や役員は？

　事業承継に悩む規模の会社や，従業員持株会を検討する程度の規模の会社では，様々な雇用形態等があり加入資格があるかを迷うことがあります。また，**子会社（定義は56頁参照）や関連会社の従業員**についても同様です。さらには**役員持株会との関連**について，これらをまとめると以下のようになります。

〈従業員持株会〉

関係	従業員持株会の加入資格の有無
従業員	有る。ただし，規約によって年度末等の**一定の日現在の勤続年数（半年〜1年程度）未満の者を除く**ようにするのが一般的
パート・アルバイト等の臨時従業員	原則的に無い。ただし従業員と異ならない程度の勤続年数や実態としていわゆる**正社員と同等の勤務形態があれば，加入可**
会社法上の役員	無い。役員持株会で加入
使用人兼務役員	無い。役員持株会で加入
執行役員	原則無い。役員持株会で加入
顧問・相談役	無い。役員持株会で加入
出向中の従業員	有る
海外駐在従業員	有るが，天引で拠出金を準備する場合に，日本国内で給与支給が可能であること
子会社等の従業員	有る
関連会社の従業員	無い

〈役員持株会〉

関係	役員持株会の加入資格の有無
役員（取締役・監査役・会計参与・執行役）	有る
使用人兼務役員	有る
執行役員	有る
顧問・相談役	有る（**常勤に限定**するのが好ましい）
子会社等の役員	有る
関連会社の役員	無い

　ところで，なぜ，従業員持株会の加入資格は制限されているのかについては，証券業界から大蔵省への照会に対する下記の回答が参考になります。

> **「従業員持株会」の会員となる従業員の範囲について**
> （昭和46年6月10日　日本証券業協会連合会への大蔵省証券局長の回答（部分））
>
> 　現在行われている従業員持株制度の仕組みは，その会員となる範囲を拡大すると証券投資信託法第3条の趣旨にてらし法令違反の疑義が生ずるので，持株会の会員となる従業員の範囲は制限的に解する必要がある。従って，その範囲は当該企業の従業員のほか資本関係，人的関係等からみて，実質的に当該企業の従業員と同様と認められるものに限るものとする。

　平成24年3月の金融庁による「金融商品取引法等ガイドライン」が巻末資料4にありますので参照下さい。

5 普通株式の種類株式への転換手続

(1) 種類株式の必要性（配当優先）

　従業員持株会制度を設計するに当たって，種類株式の活用は欠かせないテーマとなっています。従来から，従業員持株会においては，「配当優先株式」を使用することは常識となっていました。なぜなら，従業員にしてみれば，キャピタル・ゲインも見込めない株式を取得し保有するメリットを作り出さなければ，そもそも従業員持株会が成立しません。その際，重要になるのが，配当優先の考え方です。

　通常の同族会社では，配当しないことも多い中，従業員持株会の株式だけには，配当をする必要があります。この場合に，同じ普通株式において，オーナー所有株式は無配として，従業員持株会の株式のみに配当するということは，会社法の根本原理の「株式平等の原則」の上からも不可能と解されます。

　したがって，普通株式が無配（あるいは少額配当）であっても，従業員持株会の所有する株式は別の種類株式とすることで，その種類株式には優先的に配

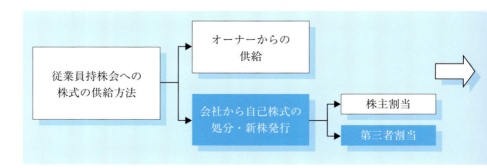

当（あるいは普通株式より高額配当）をするわけです。

そこで，従業員持株会への株式の供給方法の2つの方法の内，新株発行であれば，その株式を当初から「配当優先株式」にすればよいのですが，自己株式である普通株式や，オーナーが供給する普通株式の場合には，一旦，「配当優先株式」に転換する必要が生じます。

会社法が施行されるまでは，発行済の普通株式を種類株式へ変更するには，対象となる株式を有する株主全員の同意が必要と解釈されていました。

しかし会社法の下では，対象となる株式を有する株主の同意があれば，当該株式を配当優先株式に変更できることになりました。

(2) その他の機能を有した種類株式を組み込む

上記(1)の配当優先という機能の他にも，様々な機能を組み込むことが，会社法により可能になりました。例えば，従業員持株会制度で特にニーズが高いものとしては，「議決権制限」です。これにより経営者側は，不安感が払拭されることになりました。

前記(1)の配当優先株式とするにしても業績によっては，その配当の維持が困難な年度もあります。したがって，ある年度に配当ができなかった場合には，その分を翌年以降に繰り越すことのできるという，「累積型」の配当優先種類株式も考えられます（151頁参照）。

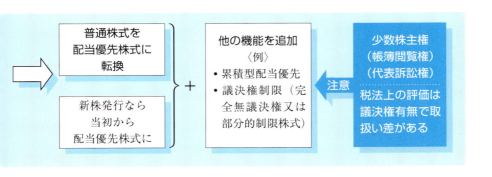

また，旧商法では，議決権制限株式は，全株式の2分の1までしか発行できませんでしたが，株式譲渡制限会社については，この2分の1の上限規制がなくなりました（会社法115条）。

(3) 少数株主権や税務評価と議決権をもって適用する規定に注意し設計

　しかし逆に，議決権のない株主であっても，帳簿閲覧権や取締役解任請求権などの少数株主権が付与されましたので，注意が必要です（会社法433条，854条）。種類株式はこの他にも，設計いかんでは大きな効果をもたらすことができます。しかし種類株式は，確実に株主の権利関係を複雑にしますし，税制上の評価の取り扱いもデリケートですから，余程の注意が必要です。

　また，税務上は，無議決権株式とすると，従業員持株会が所有する株式は株式数にカウントされないので，最低限でも「剰余金の配当に関する議決権」を付しておかねばなりません[3]。

　上記(2)(3)等に留意して，どのような機能を組み込むか？　さらには，従業員持株会に合わせて，オーナー側に別途「黄金株」という種類株式を発行するなど工夫の余地はいろいろあります（第3編の先進事例などを参考）。

　また，黄金株も，うかつに導入すると，後継者以外の先代社長が保有することで，相続税の納税猶予が受けられなくなるなどの影響が出ますから，「経営」だけでなく「会社法」「税法」「民法」「経営承継円滑化法」等を総合的に判断することが欠かせない領域です。

---

[3] この他，議決権の有無による差異は，同族会社判定や株価評価の場面で影響を及ぼします。事業承継関連で株価評価の際に種類株式の評価が未定な部分が多いため，注意が必要です。

(4) 普通株式の種類株式への転換手続

従業員持株会が所有することになる種類株式の設計が終わったら、いよいよ、普通株式をその種類株式に転換する手続に入ります。

① 2つの方法の使い分け…合意を取り付けるのが最適

この方法は、下表のように2つあります。使い分けは、反対株主の存在の有無です。すなわち、〈1〉は、オーナー自身が100％の議決権を有するか、反対株主がいないか少なくとも、他の株主が異を唱えない場合です。

第3編の先進事例は、この場合に該当します。夫婦で100％保有し、従業員持株会設立に合わせて6種の株式を設計し、これに「同意書」（387頁）を添付して登記する実例です。

	転換方法	メリットまたはデメリット
〈1〉	オーナー所有株式の一部を議決権制限株式に変換する方法（お勧めの方法）	1. 通常の場合、オーナーにとっては、内容が不利になることを自ら進んで行うので**特別決議**で可能です。ただし、これに合わせて従業員持株会には配当優先などの有利な項目を付与することになるので、**株主全員の同意が必要**です。 2. オーナーの議決権比率が100％でない限りは、この方法によりオーナーの議決権が低下します。
〈2〉	「全部取得条項付種類株式」を使う方法	手間はかかりますが、議決権の3分の2以上を保有していれば少数株主の同意なしで（ただし資金が必要になる可能性有り）、株式を転換できます。

〈2〉の手続は、議決権の3分の2以上を保有している前提で、他の株主に有無を言わせず変換してしまう方法です。極めてテクニカルな面があるため、まずは道具立てである「全部取得条項付種類株式」とは何か？　から理解する必要があります。ただし一読しても理解し難いので、とりあえず読んでから再び舞い戻って読み直すことが必要となるでしょう。

② 「全部取得条項付種類株式」とは

「全部取得条項付種類株式」とは、2種類以上の株式を発行する株式会社において、そのうちのある種類の株式の全部を、株主総会の特別決議によって会社が取得することができる旨を、定款で定めた株式のことをいいます（会社法108条1項7号、2項7号）。

③ 具体的手続は「全部取得条項付種類株式」経由で配当優先株に転換

ここでは、従業員持株会の設立に際して最も一般的である、配当優先議決権制限株式に転換する場合を述べることにします。

「全部取得条項付種類株式」は、その名の通り、「種類株式発行会社」でなければ、「全部取得条項付種類株式」を発行できません。

そこで、まず、〈1〉普通株式の他に、最終的に使う「配当優先議決権制限株式」を発行する旨の定款変更をして、2種類の株式を発行することができる会社となり、これで「種類株式発行会社」にします。この時点では、まだ「配当優先議決権制限株式」は枠だけ作っただけです。

〈2〉次に普通株式を「全部取得条項付種類株式」にする定款の定めを置きます。そして普通株式に「全部取得条項」を付与することで「全部取得条項付種類

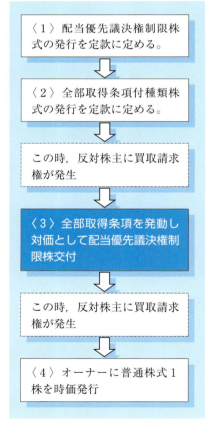

株式」とします。

　このときに，反対株主は株式買取請求権の行使をすることができます（会社法116条1項2号）。この反対株主に対してだけ現金の支払いが必要になります。したがって大勢が反対して買取額が高額になってしまえば，この方法の意味を失いますからある程度の株主との友好的関係が必要です。

　〈3〉「全部取得条項付種類株式」の名にある「全部取得条項」を発動させて，「全部取得条項付種類株式」を全部取得し，その取得の対価として従業員持株会には，「配当優先議決権制限株式」を既存の株主には「普通株式」を交付します。これも特別決議で，つごう3つの特別決議が必要ですが，これらを1回の臨時株主総会で決議することができます。
　また，この時点でも反対株主に買取請求権が認められています。

　すると，会社の株式は全て「配当優先無議決権株式」だけになってしまいます。全部の議決権がないと会社運営に差障りが生じますから，〈4〉同時にオーナーに普通株式1株を時価発行します。

　この結果，この会社は「配当優先無議決権株式」と普通株式1株とを発行する会社になりますから，議決権の100％がオーナーの下に残り，経営権の集中が図れます。

　したがって，従業員持株会の設立手順の項（58頁）で述べた，「根回し」によって，既存株主に理解を得ておく必要があるのです。この根回しの結果，同意書が貰えそうであれば，「全部取得条項付種類株式」による手間を掛けなくとも，結局は127頁で述べた「オーナーの持株の一部を転換し，他の株主全員に同意書」を貰えばよりスムーズと言えます。つまり，この方法は，特別決議が取れる議決権を有し，かつ反対株主の買取価額が僅少となる場合に有効な手段ということになります。

6 従業員の株式取得資金の調達方法

　まず，長期的には従業員の給与からの積立による方法が考えられます。しかし相続税の節税策を実行する観点からは短期的に効果をあげる必要性から，臨時拠出により速やかに従業員持株会を設立する必要がある場合も少なくありません。このような場合には，会社からの貸付金，あるいは，一旦臨時賞与を支給した上で拠出してもらうことにします。臨時賞与は例外的ではありますが，この賞与によって，法人税の節税や，株価を同時に下げることを効果として見込んで行うことがあります。その場合，臨時賞与額の多くを出資してくれるこ

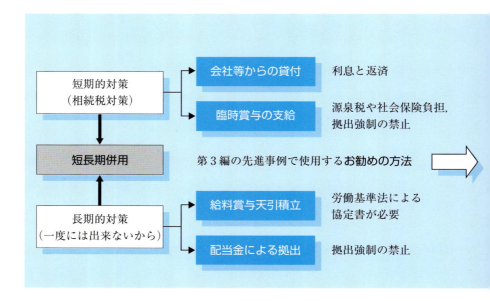

とを希望して支給されますが，これを強制することは労働基準法上できません。

その上で，長期的方策の給与天引による拠出と毎年の配当を積立てることを平行させます。親族外事業承継に用いる場合には，この短期と長期を併用する方法が，最もお勧めの方法となります。

これと事業承継計画との整合性を考慮し，一人当たり拠出額・従業員数と加入率，役員持株会の設立等も勘案して，総合的にシミュレーションしなければなりませんから相当高度な設計を要求されます。

第3編の先進事例では，多くの場合に共通する場面として，短期的にも効果を出すために設立当初にある程度まとまった拠出をし，これに応ずる資金の準備の出来ない従業員には，会社からの直接貸付または金融機関への貸付の斡旋を行います。その後，目標とする移転株数に達するまで，毎年定期的にオーナーからなされるの放出に応じるために，給料・賞与時に天引により積立を行い，毎年の配当金も積立てます。

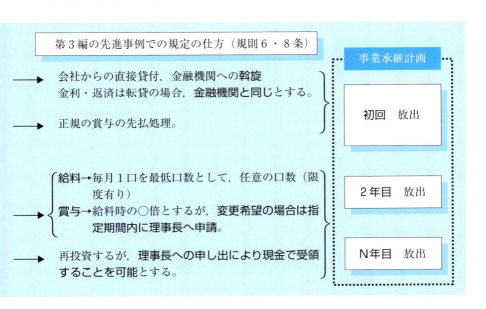

7 奨励金で加入を促進する

　従業員持株会に参加する従業員に対しては，税法上も会社法上も認められる，会社から拠出に対する補助である奨励金を付与します。奨励金は，必ず支給しなければならないものでもありませんが，これにより従業員福利目的であることの裏付けも補強しますし，従業員持株会への加入促進となります。

　一般的に適正な奨励金は，積立金として毎月あるいは臨時に拠出する金額に対して3％～10%と言われています。この場合の「適正」とは，何を問題にしているかと言えば，無制限に支給すると株主に対する利益供与になるからです。すなわち会社法では，「株主平等の原則」や「利益供与禁止規定」があるため，

> **会社法109条**（株主の平等）
> 　株式会社は，株主を，その有する株式の内容及び数に応じて，平等に取り扱わなければならない。

> **会社法120条**（株主の権利の行使に関する利益の供与）
> 1　株式会社は，何人に対しても，株主の権利の行使に関し，財産上の利益の供与（当該株式会社又はその子会社の計算においてするものに限る。以下この条において同じ。）をしてはならない。
> 2　株式会社が特定の株主に対して無償で財産上の利益の供与をしたときは，当該株式会社は，株主の権利の行使に関し，財産上の利益の供与をしたものと推定する。株式会社が特定の株主に対して有償で財産上の利益の供与をした場合において，当該株式会社又はその子会社の受けた利益が当該財産上の利益に比して著しく少ないときも，同様とする。
> 3～5　（略）

他の株主との関係上，従業員持株会の会員であるとの特別な理由で，上記程度の奨励金であれば，通常問題ないと考えられているのです。

> **会社法970条**（株主の権利の行使に関する利益供与の罪）
> 1　第960条第１項第３号から第６号までに掲げる者又はその他の株式会社の使用人が，株主の権利の行使に関し，当該株式会社又はその子会社の計算において財産上の利益を供与したときは，３年以下の懲役又は300万円以下の罰金に処する。
> 2～6　（略）

上記のように厳しい罰則規定がありますから，毎月や臨時の積立（拠出）金でなく，配当金に対する奨励金は，株式平等の原則から問題がありますので絶対に支給しないでください。

一方，税務上は，従業員の所得税の計算上は非課税となりません。これは従業員たる地位に基づいて支給を受けていますので，毎月の給与と合算して源泉徴収が必要です。また，年１回支給する奨励金であれば，賞与として源泉徴収を行うものとされます。

〈奨励金の取扱い〉

	会　社	従　業　員
税　　務	損金となる	給与所得(年調加算)として源泉徴収の対象となる
労 働 保 険	「賃金」に該当せず，時間外割り増し賃金のベースに算入されない	
社 会 保 険	社会保険料の算定基準上の「報酬」に該当しない	
会　　計	福利厚生費	──

しかし，この奨励金は労働基準法第11条の「賃金」に該当しませんので，時間外割り増し賃金のベースにも算入されませんし，社会保険料の算定基準の上での「報酬」にも該当しません。また，会社の経理処理上では，福利厚生費として会計処理されますから，もちろん損金となります。

8 従業員等それぞれの税務

(1) 従業員

① 配当金

従業員持株会からの配当金は，株式の名義人である理事長あてに一括して支払われますが，各会員個人に対する配当所得として課税されます。

しかし給与所得以外の所得が20万円以下の場合，確定申告は原則不要です。確定申告する場合でも１年10万円以下なら，申告不要にできます。しかし，あえて確定申告することで，配当控除の適用を受けて，源泉徴収された税額の還付を受けることもできます。

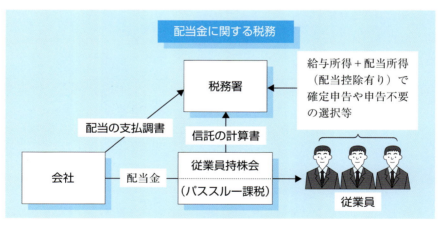

② 退会払戻し金の課税問題

退会払戻し金については，20％の申告分離課税が適用されます。しかし通常は，従業員持株会へ拠出した金額が取得価額となり，その金額で従業員持株会

が買戻すとの規約になっていますから，譲渡益は生じません。38頁の改革型や中間型でキャピタル・ゲインを認める場合には譲渡益（損）が生じる可能性がありますが，この申告を失念して追徴事件になったことが大規模な非上場会社（R社）でありました。

(2) 会社

　株主（従業員持株会）への配当は当然，損金とはなりません。また，配当所得ですから，源泉税を徴収し納付しなければなりません。また，これについては，一般の配当と同様，「支払調書」を作成し，所轄税務署へ提出しなければなりません。奨励金は福利厚生費ですが給与課税されますので年末調整で処理をします。

　また，従業員持株会への事務処理のサービスは，福利厚生費の一環として課税されません。

(3) オーナー

　株式の供給で従業員持株会へ譲渡した際に譲渡所得となり，譲渡益の20％が譲渡所得税となります。ただし多くの場合，オーナーの取得価額（発行価額）を譲渡対価とするため，譲渡益は発生しないことになります。

(4) 従業員持株会

　従業員持株会は民法上の組合として設立する場合，収益事業を行わなければ何ら申告の必要がありません。従業員の退職等により持分を買戻す場合も，従業員持株会には課税関係はは生じません（パススルー課税）。

　ただし，以下の税務書類の作成が必要です。すなわち，配当金は理事長あてに一括支払ですが，会員個人の配当所得とされ，これについて理事長は，株式の寄託信託の受託者として各人別の配当金が年間3万円以下であっても，次頁の「信託の計算書」を，毎年1月31日までに所轄税務署へ提出しなければなりません（所得税法227条，所得税法施行規則96条3項）。

136　第1編　従業員持株会の効果と運営

信託財産の種類	件　数	収益の額	費用の額	資産の額	負債の額
	件	円	円	円	円
金　　銭					
有価証券					
不動産					
その他					
計					

(摘　要)

自　平成　　年　　月　　日　信託の計算書合計表
至　平成　　年　　月　　日

(所得税法施行規則別表第7(1)関係)

税務署受付印

平成　　年　　月　　日提出

　　　税務署長殿

提出者
　所在地
　フリガナ
　名　称
　フリガナ
　代表者
　氏名印

整理番号
電　話
この調書について応答できる方　所属　氏名

処理事項　通信日付印　検収　整理簿登載

(用紙　日本工業規格　Ａ４)

信 託 の 計 算 書

(自 　年　月　日 至 　年　月　日)

信託財産に帰せられる収益及び費用の受益者等	住所(居所)又は所在地	
	氏名又は名称	
元本たる信託財産の受益者等	住所(居所)又は所在地	
	氏名又は名称	
委託者	住所(居所)又は所在地	
	氏名又は名称	
受託者	住所(居所)又は所在地	
	氏名又は名称	(電話)
	計算書の作成年月日	年　月　日

信託の期間	自　年　月　日 至　年　月　日	受益者等の異動	原因	
信託の目的			時期	

受益者等に交付した利益の内容	種類		受託者の受けるべき報酬の額等	報酬の額又はその計算方法	
	数量			支払義務者	
	時期			支払時期	
	損益分配割合			補てん又は補足の割合	

収益及び費用の明細

収益の内訳	収益の額		費用の内訳	費用の額	
	千	円		千	円
収益			費用		
合計			合計		

資産及び負債の明細

資産及び負債の内訳	資産の額及び負債の額		所在地	数量	備考
	千	円			
資産					
合計			(摘要)		
負債					
合計					
資産の合計－負債の合計					

整理欄	①	②

9 一般的な規約・書式一覧

　従業員持株会を設立するに当たっては，持株会規約の他に次のような各種書類が必要です。
　導入に当たっては，会社の状況に応じて適宜変更し，従業員持株会の実在性などを担保して実行してください。

No.	書　類　名	チェック	参照頁
1	従業員持株会規約		140頁・377頁
2	設立発起人会議事録		59頁・388頁
3	募集説明書		61頁・392頁
4	会社・従業員持株会覚書		49頁・390頁
5	設立契約書		389頁
6	理事会議事録（2と同じ）		388頁
7	入会申込書		393頁
8	取締役会招集通知		383頁
9	取締役会議事録		384頁
10	臨時株主総会招集通知		385頁
11	臨時株主総会議事録		386頁
12	株主同意書		387頁
13	定款・定款新旧対照表		354頁・364頁
14	賃金の一部控除に関する協定書		391頁
15	持分と積立金の通知書		394頁
16	退会届出書		395頁
17	持分買戻し（一部引出し）計算書		394頁

事業承継の場合などは，従業員持株会と合わせて役員持株会を同時に設立することが多いため，これにも配慮しました。

従業員持株会では，オーナー持株の譲渡承認のために，通常は取締役会の承認が必要ですし，最低でも従業員持株会のために配当優先の株式を設計することになります。これは種類株式となりますので，従業員持株会規約ばかりでなく，定款変更（株主総会の特別決議が必要）で，さらに登記をしなければなりません。

No.	概要とポイント
1	一般的な規約は140～141頁。役員持株会は174頁を参照。
2	**ある程度の規模**では，発起人会で設立しておき，後で追加募集をする。
3	会員を募る説明書で，持株会規約の概説や方針を分かり易く書く。
4	従業員持株会の「**本来の目的**」を確認し合う。
5	**小規模**の場合は，2の「設立発起人会議事録」の中で書くこともある。
6	設立直後に開催し理事長を選定する。
7	従業員持株会規約を承諾の上，入会する旨の自署捺印を必ず得る。
8	オーナー持株の**譲渡承認**を得るために通常は取締役会の承認必要。
9	上記の他，種類株式発行のための株主総会招集決議。
10	通常は株主総会の2週間前までに通知しなければなりません。
11	種類株式発行のため等の定款変更を特別決議する。
12	種類株式発行に合わせて，**該当株主の同意が必要**。
13	種類株式の内容は，定款にも明記し，登記もしなければならない。
14	**拠出給与天引**のための労働基準法上の必須書類。
15	1年1回（決算時）会員の持分残高を通知する。
16	規約による方法で買戻しを求める旨の自署押印を必ず得る。
17	退会と一部引出しの際の現金支給額の計算明細書。

サンプル　従業員持株会規約（民法「組合」の場合）

＊注意　この規約は，従業員持株会の規約の概要を「見開きで」理解して頂くために，参考程度に，できるだけ簡略化したものですから，詳細は第3編の先進事例等を参考にして，会社の経営計画・事業承継計画に沿ったものを作成して下さい。

第1条　（名称）本会は○○従業員持株会（以下「会」という。）と称する。
第2条　（会の性格）会は，民法上の組合とする。
第3条　（目的）会は○○株式会社（以下「会社」という。）の株式を取得することにより会員の福利厚生と資産運用に資することを目的とする。
第4条　（会員）会員は，会社の従業員（以下「従業員」という。）とする。ただし，勤続年数1年未満の者は除く。
第5条　（入会および退会）従業員は，この会に入会し，または退会することができる。
　2　会員が従業員でなくなった場合は，自動的に退会するものとする。
第6条　（配当金）会の所有する理事長名義の株式に対する配当金は，原則として会で再投資する。
第7条　（増資新株式の払込）理事長名義の株式に割り当てられた増資新株式については，会員は各持分に応じてこれを払い込むものとする。
第8条　（貸付金）会および会社は，会員に対して貸付の斡旋を行うことができる。
第9条　株式の取得は，その供給の都度行われるものとする。
第10条　（株式の登録配分）第7条により取得した新株式または無償交付その他原因により割当てられた株式は，割当日現在の会員の持分に応じて登録配分する。
第11条　（株式の管理および名義）会員は，前条により自己に登録配分された株式を，理事長に管理させる目的をもって信託するものとする。
　2　前項により理事長が受託する株式は，理事長名義に書き換える。
第12条　（議決権の行使）理事長名義の株式の議決権は，理事長が行使するものとする。ただし，会員は各自の持分に相当する株式の議決権の行使について，理事長に対し各株主総会ごとに別の指示を与えることができる。
第13条　（現物組入）会員は，自己の保有する株式を会の持分に組み入れることができる。
第14条　（持分の一部引出し）会員は登録配分された持分を配当還元価額を参酌した価額で一部引出すことができる。ただし株券での引出しは認め

ない。
  2　第8条により貸付を受けている場合は，前項にかかわらず，会員は，貸付に係る持分を引出すことができない。
第15条　(処分の禁止) 会員は，登録配分された持分を他に譲渡しまたは担保に供することができない。
第16条　(退会の持分返還) 会員が退会 (解散による退会を含む) したときは，当該会員の持分を，現金にて払戻しを受ける。
  2　前項により払戻しを受ける持分の評価は，配当還元価額を参酌して行う。
第17条　(役員) 会の業務を執行するため，理事2名 (うち理事長1名) 監事1名の役員をおく。
  2　前項の役員は，会員総会で会員中から選任し，理事長は，理事の中から互選により選定する。
  3　理事長は，会を代表するものとする。ただし理事長に事故ある時は，他の理事がこれにかわる。
  4　監事は，会の会計を監査し，その結果を定時会員総会に報告するものとする。
第18条　(理事会) 理事長は毎年○月に定例理事会を招集し，必要あるときは臨時理事会を招集する。
  2　理事会は理事の過半数の出席で成立し，その過半数の賛成で議決する。
第19条　(会員総会) 規約改正その他の重要事項の議決および役員選任のため，毎年○月に定時会員総会を開催する。ただし必要に応じ臨時会員総会を開催できる。
  2　会員総会は，理事長が招集する。
  3　会員総会の議決は，出席会員の過半数をもって行う。ただし，会員は，書面をもって議決権の行使を理事長に委任することができる。
  4　会員は1個の議決権を有する。
第20条　(会員への報告) 理事長は，毎年○月○日から○月○日までを計算期間とした会の決算報告書を定時会員総会で報告する。
  2　各会員には，前項の期間内の個人別持分通知書を作成し，送付するものとする。
第21条　(通知) 会の通知は，原則として社内報または社内掲示板によって行う。
第22条　(会の所在地) 会の所在地は，○○県○市○町○丁目○番○号○○株式会社内とする。
第23条　(事務の委託) 会の事務の一部は，○○株式会社に委託する。
付　則　この規約は，平成○年○月○日から実施する。

10 退会時の買戻し価額

(1) 固定化する理由

　退職時の買戻しは，従業員持株会の中でもっとも重要な問題とされる部分で，過去の裁判（第2編）でもこれが最も多くの争点となっています。

　本書で中心的に取り扱う従業員持株会は，下図（再掲）の中央の類型の会社(1)標準型と(2)標準型発展形で，退職時には，その取得価額で従業員持株会が買戻す規約を有する従業員持株会です。

　したがって，従業員にしてみれば，左図にあるように，買戻し時には，値上がり益や値下がり損である，キャピタル・ゲインやキャピタル・ロスが生じない，株式投資というよりは，貯蓄の性質に近いものです。

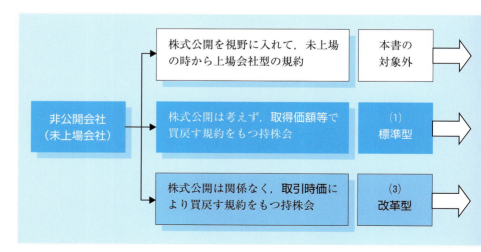

一般に（標準型では），従業員持株会は，退職者からその持分を買戻す際には，従業員が拠出した価額（通常旧額面や配当還元価額に類似した著しく低い価額）で買戻すことを，その規約に規定します（141頁の従業員持株会規約15条2項参照）。

何故そうするのかは，従業員持株会が成立しないからです。運営面では，株式の分散防止のために従業員持株会を用いて退職時に強制的に従業員持株会が買戻すにしても，その間に株価が値上がりしていると買戻すことが出来なくなります（34頁参照）。さらに，買戻した持分を従業員持株会が持ち続けることはできませんので，次の会員に拠出してもらう必要があります。高値で買戻せば，その価額で拠出してもらわなければならなくなる結果，新しい会員の参加が困難となり，結果として従業員持株会が，循環的に運営できなくなるためです[4]。

従業員が拠出した金額は，株式の供給者であるオーナー（第三者割当増資なら会社）に渡していますから，次頁図のように，従業員持株会は，会員の月掛け金がなければ資金をほとんど持たない団体です。

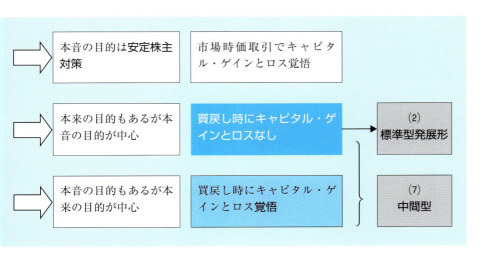

144 第1編 従業員持株会の効果と運営

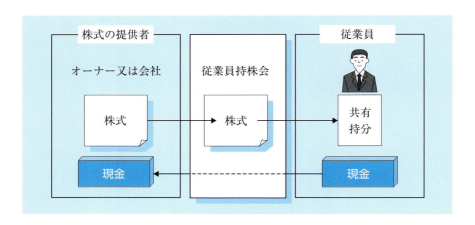

　そこで，会社が成長し，株式の時価が倍になった時に，従業員が退職した場合を考えてみましょう。持分の価値が倍になったからといって，その時価で買戻すとしていては，従業員持株会にその買戻す財源はありません。

　仕方なく，従業員持株会は会社から借り入れをして支払います。従業員持株会は返せる当ての無い借入金が，会社は回収見込みの立たない貸付金が残ったままとなります。従業員持株会を設立するような会社はある程度の会社が多いため，その金額が肥大化して返済できなくなり，会社が債務免除をすれば，給与所得課税の問題になりかねません。

　さらに，昨今のように従業員の高齢化が進み退職者が増えたら，支払いも増える結果，会社の貸付金がどんどん大きくなり，貸付金利息も膨れ上がるため放置できなくなった結果，従業員持株会から株式を買取り，貸付金と相殺した末に起きたのが次の竹中工務店事件なのです。

(2) 竹中工務店事件が教えるもの

　竹中工務店は，大手ゼネコン5社のうち，唯一の非上場会社で，サントリー

4　新谷勝『新しい従業員持株制度』210頁（税務経理協会，2008年）も同趣旨。

と並ぶ二大非上場会社です。全国主要建築を施工し自社物件を「作品」と呼ぶことでも知られた優良会社です。

新聞報道によると，最近「団塊の世代」の大量退職で従業員持株会の退会に伴う，買戻し支払額がかさんだため，会社からの借入金で応じていました。会社は2004年に320億円になっていた従業員持株会への貸付金解消のため，会が退職者から買戻した自社株790万株を，会社の簿価500円より約3,500円高い1株約4,000円で会から取得し，貸付金と相殺しました。

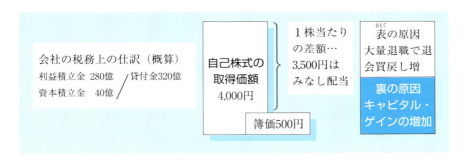

これに対し国税局は，約3,500円の差額を，「みなし配当」と認定。総額280億円につき源泉徴収（20％）対象とし，56億円の徴収漏れを指摘，不納付加算税等を含め61億円を追徴…が事件結果の概要（平成19年2月7日読売新聞報道）ですが，その内容は誠に身につまされます。

「みなし配当」は，非上場であるが故の問題で，上場会社なら従業員持株会が市場売却し，会社は市場から自己株式取得となり，会は売却益を得，「みなし配当」でないから会社側に源泉徴収義務は生じません。ただしその売却益は，パススルー課税ですので従業員持株会の会員に譲渡所得課税が生じます。

ここで重要なのは，新聞では，その根本原因を報道していませんが，社内規定で株価算定をし，その価額で従業員持株会が買戻しをしていたため，価額が膨らんだのです。このためにも，最低限，組合の場合には買戻し価額は固定的であるべきでしょう。なお，本件は提訴され地裁判決が平成23年3月17日（平成26年1月16日最高裁棄却）に下されました。第3編で詳細に検討します。

(3) 多少の変動要素と右下がり状況下の対処

非上場会社では、従業員持株会を退会あるいは、途中での一部引き出しの際の価額は、拠出金額と同じにせざるを得ないというのがこれまでも述べてきた結論です。

しかし、固定化については、完全な固定化に少なからずの疑問も出ています。

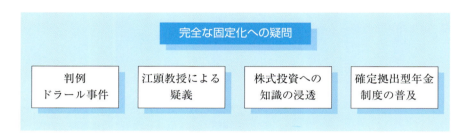

①第2編で詳細に取り上げる判例（ドラール事件）や、②学者からの疑問の指摘[5]、③昨今の株式投資に参加する国民一般の増加に伴うキャピタル・ゲインの当然視、④確定拠出型年金制度の浸透等から、完全な固定価額とせず、理事会裁量により配当還元価額を参酌して決定するなど、実務的な規定とし、結果的に配当還元価額に落ち着くといった考えに傾きつつあります。

本書で「中間型」として、48頁で紹介したキャピタル・ゲインを出す方法も、実例はありません[6]。

しかし、固定化あるいは多少の変動要素を加えたにしたにしても、前項の竹中工務店のように、退会者の方が入会者よりも多くなるという現象は、高齢社会ではどこにでも起こり得、大きい会社ほど、その影響が顕著に現れることになります。このような右下がり状況下にある場合には、拠出金額ベース等の固定した価額であれば、従業員持株会が会社からする借入金が巨額にならないと

---

[5] 江頭憲治郎『株式会社法』244頁（有斐閣、第6版、2011年）。
[6] 牧口晴一「閉鎖会社における開かれた従業員持株会の設計」名古屋大学大学院法学研究科『高度専門人養成コース研究教育年報（2004年度）』。

いう程度に過ぎません。ここについての解決策の妙手は見付かりません。固定価額での買戻しであったにしろ，従業員持株会は元々資金をほとんど持たない団体であることから，退会者が続出すれば存続の危機を免れ得ない存在です。竹中工務店のような大会社は新聞沙汰となりましたが，それは氷山の一角と考えられます[7]。

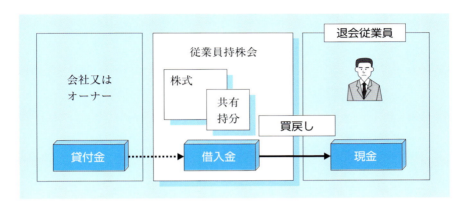

しかし，このような場合，後述の解散でも触れるように，会社側あるいはオーナー側の道義的な責任は当然にあるわけで，これを放置することは「本来の目的」である『従業員の福利厚生』を見失っている状態ということが露呈している場合といえます。放置し続けるから問題化するのです。

---

7 インターネット上では，退会者が多くなって現金がなくなっての従業員持株会の解散となり，精算金ももらえないとする怨嗟の声もまま見受けられます。

11 入会から退会までの手続一覧

これまで色々述べてきた手続を事務一覧としてまとめました。

No.	事　務　内　容	チェック欄
入　会　時　の　事　務　（通常は入会日を年1～2回に限定する）		
1	入会申込書等により入会受付し会員台帳作成	393頁
2	臨時拠出・給与天引と奨励金の開始手続	391頁
毎　月　の　日　常　事　務		
3	給与天引**積立金**と奨励金を個人別に残高管理	
4	**供給株式の配分**：拠出額に応じて計算	
5	株券の管理：なるべく**株券不発行**に定款変更する 株券発行なら，株券不所持手続をする	
決　算　関　係　の　事　務		
6	**配当金の受領**：株主総会後に配当金が理事長名義で一括支払いされるので，これを決算期末時点の会員の持分に応じて計算する	
7	会員毎に配当金がある場合は，「**信託に関する計算書**」を作成して，1月31日までに所轄税務署長へ提出	136・137頁
8	年1回以上「**持分通知書**」を作成し，会員に持分と積立金を通知する	394頁
9	理事会の開催と運営	
10	会員総会の開催と運営　決算報告作成	
臨　時　の　事　務　（一部引出し・退会）		
11	一部引出し申出書による持分の計算と通知	394頁
12	退会届出書による持分の計算と通知	395頁

株券不発行へ定款変更のお勧め

　平成16年商法改正で定款に定めれば，株券不発行にできると改正されましたが，それまでは，株券発行が義務付けられていました。ところで株式譲渡制限会社は，株券不所持制度や同年の創設された制度（株式譲渡制限会社である株券発行会社は，株主の請求がある時までは，株券を発行しないことができる特例）の実質的適用により，株券を発行していないのが実情でした。

　平成17年会社法制定で，株券に関しては，会社法214条で「株式会社は，その株式をに係る株券を発行する旨を定款で定めることができる。」と規定され，これまでと逆に株券不発行が原則になったのです。

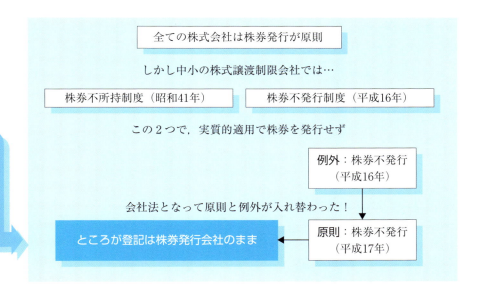

　ところが，これまでの登記は，自動的には変更されませんから，多くの会社が株券発行のままになっています。株主から請求されると発行しなければならない株券は，譲渡制限株式といえども，民法上はその譲渡は有効なため，良からぬ者へ渡って，対応に苦慮することがあります。これを機会に是非，原則である不発行に定款を変更し，登記をすることを強くお勧めします。

12　種類株式で安定度を増した従業員持株会

　従業員持株会には，配当優先株式という種類株式に転換して渡す。その際に，無議決権株式にすることと，方法を127頁で述べましたが，これは最低限のことをしたに過ぎません。平成18年施行の会社法では，他に沢山の種類株式があり，それを活用することで，従業員持株会はさらに安定性を増し，事業承継にも大いに役立てられることになりました。

　種類株式は，組み合わせにより無限と言える内容の株式を設計することができます。本書ではそのうち特に，第3編の先進活用事例で使われる3種類の種類株式と例外的ながらも有益な(1)について，まず紹介します。

従業員持株会と併用して事業承継に役立つ種類株式

(1)　取得条項付株式
　　　会社から，従業員が**退職した場合に強制的に買戻す**ことができる株式。
(2)　取得請求権付株式
　　　株主から，好きなときに，会社に対して**買取ることを請求**できる株式。
(3)　拒否権付株式　（いわゆる「黄金株」）
　　　オーナーが，後継者が行う合併などの重大な決議を拒否して，後継者の暴走を阻止できる株式。
(4)　属人的株式　（いわゆる「資格株」）
　　　オーナーが，少なくなった株数の中，そのオーナーという**固有の人物が所有することにより権利が付与される**株式。

さて具体的に述べる前に，これまでに述べた種類株式について，まとめておきます。従業員持株会には通常の場合でも以下の(5)～(7)の全てを組み合わせて使い，オーナーの所有する株式は(7)だけを内容とします。

先進活用事例では，これらに先の(1)～(4)を組み合わせるのです。

---

(5) **配当優先株式**　（いわゆる「優先株」）

　　従業員持株会に渡される株式の内容とするもので，オーナーらの所有する株式に優先して配当を得る権利を有する株式で，その配当の扱いによって以下の組み合わせがある。
　① 優先配当を行ってなお分配すべき配当金がある場合に，普通株式とともに配当を受けることができる**参加的優先株式**と，それができない**非参加的優先株式**がある。
　② 配当金の不足により優先配当を受けられなかった年度の不足分について次年度以降に優先的に配当がされるものを**累積的優先株式**といい，されないものを**非累積的優先株式**という。

(6) **議決権制限株式**

　　従業員持株会に渡される株式の内容とするもので，株主総会での議決権が制限されている株式で，大別して次の2種類がある。
　① **無議決権株式**
　　　議決権の無い株式で，完全無議決権株式ともいい，従業員持株会には通常この株式を使うことが多い。
　② **一部議決権株式**
　　　議決権のうち，一部の議決権を制限した株式をいう。様々な議決事項があり，その議決事項を組み合わせることで，無限の種類の株式を設計することが可能となる。

(7) **譲渡制限株式**

　　株主が保有株を**譲渡する場合**，定款規定の機関（通常は取締役会）の**承認を要する**とする株式。非公開会社は全株式がこれです。

(1) 取得条項付株式

① 「取得条項付株式」の意味と効果

「取得条項付株式」は、会社から、従業員が退職した場合に強制的に買戻すことができる株式です。記憶に留まるよう荒っぽいニックネームを付けるとすれば「召し上げ株」なのです。

従業員持株会は何故作るのかという表裏２つの目的からも、従業員に直接株式を持たせると、それは従業員の私有財産となり、取戻すことが出来なくなることが挙げられます。つまり、会社の閉鎖性を保ちたい要望から、従業員が退職した際には買戻すことが出来るようにしておきたいわけです。

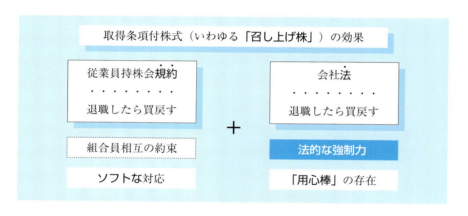

従来、この要望を満たすには、従業員持株会規約において、退職時に買戻すとの規定を入れることにより充足させてきました。しかし会社法の改正により、種類株式が充実し「取得条項付株式」が認められたため、その取得条項を、従業員の退職の事由の発生と規定すれば、自動的に、しかも会社法上の取り決めとして、つまり法的に買戻すことが可能となりました。したがって、この点では、従業員持株会の存在意義はなくなったかに見えますが、そうではありません。しかしながら、この取得条項付株式は直接的には従業員持株会に使うことはありません。後ろに控える「用心棒」なのです。

② 「取得条項付株式」とは（会社法108条1項6号，2項6号）

それでは，ここで「取得条項付株式」を確認してみますと，以下のようになっていますが，条文そのものは煩雑なのでまとめてあります。

> 当該種類の株式について，当該株式会社が一定の事由が生じたことを条件として，株式を取得できることを定めた株式です。
>
> 定款において，一定の事由が生じたことを条件として会社がこれを取得することができることについて，次の事項を定めなければなりません。
> ① 一定の事由が生じた日に，当該株式を取得する旨及びその事由
> ② 別に定める日が到来することをもって，①の事由とするときはその旨
> ③ ①の事由が生じた日に，①の株式の一部を取得するときは，その旨と取得する株式の一部の決定方法

③ 「取得条項付株式」導入の定款の変更手続の特則（会社法111条1項）

ある種類の株式の発行後に定款を変更して「取得条項付株式」についての定めを設け，又は定款の変更をしようとするときは，当該種類の株式を有する株主全員の同意を得なくてはなりません。「取得条項付株式」は会社が取得することに対して株主サイドに拒否権がないので，導入に際しては当該種類株式を有する株主全員の同意が必要なわけです。

したがって，種類株式発行会社（定款に複数種の株式の発行することを定めている会社）の場合で，取得条項を付そうとする種類株式を発行する前ならば，取得条項を定める定款変更をしようとするときは，発行前なら，その種類株主は居ないので，特別決議のみで可能です。

このように，導入に当たって，当該種類の株式を有する株主全員の同意が必要というのが最大の特徴といえます。一見すると難関かのようにも思えますが，株主数の少ない中小会社においては株主総会の特別決議を経ずに，同意を得れば済みますから簡単かもしれません。したがって，オーナーが生前に株主との

友好関係を築いてリーダーシップをもって同意を取り付ければ，利用しやすい方法とも言えます。

④ 既に従業員が株式を直接保有している場合

従業員持株会が発足する前から，株式を従業員に直接持たせている会社があります。このような会社では，後述するように，従業員持株会の発足に合わせて組み入れることが出来なくはありませんが，その取得価額が余りに従業員持株会の拠出金額と異なる場合には困難を伴います。

そこで，直接保有株式に，取得条項を付すことで，従業員持株制度を従業員持株会と直接持株制度の2本建てにすることも考えられます。

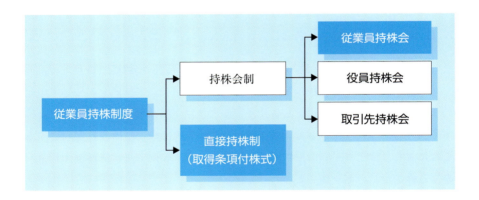

この場合には，取得条項付の株式を定款で例えば，次頁のように定めて登記をします。なお，直接保有の従業員が複数居る場合には，それぞれ個人別に種類株式の名称を付けて，この条項を人数分規定することが良いでしょう。

> **定款9条②**
>   当該種類株主において補助人，保佐人，成年後見人が選任された場合，又は任意後見人との間の任意後見契約の効力が発生した場合，もしくは当該株主が当会社の従業員持株会規約第4条（会員の資格）を満たさなくなった場合，又は死亡した場合，当会社は当該株主より株式を取得することができる。1株あたりの買取金額は50,000円とする。

　何故なのかといえば，取得条項付株式は，取得条項が発生した時には，その種類の株式について，一斉に取得されるという意見もあります。2頁前の条文を確認して頂くとそれが判ります。条文の③の一部取得は，その株式の保有している株主に平等に取得されるので，プロラタで取得することになり，一部の従業員だけから取得することができないという説です。
　したがって，一人の退職が，他の直接保有株主である従業員への取得にならないようにしなければなりませんので，個人別に規定するわけです。

　また，取得条項付株式を従業員持株会の保有する株式に適用できないかと考える向きもあるようですが，従業員持株会では，その株式は，管理信託という形式により，その株式の名義は理事長になっています。すなわち，株式が特定の従業員の名義であれば，その特定の従業員の退職により，その取得条項が成立することになるでしょうが，名義が異なるため，信託の隔離機能が働き，取得条項が及ばないことになってしまうのです。

⑤　「取得条項付株式」の取得手続

　従業員持株会に加入していないで，直接株式を保有している従業員の退職，つまり取得条項が発生し，株式の一部を取得する場合（会社法169条）となりますが，これは定款で取得する日は決定されていますが取得株式が決定していない場合となります。この場合は，取得株式を決定するには，株主総会（取締役会設置会社は取締役会）の普通決議によります。ただし定款で代表取締役が

決定すると定めることもできます。一部取得対象株式の株主に対して直ちにその旨を通知し又は公告しなければなりません。

なお，取得条項付株式の取得の対価として当該会社の株式以外を交付する場合（つまり現金による買戻しの場合）は財源規制（会社法170条5項）があります。会社法第461条1項の「配当等の制限」に記載されていませんのでご注意下さい。

(2) 取得請求権付株式
① 「取得請求権付株式」の意味と効果

株主から，好きなときに，会社に対して買取ることを強制的に請求できる株式が「取得請求権付株式」で，この請求に対して会社は拒むことができません。こちらも記憶に留まる荒っぽいニックネームを付けると「取立て株」と言えます。

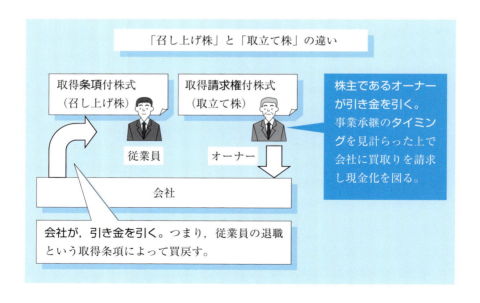

先述(1)の「取得条項付株式」が，会社側から引き金（トリガー）を引いて株式を「召し上げる」のに対して，こちらは，株主（オーナー）側から引き金を引いて，まるで請求書を突き付けるかのように株式を現金化する（会社は株式を取得する）のです。ニックネームは共にオーナーから見たイメージに由来します。

　この機能を活かして，事業承継スケジュールのタイミングを見計らった上で，オーナーが保有株式の現金化を図るために使います。もちろん，このタイミングは様々な要件を総合判断してなされますが，自己株式の取得になりますから，財源規制もあります。会社が取得後に，自己株式（金庫株）となったものを，後継者が買い取ることができる条件が整った場合に処分すれば，事業承継がスムーズに進むわけです。もちろん，これは事業承継の一つのプランであって，取得請求権を行使せずに，相続させる方法もあります。

　興味深いのは，第3編の「先進活用事例」では，左図のように「取得請求権付株式」は従業員持株会との直接の関係はない設計となっているのです。つまり，「取得請求権付株式」はオーナーのみが所有するのです。

② 「取得請求権付株式」とは（会社法2条18号，108条1項5号，2項5号）
「取得請求権付株式」の条文の内容を確認しておきますと次の通りです。

> **会社法2条18号**
> 　株式会社がその発行する全部又は一部の株式の内容として株主が当該株式会社に対して当該株式の取得を請求することができる旨の定めを設けている場合における当該株式をいいます。

　ここで，(1)の「取得条項付株式」とも共通する「財源制限」について簡単に触れておきます。両株式とも自己株式の取得ですから，タコが自分の足を食べ

るのと同じで無制限に認めると身を滅ぼすわけです。したがって，余分に付いた脂肪（蓄え）の分は食べてもOKという制限を付けたものと考えて頂ければよいでしょう。具体的な計算は非常に複雑ですが，簡略すれば「資産総額」−「負債総額」−「資本金」−「法定準備金」＝「分配可能額」となり，この範囲内でなら自己株式の取得ができるわけです。「取得条項付株式」は通常は買戻しが集中しませんし，少額ですが，オーナーの所有する「取得請求権付株式」による請求は，株数によっては実質的事業「譲渡」になり，金額が巨額になる可能性がありますから，この財源規制にも注意を払わなければなりません。

③ 「先進活用事例」での取得請求権

第3編「先進活用事例」での取得請求権は，同社定款においてC種類株式と称して以下のように規定しています。

> **定款9条③（前段）**
> C種類株式を有する株主（以下，「C種類株主」という。）は，当会社に対してC種類株式の取得をいつでも請求することができる。
> C種類株主から当該請求があった場合，当会社は，C種類株式の取得と引換えにC種類株式1株につき，当会社所定の算出方法（「法人税基本通達9−1−14上場有価証券以外の株式の価額の特例」を斟酌する方法）により算定された時価に相当する金銭を支払う。

最初は，「取得請求権株式」である旨の規定であり，次に，いくらで会社は買取るかとする重要な部分ですが，これは会社法には規定がないので，現実的には相当緻密な計算を求められます。

法人税基本通達9−1−14については，85頁で述べた通りですが，これを現実に適用するには，様々な困難が発生します。

この詳細については前著『非公開株式譲渡の法務・税務』に譲らざるを得ませんが，極めて簡単に述べるならば，税法が通達で定める適正な時価でなけれ

ば，種々の余分な課税問題が生じますから，その「税務上の適正な時価」によって買取る必要があります。

その「税務上の適正な時価」は，この場合，やはり財産評価基本通達上の原則的評価である純資産価額，つまり高い価額となり，それに先の法人税基本通達9－1－14による調整を加えると，通常はさらに高くなるものと考えられます。まさしく，自社に対して，事業「譲渡」するかのような場面となりますから，ここでも，前頁の財源規制に注意しなければなりませんし，場合によっては，株式分割をすることなどで，少量ずつの請求という手段も考えことになります。

さらには，取得請求に応え得る財務内容にするため，従業員持株会や役員持株会等など様々な工夫と手段によって全社一丸となってゆくことが求められるとも言えます。

ところで，「先進活用事例」では，3種の株式が登場し，定款に記載され，登記もされますが，そのうちの取得請求権付株式の株数は，下記のようになっています。

定款7条（発行可能種類株式総数及び発行する各種類株式の内容）
　当会社の発行可能種類株式総数は，以下のとおりとする。
　　（──　①，②の株式は省略　──）
　③　C種類株式（譲渡制限付取得請求権付拒否権付株式）　　1株
　④　D種類株式（譲渡制限付取得請求権付株式）　　500株

実は，この会社はご夫婦2人が創業者で，500株ずつ合計1,000株を所有していました。全て譲渡制限付株式です。以下では，譲渡制限付という文言は省略して記述します。持株会を組成した段階で，会長所有の500株を従業員持株会用に配当優先無議決権株式として200株，役員持株会用に普通株式として299株，残りの1株を上記C種類株式に変更しました。

一方，専務（奥様）の株式はD種類株式に変更しました。

会長の株式の放出の伴い，会長の所有株式が徐々に減少します。その分，事業承継が親族外に進んで行きます。そして最後に会長の手許に残るのは，お目付け役として機能する拒否権付株式1株なのです。それでは，次項(3)で上記を図解して述べます。

(3) 拒否権付株式（いわゆる「黄金株」）
① 「先進活用事例」での拒否権

さあ，段々複雑になってきましたので，この辺りで整理してみましょう。前頁の先進活用事例の会社の株式構成を図解すると下図のようになります。

オーナー会長は，「拒否権付株式」であることに注目してください。そして，従業員持株会と役員持株会のＡＢの株式の差異は議決権の有無です。従業員持株会のＡ種類株式は，役員らのＢ種類株式よりも高配当になります。

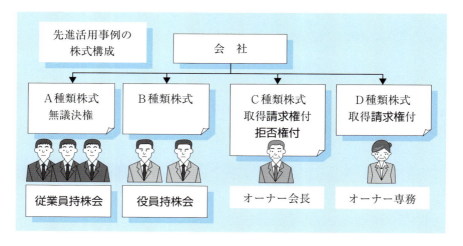

先進活用事例は，オーナー夫婦が50％ずつ所有する株式のうち，オーナー会長の持株を何年度かに分けて放出して，従業員持株会と役員持株会に，移転させてゆきますので，最終的にはオーナー会長は，上記のＣ種類株式1株を持つに至ります。そうすると議決権も1個しかありません。オーナー専務（奥様）

が残りの50％を有していますので，夫婦の仲が良ければ過半数を維持できます。

　しかし，オーナー専務も徐々に「取得請求権」を発動して会社に買い取ってもらうと，2人合わせても過半数を維持できなくなり，やがては，議決権のある役員らだけで特別決議のできる3分の2を超えるかもしれません。

　そんな状況で，1株だけの「拒否権付株式」を有することで，役員らが，間違った意思決定で，例えば会社の合併や取締役の選任等の重大な事柄について「NO！」と言える権利を残し，自分の意思を影響させることができるようにしているのです。

　このように，「黄金株は黄門株！」と言われる位，いざ！　と言う時に，印籠を出して，止めさせる絶大なる力を発揮します。しかしながら，この株式は積極的に議案を出して通してゆくという提案権はなく，拒否権だけですから「消極的な院政」のようなものです。黄金株に役員選解任権を付与することで「積極的な院政」も可能です。つまり拒否権付役員選解任権付き種類株式にします。

　拒否できる内容は，自由に・細かく定款で指定することができますが，この事例の場合は先の定款の続きに以下のように規定しています。

> **定款9条③（後段）**
> 　（拒否権）株主総会または取締役会において決議すべきすべての事項につき，C種類株主のうち1名でも反対の意思表示をした者がいるときには，当該決議のほかC種類株主を構成員とする種類株主総会の決議を要する。

② 「拒否権付株式」とは（会社法108条1項8号）

「拒否権付株式」の条文の内容を確認しておきますと次の通りです。

> **会社法108条1項8号**
> 　株主総会において決議すべき事項のうち，当該決議のほか，当該種類の株式の種類株主を構成員とする種類株主総会の決議があることを必要とするもの。

(4) 属人的株式（いわゆる「資格株」）

① 「先進活用事例」での属人的株式

「属人的株式」は，極めて特殊な株式で，先に「オーナーが，少なくなった株数の中，そのオーナーという固有の人物が所有することにより権利が付与される株式。」と紹介しましたが，分かりにくい。これもいきなり先進活用事例をそのまま使って実際的に述べることにします。先程の続きです。

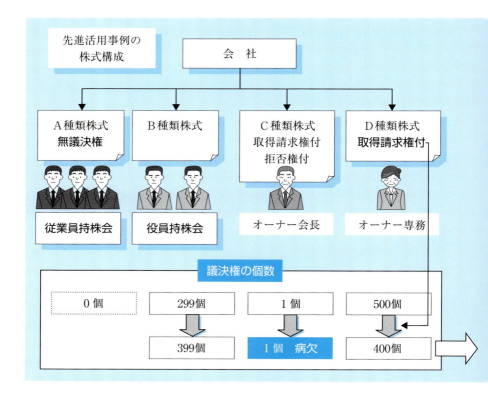

左頁の図では，先程の株式構成の下に，議決権の個数を表示しました。A種類株式は無議決権株式ですので，議決権は0個，役員持株会のB種類株式は299個，オーナー会長のC種類株式は1個，オーナー専務のD種類株式は500個です。

　そしてオーナー専務が，徐々にその「取得請求権」を使って会社に買い取ってもらい，会社は買い取った自己株式を役員持株会に移転させてゆきます。仮に，オーナー専務の議決権が500個から400個に減り，会社の自己株式経由でその100個を役員持株会が増やしたとすると，299個から399個になります。この状態では，議決権総数は800個で3分の2は532個ですから夫婦で特別決議をできませんが，オーナー会長が，先の「拒否権」を用いれば支配権は消極的ではありますが，守ることができます。

　しかし，オーナー会長は日頃から体調が優れず，入退院を繰り返しています。意思決定の出来ない事態では，拒否権を使うことすらできません。慌てて専務に贈与や譲渡をしようにも，会社の承認が必要ですから困ります。

　そこで，オーナー専務の所有する株式についてのみ，同じ株式でも，専務が所有していないと機能しないという意味で，「その人に属する資格のような権利」という「属人的取り扱い」を定款で規定しているのです。

> **定款10条（株主総会の議決権に関する株主ごとに異なる取り扱い）**
> 　株主○○（妻の氏名）の所有する株式については，○○が株主である場合に限り，1株あたりの株主総会における議決権を2個とする属人的株式とする。

属人的株式とした場合の議決権の個数

0個　　399個　　1個　病欠　　800個

属人的株式を導入した結果，議決権総数1,200個となり，その3分の2は800個ですから，専務単独でも800個あるため特別決議ができます。こうして万が一の事態にも対処できるように，設計をするのが，事業承継，特に親族外承継の要の一つです。さらに課税上の対策をするのですが，これは第2編で述べることにします。

② 「属人的株式」とは

前頁ように，簡単に言えば，「資格」制度を定款に規定しておく方法です。つまり定款に特権を持つ人物を定め，その人物が持つ株式のみが，突如特別の扱いを受けるけれども，その株式を他の人が持っても，その特別扱いは機能しない株式です。権利が株式というより，人に属して付いて回るので，人的種類株式とか属人的種類株式といいます。したがって，その人が死亡した場合も，その相続人はその権利を引き継げません。税理士の資格も，運転免許も，その人に属し，相続人が相続できないのと同じです。

会社法は次の109条1項で「株主の平等」原則を規定し，第2項で右頁の105条の「株主の権利」について，「株主ごとに異なる扱い」つまり不平等を定款で定めれば出来るとして，第3項で種類株式とみなすとしました。

> **会社法109条**（株主の平等）
> 1 株式会社は，株主を，その有する株式の内容及び数に応じて，平等に取り扱わなければならない。
> 2 前項の規定にかかわらず，公開会社でない株式会社は，第105条第1項各号に掲げる権利に関する事項について，株主ごとに異なる取扱いを行う旨を定款で定めることができる。
> 3 前項の規定による定款の定めがある場合には，同項の株主が有する株式を同項の権利に関する事項について内容の異なる種類の株式とみなして，この編及び第5編の規定を適用する。

これは，第2項にあるように，非公開会社だけが活用できる株式で，他の種

類株式の内容は全て登記が必要であるのに対して，この属人的株式は，何と，登記は不要なのです。何故か？　それは，第3項で「この編（第二編株式会社）及び第五編（組織変更等）の規定を適用する」とあり，第七編雑則にある登記の規定は適用されませんので，登記は不要なのです。

　さらに，通常の種類株式であれば，分散する可能性がありますが，属人的種類株式は，株式に権利が付着せず，人に付いているわけですから，分散することがありませんし，譲渡されることもあり得ません。

　しかも，反対株主の株式買取請求権の適用もありません。このことは，裏返せば少数株主の権利を奪うことにもつながります。定款変更した途端に，他の株主の議決権は吹っ飛んだも同様だからです。

　例えば，後継者や先進活用事例のような親族外後継者に議決権を集中させる究極の事業承継対策として活用できる優れものです。

　しかし，逆に使うこともできます。例えば，後継者でない相続人株主は面白くないので，その株主は10％しか株式を有しないが，配当については25％を受領できるというような定款の定めを設け，経営に参画しない株主の自益権（下の105条の条文の一・二号をいいますが，二号は清算時ですから，通常は配当のみ）を明確にすれば，後継者が経営権（議決株）の承継を，非後継者の納得を得た上でスムーズに行うことができます。

> **会社法105条**（株主の権利）
> 1　株主は，その有する株式につき次に掲げる権利その他この法律の規定により認められた権利を有する。
> 　一　剰余金の配当を受ける権利
> 　二　残余財産の分配を受ける権利
> 　三　株主総会における議決権
> 2　（略）

　ただし，この規定への定款の変更は，株主総会決議の中で最も厳しく，原則として総株主の半数（頭数）以上の賛成，かつ総株主の議決権の4分の3以上の賛成をもってしなければなりません（会社法466条，309条4項）。

13 種類株式が整備されても直接保有は危険

(1) 何故，個々人に持たせないのか？

自社株を従業員個々人に持たせず，従業員持株会で，ワンクッション置くのは何故でしょう？　実は，未だに従業員持株会は面倒だからとか，従業員持株会という考え方を知らないために，個々人に持たせている会社は少なからずあります。しかも従業員に留まらず，当初は理想に燃えて創業したためか，役員や取引業者にもばらまいてしまっている場合すらあります。

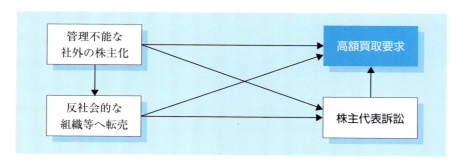

しかし年に何社か「従業員が退職するので買戻したいが売ってくれない。」とか「売ってもいいと言うのだが，値段が折り合わず，買戻せない。」「このまま，皆が社外株主になっていくと心配だ。」という社長の不安が持ち込まれます。

元従業員等に限らず，従業員にとっても，株券は私有財産ですから，自由に処分することや，処分せずに保有し続ける権利を有しています。これは憲法が

約束した権利ですから無理矢理に取り上げることは出来ません。

退職者の多くの場合は，かならずしも円満退職ではないため，後日，1株でも持っていれば，株主代表訴訟（(4)参照）が起こされる可能性もあり心配の種はつきません。

また多くの会社は株券発行会社のまま，現に株券を発行していませんから，退職を機会に株券発行の請求があると応じなければならず，一旦株券として現物が出来ると，いくら譲渡制限株式にしてあっても，経済的に追い詰められた元従業員から，反社会的な第三者に渡ることすらあります（このため株券不発行への定款変更を強くお勧めします。149頁参照）。

これらは株主である取引業者が取引を止める場合や，株主である役員が解任される場合にも共通で起こりえます。

(2) 従業員持株会のメリット（その１）

そこで，間接的に持たせる従業員持株会（役員持株会・取引先持株会）が脚光を浴びるのです。従業員持株会では①退職時に買戻しを容易にする②議決権行使を制限するというメリットをえられます。

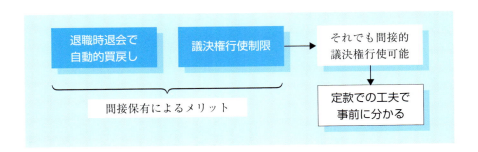

①のメリットは，退職で自動的に退会し，現金で買戻す旨が規定されていることで実現します。そして入会時に，規約の説明をし，内容を承諾した上で入会した旨の書類に自署押印してもらうのです。

②のメリットは，議決権の行使にかかる定款の条文において，理事長名義の

株式の議決権は，理事長が行使する旨を規定します。ただし，会員は各自の持分に相当する株式の議決権の行使について，理事長に対し各株主総会の議題・議案ごとに特別の指示を与えることができます。

さらに定款において，従業員持株会の反対投票に対して，事前に分かる工夫を凝らし，会社の防衛を図ります（358頁参照）。

(3) 既に直接持たせている場合

既に，従業員や取引業者や役員に直接持たせている場合には，受け皿として従業員持株会などを早急に作り，社長が健全で，関係の友好な間に趣旨を説明し，説得して入会してもらわなければなりません。これは社長の生前の責任で，後継者には解決が難しく，先祖からの土地の境界線のようなものです。

現在，株式を持っていて就業や取引をしているというのであれば，現社長が交渉すれば友好的な関係があるはずですから，比較的スムーズに転換が進むはずです。従業員持株会の規約面においては，「現物組入」の項目で「会員は，自己の保有する株式を会の持分に組み入れることができる。」と規定します。

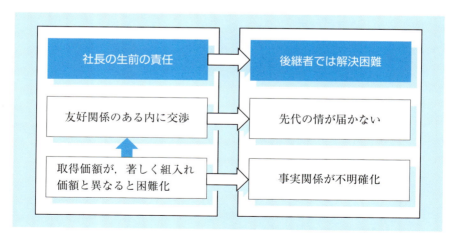

ただし従業員持株会の組合会計に取り込む際の価額は，既に直接保有してい

る従業員の持株比率が3％以上，特に10％以上の場合には課税上，配当還元価額では問題になる場合がある可能性があります。

また，その組入れをしようとする株式の1株当たりの取得価額が，既存会員の1口当たりの拠出金額と著しく異なる場合，組合は「共有」ですから問題になりますので組入れずに，社長の交渉力を発揮して，最低限でも先述のような取得条項付株式に変えることが肝要です（154頁参照）。

(4) 「お家騒動」が簡単に株主代表訴訟にされる
① 犬も食わないから新聞沙汰にならないだけ

中小企業の株主代表訴訟は，ほとんどが親族の争いや非同族の役員・従業員から提訴されます。犬も食わない夫婦喧嘩の成れの果てが，準公的な形に変えて出てきます。例えば中小企業では社長の独断で私的な取引が行われ易い，高級車，別荘の購入，家族の飲食代の付回し等が標的にされます。その結果，利益が減ったり赤字になったりすればそれは会社にとっては不利益となります。

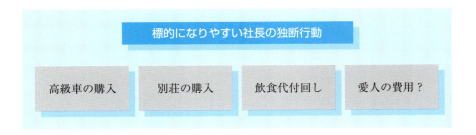

オーナーが100％持ってない限り，決算書の公開により，会社の所有者である株主の1人が，たった1株でも持っていれば，「役員が会社に損害を与えたから，（自分にではなく）会社に対して弁償しなさい！」と訴えるのが株主代表訴訟です。訴えた本人には直接利益はないのですが，嫌がらせができるわけです。ですから新聞沙汰にもなりません。現在では僅か13,000円で提訴が可能なため，国会議事録によれば，株主代表訴訟の80％以上が中小企業におけるものです（13頁参照）。

② 負けやすい株主代表訴訟

　大企業では，株主の追及が多く，株主総会対策のためにも，意思決定が取締役会の決議によってなされたなどの法的な証拠を残しつつ行われます。中小企業では，取締役会はおろか株主総会ですら「開いたことにした株主総会」というのも少なくありませんから，一旦ことが起こると証拠書類もありません。また，中小企業では株主が身内で，内部告発的に行われ，訴訟になる前に会社内部の情報が漏れやすいため，例えば，株主総会は後から議事録だけ作ったなどの証拠も先に捉まれて訴訟準備がなされますから，経営側は非常に負けやすい構造になっています。

(5)　「取得条項付株式」で直接保有か？　従業員持株会のメリット（その２）

　152頁で述べた「取得条項付株式（いわゆる「召し上げ株」）」なら，会社法という法的な枠組みで，退職という事由の発生に伴い強制的に，買戻すことが可能です。つまり，従業員持株会によらず直接保有させることでも，買戻しはできるわけです。果たして，従業員持株会は不要になるでしょうか？

　仮に従業員持株会がなく，直接保有していた従業員が退職して，取得条項に基づき買戻したとしましょう。問題は価額です。

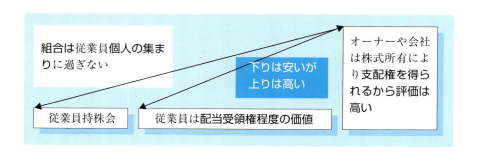

　従業員持株会を設立する場合で述べたように，オーナーから従業員持株会や従業員に譲渡する場合の価額は，非常に安い配当還元価額が使えます。

しかし，逆に従業員の退職により，買戻す場合は，従業員持株会がないと大変なのです。つまり，オーナーや会社が買戻す時は高い価額でしなければならないというのが税法の考え方で，詳細は前著『非公開株式譲渡の法務・税務』に譲りますが，従業員持株会が買戻す時は，同じ配当還元価額が使えるのです。このように，従業員持株会の最大のメリットは「受け皿」としての税務上の活用なのです。

　何故なら，取得条項付株式で株式を取得するのは，会社ですから，先述のように原則的には高い価額で買戻すことになりますので，それを定款で50,000円と規定したからといっても，会社法上だけのことで，税務上は差額について課税関係が生じかねません。

　このような時には，一旦会社が買戻して，直ちに受け皿である従業員持株会や次頁で述べる，役員持株会や取引先持株会へ譲渡すれば，ほぼ課税上の問題は生じないと考えられます。

　したがって，先述のように，以前からの従業員株主が居る場合，その従業員の株式については，直接持株制のままで，取得条項付株式とした場合でも，従業員持株会との2本立てにしておいた方が良いでしょう。

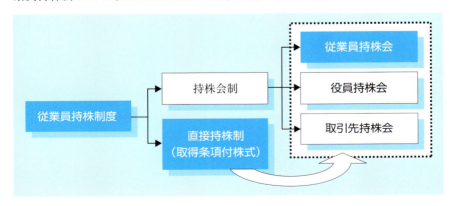

14 役員持株会・取引先持株会は事業承継先候補

(1) 役員持株会

　役員持株会は，事業承継の上で，実質的に親族外承継の中心になる存在として重要です。これは，会社の役員（子会社等の役員を含む。123頁参照）が，当該会社の株式の取得を目的とする組織をいい，従業員持株会と同様，民法上の組合として，従業員持株会とは別個に設立します。以下で述べる特則を除き，従業員持株会規約を準用して作成します。したがって，2頁後のサンプル規約のうち，下線のある部分のみ，従業員持株会規約と変るだけです。

　会の目的には，福利厚生目的はなくなり，代わりに「経営者意識の高揚」などとなります。資産運用目的は，そのまま残ります。何故なら，従業員持株会の出来た会社において，従業員は従業員持株会を通じて株主であるのに，役員が株主でないというのは責任逃れのようなものです。やはり，役員として相応しいだけの自社株を持つのが当然と言えましょう。

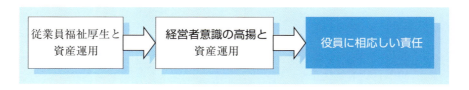

　しかし役員は，従業員以上に不安定な立場にあります。すなわち，従業員は雇用契約で，社会法としての労働基準法で守られていますが，役員は委任契約でしかありません。株主総会等で簡単に解任になることがあります。そうする

と,従業員以上に退任・解任した場合の株式の買戻しが重要になりますから,役員持株会の必要性があるのです。また,規約には示されていませんが,福利厚生目的ではないため,拠出金に対する会社からの奨励金は支給できません。これも上記の委任契約関係から分かるように,従業員以上に短期間でその職を離れ,一般の株主になる可能性があるため,「株主平等の原則」に抵触しかねないためです。なお,同様の理由から役員持株会の事務処理は従業員持株会と異なり会社に無償委託できません。

さらに,税法上の制限から,同族関係者の役員は,170頁の図と同様に,取引価額は高くなるので,非同族の役員と一緒にすると,組合はあくまで「共有」ですから,お互いに困りますので,別の役員持株会を作ります。

この場合,規約の文言中,「配当還元価額」という部分が2箇所ありますが,ここが例えば「純資産価額等」の文言に変ります。

第3編の「先進活用事例」では,同族関係者は居ないため,非同族の役員持株会だけを設立しました。なお,上場見込みの場合には,役員持株会は設立しない方が良いでしょう。

会社によっては,経営者に相応しい上級管理職がいない場合は実は多いのです。その場合には,外部からスカウトするなり従業員持株会に属する従業員から素質ある者を役員に抜擢して後継者教育を施します。すると,従業員持株会を退会しなければなりません。いずれにせよ持分の株式の受け皿として役員持株会が必要になります。

なお,外部からのスカウトの場合,「中継ぎ」として,親族内後継者を育成後に「大政奉還」する方法も可能です。

役員持株会規約（同族関係者以外の役員が組成する役員持株会）

サンプル　役員持株会規約（民法「組合」の場合）

＊注意　この規約は，役員持株会の規約の概要を「見開きで」理解して頂くために，参考程度に，できるだけ簡略化したものですから，詳細は第3編の先進事例等を参考にして，会社の経営計画・事業承継計画に沿ったものを作成して下さい。

第1条　（名称）本会は〇〇役員持株会（以下「会」という。）と称する。

第2条　（会の性格）会は，民法上の組合とする。

第3条　（目的）会は**経営者意識の高揚**と〇〇株式会社（以下「会社」という）の株式を取得することにより会員の**資産運用**のために資することを目的とする。

第4条　（会員）会員は，株式会社〇〇〇〇の**取締役，監査役および相談役**とする。

第5条　（入会および退会）<u>役員</u>は，この会に入会し，または退会することができる。

　2　会員が<u>役員</u>でなくなった場合は，自動的に退会するものとする。

第6条　（配当金）会の所有する理事長名義の株式に対する配当金は，原則として会で再投資する。

第7条　（増資新株式の払込）理事長名義の株式に割り当てられた増資新株式については，会員は各持分に応じてこれを払い込むものとする。

第8条　（貸付金）会および会社は，会員に対して貸付の斡旋を行うことができる。

第9条　株式の取得は，その供給の都度行われるものとする。

第10条　（株式の登録配分）第7条により取得した新株式または無償交付その他原因により割当てられた株式は，割当日現在の会員の持分に応じて登録配分する。

第11条　（株式の管理および名義）会員は，前条により自己に登録配分された株式を，理事長に管理させる目的をもって信託するものとする。

　2　前項により理事長が受託する株式は，理事長名義に書き換える。

第12条　（議決権の行使）理事長名義の株式の議決権は，理事長が行使するものとする。ただし，会員は各自の持分に相当する株式の議決権の行使について，理事長に対し各株主総会ごとに別の指示を与えることができる。

第13条　（現物組入）会員は，自己の保有する株式を会の持分に組み入れることができる。

第14条　（持分の一部引出し）会員は登録配分された持分を**配当還元価額**を参

酌した価額で一部を引出すことができる。ただし株券での引出しは認めない。

2　第8条により貸付を受けている場合は，前項にかかわらず，会員は，貸付に係る持分を引出すことができない。

第15条　（処分の禁止）会員は，登録配分された持分を他に譲渡しまたは担保に供することができない。

第16条　（退会の持分返還）会員が退会（解散による退会を含む）したときは，当該会員の持分を，現金にて払戻しを受ける。

2　前項により払戻しを受ける持分の評価は，配当還元価額を参酌して行う。

第17条　（役員）会の業務を執行するた理事2名（うち理事長1名）監事1名の役員をおく。

2　前項の役員は，会員総会で会員中から選任し，理事長は，理事の中から互選により選定する。

3　理事長は，会を代表するものとする。ただし理事長に事故ある時は，他の理事がこれにかわる。

4　監事は，会の会計を監査し，その結果を定時会員総会に報告するものとする。

第18条　（理事会）理事長は毎年〇月に定例理事会を招集し必要あるときは臨時理事会を招集する。

2　理事会は理事の過半数の出席で成立し，その過半数の賛成で議決する。

第19条　（会員総会）規約改正その他の重要事項の議決および役員選任のため，毎年〇月に定時会員総会を開催する。ただし必要に応じ臨時会員総会を開催できる。

2　会員総会は，理事長が招集する。

3　会員総会の議決は，出席会員の過半数をもって行う。ただし，会員は，書面をもって議決権の行使を理事長に委任することができる。

4　会員は1個の議決権を有する。

第20条　（会員への報告）理事長は，毎年〇月〇日から〇月〇日までを計算期間とした会の決算報告書を定時会員総会で報告する。

2　各会員には，前項の期間内の個人別持分通知書を作成し，送付するものとする。

第21条　（通知）会の通知は，原則として社内報または社内掲示板によって行う。

第22条　（会の所在地）会の所在地は，〇〇県〇市〇町〇丁目〇番〇号〇〇株式会社内とする。

第23条　（会の事務）会の事務は，理事長が行うものとする。

付　則　この規約は，平成〇年〇月〇日から実施する。

(2) 取引先持株会

　取引先持株会は，会社の取引関係者（その会社の指定する，その会社と取引関係にある者をいう。）がその会社の株式の取得を目的として運営する組織をいいます。したがって会員は，個人も法人もあります。ただし，実施会社の子会社は会員となることができません（会社法135条１項）。

　中小企業の場合には，これまでは滅多に作られることはありませんでしたが，親族外承継を検討する上では，そのような持株会という考え方が存在し得て，どのような性格を持つものかを知っておく必要もあると考えます。

　親族外承継では，役員持株会，取引先持株会が承継先（もちろん具体的にはその会員個人）となる可能性があり，いずれも，他人という意味では，取引先とて同様で，どれだけ近しい間柄かというだけの違いで，むしろ，企業内であるよりも，いわゆる「同業友人」で，会社によっては，取引先の特定の方との方が腹を割って話せるということも有り得ます。

　第２編で述べるMBOやEBOも役員や従業員へのM&Aですから，内実を業界人として理解できる取引先がいれば，あるいは，取引先の非後継者である次男が中々見込みのある人物で，「彼を後継者に譲ってくれ」とか…様々な場面が想像されます。このような場合に取引先持株会を結成して，間接的に株主になっていただき，万が一関係が思わしくなくなった折には，互いに，後腐れ

なく投資額で買戻すことができることは，とても良い方法と言えます。

取引先持株会は，従業員持株会と同様，民法上の組合として多くの場合作られます。ただし目的は，「取引関係者による取得対象株式の取得により，相互間の親睦関係の増進に寄与することを目的とする」に変ります。

取引先持株会で注意しなければならないのは「優越的地位乱用」と「議決権の消滅」です。

① 優越的地位乱用

実施会社は，取引先持株会への入会の有無又は，拠出金額の多寡等によって取引関係において差別的な取扱いを行ってはなりません。

実施会社は取引関係者に対し，取引先持株会に係る事項が取引関係に影響を与えるものでない旨を周知しなければなりません。

② 議決権の行使制限（25％ルール）

実施会社（その子会社を含む。）に議決権の総数の25％以上を保有されている法人会員については，実施会社に対する議決権の行使が制限される（つまり議決権がないものとみなされる）ことに注意しなければなりません[8]。

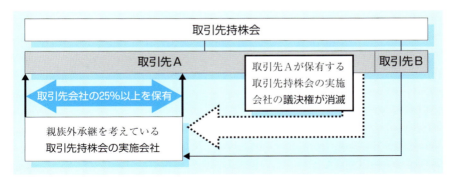

8　巻末資料「1．持株制度に関するガイドライン」参照。

15 持株会の解散と清算・そこに至るまでの対策

　従業員持株会（以下，この項において役員持株会等を含みます。）は当初から解散を考えて設立をすることは，ほとんどありません。これは会社設立の場合と同様です。しかし，不本意にも解散しなければならない時に，どう扱われるかをあらかじめ知っておくことは重要ですし，これを通じて組織の本質が垣間見えるのです。

　従業員持株会の組織を民法上の組合として設立した場合の本質とは「共有」ということです。しかし一般の共有と異なるのです。したがって解散そして清算には，そのことが色濃く出てきます。

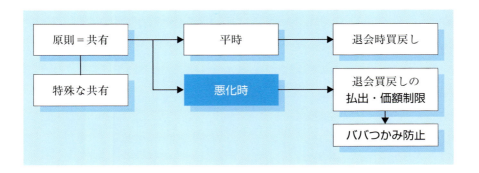

　これを知れば，従業員持株会が徐々に成り立たなくなって行く途中で，当初規約通り，無制限に払出しをして組合の共有財産を不当に減らすことなく済ませる道すら見えてきます。

　どうも，従業員持株会に関する解散の事例における最後のゴタゴタは，この

知識の無さからくる放置によって、最後に残った会員が、従業員持株会に株式だけがあって、現金がない、つまり分配財産がないことから「ババをつかまされた」となるのです。7頁の従業員持株会のデメリット「業績低迷で高額配当が実現できないと不信感を招き、新規加入者がなくなる。高齢化で退会者の増加。これらの結果、退会等による換金が集中したりすると維持ができなくなる」のリスクはまさにここです。

　従来、従業員持株会に関しては、その解散について余り述べられることがありませんでした。そのことは、「本音の目的」から作られたことの弊害が露呈しているわけで、「本来の目的」である「従業員福利」を余りにないがしろにしてきた結果と言わざるをえないでしょう。「釣った魚に餌をやらない」で、業績低迷で、もはや相続税対策どころではなくなった会社は、従業員持株会からの退会が続出する中、何ら有効な対策を講じなかったと推定されるのです。

　それでは、以上のことを時間を追って述べてゆくことにします。

①　共有

　既に述べたように、従業員持株会は、民法上の組合ですから、組合財産は共有となるのが原則です。こうして従業員持株会は設立されました。

> **民法668条**（組合財産の共有）
> 　各組合員の出資その他の組合財産は、総組合員の共有に属する。

②　基本的には資金をほとんど持たない団体

　しかし144頁で述べたように、従業員持株会は基本的には資金のない団体です。次頁の図にあるように、組合員である従業員から持株会に現金が拠出されます。オーナーらから株式の供給を受けて、それを持株会が取得します。したがって拠出された現金は、オーナーにいきます。第三者割当なら新株等を発行した会社にいきます。現金は従業員持株会を素通りするわけです。従業員持株会が取得した株式は、会員皆の共有となり、会員は、その持分を有しているに

過ぎません。

　この従業員持株会において，しばらくして会員の一人が自由意志で，退会したとしましょう。この退会は民法上も認められています。

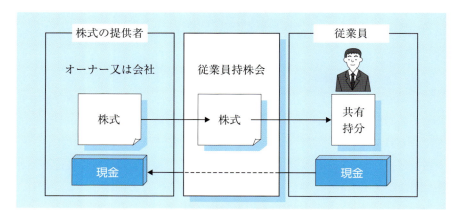

民法678条（組合員の脱退）
1　組合契約で組合の存続期間を定めなかったとき，又はある組合員の終身の間組合が存続すべきことを定めたときは，各組合員は，いつでも脱退することができる。ただし，やむを得ない事由がある場合を除き，組合に不利な時期に脱退することができない。
2　（略）

民法679条（注：条文タイトルなし）
　前条の場合のほか，組合員は，次に掲げる事由によって脱退する。
　一　死亡
　二　破産手続開始の決定を受けたこと。
　三　後見開始の審判を受けたこと。
　四　除名

しかし上記民法では，退職した時に自動的退会になる旨は読み取れません。そこで，140頁の「サンプル　従業員持株会規約」の第5条2項にこれを規定したのです。

> **従業員持株会サンプル規約　第5条（入会および退会）**
> 1　従業員は，この会に入会し，または退会することができる。
> 2　会員が従業員でなくなった場合は，自動的に退会するものとする。

③　元本割れを起こせない団体だから借入金に頼る

続いて，退会の場合の規約に基づいて，従業員持株会がその株式を強制的に買戻します。これも民法でも規定されています。

> **民法681条**（脱退した組合員の持分の払戻し）
> 1　脱退した組合員と他の組合員との間の計算は，脱退の時における組合財産の状況に従ってしなければならない。
> 2　脱退した組合員の持分は，その出資の種類を問わず，金銭で払い戻すことができる。
> 3　脱退の時にまだ完了していない事項については，その完了後に計算をすることができる。

すると従業員持株会は当然，資金が必要ですが，前述のように資金をほとんど持たない団体ですから，その資金を会社から借り入れて，従業員に支払います。

しかし，その買戻し価額については，民法では，「脱退の時における組合財産の状況に従ってしなければならない」と強制しています。

ところが，もしこの通りするとなると，組合に会社に対する借入金があれば，それも「共有の負債」ですから，その持分に対応する部分だけ控除して支払うことになってしまいます。

すると，従業員にとっては，元本割れのようになってしまい，従業員持株会の「本来の目的」である「従業員の福利厚生」に逆行してしまいます。

これについては、後述するように、「組合の有する債権は組合を構成する各人に分割されるわけではない」とする考えや判例もあるのですが、通常の従業員持株会規約では、買戻しについて疑義が多いため、以下のように「配当還元価額を参酌して…」などと明確に規定しています。

> 従業員持株会サンプル規約　第15条（退会の持分返還）
> 1　会員が退会したときは、当該会員の持分を、現金にて払戻しを受ける。
> 2　前項により払戻しを受ける株式の評価は、配当還元価額を参酌して行う。

しかし、これは、元本割れ（キャピタル・ロス）を起こさないようにというよりは、退会に当たって高額買戻しを請求されないようにとの配慮からの防波堤としての意味合いがあるのです。

こうして、その都度、借入金があるからと言って、「組合財産の状況に従って」元本割れを起こした支払いではなく、会社から一時的に借入れをしておいて、次に、別の従業員が入会してきた時に、従業員持株会が手許にある、前回退会した会員の分の持分をもって、会員に出資金を拠出してもらい、その現金を借入金の返済資金として会社に返済します。

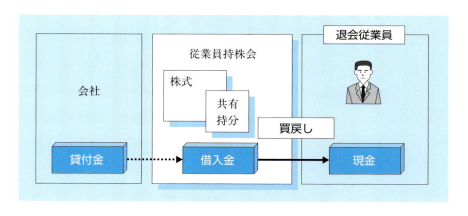

第2章　従業員持株会の設立から解散まで　183

　このように，退会と入会が上手く組み合わさって起これば良いのですが，そんなことの方が稀であることは容易に想像がつきます。このような場合には，あらかじめ定款に，従業員の退職を取得事由とし，1株5万円で取得するという取得条項付種類株式を発行できる旨の定めをしておきます（336頁参照）。さらに従業員持株会規約に，退会する際に，持分を金銭で買戻す代わりに，株式で引出すことを許容する特約を付しておくことが必要です。

④　天引積立金でやり繰りしている団体
　給与天引したお金は，従業員持株会の理事長名義の口座で管理され，各会員毎の積立金の残高を常に管理し，最低年に1度決算して，会員に，それぞれ通知されることは，これまで述べてきた通りです。
　つまり，基本的には資金をほとんど持たない団体ではありますが，会員の積立金がプールされているわけです。それは，一定額に溜まってオーナーから供給される株式を購入するまで溜まり，購入によって減少し，また月々逓増してゆく…これを繰り返しているわけですから，ある程度の人数の会員がいれば，毎月の積立金はかなりの額になります。つまり，この積立金を，言葉が悪いですが，今の年金制度と同様に流用して，退会者からの買戻し資金として支払い，その内に入会があれば，埋め合わせをするわけです。

　しかし，その内に…と思っていた入会がないどころか，従業員の高齢化が進み団塊世代の退職が相次ぎ，退会者の方が多くなるという大きな波がくると，上記のような積立金を流用したような埋め合わせができなくなります。そこでやむなく，会社から借入れ（年金制度では，税金での穴埋め）になります。有益な方法として一般社団法人を使う方法があります（第3編第3章参照）。

⑤　借入金が膨んだ場合の対処法
　借入金が少ないうちは，何とかなっても，上記のように大きな波としてくると，膨らむ一方になり，先の竹中工務店事件のようなことになってしまうわけ

です（144頁参照）。インターネット上にもこの種の相談は、二進も三進もいかなくなった相談として何件もよせられているところをみると、今後の高齢化を考えると増加傾向にあるのではと推察されます。

これに対する対策は、結局のところ新たな拠出をして、従業員持株会に資金を入れて、会社に返済することになります。しかし、従業員が新たに巨額になった借入金の返済のために、拠出ができるかといえば納得が得られないのが現実かと考えられます。

そこで、大切なのは、巨額になる前に、こつこつと解消しておくことが必要です。これは時間的なことですが、次に具体的な手法としては、やはり新たな拠出をして、従業員持株会から会社に返済することですが、問題は、その資金の源泉を、会社の負担する臨時奨励金とすることです。奨励金は通常は3％前後ですが、東証のデータ（平均7.747％、20％以上の会社が全体の3.8％存在）からすれば[9]、10％までなら「株主平等の原則」上も問題化することもないと考えられますので[10]、7％分を臨時支給するわけです。

しかしそれは、通常の奨励金同様、従業員の給与所得となり所得税・住民税が課税されることは否めません。けれども従業員の負担感は雲泥の差があります。

また、奨励金支給のできない役員持株会・取引先持株会では、純粋に拠出して頂くより手がありません。しかし、こちらの両会員はそれほどの減少は通常は考えられないので現実に借入れが巨大化することは少ないと思います。

特に従業員持株会は、会社あるいはオーナーがイニシアチブを取って設立したわけですから、有る程度、その責任を取ることが少なからず求められるべきでしょう。

また、債務免除でも、直接的に給与課税（借方　給与／貸方　貸付金）とな

9　東京証券取引所『平成25年度　従業員持株会状況調査の概要について』第2表「奨励金支給状況」。
10　新谷勝『新しい従業員持株制度』51頁（税務経理協会、2008年）。

り同様の効果です。

要は，従業員持株会との貸借関係を安易に放置せず，毎年会社の決算時にメンテナンスすることが肝要でしょう。

⑥ 対処が追いつかず解散に向かう場合

先の臨時奨励金や債務免除による対策をしても追いつかない場合や，対策をせず放置した結果手に負えなくなった場合，やむなく解散に向かうとどうなるか？　その原因は，多くの場合，業績が低迷し，約束の高額配当が実施できず，新会員が増えず，退会者が勝る，という負のスパイラルに陥ることによるものです。

ここに至っては，もはや配当還元価額という非常に安い価額であったとしても従業員持株会の会計は相当痛んでいるはずですから，「平時」とは異なる態勢を敷いていかざるを得なくなります。ここに，この解散・清算の項の冒頭に掲げた図解を再掲すると「悪化時」になるわけです。

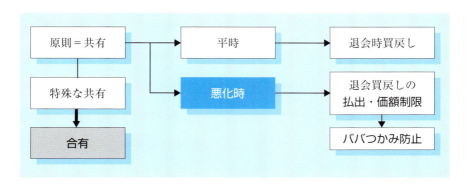

そこで，組合の財産は「総組合員の共有に属する」と規定されて（民法668条）いますが，組合においては通常の共有と異なり「各組合員による持分の処分や清算前の分割ができないなど団体的拘束を受ける」との考えを理解する必要があります。この独特な所有関係は，組合員によって「合有」されていると

表現されます[11]。

　もし，通常の共有であれば「共有物の分割請求」（民法256条）ができます。これを狭義の共有というのですが，もっとも個人主義的な色彩が強い類型で，個々の共有者の持分は具体的に観念されるため，「分割請求」なども自由にできるものです。共有の土地を分筆することでお馴染みです。

> **民法256条**（共有物の分割請求）
> 1　各共有者は，いつでも共有物の分割を請求することができる。ただし，5年を超えない期間内は分割をしない旨の契約をすることを妨げない。
> 2　（略）

　これに対する概念が「総有（そうゆう）」[12]といわれるものです。これが最も団体主義的な色彩が強い類型といわれ，個々の共有者の持分の大きさは観念できないため，利用方法の決定には，持分権を有する者全員の合意が必要となります。例えによく使われるのが，村落の山林原野において土地を総有し，伐木・採草・キノコ狩りのなどの共同利用を行うことがありますが，この慣習的な物権が入会権（いりあいけん）です。持分権自体を観念しえないため，単独の構成員による持分の処分（売却など）や分割請求は当然にできないことになります。

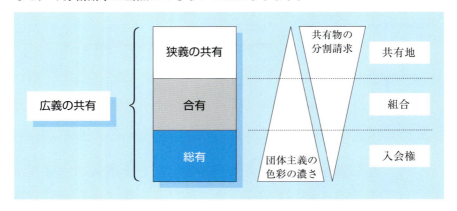

11　加藤雅信『新・民法大系Ⅳ契約法』475頁（有斐閣，2009年）。
12　我妻栄＝有泉亨『コンメンタール民法──総則物権・債権──』453頁（日本評論社，第2版，2008年）。

「合有」はこの2つの概念の中間に位置する類型です。個々の共有者の持分は観念できるものの、「分割請求」などは大きく制約されます。組合はこれに該当し、利用方法の決定には、持分権における過半数の合意が必要となり、これが従業員持株会では、少数株主の議決権問題につながるのです。

組合財産については、この「共有物の分割請求」ができないとしているのです。すなわち組合の有する債権は「組合を構成する各人に分割されるわけではない。」とするもので、これを直接認めた条文はないのですが、次に掲げる民法677条が、組合の債務者がその債務を組合員の債権と相殺することができないと規定していることから演繹されるとされています。

> **民法677条**（組合の債務者による相殺の禁止）
> 組合の債務者は、その債務と組合員に対する債権とを相殺することができない。

つまり、各組合員の分割債権であるならば相殺も可能なはずであるのに、それが出来ないとしているところから、反対解釈するわけです[13]。

一方、組合の負っている債務についても、「各組合員の分割債務になるわけではない。」ことが判決によって確認（大審院昭和11年2月25日判決 民集15巻281号）されています。しかしながら、債務全体としては、各組合員は組合の債務について直接無限責任を負うので、組合の債権者は各組合員に対して直接、際限なく債務の履行を求めることができます。

先述のように、それを各組合員の分割債務としないとすると、その債務を負担する割合は、（つまり、個々人に分割して負担しないが、組合全体として全額を負担し、その負担割合は）組合員の損失分担の規約があればその割合に応じて変化しますが、債権者がその割合について知らない場合には同じ割合での分割債務になる（民法675条）とされています。

13　加藤雅信・前掲注(11)477頁。

> **民法675条**（組合員に対する組合の債権者の権利の行使）
>   組合の債権者は，その債権の発生の時に組合員の損失分担の割合を知らなかったときは，各組合員に対して等しい割合でその権利を行使することができる。

　以上のことから，例えば，従業員持株会の会員が，従業員持株会の解散の前に途中で退会する際にする，持分の払戻し（従業員持株会からすると，持分の強制的買戻し）は，いわば「共有物の分割請求」なのであろうか？

　つまり，組合財産は「合有」であるため「共有物の分割請求」はできないとしておきながら，実質しているような感もあります。いわば，ケーキを分割して，上部のクリームだけ払戻ししただけで，本体のスポンジケーキは切っただけで渡していないので，「共有物の分割ではない」と言われているような割り切れなさが残ります。

⑦　いよいよ解散へ

　会社の業績が悪く，高額配当が維持できないことや，従業員持株会の運営が公正に行われない，最悪の場合には会社本体が倒産したなどから，「早期に売却し，資金を回収したいなど」退会者が続出して，会員から解散請求がなされると，従業員持株会はいよいよ，解散へと走り出します。

> **民法682条**（組合の解散事由）
>   組合は，その目的である事業の成功又はその成功の不能によって解散する。

　従業員持株会の解散の場合，上記条文の「成功の不能によって」が原因になります。会員は誰でも解散を請求できるわけです。しかしまだ請求の段階です。

> **民法683条**（組合の解散の請求）
>   やむを得ない事由があるときは，各組合員は，組合の解散を請求することができる。

そうなると，180頁でとりあげた，民法678条「組合員の脱退」のただし書きが影響してくるのです。

> **民法678条**（組合員の脱退）
> 1 組合契約で組合の存続期間を定めなかったとき，又はある組合員の終身の間組合が存続すべきことを定めたときは，各組合員は，いつでも脱退することができる。ただし，やむを得ない事由がある場合を除き，組合に不利な時期に脱退することができない。
> 2 （略）

つまり，ここに至っては，たとえ配当還元価額という非常に安い価額であっても，その価額で買戻すことが他の会員の持分を毀損する状態になります。このような状態を，「組合に不利な時期」と考えられます。ただし，その線引きは実際には困難を極めることになるでしょう。このようなことは倒産のドタバタと近似して，実務上の認定は常に問題になるところです。

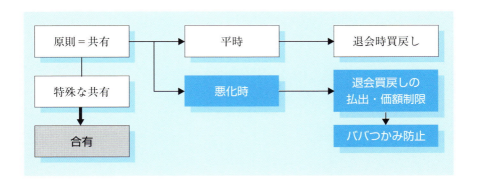

しかし，そのような客観的状況となったからには，買戻しのための払戻しは停止して，残る会員がババをつかまない様にしなければなりません。もはや，平時ではなく，清算に向ける準備としての平等な分配に向けて進み出すのです。また次のように，清算前の分割は認められていません。

> **民法676条**（組合員の持分の処分及び組合財産の分割）
> 1　組合員は，組合財産についてその持分を処分したときは，その処分をもって組合及び組合と取引をした第三者に対抗することができない。
> 2　組合員は，清算前に組合財産の分割を求めることができない。

⑧　解散決議

　従業員持株会の規約には通常「解散」が規定されていません。これは会社と同様，継続前提だからです。組合員からの「解散請求」は当然，理事長に対してなされますが，解散するか否かの組織としての決定はどうするのでしょうか？

　通常業務は，以下の民法670条に基づき定めた業務執行者である役員が行うため，従業員持株会の規約にも当然，「役員」の規定があり，通常その過半数の決議で行います。

> **民法670条**（業務の執行の方法）
> 1　組合の業務の執行は，組合員の過半数で決する。
> 2　前項の業務の執行は，組合契約でこれを委任した者（次項において「業務執行者」という。）が数人あるときは，その過半数で決する。
> 3　（略）
>
> **民法671条**（委任の規定の準用）
> 　第644条から第650条までの規定は，組合の業務を執行する組合員について準用する。

　ここで何気なく規定されていますが，株式会社と徹底的に異なることがあります。すなわち，頭割りの議決権で出資額に無関係ということです。これが組合法理の特徴といえる部分です。

第２章　従業員持株会の設立から解散まで

> **従業員持株会サンプル規約　第17条（理事会）**
> 1　理事長は毎年○月に定例理事会を招集し必要あるときは臨時会を招集する。
> 2　理事会は理事の過半数の出席で成立し、その過半数の賛成で議決する。

では、解散の決定は理事会でしてよいかというと、さすがに事は重大で、直接規定はないとしても、上記民法671条の「委任規定の準用」から、受任者が、重大なことを「代理」ではありませんから、勝手に決めることは出来ません。

> **民法644条（受任者の注意義務）**
> 　受任者は、委任の本旨に従い、善良な管理者の注意をもって、委任事務を処理する義務を負う。

そこで、理事長は、会員総会を招集します。

> **従業員持株会サンプル規約　第18条（会員総会）**
> 1　規約改正その他の重要事項の議決および役員選任のため、毎年○月に定時会員総会を開催する。ただし必要に応じ臨時会員総会を開催できる。
> 2　会員総会は、理事長が招集する。
> 3　会員総会の議決は、出席会員の過半数をもって行う。ただし、会員は、書面をもって議決権の行使を理事長に委任することができる。
> 4　会員は１個の議決権を有する。

ここで、解散決議については、最重要事項ですから、条項を設けるのも一考かもしれません。例えば、労働組合法では以下のようにあります。

> **労働組合法10条（解散）**
> 　労働組合は、左の事由によつて解散する。
> 　一　規約で定めた解散事由の発生
> 　二　組合員又は構成団体の４分の３以上の多数による総会の決議

上記サンプルの規約では「規約改正」を会員総会決議事項としていますが，設立当初は運用開始していく中で，思わぬ条文上の瑕疵を見つけたりするなど，結構見直しが必要になります。

これをいちいち会員総会を開催していては，硬直化しますし，会員もいい迷惑です。却って信頼性を失いかねませんから，先進活用事例のように，理事長決定で行い，仮に会員の異議が相当数あれば成立しないとした方が良いでしょう。ただし，重要なことですので，次の先進活用事例の規約のように，「報告」と周知期間などの手続を遵守して行ってください。

> **従業員持株会サンプル規約　第17条**（規約の改正）
> 　この規約を改正するときは，理事会が発議して会員に報告し，改正の効力発生日は報告の日より２週間を経過した日とする。ただし，報告の日より２週間以内において，３分の１を超える会員が書面をもって異議の申し立てを行った場合は，この改正は成立しない。

解散については，会員総会を開催せず行った裁判例があります[14]。A社事件はセクハラも混じった争点ではありますが，概要は次の通りです。

非上場会社の従業員持株会理事長Ｙは，会保有のＡ社全株式を，Ａ社に売却，従業員持株会を解散するとした旨を会員に文書で説明し，同意書提出を求め，過半数の同意を得たため，承認された旨を通知しました。これに対して会員Ｘは，会員総会を開かないこと等で解散決議は無効として提訴しました。

判決は，会員総会は必ずしも必要なく書面決議も可としました。規約変更は３分の２以上との規約の中，過半数で決議したのは問題ありだが，異議申立ての手続が保障され，追加同意書で結果的に３分の２以上となって瑕疵は治癒しているため有効であるとしました。

14　東京地裁判決平成18年６月26日判例時報1958号99頁，判例タイムズ1240号273頁。

⑨　清算へ

　従業員持株会が解散したときは，清算手続に入り，総会員が共同して，またはその選任した清算人が清算手続を行います（民法685条以下）。

民法685条（組合の清算及び清算人の選任）
1　組合が解散したときは，清算は，総組合員が共同して，又はその選任した清算人がこれをする。
2　清算人の選任は，総組合員の過半数で決する。

　清算人は，通常理事長が就任することになるでしょう。

民法688条（清算人の職務及び権限並びに残余財産の分割方法）
1　清算人の職務は，次のとおりとする。
　　一　現務の結了
　　二　債権の取立て及び債務の弁済
　　三　残余財産の引渡し
2　清算人は，前項各号に掲げる職務を行うために必要な一切の行為をすることができる。
3　残余財産は，各組合員の出資の価額に応じて分割する。

　残余財産は，当然に会員から拠出された株式です。これは非上場株式なので譲渡先もなく，結局のところ会社が買取ることにならざるを得ません。この際，会社が債務超過で倒産していない限りは，規約に定めた価額で買戻し，従業員に損失がないようにすべきです。

　従業員持株会が負担している会社等からの借入れ債務は，民法688条3項の規定から原則として，頭割りではなく各組合員の出資の価額に応じて各組合員が負担することになります。

　しかしながら従業員持株会の「従業員の福利厚生」という設立本旨から，会社は債務免除をすべきでしょう。なお，清算時の組合員の給与課税は免れません。

　また，毎年1月31日までに所轄税務署に提出する「信託に関する計算書」も提出することになります（135頁参照）。

コラム1

「準共有」で，相続クーデターが起きる危険

　「共有」の概念として「狭義の共有」・「合有」・「総有」を186頁で述べました。この他に重要な共有の概念として「準共有」があります。これについての会計人の誤解が多いのでここで述べておくことにします。

　「準共有」はどのような場面において登場するかと言えば，株式を相続する場合などです。例えば，被相続人である代表取締役が議決権の60％，後継者の長男が40％，非後継者の次男と三男は保有していないという会社を考えてみます。この会社の代表取締役に相続が発生して，遺産分割協議がまとまらないまま，申告期限が到来したとします。このような場合には，申告期限の10ヶ月間に，その会社の株主総会期日が到来することが多くの場合に生じます。

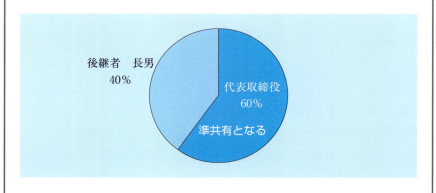

　ここで，一番多い間違いは，後継者の長男は，被相続人の配偶者が既に亡くなっているため，被相続人の60％の議決権のうち，自分の法定相続分である3分の1である20％が，自分の分であると考えることです。

　この誤った考えからすると，以前からの自分の議決権割合である40％を加えて60％となるため，株主総会で代表取締役の地位は安泰だと考え，これに基づき議決権行使をして（あるいは，したことにして）議事録を作成してしまうことです。

ここで「準共有」の概念が登場しますが，その前に，相続の開始と同時に，被相続人の財産は，相続人間で共有になることは周知のことです。例えば，被相続人の遺産である土地は上記3人の相続人の共有（狭義の共有）となり，各相続人が，3分の1ずつの共有ですから，「共有物の分割請求」もできます（民法256条）。

　ところが，相続財産に株式があった場合には，こうはならないのです。被相続人の60％の株式は，3人の相続人の「準共有」となります。
　したがって，その議決権の行使については，3人で協議し，議決権を行使する代表者を会社に届けなければなりません（会社法106条）。

　この場合，3人が争っていたとしても，非後継者である次男・三男が手を結べば，3人のうちの2人，つまり過半数で，次男か三男を議決権の行使者として会社に届けることができます[15]。そして，その議決権行使者が，被相続人の議決権である60％全てを行使できますから，次男または三男を代表取締役とすることも可能で，いわば「相続クーデター」を起こすことすら可能なわけです（319頁「コラム4」参照）。
　したがって，非公開会社のオーナーは相続クーデターが起こらないように事前に遺言により株式の相続人を指定しておく必要があります。
　なお，持分会社のオーナーの死亡の場合には，オーナーは法定退社となりますので持分払戻し請求権が相続人の共有財産となります。この場合も定款に特定の相続人に社員権を相続させると定めておくことで当該後継者にバトンタッチができます（拙著『事業承継に活かす持分会社・一般社団法人・信託の法務・税務』44～45頁〔中央経済社〕参照）。

15　最高裁判決平成9年1月28日判例時報1599号139頁。

第2編

従業員持株会の問題点と対策

第2編は応用編となりますが，それでも最後の「事業承継の道」は本書名の「事業承継に活用する…」に直結する章であり，前後の第1編と第3編とを結合する重要な部分を形成します。

　他の章群は，第1編で述べたことの詳細と今後を述べるものです。

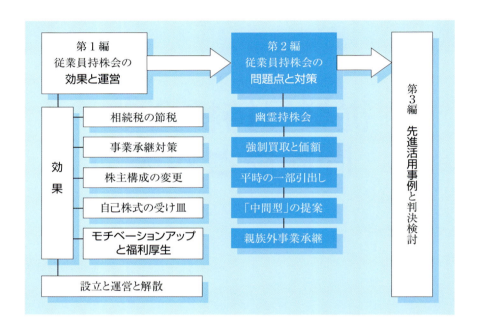

第1章

幽霊持株会の危険

1 利点がある故に跋扈(ばっこ)する幽霊持株会と否認事例

　従業員持株会は，第1編第1章で述べたように多くのメリットがあります。しかし，節税に偏って設立したり，その後のメンテナンスをしなかったために，様々な問題が起きている例が散見されます。

　まずは，一番危ない「幽霊従業員持株会」です。これに該当すると，実態のない従業員持株会なわけですから，脱税行為そのもので大変危険です。

　従業員持株会は，特に相続税の節税に大きな効果があります。しかも作るのも簡単です。コストパフォーマンスが非常に高いために，ついつい「作ったことにして」となり，幽霊になりがちなのです。

　正式に作った場合でも，本来の目的である，「従業員の福利厚生・モチベーションアップ」がオーナーの「相続税の節税対策」という，本音の目的にかき消されてしまっていることが多いのです。

　特に「特殊支配同族会社の役員給与の一部損金不算入」（既に法改正され現在はありませんが）対策で急遽設立した場合には，相続税というまだ来ない課税時期と異なり，毎年の法人税の上で効果を確認できるところから，安易に作られやすいこともあり，この税制の適用後に，にわかに危ない従業員持株会が設立されているようです。

「幽霊従業員持株会」とは，実態の無い従業員持株会のことです。税務調査でこういう従業員持株会を否認している事案は現実にも有ります。たとえば，平成15年12月29日朝日新聞朝刊は，「従業員持株会の実態がない」とみなされ，税務調査で否認された事件を報じています。

このような新聞沙汰になるのは珍しいのですが，現実の調査でも問題になりがちです。調査官が従業員に「貴方は従業員持株会の組合員となっていますが何株持っていますか？」と聞くと「えっ？　私，知りません。株主なんですか？　組合って労働組合？」とか，チンプンカンプンの答えが返ってきて「幽霊」とみなされてしまうのです。

　上記の新聞報道では，社長が全て管理していて，株式の名義だけが従業員の名前にしていたのでした。記事のなかでは，国税局は，従業員持株会への株式の移転手続きは経営者の独断で行われ，従業員持株会の会員には一切通知もなく，総会招集もなかったと指摘していました。まさにここまでゆくと「法人格否認の法理」[1]が適用されるものと考えられます[2]。

---

[1] その適用要件はとしては，次の2点であるとされています。「①法人格の利用者が会社の実質的支配力を有することを要す。②法人格の利用が客観的に社会観念上容認できないこと（社会的目的に反すること）を要する。」（井上和彦『法人格否認の法理』104頁（千倉書房，1984年））。

[2] 「法人格否認の論理」の適用については，新谷勝『新しい従業員持株制度』23頁（税務経理協会，2008年）に「上場会社の持株制度の場合は，ほとんど問題にされることはないが，閉鎖的な会社の持株制度の場合には，制度設計と運用の如何によっては，この法理により制度導入会社が責任を免れないということも十分に考えられる。」とあります。

2 開かれた従業員持株会

(1) 生きている従業員持株会

　では，税務上も認められる従業員持株会とは，どういうものでしょうか？それは，幽霊でないというのですから，つまり「自ら生きている」従業員持株会ということになります。具体的には，規約に則って従業員持株会が自主的・民主的に運営が行われ，当然，理事会や総会は現実に開催し，議事録の整備もします。そうすれば，先程のような調査官から首実検がされても全く問題がありません[3]。

　しかし現実にはこれこそが難しいのです。組合ですから2人以上の組合員の中から理事長を選び，理事長は会を代表します。この理事長は従来，ともすると経営側の都合で選出されていた傾向が見受けられました。理事長は会社側の立場のみに立つような人であってはなりません。そして当然株主総会にも出席し，その結果を，他の組合員に年1回は，必ず総会を開いて報告しなければなりません。

　会社の方の株主総会の開催すら危うい中小企業ができるかどうか，少なくとも議事録が整備できるかなど心配事が数多くあります。

　理事長が株主総会に出れば，当然，会社の決算書を見ます。そうでなくとも

---

[3] 国税不服審査請求で認められた事例は「T ＆ Amaster155号」（平成18年3月20日）参照。

従業員持株会を通じて，従業員は株主ですから決算書の公開は当然以前の話です。中小企業では決算書の公開が，ほとんど進んでいないのが現状ですから，ここは経営者の度量が最も求められます。経理の社内向けの公開が，最低の要件となることは，28頁でも述べたことです。この点が最低であると同時に，最大の問題でもあります。多くの閉鎖会社の従業員持株会では，株主を無視した従業員持株会の運営が横行し，オーナーが自身の相続税の節税目的として従業員持株会を設置した結果が色濃く表れているのです。

しかし決算書の公開くらいのことが出来なくては，事業承継で創業者のようなカリスマ性を持たない後継者が会社をまとめていくことは出来ないとも言えるでしょう。

上場会社と異なり，持分の価額の計算過程や，従業員持株会の役員人事について，公明正大さと透明性がないことには信頼性を得ることは困難です。そうでなければ従業員持株会は名実共には機能し得ないのです。

したがって，相続税法上認められる従業員持株会の概念は，次のようになり，一言で言えば「開かれた従業員持株会」でなければならないのです。

> 開かれた従業員持株会の概念
> ① 経営サイドでない役員の選出
> ② 運営の実在性・民主性・自主性
> ③ 会社の決算書の公開
> ④ 経営者の懐の深さ・共存共栄の姿勢

(2) 従業員持株会のデメリットの克服

従来，建前上や書面上のことで決めてきたことに，実質をどれだけ添えることができるか。株主総会すら，「開催したこと」にしていた会社にとって，敷居は非常に高いものとなります。これらの検討の過程で，恐らく多くの会社に

とっては，従業員持株会の運営負担を重く感じるでしょう。

　仮に従業員の福利厚生のため，のみを考えるのであれば，直接に給与を上げれば済み，勤労意欲高揚のインセンティブとしても十分です。従業員にとって従業員持株会は意味がないとも言えます。結局はオーナーの節税と，会社の管理運営上の利便に存在意義があるのみとなってしまいます。

　そのような従業員持株会の持分を，従業員持株会として間接的に従業員に引き続き長く所有してもらうためには，規約によるよりも，従業員に制度の趣旨を理解させ，運営の透明性を図ることが大切です。しかし，より根本的には，会社に収益性等の魅力がなければ話になりません。またそうでなければ，事業承継する意味すら見出せなくなってしまいますし，さらに従業員等が事業承継をしてゆく親族外承継では欠かせません。

(3) 「開かれた従業員持株会」を活かす

　このように，会社にはデメリットも多い中，あえて従業員持株会を設置し機能させるためには，どのような株主にも毅然と対処できる，成熟した正々堂々とした会社である必要があります。従業員持株会の利用は，そのような姿を目指す会社にとっては有意義なワンステップとなります。

　すなわち，役員持株会，取引先持株会，私募債[4]などと，徐々に株主の第三者性を強化し，グリーンシート市場に始まり，やがては一部上場へと上昇する，将来への資本政策の予行練習としての意味を持つでしょう。

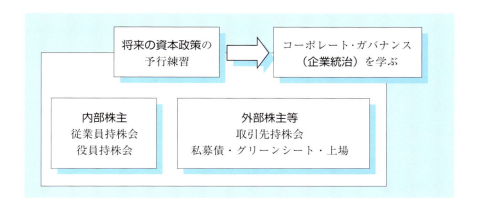

　それは結果として，上場できなくても，得ることは大きいと考えられます。これらの過程での経験は，発展していく会社に不可欠なコーポレート・ガバナンス（企業統治）などを学ぶ得がたい機会となります。

　さらに，「開かれた従業員持株会」それ自体，「利益を上げ続ける仕組み」となることは31頁でも述べてきたことです。つまり自己資本比率を高くする方法は「新株を発行する」と「利益を上げる」と「負債を減らす」の３つの方法があり，この内，資本に直接作用するのは前２者で，３つ目の方法は今あるものをスリムにする方法です。「開かれた従業員持株会」は前２者を，特に「利益を上げ続ける仕組み」として機能します。

4　社債を50人未満の，主に取引先などに引き受けてもらう私募社債や，取引先などに直接，株式を引き受けてもらう第三者増資などを指す。

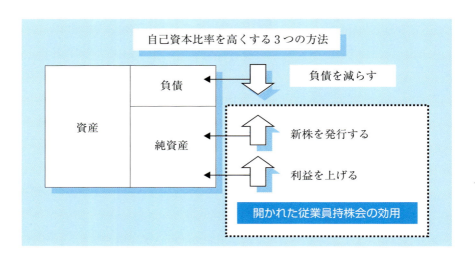

　また、現状での実現は困難ですが、従業員持株会により、キャピタル・ゲインをも得ることができる仕組みである場合には、これは一種のストック・オプションに似た効果を引き出し、職務に励む結果、会社の利益が上がる「仕組み」となり得ます（32頁参照）[5]。これに否定的ながらも今後に期待する試みが第4章です。

---

[5] 理屈の上では可能でも、本書では、この方法を採ることは慎重であるべきとして、オーソドックスな方法を推奨しています。退職時の時価買戻しや株式上場を目指して会社設立当初から理想に燃えた経営者が役員等と株式を持ち合っている場合も散見されますが、これが後において主導権争いや相続問題になりかねないので注意が必要で、結局のところ第1編第1章で述べた結論となるのです。なお、同章で述べた「中間型」としてキャピタル・ゲインを実現してゆく将来への対応と提案（第4章参照）もあるため、ここであえて述べることにしました。

(4) 実体として従業員持株会を機能させる

「開かれた従業員持株会」は，また，実体としての従業員持株会を機能させることでもあります。これは同時に，税務調査で否認を受けないための要諦にもなります。それに関連して想起されるのは，後述することとなる重要な判決である平成14年札幌地裁「ドラール裁判」で問題となった，「従業員持株会が会社の一部局に過ぎない」ということです。この点は，税務調査において時折，指摘されることがあるようですので，説明できるようになっておかなければなりません。

しかし，このような従業員持株会はごく一般的で，大半の従業員持株会では会社の一部局であることは防ぎようもないほどです。

しかしながら，会社の一部局であれ，現実に（ここでも「幽霊でないこと」が条件です。）従業員が従業員持株会の運営にかかわっていれば税務上は問題がないと考えられます。

むしろ会社の一部局として活動した方が，コストもかかりませんし，従業員持株会の本来の目的である，従業員福利にも資することになります。この点に関しては，先述の「法人格否認の法理」に関係して裁判となった例もありますが，結局のところ，問題がなかったことを知っておく必要があります[6]。

しかし，後述する平成14年札幌地裁判決（ドラール事件）に見られるように，従業員持株会が会社の一部局ゆえに，労働条件の一部と解されて，労働問題の要素も加味されてきます。

---

6 東京地裁判決平成19年7月3日判例時報1992号76頁。

コラム2

配当優先無議決権株式の株主総会における意見表明権
―定款自治の活用―

　現行法では，会社法298条2項括弧書により，株主総会決議事項のすべてに議決権を有しない株主は，会社は株主総会の招集通知の対象とならないと規定されています。したがって，総会の招集通知の発送も不要とされています。

　そこで，定款において，「従業員持株会の理事長に，配当決議案に対する意見表明権を与える」という定款設計で解決を図り，従業員代表に配当についての意見を述べる機会を保障し，開かれた従業員持株会政策を提案致したいと思います。

　一般的に会社としては，参加・累積型や非参加・累積型[7]は財務内容を圧迫するので好みません。また非参加型・非累積型にしても，従業員サイドからみればうまみが見えません。
　また，1株あたりの配当を，普通株式の1.2倍の配当とするといった割増型の優先配当内容としても，普通株式に対する配当政策を過少にすれば自動的に優先配当額は少額になってしまいます。

　そこで株主総会の配当決議のお目付役として，従業員持株会の理事長に，配当決議案に対して，意見表明権を付与することは，充分な配当可能額がありながら過少配当をするということがないよう牽制できるシステムです。

7　優先配当額について，配当可能額がない事業年度には，約定額を翌期に繰り越す優先配当内容のことをいいます。優先配当の設計方式には，累積・非累積つまり約定した不足額を繰り越すか否かと言う設計方法と約定配当額の支払いに加えて，残余の配当可能額にさらに参加して配当を加算するか否かという参加・非参加という設計方法とがあり，その組み合わせを行います。非参加型・累積型の優先株式は，社債類似株式とよばれているもので，評価方法も社債に準じて評価することになっています。優先額（方法）を筆者は割増型という方法を推奨しています。普通配当にプレミアム加算をして従業員のモチベーションを高めるという方法です。

なお，無議決権株式といっても，会社法322条1項1号に規定する株式の種類の追加，株式の内容の変更，発行可能株式総数又は発行可能種類株式数の増加を行う定款の変更を行う場合には，無議決権株式を有する株主を対象とする種類株主総会の開催は，定款をもってしても，省略できません（会社法322条3項)。留意してください。

第 2 章

退会時の強制買戻しと価額

1 概要──判例の変遷と現状での対策

　本章は，従業員持株会の問題点として最大の部分であることから，判例検討を行う関係上，相当長く，また煩雑になるため，この概要を冒頭に述べて実務家の便宜を図ることにしました。また2以降の判例検討では折々に「小括」を入れて，それまでの議論をまとめていますので参照ください。なお，いずれの判決も会社法以前の商法時代のものですが，該当条文内容に変化はありません。

(1) 従業員持株会があっても，買戻し価額で揉めるリスク

　従業員持株会で間接的に持たせていても，規約をしっかりしておかないと，退職時に買戻し価額で揉めるケースが少なくありません。

　結果的には，実質，退職金の上乗せのような感じになって不本意に高価買戻しを決断せざるを得ない事例は，後でご紹介する，この手の判例が固まってきた今でも相当数あります。

　そこで140頁の規約では，第16条（退会の持分返還）の第2項で「前項により払戻しを受ける持分の評価は，配当還元価額を参酌して行う。」と明記しておきます。実はこの辺りに関しては長い間の判例の積み重ねがあります。現状では上記のように規定して運用すれば問題がないということを理解していただきます。しかし筆者は将来においては見直されうる可能性があることを述べますので，今後の参考にして頂ければ幸いです。

(2) 従業員持株会の買戻し特約に関する判例

　従業員持株会を巡る裁判として争点となってきたのは，第一に，そもそも強

制的に買戻しされることは問題でないか，第二に，買戻し価額が買った価額（額面）のままでは，株式のキャピタル・ゲインが認められず，会の目的である「従業員の福利厚生」に反するのではないか，が中心的に争われました。

下級審は，下記のように会社（従業員持株会）側が勝訴を続け，唯一⑦で従業員側が勝訴したものの，その控訴審の⑨で逆転し，全て会社側の勝訴となりました。

下級審の流れ

① 東京地判　昭和48年……………………………………………………会社勝訴
② 東京地判　昭和49年……………………………………………………会社勝訴
③ 神戸地尼崎支判　昭和57年……………………………………………会社勝訴
④ 東京高判　昭和62年……………………………………………………会社勝訴
⑤ 京都地判　平成1年……………………………………………………会社勝訴
⑥ 神戸地判　平成3年……………………………………………………会社勝訴
⑦ 東京地判　平成4年……………………………………………………従業員勝訴
⑧ 名古屋高判　平成3年　最判の原審………………………………会社勝訴
⑨ 東京高判　平成5年　⑦の控訴審…………………………………会社勝訴

最高裁判決　（平成7年）⑧の上告審　……………………………会社勝訴

さらに，決定的となったのは平成7年の最高裁判決で，会社側が勝訴したことでした。これにより買戻特約は，当時の商法204条1項に違反せず，「取得価額」による買戻しが認められるとなりました。これが現在の実務を支える根拠となっています。

つまり，この判決の例では，5万円で取得した株式は，買戻す時も5万円でも良いとなったのです。先述した「配当還元価額を参酌して」買戻し時に評価するというよりも，もっと硬直的・固定的な金額でも良いとされたのです。

しかし，この最高裁判決に対する批判的学説が多く出たこともあって，現実の実務では「配当還元価額を参酌して評価」というような，価額変動の要素を

盛り込んで運用しているものの、「参酌した結果、配当還元価額とする」に落ち着いているようです。

(3) 最高裁判決への学説の批判多発

前頁のような最高裁判決が出たため、実務では「取得価額による買戻し」が定着しましたが、その後、学説では多くの批判が出されました[1]。

(4) 新たな事態の発生（平成14年札幌地裁「ドラール事件」）

最高裁判決後、商法は平成11年頃から毎年大改正が行われ、平成13年には年に3回の改正もあり、平成17年に半世紀ぶりの、総入れ替えのように会社法が創設されました。その最中の平成14年に、まるで超多忙を極める商法学者の目をかすめるかのように、従業員持株会に関する重大な判決が札幌地裁でありました。

結果は従業員側の勝訴で、会社側が控訴した「ドラール事件[2]」です。高裁では和解となり勝敗は明確ではありませんし、株式の評価を従前の3分の1にしたという極めて大きな評価減ではありましたが、傾向が変化してきたと筆者は判断しています。

関連する論点と判旨を要約しました。特に②が重要です。

事業承継で問題となるような企業は、収益が増大しているか、伸びはないものの過去の蓄積で純資産額が大きい会社です。配当還元で評価しようにも配当が抑えられている中小企業では、従業員投資家としてみた場合、配当還元では株価評価としては低いと言わざるをえないのです。

---

1 早川勝「従業員持株制度と退職時に取得価格で株式を譲渡すべき合意の効力」服部栄三編『平成会社判例175集』16頁（商事法務、2002年）。藤原俊雄「判批」判例タイムズ948号15頁（1997年）等。特に、藤原教授は「先例とするには問題が多すぎる。そうだからこそ判例集不登載とされたのではあるまいか」とまで最大級の批判をされている。
2 札幌地判平成14年2月15日労判837号66頁（2003年）。

> **ドラール事件「退職に伴う従業員持株会の持株の精算金の不足分を請求」**
> （本書に関係する争点2点のみについて）
> ① 持株会退会に伴う精算金の精算債務を会社が負うか
> ② 精算価格は理事会一任した結果，従来の3分の1となった評価の正当性
>
> ①については，従業員持株会が形式的には会社と独立した民法上の組合であるとする規約が存在するものの，その実態は会社の一部局であるとして会社に精算債務があると判示。
> ②については，精算価格の理事会一任は，全く自由な裁量では，恣意的な決定を許し，会員の利益を著しく損ない，持株会の趣旨および目的に反する。突如3分の1以下の評価にしたのでは，持株会会員の既得権を侵害する。故に理事会による評価は，**合理的な算定方法に基づく合理的な金額**の範囲において有効である。本件は，裁量の範囲を逸脱し無効であるから，**収益還元方式と配当還元方式の加重平均**により算定し，会社に不足分の支払いを命じると判定。

(5) 今後の展開

今後同様の裁判の場合，最高裁判決の逆転が考えられなくはないでしょう。他にもストック・オプションなど，最近では従業員の株式取得が資産形成と生活設計に大きな影響を与えています。従業員も，昨今の「貯蓄から投資へ」の中，知識の啓蒙により，持株や新株引受権が，将来において価値が増すということに対し，理解や期待をするようになってきました。従業員持株会の持分についても，従業員も企業の重要なステーク・ホルダーとして位置づけられ，もはやキャピタル・ゲインを全く無視した，一方的な規約による株式の精算は成り立たなくなりつつあるように思われます[3]。

つまり実務で一部先進的に行われてきている，先述した「配当還元価額を参酌して」の「参酌して」が極めて重要であることになります。この「参酌」に

---

3 牧口晴一『閉鎖会社における開かれた従業員持株会の設計』名古屋大学大学院修士論文（2005年）。

合理的な計算が求められるわけです。

近著では，現在の会社法の代表的な体系書とされる江頭憲治郎教授の著書では，以下のように述べられています。

> 残る問題は，自己の取得価額（額面株式制度が存在した当時は券面額）と同額という売買価格の有効性である。裁判例は，**比較的高率の剰余金の配当が従業員福祉に寄与したこと**（京都地判平成元年（中略）神戸地判平成3年（中略）），**株式の時価算定の困難性**（東京高裁昭和62年（中略）名古屋高裁平成3年（中略））等を理由にその売買価格の定めに違法性はないとするが，**従業員持株制度が従業員福祉の制度である以上，株式保有期間の留保利益をまったく反映しない売買価格の定めを有効とすることには疑問がある**（裁判例の考え方では，どの程度であれば「比較的高率の剰余金の配当」と認めるのかという問題もある）。東京高裁平成5年（後略）
>
> 『株式会社法』244頁（有斐閣，第6版，2015年）（ゴチック体強調は筆者）。

配当還元価額においては，見直し論議がくすぶり続けています。

配当還元価額は，本来は平成20年度財産評価基本通達の改正で，営業権の基準利率と合わせて，真っ先に改正されなければならなかったのですが放置され，タックスプランニングが横行するままとなっています[4]。したがって従業員持株会などの特例を除き，一般の譲渡にあっては，財産評価基本通達による配当還元価額を適用する場面であっても，「特別の事情」のある場合には，配当還元価額を捨てるべきと考えられます[5]。その「特別の事情」とは「配当収益以外の他の経済的利益が獲得できる事情」です[6]。

あるいは，裁判所の価格決定で，財産評価基本通達上の配当還元価額が徐々

---

[4] 品川芳宣＝緑川正博『徹底解明／相続税財産評価の理論と実践』208〜209頁（ぎょうせい，2005年）。

[5] 本書に限らず，評価通達は通常の場合によるもので，これによらない場合があるべきことを指摘する文献は多い。一例を挙げれば，金子宏「同族株主の取得した取引相場のない株式の評価に関する2件の判例」近畿税理士会432号6頁，433号6頁（2000年）：渋谷雅弘「取引相場のない株式の評価方法——配当還元方式の適用範囲」税研106号158頁（2002年）：注(6)も同様。

[6] 垂井英夫「配当還元価額による譲渡と『通達によらない評価』の可否」税理2006年3月号15頁。

に使われなくなる傾向と，譲渡等承認請求により，原則的評価による買取りが常態化した折には，財産評価基本通達上の配当還元価額の存在意義自体がなくなり，将来において廃止される可能性は，ゼロではないと考えられます。

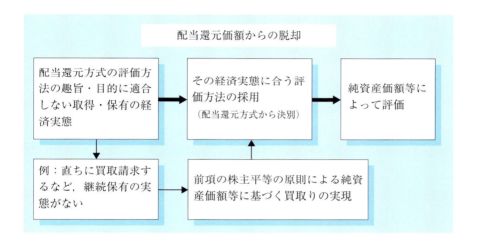

2 最高裁に至るまでの裁判例

(1) 争点1　株式譲渡の自由

　従業員持株会の規約における買戻し条項に関する裁判[7]は当初，株式譲渡の自由を強行法規的に保障している平成17年改正前商法（以下本編において「旧商法」といいます）204条1項本文[8]（会社法127条）[9]に反すると争われました。つまり，株式譲渡の自由は当然として，譲渡せず保有し続ける自由をも含むと解されます。買戻し条項は，持分を所有する権利を放棄させるという契約を，事前に，しかも従業員持株会（会社）と従業員という，強者と弱者の間で締結される契約ですから，旧商法204条1項本文に違反するというのです。

　ここで中小会社のほとんどが利用していた同条但書の譲渡制限を認める規定をみてみます。但書は，例外的に株式の譲渡を，会社が定款をもって取締役会の承認を要するとの制限を認めています。この制限は極めて限定的なものです。つまり譲渡制限といっても，取締役会は，先買権者を指定することが認められるだけです（旧商法204条ノ2）。株主の立場から見れば，自由に譲渡できる原則から，承認を得なければならない，あるいは，取締役会の指定する者に譲渡することができます。いずれにしても，譲渡出来るのは間違いありません。

---

[7] 道野真弘「従業員持株制度の問題点」立命館法学358頁（1997年）において，持株制度の運用については，非常にさまざまな方法があり，一概には論じられないとし，裁判によっては，持株会の記述がなく，また判決文からは持株会のない形態であることが窺える旨指摘しています。
[8] 「株式ハ之ヲ他人ニ譲渡スルコトヲ得但シ定款ヲ以テ取締役会ノ承認ヲ要スル旨ヲ定ムルコトヲ妨ゲズ」。
[9] 「株式は，その有する株式を譲渡することができる」。

そして，会社側にはさらに制限が加わります。取締役会の先買権者指定権は2週間内に限られていますし（同法204条ノ2第4項），先買権者の先買権行使の期間は10日以内に限られています（同法204条ノ3第1項）。この場合の譲渡価額につき協議が調わないときは，双方とも価格決定の申し立てをすることができます（同法204条ノ4第1項）。裁判所は，会社の資産状態その他一切の事情を斟酌して決定するとし（同法204条ノ4第2項），公正なる価額による，譲渡が保障されています。

したがって，会社が，株式の譲渡を制限する場合には，この商法の規定を守らなければなりません。この規定に反して譲渡を制限することは原則的に違法となります[10]。同時に，この但書は譲渡する場合を規定するのみで，保有し続けることに関しては何ら影響を及ぼさないものです。したがって，買戻し強制の問題は商法204条1項本文の問題であって同項但書の問題ではありません。

ここに但書で論じたのは，株式譲渡自由に対する例外である制限が，厳格に定められていることです。また買戻し強制での価額が，但書に規定するように，公正な価額でなければならないとする学説や裁判に関係します。

つまり，買戻し際の価額が，旧商法204条ノ4第1項・2項のように，会社の資産状態その他一切の事情を斟酌して決められる，いわば公正なる価額によっていれば，退職従業員としても買戻しに応じやすいのです。

従業員の取得時の価額は，その公正なる価額ではなく，相続税の節税を意識した低額（配当還元価額や旧額面）になっています。そしてその低額な取得価額によって，買戻しを強制するというところから，多くのトラブルが生じているのです。

---

[10] 市川兼三『従業員持株制度の研究』461頁（信山社，2001年）。

最高裁平成7年判決に至るまでの地裁および高裁の流れは、次のとおりです。これらの判決は、一時的に原告（従業員株主）の勝訴があるものの、控訴審では敗訴し、被告（会社あるいは従業員持株会）の勝訴という傾向を示しています。

```
①　東京地判　昭和48年1月23日（判タ291号234頁）…………　会社勝訴
②　東京地判　昭和49年9月1日（判時771号79頁）………………　会社勝訴
③　神戸地尼崎支判　昭和57年2月19日（判時1052号125頁）……　会社勝訴
④　東京高判　昭和62年12月10日（日金法1199号30頁）…………　会社勝訴
⑤　京都地判　平成元年2月3日（判時1325号140頁）……………　会社勝訴
⑥　神戸地判　平成3年1月18日（判タ763号266頁）……………　会社勝訴
⑦　東京地判　平成4年4月17日（判タ806号169頁）…………　従業員勝訴
⑧　名古屋高判　平成3年5月30日（判タ770号242頁（最判の原審）
　　　　　　　　　　　　　　　　　　　　　　　　…………　会社勝訴
⑨　東京高判　平成5年6月29日（金判932号28頁）（⑦の控訴審）
　　　　　　　　　　　　　　　　　　　　　　　　…………　会社勝訴
```

これらの裁判例で、まず問題とされたのは旧商法204条1項との関係でした。しかも当初の頃の判決①・②は、旧商法204条1項の当事者が、会社か否かによって判断されて、会社が当事者でないため有効とされました。

つまり、①の判決は、取得価額で株主代理委員会の指定する従業員への譲渡を定めた株主会規定の効力が争われました。株式自由譲渡の原則は「当事者間の個々的債権契約の効力まで否定するものではないと解すべきであるから、右代理委員会と原告甲間における右契約による株式譲渡の効力が否定される理由はない」とし、旧商法204条1項に違反しないとしました。

②の判決は、額面額での会社代表者への譲渡約定の効力が争われた事例です。

判決は「当事者間の個々的債権契約の効力に対し，直接規定するものではなく，本件における従業員持株制度の目的，内容及び従業員たる株主に対する利益配当額の程度などからみて，右契約は旧商法204条1項の趣旨に違反する無効なものとはいえない」としました。なお③の判決も概ね同旨でした。

そして，③の判決では，額面額での「会社へ」の譲渡約定が争点となりました。しかし次第に，会社が契約当事者か否かは重視されなくなり[11]，株主の投資回収を不当に妨げるか否かが，契約の効力を判断する基準とされるようになりました。

(2) 争点2　公序良俗違反

契約当事者如何ではなく，株主の投資回収を不当に妨げるか否かを，基準に契約の効力を判断する傾向のもとで，2つ目の争点が生み出されました。すなわち，このような約定は，株主の利益を奪い，民法90条の公序良俗の観点から，その合理性を問題とするものです。その後の判例も，「定額」での株式譲渡について，一定程度の制約の視点を示しつつも，その合理性を否定した例は少なく，唯一，原告（従業員側）の勝訴した⑦の判決であっても，その控訴審である⑨で従業員が敗訴しています[12]。

他に，④の判決では，株式公開までの間は，理事会決定価格により指定先に譲渡するとの持株会規約により，取得価額で精算したことについて，取得価額が時価でなく定額とされていたこと，非上場株式の価格を決定することが困難であることから，この規定は投下資本の回収を制限する不合理なものではないとしています。

---

[11] ③，⑤，⑥，⑧の判決は会社が契約当事者です。
[12] ここでは，従業員持株会制度の目的，持株会規約を了知して，自らの意思で入会していること，持株会が商法の規定適用を回避するため設置されたわけではないこと，非上場株式の価額算定の困難性，売渡しの約定がかえって投資回収に資すること，毎年額面価額の1割の配当を実施していることからも公序良俗違反ではないとしました。

また⑤の判決は，額面価額での会社への譲渡契約について「株主の投下資本回収を不能ならしめ，不合理な内容である場合に限り契約が無効となる」とし，毎年15〜30％という比較的高率の配当実績をあげているので，不合理に当たらないとしました[13]。

　この後，⑥の裁判でも，「定額」の買戻しにつき，取得価格が低額であったこと，高額配当を毎年受け十分な利益を得ていたこと，会社定款上も譲渡制限が規定され，自由な取引が予定されていないことから，公序良俗違反とはいえないとしました。

　後述の最高裁の原審となる⑧の判決は，従業員持株制度の目的や売渡価額について，従業員持株会が低額による従業員による株式取得と，配当の受領による資産形成に寄与するものであることに疑いはないとしました。この制度目的達成のために，会社と株主の合意で，譲渡先を限定することは法令の禁止するところではないとも判断しました。
　そして，買戻し価額が額面額に固定されていることは，譲渡額が取得額と同額であること，「非上場株式について持株従業員の退職の都度，個別的に譲渡価格を定めることが実際上困難であることなどを考慮すると，（中略）直ちに持株従業員の投下資本の回収を著しく制限する不合理なものとまでは断ずることができない」としました。これは時価の相当程度高騰は予想できても，「株式取得に至る経緯等に徴すると，譲渡価格についてのみ，控訴人らのような退職持株従業員に対して時価による譲渡益を保障しなければならない合理的理由は見出しがたい」としました。

　配当性向100％でなければインカムゲインが保障されないか否かはともかく，「制度の目的及び株式取得の手続，経緯等に鑑みると，すべての点において一

---

[13] いわゆる「ワールド事件」で，市川兼三・前掲注⑽　449〜482頁に詳しい。

般の株式投資と同列に論じることはできず，その投下資本の回収についてある程度の制約を受けることも性質上やむを得ないものというべき」と判示しています。なお，この判旨は，後述の最高裁においても採用されることになりました。

(3) 小括

　以上のように，最高裁判決に至るまでの裁判において，下級審の裁判例では，従業員持株会退会時の買戻し強制とその価額を巡って，旧商法204条1項の株式譲渡の自由あるいは民法90条の公序良俗に違反するのではないかについては，一貫して否定されてきました。

　この傾向は，結局，最高裁でも維持されることになったのです。こうして下級審での適法判断の固まる中で，次項のように国税不服審判所が，最高裁判決前において，従業員持株会の強制買戻し条項を無効とする裁決を出しました。

3 　国税不服審判所の裁決

(1)　視点の相違

　ここで，時間は多少遡ることになります。先述の裁判の中の⑤と⑥の間に位置する平成2年6月18日の国税不服審判所裁決の内容を見てみます。

　国税不服審判の制度は，裁判ではなく行政に対する裁判前手続きです。不服申し立て前置主義とも言われ，国税に関する行政裁判は，まず一般的には処分をした税務署に対する異議申立を経なければなりません。さらにこれに不服がある場合の国税不服審判所への審査請求をし，この二段階の前置を経て，初めて地裁に提訴できることになります。

　したがって，国税不服審判所への審査請求に対して裁決が示されると，税務の実務においては，処分した同じ行政庁による判断とはいえ，二度の審議を経過していることもあって貴重な指針となっています。

　先述の裁判例とこの事件とをみる上では，その視点の違いに注意しなければなりません。第一に，先の裁判例は退職従業員と従業員持株会などを訴訟当事者とする民事事件であるのに対して，国税不服審判は行政事件です。つまり死亡退職した従業員の遺族が相続税を申告する際に，相続財産に含まれる株式の評価を巡っての課税庁と争いです。

　第二に，死亡退職従業員の遺族にかかる相続税は，同じく相続税のオーナー側の節税策とは全く別問題ですが，死亡退職従業員の株式が株式でなく，社内預金と判断されれば，その会社の発行済株式総数が減ることになり，結果的にオーナーの持株割合が増えることを通じて，オーナー側の相続税の節税に影響

を与える結末になります。

(2) 事件の概要と裁決

　被相続人（従業員）の死亡により，請求人Ｘ（従業員の相続人）が相続したＣ社株式の額面は10,000円，配当率は18％でした。従前に作成された誓約書には，株式の取得及び譲渡に関して，Ｃ社の「社員持株制度に賛同し，株式を特に額面価額でもって取得させていただいた」旨，「株式を譲渡する場合には必ず額面価額で会社の指定する者へ譲渡する」旨，及び「退社する場合には，会社の指示に従い，額面価額で所有する株式を譲渡する」旨が記載されていました。

　Ｃ社は，従業員の死亡退職により，その相続人Ｘらに誓約事項の履行を迫り，Ｃ社株式について，額面価額で返還するよう求めました。Ｘは，本件誓約書に関して，私法上の契約として有効であり，労働協約に劣らぬ重要性を有している。本件株式は，配当率に関係なく，従業員持株会の規約により，退職時には常に額面価額（10,000円）でしか買戻せない株式である。その株式の経済的価値は，金銭債権と変わらないものある。したがって，配当を収受できる期待願望額を含めて評価する配当還元方式による評価額（18,000円）とすべきでない旨主張しました。

　これに対し国税不服審判所は，当該誓約事項が商法第204条（株式の譲渡性）の主旨に反するとし当該誓約書には強制力がないとの処分庁の主張を認め，従業員持株制度における合意（契約）の私法上の効力は無効であると裁決しました。

(3) 小括

　下級審が従業員持株会の退職時の買戻し強制に関する契約は，旧商法204条1項の株式譲渡の自由に違反しないとする判決を連続して出す中，国税不服審判所は逆に，同契約は同条に違反するため無効であると裁決したことになります。

4 最高裁判決（平成7年）

(1) 判決の内容

220頁で掲げた裁判⑧の名古屋高裁の上告審である最高裁[14]は，上告を棄却し，旧商法204条の違法性を否定し，譲渡制限の約定は直接同条違反にならないことを確認し，また公序良俗違反も否定する立場を確定させたのです。

① 事実の概要

Y会社（被告・被控訴・被上告人）は，現代表取締役の父であるBが昭和初期，木材の輸入・製造・販売等を目的として創業し，昭和23年に株式会社に組織替えした，いわゆる同族会社です。Y社は，昭和43年に，その定款に株式を譲渡するには取締役会の承認を要する旨を定めました。また同年頃，従業員の財産形成と愛社精神の高揚を目的とし，係長以上の役職にある従業員を対象とする従業員持株制度を導入しました。

この制度の導入に当たっては，対象従業員に，株式の取得価格は額面額とすること，死亡や退職時には取得価額と同一価額（1株50円）で，Y会社の取締役会が指定する者に譲渡する旨を予め約束すること，取得するか否かは従業員の自由意思であることの説明がありました。そしてY社の従業員であったXら5名（原告・控訴人・上告人）は，昭和43年頃から54年にかけ，この制度の趣旨・内容を了解したうえで，本件合意内容を記載した各誓約書を株式取得のた

---

[14] 最高裁判決平成7年4月25日 裁集民175号91頁。

びごとに，Ｙ社に差し入れました。なお，対象従業員の中には株主にならなかった者もいました。しかし昇進等の処遇につき殊更不利な扱いは無く，取締役に就任した者もいました。

またＹ社は，昭和43年度以降，当初はおおむね15ないし30パーセント，昭和56年度から8パーセントの配当でした。

しかし，昭和61年4月になって約40名の従業員の内，営業職従業員23名のうち，Ｘらを含む12名が突然一斉に退職届を出し，翌日から有給休暇をとって出勤しませんでした。またその頃この12名によって，コンピュータープログラムが無断で持ち出され，Ｙ会社の取引先に対し同社の名前を変えた請求書，納品書等が発送されるなどして，同社は大混乱に陥りました。昭和61年度の無配当は，この一斉退職等に伴って営業上壊滅的な打撃を受けたためでした。

その最中の同年12月，Ｘらにより株券の交付を求める訴えが提起されました。Ｙ社側は，同社の就業規則によればＸらは退職届提出の日から30日を経た同年5月3日をもって退職となり，したがって既に本件株式の所有者ではないと判断しました。しかしこの混乱状態や，Ｘらの本件訴訟の内容から，しばらく訴訟の推移をみた上で，ようやく昭和63年7月11日の買受人指定の取締役会で，Ｅ（Ｙ社代表取締役の子）を株式譲受人にすることが決議されました。

Ｘらは，本件合意は商法204条1項，民法90条に違反し，無効であると主張しました。さらに，自分達に対してなされた譲受人の指定通知は，商法204条ノ2の条文に照らせば，本件合意に基づく株式譲渡の意思表示が失効した後に行われたものであること，仮に譲渡制限契約の効力を認めるとしても，額面額での株式譲渡の強制は，正当な投下資本回収の利益を剥奪し，同族経営者の利益擁護を実質的目的とするもので無効である旨主張しました。

第一審，控訴審ともに原告敗訴。そこで，Xらは原審におけるB（現代表取締役の父）の供述からして，譲受人指定の期間は商法204条ノ2第3項の定めを前提にすることは明らかで原判決には理由不備の違法があること，Y社は昭和61年3月期以降も順調に利益をあげているからXらの退社が経営に打撃を与えたとはいいがたく，その点でも審理不尽である等の理由を追加して上告しました。

② 判旨　上告棄却

「本件合意は，商法204条1項に違反するものではなく，公序良俗にも反しないから有効であり，Y会社の取締役会が，本件合意に基づく譲受人としてE（現代表取締役の子）を指定し，同人が買受けの意思を明らかにしたことによりXらはY会社の株式を喪失したとして，株券の発行を求めるXらの請求を棄却すべきものとした原審の判断は，正当として是認することができる。」

③ 要約

以上のような最高裁判決により，契約による譲渡制限は，商法204条違反にはならないこと，また公序良俗違反も否定する司法の立場が確定しました。

しかし，下級審以来多かった判決に対する学説からの批判はそのまま続くことになり，一方で行政判断である国税不服審判所の裁決との矛盾も一層鮮明になりました。以下，最高裁判例を受けて，学説と実務面の対応を追っていきます。

(2) 学説

学説を，最高裁判例を中心に概観[15]します。

① 契約面

まず，従業員持株会の「契約面」からみることにします。契約による譲渡制

---

[15] 前田雅弘「判批」『別冊ジュリスト会社判例百選』36頁（1998年）および藤原俊雄・前掲注(1)14頁。

限は，売主と買主との個別的な合意による，相対的な債権的効力を有するにすぎないとしています。したがって，会社が契約の当事者となる場合であったとしても，まず先に，契約自由の原則が妥当します[16]。つまり商法の規定とは別に，契約当事者が譲渡制限を決められる自由が存在するのです。

しかし，その契約内容が「会社法の秩序原則」ないし「従業員持株制度の趣旨」からして，きわめて不合理と判断されるときは公序良俗違反とされます。

この場合の「会社法の秩序原則」とは，まずは商法が，その条文において，直接に規制の対象にしているものと，規制の対象としていないものがあります。

前者の，規制の対象にしているものには，「株式は譲渡できる」とする，株式の譲渡性（旧商法204条1項本文）であり，これを制限するのは，例外的に定款による譲渡制限だけです（同項但書）。

次に後者は，商法が直接条文で規制はしてはいないものの，「会社法の秩序」として存在するものです。これは，資本主義経済における株式会社の機能から導かれます。すなわち，「投下資本回収の機会は，これを不当に奪ってはならない」という「理想」があてはまります[17]。

だから，商法の規制によらない，契約による譲渡制限については，この商法の「理想」と矛盾する場合には，「投下資本回収の機会を不当に奪うもの」として無効と解さなければなりません[18]。旧商法204条1項但書は，こうした，「会社のもつ譲渡制限の要請」と「投下資本回収確保の要請」とのバランスを，定款による譲渡制限として結実させたのです。このバランスを崩してしまうことは，同法204条1項の趣旨に反し，契約は無効になると言わなければならないのです[19]。

---

16 河本一郎ほか『従業員持株制度——企業金融と商法改正1』2頁［森本滋発言］（有斐閣，1990年）。
17 上柳克郎「株式の譲渡制限　定款による制限と契約による制限」河本一郎ほか・前掲注(16)126頁。
18 上柳克郎・前掲注(17)126頁。
19 前田雅弘・前掲注(15)37頁。

では，具体的に，本件のように，退職時に買戻すことを強制する譲渡約定については，その商法のバランスを崩してはいないでしょうか。その点については，従業員持株会の規約による契約は，むしろ中小会社の場合においては，有益であるとされます。市場が存在しないことから，買戻し強制といえども，投下資本の回収の機会を提供するからです。それは株主の利益になりうるものであり，商法が考える先のバランスに対して，決して反するものではないのです。

また，定款による制限は，全株主に画一的に強要されます。これに対し，契約の場合は，現実の合意を要するという縛りがかかります。したがって契約の場合には，「合理的な範囲」でなら，この商法の考えるバランスからはずれることが許されると考えられます[20]。しかし，中小会社の従業員持株会への加入は，附合契約[21]的なものであることが多いのです[22]。このため当事者の合意を要するという縛りがかかりにくいことから，「合理的な範囲」は相当に狭いと考えるのが妥当です。

公序良俗の関係からは，仮に，この「理想」に矛盾するために無効となったとしても，それは，社会の一般秩序ないし道徳観念に反するのではないから，公序良俗の違反による無効ではない[23]。あくまでも，「会社法の秩序」に違反するに留まると解すべきです。

このように，本件約定は，キャピタル・ゲインを認めない仕組みと合わせたうえで，単に商法204条1項本文に端的に示される「株式会社法上の公序良俗」に反するものとして無効と解すべきであるとして，公序良俗と区別して無効と評されるのです[24]。

20　前田雅弘・前掲注(15)37頁。
21　「附合契約とは，相手方当事者の作成した契約条件をそのまま飲むか，契約しないかの自由しかない契約をいう。」（内田貴『民法Ⅱ債権各論』18頁（東京大学出版会，2001年）。
22　江頭憲治郎「経営者が関与する組織は会社からの独立性が認められず，自由な合意といえるかが疑問視されている」ジュリスト618号160頁（1976年）。
23　上柳克郎・前掲注(17)129頁。
24　藤原俊雄・前掲注(1)15頁。

② 従業員持株会の仕組み

次に，学説を，「従業員持株会の仕組み」からみることにします。従業員持株制度の主な趣旨は，従業員の福利厚生ならびに会社の利益の分配です。したがって，従業員持株会は，原則的に株主である従業員の投下資本の回収を何らか図る仕組みでなければなりません。これに反する仕組みとしての約定は，任意の合意，つまり契約であれ，公序良俗に反するので無効です[25]。

たとえば，配当性向が低い場合でも，会社の持分価値が増加しているときには，従業員持株会の退会にはキャピタル・ゲインが与えられます。したがって取得価額より高い値段で精算されるべきです。キャピタル・ゲインがなくても確かに，取得価額を回収できる点では投下資本の回収とはいえるかもしれません。しかし貨幣価値の下落が考慮されていないとすれば，実質的に投下資本の回収といえるかは疑問といわざるをえません[26]。

この一番問題となる買戻し価額については，算定方法をあらかじめ約定しておくことは，合理的であり，実際上も有益です。そこで，算定方法が合理的なものである限りは，通常はその有効性を認めなければならないでしょう。たとえ買戻し価額が譲渡の時点で株式の実際の価値を下回ってキャピタル・ロスが出ることになっても，有効性はゆるぎません。

しかし平成7年最高裁判決のように，取得価額をそのまま譲渡価額として用いる約定は，当初からキャピタル・ゲインを完全に否定することになってしまいます。これでは実質的な投下資本の回収とは言えません。配当性向が100％近いというような特別な場合を別として，その算定方法に合理性があるとはいいがたいのです[27]。

25　河本一郎ほか・前掲注(16)79頁［神崎克郎発言］。
26　龍田節「判批」商事1055号104頁（1985年）。
27　前田雅弘・前掲注(15)37頁。

従業員持株制度が従業員福利の制度である以上，問題があり，仕組みとして株式保有期間の留保利益をまったく反映しない買戻し価額の定め方を有効とすることには疑問があるという見解があります[28]。また，買戻し価額に直結する，非上場株式の評価に関しては，難しいけれども不可能ではありません。藤原俊雄教授にあっては「先例とするには問題が多すぎる。そうだからこそ，判例集不登載[29]とされたのではあるまいか」とまで言及されています。

　このように学説（多数説）では，取得価額による買戻しを強制する規約は無効だが配当性向が100％に近ければ，取得価額を買戻し価額としても問題はないとされています。しかし会社経営は将来に向かって成り立たなくなるでしょう。

　通常の配当性向の株式にあっても，買戻し強制時に，その時点での留保利益も含めた，いわゆるキャピタル・ゲインを認めた実価で買い取るとすると従業員持株会が成り立たなくなるとする説もあります[30]。

　このために河本一郎教授は，最高裁判決は実務を考慮したもので，数少ない容認の見解を論じています。つまり次に買い取る従業員あるいは会社の資金負担が，その分，増加して，従業員持株制度は維持できなくなるからです。

(3) 実務

　実務では，最高裁判決が出る以前から，冒頭で述べた相続税の節税を目的とした従業員持株会が組織され，退職による買戻し強制も実施されていました[31]。問題である買戻し価額については，平成2年の国税不服審判所裁決の

---

[28] 江頭憲治郎『株式会社法』244頁（有斐閣，第6版，2011年）。
[29] 最高裁判所の判例集は，一般には判例調査会の『最高裁判所民事判例集』（略称『民集』）が用いられていて，藤原俊雄教授の「判例集不登載」の記述はこの「民集」を指しています。最高裁判決に対する評釈の多くは，別の判例集である『最高裁判所裁判集民事』（略称『裁判集民』あるいは『裁集民』）により書かれていますが，これは裁判所の部内資料です。そして，『民集』に掲載されると，法曹界編の『最高裁判所判例解説』にも掲載されます。
[30] 河本一郎「従業員持株制度の問題点」北沢正啓＝浜田道代編『増刊ジュリスト　商法の争点1』111頁（有斐閣，1993年）。

影響もあり，額面価額による取得及び買戻しを，配当還元価額とする方向で進んでいきました。

このように実務では，第三者間の取引はさておき，身内間あるいは会社・オーナーと従業員という近しい間柄では，何よりも互いに課税が起こらないように配慮することに重きが置かれがちで，その範囲で税法の認める方向に動くのです[32]。

こうして，従業員持株会へのオーナー所有株式の移動は，配当還元価額を基準にして行えば，オーナーは相続税の節税ができることが確定していきました。また従業員は安値で取得して，高額配当を受ける権利を得ることができました。そして，あわよくば会社が上場の暁には巨大な創業者利得にも部分的に浴することが叶うことになりました。それでも退職従業員の立場からは，強制買戻しとその価額が取得価額でされることには不満が残ったままでした。これが，今に続く懸念として存在します。

最高裁判決が出る以前から，キャピタル・ゲインを認めず，取得価額と同じ価額による買戻し強制ということに対しては，先にみたように学説の批判が集中していました。現に退職があった場合のトラブルから，会社側としては，内心冷や冷やした運用が続いたように思われます。とは言え，その会社のオーナーは相続税を大幅に節税しなければならないほどの会社です。やがて上場してしまえば，株式の取引価額は市場価額に急変してしまう。その結果，会社も

---

[31] 道野真弘・前掲注(7)346頁。
[32] この場合，取得価額が配当還元価額よりも高ければ，額面価額で合意・契約することには問題はありません。何故なら，税務上は，配当還元価額未満で移動させた場合において，従業員側で，贈与税の基礎控除額を超える受贈益に対して贈与税が課税されるからです。しかし配当還元価額の計算式からは，一般に従業員持株会は10%以上の配当を維持しているのが通常のため，額面価額以上の配当還元価額が普通です。国税不服審判所の裁決の場合も，配当還元価額が18,000円で額面が10,000円というシチュエーションでしたが，配当還元価額未満の10,000円の額面としたところに問題がありました。

オーナーも従業員も八方丸く収まってしまいます。上場を断念しても，従業員株主が退職に至らない限りは問題になることはないのです。

しかし，現に従業員株主の退職が起こると，訴訟に至らないまでも買戻し強制とその価額については，何かにつけ揉め事の種となっていました。退職金の上積みなどの調整[33]や，従業員の取得価額の倍で買い取るなどの現実的な解決策が行われています。

こうして，国税不服審判所の平成2年裁決が，従業員持株制度における合意は，旧商法204条1項違反として，私法上の効力を認めないとしても，大きな問題とはならなかったのです。それは死亡従業員の遺族にかかる相続税の面での課税庁との行政事件上の問題に過ぎません。買戻し強制の価額を除いては，オーナーの相続税節税という面で，税務上で有効であれば，オーナーとしては問題がありません。会社法からみても，国税不服審判所という，まだ訴訟にも上がってきていない行政不服審判での，つまり行政内部での裁決であるため，さしたる注意も払われずにきました。

そこに，平成7年の最高裁判決が出て，オーナー・会社側は意を強くするに至りました。それまでも下級審で認められてきた取得価額による買戻し強制に最高裁のお墨付きを得たことで安堵が広がりました。一部の実務では，取得価額と全く同じ買戻し価額では問題もあろうと，買戻し価額を絶対値で定めることを改定することにしました。すなわち配当還元価額で取得し，退職時には「その時点での」配当還元価額で，買戻し強制をするとしたのです。これで幾らかは価額が変化する可能性があるとのことで，全くの固定価額ではなくなる規約とした従業員持株会規約も見受けられます。しかしこの場合，キャピタル・ゲインがあっても，配当を減らすことで逆に取得価額より下がることもあ

---

[33] 藤原俊雄・前掲注(1)14頁。

ります。したがって従業員持株会の理事会が決定する価額という規約にして，現実には，最低限，取得価額を維持するようにされていたりします。この辺りは中小会社の中でも最も閉鎖性の強い会社の実務で，統計やアンケートはなく，実務家の経験談によるところが多いのです[34]。

(4) 小括

多くの裁判に最高裁判例も加わり，従業員持株会の買戻し強制は，違法ではないことが確定してきました。しかし学説の多くは，キャピタル・ゲインを全く認めないことに異議を唱えて現在に至っています。

---

[34] 飯島眞弌郎『Q＆A持株制度の運用と実務』162頁（新日本法規，1998年）の，未公開会社の従業員持株会規約のひな形（参考）では会員の退会時の持分返還について「株式の評価は，別に定める株式の評価規定により行う」とだけあります。また，髭正博『事業承継・自社株対策の実践と手法』303頁（日本法令，2002年）の参考規約では「譲渡価額は，配当還元方式による評価額を参考にして，毎期首に理事会において定める。」とあります。また，新谷勝『従業員持株制度──運営と法律問題のすべて』252頁（中央経済社，1990年）には，12条「参加者の持分」として全員の取得資金と当該会員の取得資金で按分する式を示し，15条「脱退者に対する持分の返還」においては12条に相当する持分を返還する旨を定めるとする，山一證券の資料があります。

5 最高裁判決（平成7年）以降

(1) オーナーの相続税対策否認の可能性

平成7年最高裁判決後も，同様な裁判が起こされています。しかしこれについても，不合理とはいえないとする東京地裁平成10年8月31日判決[35]があります。このことは，平成7年以降もこの種の争いが絶えないことを表しています。また，裁判所は最高裁判決以前からの一貫した結論を踏襲する傾向であることも示しています。

しかし先述の商法学者による批判に加え，租税法の高橋靖教授からも疑問が提示されることになりました。これは，先述した平成2年の国税不服審判所裁決と，その後平成7年の最高裁判決との矛盾を突くものです。

すなわち，国税不服審判所裁決では，従業員持株会の合意は商法204条1項違反で無効としました。そして遺族の相続税申告上，その株式の評価額は約定の，額面10,000円を否定し，配当還元価額18,000円としました。これに対し最高裁判決においては，商法204条1項に違反せず有効であることは確定しました。したがって最高裁判決を前提にすると，合意を私法上無効であることを前提にした国税不服審判所の裁決及び課税実務は，おかしいことになります。

---

[35] 判例時報1689号148頁（2001年）。不合理ではないとした理由は，取得価格の2割増の固定額による売渡強制について，毎年額面の15%の配当が実施されてきたこと，市場価額が存在しないこと，定款上の譲渡制限もあることでした。

さらに、「このような株式は、実質的にみれば株式という評価をうけるべきであろうか。これは、株式という名称をもっているけれども、実質的には社内預金にすぎないと相続税法上は（所得税法などの課税処理は従来のままとしても）解すべきである。社内預金という意味で額面金額（1万円）で評価すべきである。従ってこの会社の株式が相続税法において純資産価額方式で評価されるときには、従業員持株制度が適用される株式は、発行済株式総数より除外されるべきである。」と批判しました[36]。

つまり、このようなキャピタル・ゲインもない、預けた金額は元本として、そのまま返されるのは預金というわけです。これは株式の形式はしているものの、その実体は社内預金に過ぎない。相続税の計算上は株式ではないのだから配当還元価額で評価すべきではない。実態が預金ならば元本の額面金額10,000円で評価すべきであると批判したのです。

さらにオーナー側として8頁の設例を用いて説明すると以下のようになります。

発行済株式総数1,000株のうち、従業員持株会へ移動させた株式300株を、文字通り「株式」とするときは、節税ができます。すなわち20億円の会社の純資産価額を、その発行済み株式総数の1,000株で除して700株（1,000株－300株）を乗じた14億円の評価額となります。しかし従業員持株会に移動した株式は、社内預金に過ぎないとされるとどうなるか。その300株が発行済み株式総数に含まれないことになると、発行済み株式総数は700株です。そうすると20億円を700株で除して700株を乗じる計算となり、相続税評価額は20億円と変わらないことになって相続税の節税が出来なくなってしまいます。

しかし、実務の現場では、「株式譲渡の実態」を備えれば、余程のことがない限りは、高橋教授の指摘するような「社内預金」との認定により、節税を否認されてはいないのが現状です。したがって現在に至るまで、従業員持株会を用いた節税策は使われ続けています。

---

[36] 高橋靖「非上場株式の配当還元方式による評価」税務事例研究50号94頁（日本税務研究センター、1999年）。

(2) 札幌地裁判決

最高裁判決以降の判例で注目すべきは，札幌地裁平成14年2月15日判決，いわゆるドラール事件[37]です。

① 事件の概要

本件は，被告Y株式会社を依願退職した原告Xが請求を起こした裁判で，最初の請求は，不支給とされた退職金の支払いを求めるものです。これについては，労働裁判の過去の判例からみても妥当な判断[38]とされ，また本書と関係がないため省略します。ここでは，次の請求，つまり退職に伴う従業員持株会退会による持株の精算金の不足分の請求について，2つの争点の概要を見ていくことにします。

争点1は，従業員持株会退会に伴う精算金について，その精算債務をY社が負うかが問題になりました。

争点2は退職時に売渡強制される株式の評価額が，従業員持株会規約の附則により，理事会一任とされて減額されたのですが，この計算結果が合理的かが問題となりました。

札幌地裁は退職金，株式の精算金請求とも，原告Xの請求をほぼ認めました。

争点1の精算金に関する精算の債務については，Y社に精算債務が帰属するとしました。その理由は以下の通りです。

持株会は，被告の主導の下に組織され，被告内に所在し，固有電話番号も持たない組織で，運営上，被告が少なからず関与し，退会手続の実態からも，持株会が被告から独立しているとはいえないと認定しました。また，持株会には会員全員が集まって意思決定をする会員総会がなく，持株会の財務状況を会員に報告する機会もない。運営，管理等の団体の機能にも疑いが残るとしました。

このため，民法上の組合と規定する規約があっても，実態に照らすと単なる

---

37 労判・前掲注(2)66頁。
38 労判・前掲注(2)66頁。

名目上にすぎず，形式的には，独立した民法上の組合とする規約が存在するも，実態はＹ社の一部局であるとしました。

争点２については，精算金の価格を理事会一任とする附則は，理事会の裁量に委ねることに合理性がないとはいえない。しかし全く自由な裁量は恣意的な決定を許し，ひいては会員の利益を著しく損なうことになりかねず，持株会の趣旨および目的に反することが明らかで，したがって附則は，合理的な算定方法に基づく合理的な金額の範囲において有効な規定であるとしました。

② **本判決の意義**
(i) 総評

本件は，従業員持株会を有する多くの企業において，通常ごく普通にみられる形態です。会社と従業員持株会の関係につき，その従業員持株会の実態は，会社と一体で，会社の一部局にすぎないとし，会社自体に精算債務を認めた点に意義があります。この点については，先にみてきた過去の裁判では，争点にすらならなかったため，先例としての価値があります[39]。

次に，従業員持株会を退会する際の株価算定については，過去の判例と異なり，投下資本の回収に「会員の既得権」という観点が加えられました。その観点から，「合理的な価額算定」でなければならないという制約を付した点が注目されます[40]。

さらに，その「合理的な価額算定」については，『適正な時価』として，収益還元方式と配当還元方式との加重平均方法を合理的としました。この点は，従来の判例よりも実価に近い価額であることにおいて，一歩踏み込んだ判決といえます。

従来の判決は，取得価額と同一価額による譲渡を認める根拠として，株価算

39　関本英幸「批判」労旬1559号41頁（2003年）。
40　労判・前掲注(2)67頁。

定の困難性，所有期間に高額の配当を得たこと，従業員持株会の維持のために次に取得する従業員の取得価額にもなることを挙げていました。本判決はこれらを重視せず，商法上の最近の学説に近い判断を示したといえます[41]。

また，従来の判例が，取得価額での精算であったのに対して，理事会が取得価額に拘束されず，自由な裁量で価額決定をした初のケースとしての意義を有しています。しかし理事会一任の裁量が，合理的な範囲を逸脱すると認定して，2つの評価方式の加重平均による時価の算定を示した初めてのケースとしても注目に値します[42]。

さらに，本件が労働裁判として位置づけられる根拠としての「労働条件」の変更について，理事会決定を無効とした1つの理由として，「精算金の金額を突如3分の1以下に減らすことになり，持株会会員の既得権を侵害する」とした点があげられます。これについては2つの面が考えられます。

(ii) 既得権の侵害

まず第1には，裁判で取り上げられた「既得権の侵害」そのものの問題です。株式投資の原則からは，「期待権保護」という観点は生じません。したがって本判決は従業員の資産形成の目的という側面が重視されています[43]。それ故，労働裁判の特徴とも言えるのです。しかし，従業員の自社株取得やその譲渡益の保護については，労働法上の議論がさほどあったわけではありません[44]。著名な労働裁判を扱う判例集でもほとんど取り上げられていません。

賃金として株式を支払うことは労基法24条の定める通貨払い原則があるため，禁止されています。また株式投資から生じる損益は労働の対価ではありません。従って，買戻し精算による利益を「賃金として」保護する必要はありません。

しかし，これが賃金ではないとしても，持株制度が社内制度として運営され

---

41 勝亦啓文「批判」労判841号11頁（2003年）。
42 関本英幸・前掲注(39)41頁。
43 勝亦啓文・前掲注(41)12頁。
44 勝亦啓文・前掲注(41)12頁。

ています。そして従業員持株会の趣旨・目的が労働者の福利厚生的の側面を第一義としていることからは「労働条件の１つとして」、その請求権性と期待権保護を考慮する余地があるとされました。

　本判決では，従業員持株会が会社と完全独立の株主の自主的組織ではなく，独立の法人格を認めず会社の一部局と認定しました。そこでは従業員持株会は福利厚生制度とされます。そういう一般的な適用が予定されている以上，従業員持株会の規約も就業規則の記載事項とされます[45]。
　このような期待権保護という視点は，退職金をめぐる就業規則を通じた合理性判断においては労働法の分野では既に用いられてきた観点です[46]。
　株式投資の原則論を重視するならば，投下資本回収の要請を重視すべきです。また従業員持株会の趣旨・目的，低額による自社株式取得，高額配当の維持といった社内の福利厚生制度の面を重視すればいかにあるべきか。それは株式の取得や配当，買戻し精算において，一般株主に比して相当程度有利でなければならないことになります。これは株主としての地位ではなく，労働者たる地位に付加される利益といえます。故に，労働条件としての保護が問題となるのです[47]。

(iii) キャピタル・ゲインを認めていた

　第２には，この会社の従業員持株会の規約の買戻し価額が，固定的な価額の規約だったらどうなったかです。つまり，注目すべきは，この会社はキャピタル・ゲインを精算時に認めていたことです。
　先に，この判決は，理事会が取得価額に拘束されず，自由な裁量で価額決定をしたことに対しての，初のケースとして，事例的な意義を有すると述べました。この会社がキャピタル・ゲインを認めればこそ，精算価額の変動は当然の

45　労基法89条１項10号および通達（昭和22年９月13日発基17号，昭和28年３月20日基発137号）。
46　勝亦啓文・前掲注(41)12頁。
47　勝亦啓文・前掲注(41)12頁。

ことでした。その結果，いわば株価算定の上では，理事会決定によってキャピタル・ロスが発生したのです。しかし，本判決では算定に当たって理事会決定の価額が合理的でないと認定したのです。

キャピタル・ゲインを認めて精算していることについては，これまで見てきた他の判例の会社あるいは従業員持株会に比べて，その意味では良心的な会社の方針だったとさえいえます。そして，キャピタル・ゲインを認めた価額算定方式を決めていたがために，キャピタル・ロスが発生したことが不利益な変更とされ，従業員の既得権を侵害したとして問題にされました。

しかし，従前の裁判例のように，取得価額と同じ固定的な価額で買戻し強制をする，ある意味で良心的でない会社は，それが幸いとなってしまっているのです。つまり，取得価額のままに放置したが故に，それが「不利益のまま」で，不利益な「変更」とはならなかった。それが従業員の既得権を形成することもなく，退職まで据え置かれます。その結果，生じてもいない既得権は，これを侵害していない，という格好になっているのです。

いずれにせよ，価額が変動する場合は，特にキャピタル・ロスとなる場合には，より慎重で合理的な判断を要することになります。しかし，それを厳密に算定することは技術的にも費用的にも，ほとんど不可能です。したがって最終的には，従業員持株会の目的・趣旨に基づいて，変化の程度を緩和する方策が考えられます。これが第4章の提案にもつながってゆくことになります。

(ⅳ) 労働裁判の特異性

さて，この裁判の特異性は，労働裁判であるが故にといえばよいでしょう。精算に関しては，原告・被告双方の主張および判決文中に「適用条文」が出されることがありませんでした。従前の従業員持株制度に関する裁判が，商法204条1項，あるいは民法90条に反するとの争点があったのに比して，特異な様相を見せています。

ただ，このことは労働法の判例ではさして例外的ではないようです。それは，労働法が同じく民法から派生した商法と正反対の社会法としての性格を有して

いるからです。すなわち労働法は，契約自由の原則を公法的に矯正・制限する方向に作用します[48]。

この「矯正・制限」故に，適用条文がなくとも労働法の目的に沿った，揺り戻しとして表れるのです。本稿ではそこに深く立ち入りません。ただし，本裁判を通じて，従業員持株会の株価については，労働法の影響を今後は，考える必要があるでしょう。

さらに，注目すべきは，本裁判が労働裁判として扱われており[49]，商法関係者からの評釈が見当たらないことです。労働判例として取り扱われてしまっていることについては，この裁判が，本稿では関係がないため省略しましたが，退職金不支給事件と共に争われたことが大きいと考えます。また，次項で述べるように，従業員持株会を「労働条件」として捉えたためでもあると考えられます。

既に述べたように，本件裁判の退職金については，過去の労働法の最高裁判例から順当な判断でした。したがって，本判決の意義としては，正に後半の，従業員持株会脱退時の買戻し価額こそが，メインテーマであったといえます。

にもかかわらず，平成14年札幌地裁の判決に関する評釈が，会社法の分野から投げかけられることはありませんでした。それは，労働判決として報じられたこと以外に，会社法側の理由もあったかと思います。すなわち，会社法では，昭和後半から平成にかけて，従業員持株制度に関する論議が盛んであったものの，平成7年には最高裁判例が示され，学説上は，少なからず問題があるとされましたが，従業員持株会については最高裁判例は一つの決着をみたように観察されます。

---

[48] 峯村光郎『労働法』12頁（慶応義塾大学出版会，1954年）には「この契約自由の制限は，警察目的や財政目的のためにする契約自由に対する公法上の制限ではなく，もっぱら国民経済における社会総労働力の保全および培養を目的とする，いわば，資本主義的自由放任の原理の修補としての契約自由の行政権による制限をいうのである」とあります。

[49] TKC法律情報データーベースにおいても，引用判例としては最高裁判例2件が挙げられていますが，平成14年札幌地裁の前半部分の退職金不支給についての労働事件の引用判例です。また労判・前掲注(2)においても旧商法204条あるいは民法90条などに言及することはありません。

そして会社法を巡る，ときには平成13年には，1年に3度も基本法たる商法が改正される大きな変化が起こってきました。その中にあっては，半ば，解決済みの問題として，従業員持株会に対する変化の兆しが，会社法の関心分野からは放置されていたように感じられます。

また，本裁判の控訴審では和解が成立していることも，会社法からの関心を引き付けるに及ばなかった遠因となっていると思われます。さらには，一地方裁判所と最高裁判所との判断の重み差は比較にならないほど大きいとも言えます。

(3) 小括

最高裁判決以降，学説上問題ありとされつつも，一件落着という形で収拾しかけました。そして，平成11年の高橋教授の説が，一転，オーナーの相続税節税策に冷や水を浴びせることになったかにみえました。しかし，実務の現場では，「株式譲渡の実態」を備えれば，余程のことがない限りは，高橋教授の指摘するような「社内預金」との認定により，節税を否認されてはいないのが現状です。したがって現在に至るまで，従業員持株会を用いた節税策は使われ続けています。

一方で，平成14年の札幌地裁判決（ドラール事件）は，これまで会社法を中心に論じられてきた，この問題に，労働法の視点を無視し得なくなってきたことを示しました。そしてキャピタル・ゲインを認めた場合には，逆にキャピタル・ロスが発生した場合には，労働条件の既得権を変更したとみなされる危険性があるのです。

(4) 日本経済新聞社事件（平成21年最高裁）

従業員持株会に関連する最高裁判例としては，これまで平成7年の1件だけでしたが，平成21年に日本経済新聞社事件の最高裁判決が出たため[50]，日刊新聞法[51]が関連するというやや特異な事件ではありますが，その内容は，これまでの裁判に共通するもので，会社法施行（平成18年5月1日）後の最高裁判決であること[52]，また日本経済新聞社は巨大企業ではありますが非上場会社であることもあり，一般の会社との共通点を中心に概要を述べておくことにします。

① 事件の概要

日経の元従業員が退職後，「社友」となり，その所有株式を，著名作家に事業関係者であるとして，譲渡しました。ただし，従業員持株会関係での譲渡価額は全て100円の固定であるのに対して，この作家への譲渡は1,000円で行われました。

本件は，〈1〉作家（上告人X1）が，元従業員（上告人X2）から，被上告人である日本経済新聞社の株式を譲り受けたと主張して，日経らとの間で，作家が本件株式を有する株主であることの確認等を求める第1事件と，〈2〉被上告人従業員持株会が，作家と元従業員の間における本件株式の買戻し合意に基づき，本件株式を取得したと主張して，作家らとの間で，従業員持株会が本件株式を有する株主であることの確認等を求める第2事件と，〈3〉元従業員が，日経に対し，本件株式につき元従業員から作家への名義書換等を求める第3事件が併合されたものです。

---

[50] 平成21年2月17日。
[51] 正式名は「日刊新聞紙の発行を目的とする株式会社の株式の譲渡の制限等に関する法律」であり，その第1条に『定款をもって，株式の譲受人を，その株式会社の事業に関係のある者に限ることができる。』と規定している，会社法の特例法です。
[52] ただし取引自体は，会社法施行前で，東京地裁判決は平成19年10月25日，東京高裁判決は平成20年4月24日です。しかし，判決文の中では，会社法として判断がなされています。

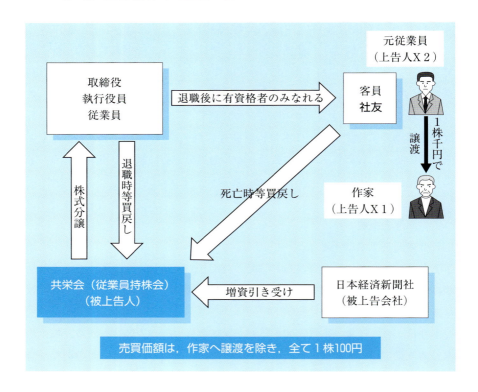

② 判決要旨

　日経は、日刊新聞の発行を目的とする株式会社であって、定款で株式の譲渡制限を規定するとともに、日刊新聞法1条に基づき、同社株式の譲受人を同社の事業に関係ある者に限ると規定し、株式の保有資格を原則として現役の従業員等に限定する社員株主制度を採用しているものです。従業員持株会における本件株式譲渡ルールは、日経が上記社員株主制度を維持することを前提に、これにより譲渡制限を受ける株式を従業員持株会を通じて円滑に現役の従業員等に承継させるため、株主が個人的理由により株式を売却する必要が生じたときなどには従業員持株会が額面額でこれを買い戻すこととしたものであって、その内容に合理性がないとはいえないと判示しました。

また，日経は非公開会社ですから，もともと株式には市場性がなく，本件株式譲渡ルールは，株主である従業員等が従業員持株会に株式を譲渡する際の価額のみならず，従業員等が従業員持株会から株式を取得する際の価額も額面額とするものでしたから，本件株式譲渡ルールに従い株式を取得しようとする者としては，将来の譲渡価額が取得価額を下回ることによる損失を被るおそれもない反面，およそ将来の譲渡益を期待し得る状況にもなかったということができます。

　そして，元従業員は，上記のような本件株式譲渡ルールの内容を認識した上，自由意思により従業員持株会から額面額で本件株式を買い受け，本件株式譲渡ルールに従う旨の本件合意をしたものであって，日経の従業員等がその株式を取得することを事実上強制されていたというような事情はうかがわれませんでした。

　さらに，日経が，多額の利益を計上しながら特段の事情もないのに，一切配当を行うことなく，これをすべて会社内部に留保していたというような事情も見当たりませんでした。

　以上によれば，本件株式譲渡ルールに従う旨の本件合意は，会社法107条（株式の内容についての特別の定め）及び127条（株式の譲渡）の規定に反するものではなく，公序良俗にも反しないから有効というべきであると判示し，これと同旨の原審の判断は，正当として是認することができ，原判決に所論の違法はなく，論旨は採用することができないと，裁判官全員一致の意見で，判決を下しました。

(5)　今後

　今後の展開については，215頁に先述，あるいは第4章冒頭に述べましたので参照ください。

第 3 章

平時の一部引出し価額

1 非公開会社の問題点

(1) 平時とは

　従業員持株会への拠出は，退会によって買戻しが強制的になされることは前章で述べました。しかし，退職もしないし任意に退会もしない，いわゆる「平時における一部引出し」の場合はどうでしょう？　これが本章のテーマです。

　平時においては，従業員持株会の性質上，従業員持株会側からは，買戻すことはありえません。しかし，従業員側からの資金需要のために引出したいとの要望が有り得ます。この「退職までの間」，事実上，従業員持株会の持分を自由に引出しできないという会社が多く存在します。従業員持株会について，とかく問題となり，訴訟になるのは前章でみてきたように，退職時の買戻し強制ですが，より根本的には退職時には買戻しが強制されるにもかかわらず，現実的には普段の引出しがままならないことです。

　この問題は，普段は会社と従業員という雇用関係での，強者と弱者の関係にあるため，あまり顕在化しません。しかし，その関係の切れる退職の時点で噴出し，裁判沙汰に拡大していくものと思われます。

(2) 上場会社の適法性

　この点，何故，上場会社の従業員持株会が適法であるのかについて検討します。上場会社は一般に株価が高額ということもあって，給与天引きで月々あるいは賞与時に積立をします。その一方で，従業員持株会が会員全員の天引額をもって自社株式をまとめ買いします。やがて個々の従業員の積立額が自社の株式の一定の取引単位（通常1,000株など）の取得価額に達することになります。

この時点で，その従業員の持分に振替えられます。ここで従業員はその持分を株式として自由に引出すことが出来ます。この仕組みを通じて，従業員の資産形成に資するのです。

(3) 非公開会社の違法性

中小会社では，上場会社のように株式の直接保有を認めると，譲渡制限が付されていても，従業員が第三者に株式を譲渡することができます。それを防ぐためにこそ，従業員持株会を作り，そこで枠をはめたいのが本音なのです。したがって，非公開会社では通常，従業員持株会の規約において「従業員持株会の決議に基づく指示があるまでは持分の一部引出しはできない」と規定している例が多くみられます。しかし，これは憲法29条に規定する財産権を侵すことになります。

(4) 民法90条の公序良俗違反

そこで，どう考えるか？　従業員持株会では，会社から援助を受けて取得した持分を，全く自由に処分することを認めては制度の存続にも影響しますから，ある程度，自由な処分を制限することはやむをえないと考えられます[1]。しかしながら，従業員持株会の規約は，会社主導で作られるので，あたかも生命保険契約の細かい約款を読むことなく契約する附合契約的なものであるといえます。そこで，この契約に，自由に処分することを制限するための強制力を持たすためには，制限の内容が合理的であることが要求されます。それがなければ，投下資本の回収を妨げる行為で，財産権の処分に対する不当な制限として民法90条の公序良俗に違反することになります。

ここで，「制限の内容が合理的」とは，多くの場合は「株式上場までは持分を引出すことができない」などという内容です。すなわち，オーナーは会社の

1　新谷勝『従業員持株制度——運営と法律問題のすべて』199頁（中央経済社，1990年）。

上場に向かって徐々に株式を放出し、株主数を上場基準に定める数まで上げていかなければなりません。

しかし、放出し過ぎると、オーナーの持株比率が下がり、同時に上場に伴う創業者利得も減ることになります。そこでバランスを見つつ、同じく創業者利得を与えるならば、共に働いてきた従業員にその労をねぎらう意味も含めて、従業員持株会を介して与えるように企画します。従業員持株会は安定株主としてオーナーの持株比率を支えることになって、オーナーの意向にも沿うことになります。

何よりも、従業員にとっては、上場により多くの場合、高額なキャピタル・ゲインである創業者利得が、転がり込む可能性があります。したがって「上場までは持分を引出すことができない」ことは従業員の財産形成の目的にも資するものです。しかし、あくまでもこれは上場準備として通常認められる範囲の比較的短期間の場合です[2]。

上場を目指すほとんどの会社では、証券会社の指導により、従業員持株会をその資本政策の一環として設立します。そして無事上場を果たせばこの規約は何ら問題となることがありません。しかし上場崩れの場合は往々にして、その規約が放置され、将来において問題化する可能性があります。したがって上場を目指さない中小会社にあっても、退会時に限らず、従業員が、ある制限の下で自由に持分の一部を引出しできる制度でなければなりません[3]。

(5) 小括

従業員持株会では、事実上自由に引出しができないという問題が存在します。上場会社の従業員持株会でも、一定の取引単位を購入できるまでの半端な金額は自由に引出すことができません。しかし取引単位にまとまって、株式に振替えられた部分については、自由な処分が可能ですから適法です。そうでなけれ

2　新谷勝・前掲注(1)203～204頁。通常、この期間は2～3年程度であろう。
3　新谷勝・前掲注(1)226頁。

ば，財産権の処分に対する不当な制限として民法90条の公序良俗に違反することになります。しかし，ほとんどの非公開会社では「従業員持株会の決議に基づく指示があるまでは持分の引出しはできない」と規定していますが，これは問題です。

　従業員持株会では，会社から奨励金を受けて取得した持分を，全く自由に処分することを認めては制度の存続にも影響します。したがって，ある程度，自由な処分を制限することはやむをえません。しかし制限を認めるためには，内容が合理的であることが要求されます。それは多くの場合は，「上場までは」という内容です。しかし，上場崩れの場合は規約が放置されたままになると問題化します。まして上場を目指さない中小会社にあっては，途中で持分の引出しできる制度でなければなりません。

2 従業員持株会の方式による区分

　従業員持株会の方式は，株式の取得形態からの区分では，月掛投資型と一時供給型があります。上場会社のほとんどは前者で，先述したように毎月の給与から天引きして投資していくタイプです。

　後者の，一時供給型は主に非公開会社で用いられています。これは非公開会社では，オーナーが供給するか新株発行で第三者割当する際に，一時に供給するからです。また，オーナーの従業員持株会の設立の本音からは，一時に供給しても目的を達成したいので面倒な毎月の天引の必要を余り感じていません。しかし，非公開会社でも天引し，月々の引落とし額を中期国債ファンドなどで運用し，供給や新株発行のあるまで待つような中間のタイプもあります[4]。

　先述のような「開かれた従業員持株会」であるときは，むしろこのような月掛投資型になることが多いと思われますし，現に事業承継対策としても活用してゆく場合には，オーナーからの放出も多数となり，従業員等も一時には資金の手当てができないという面があります。

　さて，月掛投資型は，さらに間接投資方式と直接投資方式とに区分できます。前者の間接投資方式は，持株制度に参加する従業員で，民法上の組合である従業員持株会を組織する方法です[5]。

　後者の直接投資方式は，持株制度に参加する従業員が組合員となるのではなく，その一部で組織する方法です[6]。この直接投資方式は，さらにその共有物

---

[4] 積立金の管理は会社がする場合は，過半数加入の労働組合または労働者の過半数を代表する者と書面で協定し，労働基準監督署長に届け出なければなりません（労基法18条2項，同規則6条）。

の分割制限の特約をつけることにしています[7]。特に直接投資方式の場合，この特約が 5 年を超える契約は民法256条に直ちに抵触するし，更新の際も 5 年を超えられない制限もあります[8]。

したがって更新の手間を考えれば間接投資方式の方が，問題が少ないとも言えますが，これとて問題なしとも言えません。つまり，民法の組合の規定の趣旨からすると，組合はその「目的事業の遂行上必要な財産」を有します。だからこそ，その財産の一部を組合員に分割すると組合の事業遂行に差し障りが生じるので持分の分割請求や持分の処分が禁じられているのです（190頁参照）。

では従業員持株会はといえば，従業員持株会自体に「固有の事業が在るわけではなく」，また目的でもありません。ただ従業員が自社の株式を取得保有するための手段に過ぎません。したがって，分割制限は必要な範囲にとどめなければならないと解されます[9]。

しかし，多くの場合，上場会社に比べて投資対象として魅力のない非公開会社の株式を，持ち続けるのは特別な理由が無い限りは困難です。とはいえ，皆

---

5 「全員会員方式」とも呼ばれます。全員の毎月の天引積立金と会社からの奨励金が従業員持株会に拠出されます。従業員持株会は，その出資の総額で自社の株式を購入，あるいは次回の株式の供給に備えて，中期国際ファンドなどで運用します。取得された株式は，民法668条により，組合財産として，総組合員の共有になります。この結果，組合員は出資額に応じた持分権を有することになります。その上で，各組合員はその持分を組合理事長に信託することで，株式の名義は理事長となります。

6 その一部従業員が従業員持株会を民法上の組合として組織するので，「少数会員方式」とも呼ばれます。そして，持株制度に参加する全員の株式投資にかかる株券管理や口座管理事務などをこの一部の従業員が行います。この代行業務という労務提供が従業員持株会に対する出資となります。先の間接投資方式は，購入した株式が組合財産となるのに対して，直接投資方式では，参加従業員全員の共有となるのが異なります。そしてこの共有物である株券は，管理目的でもって，組合である従業員持株会に信託され，従業員持株会理事長の名義に書き換えられます。

7 この特約は間接投資方式にも付けることもあります。

8 民法256条①各共有者ハ何時ニデモ共有物ノ分割ノ請求ヲスルコトヲ得但 5 年ヲ超エサル期間内分割ヲ為ササル契約ヲ為スコトヲ妨ケス。同条②此契約ハ之ヲ更新スルコトヲ得但其期間ハ更新ノ時ヨリ 5 年ヲ越ユルコトヲ得ス。

9 新谷勝・前掲注(1)201〜202頁。

が自由に持分を分割して引出すと，従業員持株会自体の存在が危うくなります。それは上場会社でも同じことであるにもかかわらず，上場会社の従業員持株会では，取り付け騒ぎのようなことは通常は起こりません[10]。

　無論，非公開会社であっても通常は起こってはいません。その特別な理由は，会社への遠慮や恩義，経営者との人間関係をベースに，通常の預貯金よりも高率となる配当がこれまでの継続保有を促すものでした。これでかろうじて平時の均衡あるいは納得を得ています。しかし，ひとたび会社への忠誠心が揺らぐ退職の場合に，そのキャピタル・ゲインのないことも含めて，問題が噴出するのです。

10　読売新聞1997年12月4日付朝刊14版，山一證券従業員持株会の破綻記事。

3 具体的な制限期間と引出し対策

　従業員持株会が会社の奨励金を得て行われる以上，制度の趣旨からしてもある程度の引出し制限はやむをえないと考えられます。しかし退職時まで拘束するようなことは認められないことです。では，具体的には，どれほどの期間が適法なのでしょうか。これについては市川兼三教授が具体的な提案[11]をしています。

　市川教授は民法1条2項の「信義則」を用いて，従業員持株会は会社の経営政策の一環として行われ，そして「会社の信頼」に応えた従業員に対しては，キャピタル・ゲインを認めた上で，持分の引出しを認めるものとしました（ここで市川教授はキャピタル・ゲインを認めた上としていることに注意）。
　そして，何をもって従業員が「会社の信頼」に応えこととするかについての基準を，一応の目処として，先述でも挙げた民法256条を参考に，取得後5年間在職し，保有継続をもって「信頼に応えた」と推定してよいとする基準です。
　その「信頼に反した」場合，つまり5年間の在職または5年間の株式継続保有に達しない引出しあるいは退職による買戻しの際の価額は，ペナルティをもちいます。すなわちキャピタル・ゲインを考慮せず，拠出金額あるいは，これに近い約定をした特定の価額で行うものです。こうすれば会社の負担した奨励金は従業員の定着と自社株への長期投資勧誘，つまり自主的な引出し制限として有効に機能すると説いています。

11　市川兼三『従業員持株会制度の研究』477～479頁（信山社，2001年）。

私見としては，キャピタル・ゲインを付与していない実務から，その場合においても，上記5年としても容認されると考えます。また，事業承継に用いる場合の最低移行期間としても，事業承継対策のスケジュール上，有効な期間ではないかと考えます。

また，皆が自由に持分を引出すと，従業員持株会自体の存在が危うくなる旨の理解に努め，より重要なのは，引出しの起きない有利な配当を実現させることであることは申すまでもありません。

4 さらに現実的な対応

　以上は，主に学説からくる通説です。ところが，現実的には，ほとんどの非公開会社の従業員持株会の規約は，引出し禁止となっています。その理由は，引出し自由であれば，従業員持株会が存続できなくなるからです。したがって，事実上拘束性の非常に高い預金のような存在になっているともいえます。

　それでも，どうしても引出したいということであれば，退職でなくとも従業員持株会だけを退会する自由はありますから，退会して引出す，または一部を引出すことになります。
　この場合，多くの従業員持株会規約では，再度の加入は原則禁止としていますが，規約によっては，理事会によって審議の上，再度加入することを認めるとすることや，その時点で，規約が改定されて，特に認める場合には再加入を認めるなどとして，要するに，安易な引出しが出来ないようにして，やむを得ず引出しする場合は，退会・再入会といった方法を便法として用いて，処理しているように見受けられます。

　したがって，自由な引出しができないから，民法90条の公序良俗に反して無効だと訴訟に及ぶまでもなく，事なきを得ているといったところだと推察されます。

　仮に，そのような訴訟が提起されても，判決はどうなるか分かりません。学説の通説が採用されるとはいえないことは，他の従業員持株会の判決に対する

裁判（特に平成7年最高裁）を見ても明らかなことです。

　提訴され，民法90条の公序良俗に反するから無効であるとする判決が出たならば，実務は一斉にそれにならって，規約を修正する方向に動くでしょうが，非公開会社においては，キャピタル・ゲインを認めず取得価額による買戻しという，上場会社では有り得ないことが，非公開会社の従業員持株会においては，是認された平成7年の最高裁判例のように，非公開会社では，やむを得ないとの判決がでることも十分考えられるわけです。

　ここにも，現状では，従業員持株会を規定する法的根拠もない「はしがき」に述べたグレーゾーンが存在するのです。また，法的根拠とまではいかないまでも，日本証券業協会の出した『持株制度に関するガイドライン』（巻末資料参照）においては，主に上場会社を対象とするため，これまた当然に引出せるものですから，引出しに関しての規定すらないのです。

　随分回りくどく述べましたが，本書の性格としては，積極的に民法90条の公序良俗に明らかに反すると学説において言われていることを，お勧めするわけにもいきませんので，学説が示す最大限の許容範囲として，引出しにある程度の制限を付けた形で，前項のように5年とせざるを得ませんが，現実において引出し禁止とすることに対して，まったく否定するものではありません。

第 4 章

「中間型」の提案

1 今後の展開

本章は，第1編48頁で紹介した「中間型」の詳細を述べます。この「中間型」は，現在のところ，未だ特異な存在です。しかしながら多くの可能性を秘めています。

その背景は，次の数点から捉えることができます。

まず，最高裁判決が現状に定着しているなか，ドラール事件や江頭教授らの示すところから（146頁参照），将来において，従業員持株会といえども，キャピタル・ゲインを配慮しなければならなくなった折には，十分現実味を持ち得るものです。

また，「標準型」で使われる配当還元価額においては，学説上見直し論もくすぶり続けています。

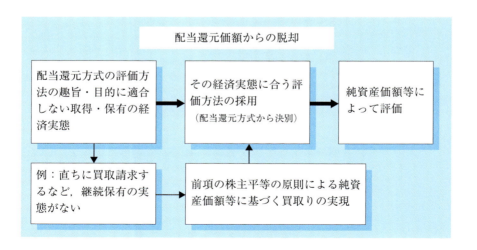

配当還元方式による評価の趣旨・目的に適合しない取得・保有が経済実態としてある場合，例えば取得後直ちに会社に対して譲渡等承認請求をするなどの，継続保有の意思がないと認められる場合には，前項で論じたように，株主平等の原則による純資産価額等によって評価しなければならないと考えます。

配当還元価額は，本来は平成20年度財産評価基本通達の改正で営業権の基準利率と合わせて，真っ先に改正されなければならなかったのですが放置され，タックスプランニングが横行するままとなっています[1]。

したがって従業員持株会などの特例を除き，一般の譲渡にあっては，財産評価基本通達による配当還元価額を適用する場面であっても，「特別の事情」のある場合には，配当還元価額を捨てるべきと考えられます[2]。その「特別の事情」とは「配当収益以外の他の経済的利益が獲得できる事情」です[3]。

あるいは，裁判所での価格決定において，財産評価基本通達上の配当還元価額が徐々に使われなくなる傾向と，譲渡等承認請求により，原則的評価による買取りが常態化した折には，財産評価基本通達上の配当還元価額の存在意義自体がなくなり，将来において廃止される可能性はゼロではないと考えられます。

しかしながら，本書で述べる「中間型」の利用価値は乏しいことは事実ですから，試案として受け止めて頂ければ幸いです。

したがって，どのように考えて「中間型」を形作ったのかの思考プロセスを紹介し，手直しが可能なようにスケルトンな状態にしておきます。

---

1 品川芳宣＝緑川正博『徹底解明／相続税財産評価の理論と実践』208～209頁（ぎょうせい，2005年）。
2 本書に限らず，評価通達は通常の場合によるもので，これによらない場合があるべきことを指摘される文献は数多い。一例を挙げれば，金子宏「同族株主の取得した取引相場のない株式の評価に関する２件の判例」近畿税理士会432号６頁，433号６頁（2000年）：渋谷雅弘「取引相場のない株式の評価方法―配当還元方式の適用範囲」税研106号158頁（2002年）：注(3)も同様。
3 垂井英夫「配当還元価額による譲渡と『通達によらない評価』の可否」税理2006年３月号15頁。

2 キャピタル・ゲインの付与方法

　本章では，従業員持株会の買戻し価額にキャピタル・ゲインを付与して買戻し価額とする場合に，何をもって，キャピタル・ゲインとすべきか，その「基準とすべき価額」としての株式の評価を最初に考えます。

　この結論は，「財産評価基本通達に近似する方法」，すなわち，財産評価基本通達による評価のうち，配当還元方式を排除し，原則的評価法によるものとし，政策的配慮により，各種評価減をする条項を適用しないものとして評価して得た価額をもってキャピタル・ゲインの算定にかかる「基準とすべき価額」としました。

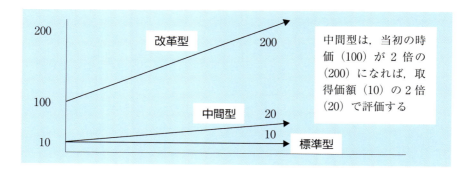

　その上で，従業員持株会に不可欠な種類株式の利用を考え，「配当優先権」と「議決権制限」を組み込んだ場合，その「優先」と「制限」とを，「引き換えの関係」にしておくことで評価は±0とします。すなわち種類株式の評価は，結局，普通株式と同額とするとしました[4]。この考え方は，幸いにも後述する

第4章 「中間型」の提案

種類株式の評価（304頁参照）において国税庁も同様な「回答」をし，十分に現実的なものとなりました。

　従業員持株会の持分の基準価額の有益な評価方法として「財産評価基本通達に近似する方法」を採用する理由は2つあります。

　第一の理由は，「財産評価基本通達上の配当還元価額」ではない，「正式な配当還元方式」による評価では，現実の中小企業の価値評価の実態を表しえないことです。「正式な配当還元方式」で示されるのは，あくまで理論値に過ぎません。この方法は，講学上の必要性及び有益性としては申し分ないものの，現実の非公開会社に適用するには問題点が多く存在します[5]。上記の見解は純粋に経済学的なアプローチに終始しているため，現実に当てはまらないないとの意見が，実務家たちの偽らざる気持ちです[6]。それを表すかのように，実務では，これを理論的な基盤としつつも用いることはありませんし，現に計算可能性，客観性，検証可能性から，適宜修正せざるを得ず，その結果，マニュアルなどによる方法によって評価がなされています[7]。

　第二の理由は，上記に関連することで，評価コストの問題です。理論的には正当な評価をなし得るとしても，高度な方法を駆使する力量を有する専門家によらなければならないばかりか，正確な理論値を得るためには，一流の専門家であれ，相当な労力を要するのです。この評価コストは，従業員持株会の運用に耐えないものです。

　ちなみに公認会計士協会の株式評価マニュアルに従った場合，株価等鑑定報酬規定によれば，最低報酬額で200万円とされています[8]。現実の鑑定料の契約

4　牧口晴一「閉鎖会社における開かれた従業員持株会の設計」名古屋大学大学院修士論文（2004年）。
5　牧口晴一＝齋藤孝一『非公開株式譲渡の法務・税務』438頁（中央経済社，第4版，2014年）。
6　安原徹「株式売買価格の考え方」2004年9月17日 FIC セミナー『アントレプレナーファイナンス』（中央経済社，2004年）の解説におけるレジュメ7〜9頁。
7　安原徹・前掲注(5)10頁。

相場は,「100万円で行う」とする試算サービスを打ち出すと,それが新聞記事に取り上げられる程のことからも,安くはないことは容易に推察できます[9]。

前章で述べたように,従業員持株会において,株式の評価額が必要とされるのは,退職時の精算時だけではありません。従業員の求めに応じて,ある程度の資産の処分の自由度が予定されています。そうでなければ公序良俗上違反となる可能性があるからです。

勤続中の平時において換金され,頻繁ではないにせよ,定期預金を引き出す程度のサイクルが前提となると考えられます。しかもその金額は多額であれば数百万円,多くの場合は数十万円と考えられます。さらに,換金を求めるのは一人とは限りません。

株価鑑定を仮に年1回として,1年間はその価額で行うにしても,その鑑定料は,当然に従業員持株会が負担することになると思われます。仮に鑑定料を200万円として,従業員持株会の会員が20人としても,1人当たり10万円となってしまうのです。それを会社が負担してしまうと,税務上は従業員持株会の会員への給与所得とされます。つまり,その10万円は支出して従業員の手許にないにも拘らず課税されることで,所得税等だけでも約10%,1万円分手取額が減ることになります。これではとても耐えられる負担ではありません。

---

[8] 高橋義雄『非公開株式—鑑定・評価の実務—』189頁(清文社,2000年)。同書401頁の参考資料で最終改訂日は平成9年3月25日です。この規定は公認会計士協会が会員に配布される規定集で冒頭に「この規定は,会員が株価等の鑑定に関して受ける報酬の標準を定めたものであり,その報酬の額の決定は,原則として,契約当事者の協議によるものとする」とあります。それによると,基本報酬は,原則的な報酬計算方法である「持分対応純資産額基準」で定められる,その対応純資産額の最低が500万円未満で,報酬が200万円となっています。次のランクの500万円以上から1,000万円未満で,報酬が230万円とあり,この原則的評価によることが合理的でない場合は,「総資産基準」で,その総資産額の最低が1億円未満で,報酬が200万円,次のランクの1億円以上〜5億円未満で,230万円とされています。

[9] 日本経済新聞2004年8月31日夕刊「企業の買収価格 100万円で試算」とあり「サービスは試算だけに絞る」と本文にあります。

また，「正式な配当還元方式を原則」とする方法も，「株式評価マニュアル等による方法」も，その方法自体が悪いわけではありません。しかし共に，裁判所による鑑定なり，買収時のそれというように，日常ではない状況での評価を前提にして論じているものです。そのような特異な時点での，当事者同士の話し合いが付かずに裁判所に持ち込んで勝ち負けを争う，あるいは組織再編のような大きな判断を迫られたりする場面です。このような場面では，多額の鑑定料を支払っても，それに見合うメリットが存在します。しかし半ば日常的と言えるほどの，定期預金の出し入れ程度のことに多額の鑑定料をあてることは無駄であるのは当然です。

　さりとて，その評価をある程度の精度で，適時適切にしなければならないとしたとき，依るべき公正な基準が必要とされることは間違いありません。このとき，公の基準があれば，第三者的に評価される道が開けることになります。実務において，様々に批判されつつも国税庁が規定する財産評価基本通達が頻繁に用いられるのは[10]，ここにも原因があると考えられます。この結果，必然的に「財産評価基本通達に近似する方法」に行き着かざるを得ないのです。

　「財産評価基本通達に近似する方法」によるときは，株式の評価は，基本的には前期末の貸借対照表の1株当たり純資産価額です。つまり，純資産の部の金額を，発行済み株式総数で除すれば算出されます。この段階で終了すれば特別な経費も手間もかからず，毎期自動的に評価額が決まることになります[11]。とはいえ，会社に含み益が多いとか業績の急激な悪化など，修正の必要がある場合が当然のように存在するでしょう。これに備えて，理事会において別途協議するなど，事前に従業員持株会の規約に盛り込んでおくことが現実的であると考えられます。

10　浜田道代「ゴーイング・コンサーンである会社の取引相場のない株式の評価―会社法の視点―会社法上，国税庁方式に依拠することの妥当性の検討」税研118号23頁（2004年）。
11　市川兼三『従業員持株制度の研究』480頁（信山社，2001年）。

3 従業員持株会の設計との関連

　本章では，第2章で検討した平成14年札幌地裁ドラール事件の教訓を組み込むことにします。それは従業員持株会加入を労働条件の一部とし，評価額が下がる場合には，それを制限あるいは緩和することです。

　さらに，従業員持株会は，従業員が持分を持ち寄ることによって成立するのですから，持分の自由な処分ができては成立しえません。しかし前章で述べたように，自由な処分を認めず過大な拘束をすれば財産権の侵害ともなります。

　何らかの処分制限をする必要性を認めつつも，適法な期間は，どれだけであろうかを検討してきました。最後に，オーナーの相続税の節税という，従業員持株会を設立した，本音の目的との整合性をも確保するための方法を考えます。すなわち，この概要を示せば，以下の通りです。

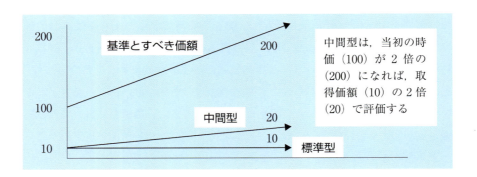

　オーナーの節税は，1株当たり純資産価額が100万円する株式を10万円の配当還元価額で，従業員持株会に移転させることによって可能でした。今，こ

れが2倍の価値である200万円になった会社があるとします。この場合，オーナーの相続税の節税を図りつつ，従業員持株会の持分の買戻し価額にキャピタル・ゲインを考慮するには如何にするか。これには，まず従業員持株会設立時には10万円でオーナーから従業員持株会へ株式を供給することです。そして，その後に買戻しをする際の価額は，基準となる純資産価額が2倍となった際には，10万円の2倍，すなわち20万円で買戻すのです。

(1) 基本設計「従業員福利」と「モチベーションアップ」が調和する価額

　従業員持株会の目的から考えると，本来はキャピタル・ゲインのある仕組みが好ましい。しかし，それは同時にキャピタル・ロスをも認めることになります。労働法の観点からして，キャピタル・ロスは慎重にしなければなりません。

　したがって，評価した株価をそのまま投影させることは困難です。「基準となる評価額」を折れ線グラフにすれば，ギザギザを示すとすれば，従業員持株会の持分の取引価額は，そのギザギザの折れ線グラフの中央に横たわる面取りされた，緩やかな曲線のイメージである必要があります。

　そこで一案としては，概ね2割の安全性を見込んで，決算で求められた「基準となる評価額」に0.8を乗じることで算出することが考えられます。また，キャピタル・ロスを起こしている場合には，そのキャピタル・ロスもまた同率で減じることで，従業員の期待権保護に応えつつ，評価コストを抑えるのです。

　また，前章で述べたように，持分の引出し制限の適法性からは5年を基準とします。すなわち，会社の経営政策の一環として行われる従業員持株会は，「会社の信頼」に応えた従業員に対しては，キャピタル・ゲインを認めた持分の引出しを認めます。「会社の信頼」の目処は，取得後5年間在職し，保有継続していることです。それが5年間未満である際の価額は，拠出金額か，これに近い約定の価額で行います。

　そして，これらを運営する従業員持株会は「開かれた従業員持株会」でなけ

ればなりません。それには少なくとも次の要件を具備していなければなりません。

①従業員持株会の会員に，会社の経営情報を一般の株主同様に伝えるものでなければならない。②そのためには理事会メンバーの選任にあたっては当該会員を代表する者でなければならず，理事長は経営側の都合で選定された，いわゆる会社側の者であってはならない。③従業員持株会の会員の持分の評価にあっては，会社の決算に基づき評価するも，その計算過程が規約に則った明確なものでなければならない。

　この「開かれた従業員持株会」はオーナーの恣意のまま運営されるのではなく，従業員持株会としての実体の備わったものであることが求められます。

(2)　実務的な懸念を解決する設計

① 　オーナーは，その相続税の節税のために従業員持株会設立時には，なるべく低い価額で渡したい。この時点で，オーナーの評価額で取引しては，オーナーは手放した評価額と同額の現金を取得するので，財産の評価は減らず，節税にならないからです。

② 　従業員もなるべく安い価額で買いたい。この時点では両者の利害は一致しています。

③ 　その後，オーナーは従業員が在職中は，なるべく長く持っていてもらいたい。

④ 　しかし従業員は，イザと言う時には換金もしたい。

⑤ 　退職など従業員の資格を失ったときには，オーナーは早く別の従業員に持ってもらいたい。

⑥ 　退職従業員はこの間，会社の成長した分，株価は上がっているだろうからそのキャピタル・ゲインは得たい。

⑦ 　しかし会社は心情的にはキャピタル・ゲインを退職してゆく従業員には与えたくない。

⑧ 　退職従業員に代わって新たに取得する従業員はなるべく安く買いたい。

これらのニーズを「中間型」は，ある程度満たすことが出来るものと考えます[12]。特にオーナーの相続税節税対策としては，これまでと変わりなく使え，従来，裁判で問題となってきたキャピタル・ゲインも取得できることで従業員の納得性を得やすいのです。また，学説の，買戻し価額の公正さはその時点での本来的な価額ではなく，民法90条に違反しているといいうるほどに不合理か否かで判断する[13]との点からも，十分理論的にも耐え得るものです。そして，退職してゆく従業員に代わって持分取得する従業員もそれほど高い値段にならないので拠出できます。

(3) 「社団」化

より改新的な方法として本書，第2版において紹介するのが，従業員持株会を民法上の組合でなく，「権利能力なき社団」すなわち法人税法上の「人格なき社団」とする方法です。これについては第3編第2章を参照してください。

---

12 これを実現するためには，従来の取得価額による買戻しに比べて，その時点時点での取引価額の管理をしなければなりません。これは止むを得ないものの，それほど手間の掛かるものではありません。そのために毎期の評価を理事会で算定しておかねばなりません。これも当然のことです。
　この他の方法としては，従業員持株会の規約上でよく使われる「配当還元価額を基準として，毎期理事会で決定する価額で精算」との表現から，引出しや精算時に，その時点時点での，相続税の配当還元価額を用いることも考えられます。しかし，財産評価基本通達の配当還元方式の計算式の上では，過去2年間の配当が上昇しない限り，配当還元価額は増加することがありません。そのため，キャピタル・ゲインがあっても，配当が増額されない限りは株価にそれが反映されないことが生じます。

13 河本一郎ほか『従業員持株制度—企業金融と商法改正1』83〜84頁［神崎克郎発言］（有斐閣，1990年）。

第 5 章

従業員等への事業承継の道

1 従業員等への承継の2つの問題点

いよいよ本書の中核部分に入ることになります。一般に事業承継は、誰に承継させるかによって区分すると、下図のように3つに区分されます。

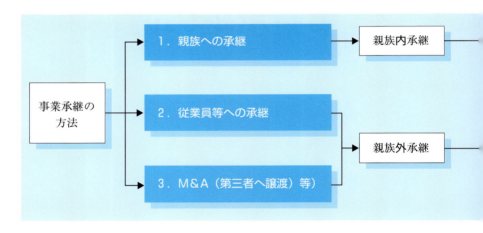

このうち、主流であった、親族への承継が年々減少の一途を辿っています。代わりに増加したのが、2番目・3番目のいわゆる「親族外承継」です。「親族内承継」が「相続等」であるのに対して、「親族外承継」は、「譲渡」であることが最も異なる部分となります。

また、そこにこそ「親族外承継」の難しさが集約されます。すなわち、「相続」は対価が不要である（もちろん相続税が課かることはありますが）のに対して、「譲渡」は対価が不可欠というわけです。

本書では、この「親族外承継」のうちの「従業員等への承継」について、従

業員持株会等を用いるのが柱となっています。もちろん，親族への承継であっても，従業員持株会を利用して行うことにより，より節税を図って，事業承継ができるのも事実です。本章は第1編第2章の「種類株式で安定度を増した従業員持株会」の続きと位置づけることができます。

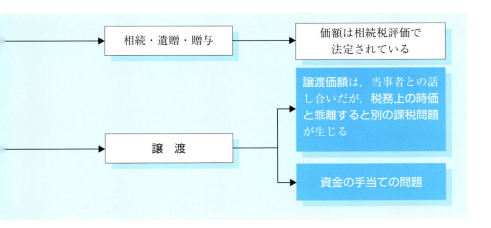

また，第3編が，「従業員等への事業承継」として，新たな種類株式を用いてスタートした先進的活用事例であるため，事業承継が完了しておりません。これは会社法において創設された新しい種類株式を用いた事例であるため，ある意味，仕方のないことです。

したがって，本章では，「従業員等への承継」を目途にして，従業員持株会等をもちいて徐々に株式が移転した後，将来のある時点で従業員等へ経営を託してゆく「事業承継の瞬間」における問題についても述べてまいります。

この時の2つの問題が，上図に示した，「譲渡価額の税務問題」と，従業員

等にとっての「資金の手当ての問題」となります。

　前者の「譲渡価額の税務問題」は，第1編第2章で述べた「税務上の時価の考え方に注意」の応用編となり，劇的な変化をきたすところです。
　すなわち，従業員等へ実質的経営権が渡る時においての時価の考え方です。従業員持株会等へ配当還元価額での移転ができるのは，従業員が会社支配に関係のない議決権であるからこそ，その著しく低い価額であるところの配当還元価額による移転が可能なわけです。それが，従業員や役員の議決権が増加し，経営権を持つに至る瞬間においては，もはや配当還元価額による移転では課税上の問題が生ずるのです。
　また，後者の「資金の手当ての問題」は，前者の「譲渡価額の税務問題」と密接な関わりをもっています。すなわち，価額の高低が資金手当ての困難性に直結するからです。次項で，その「資金の問題と承継形態との関連」を述べた後に，「譲渡価額の税務問題」へと進んでまいります。

　なお，本書では，従業員等への承継の場合の問題点として，上記2点を掲げましたが，右表にあるように，他にもデメリットはあります。特に表のデメリット③で掲げた「現在の社長の個人保証」の問題は大きいものがあります。

　また，いちいち述べることを省略しますが，「従業員等」の「等」には，第1編第2章で述べたように，役員・取引先持株会の特定の個人会員が入ります。さらに取引先持株会の会員やそれ以外の全くの第三者への譲渡は，どちらかと言えば，「M＆A」の色彩が濃くなります。これは従業員等への譲渡が本来，M＆Aの1種に過ぎないからで，このことについて次項で述べてまいります。

事業承継の相手先3つのメリットとデメリット

	メリット	デメリット
親族への承継	①あらゆる面で，心情的に受け入れ易い。 ②相続による「財産権」の承継が出来るので，コストが少なくて済む。	①心情に負けて，経営者としての資質がない後継者に任せてしまいがち。 ②兄弟がいる場合など対立が生じ易い。 ③最近は後継辞退も多い。
従業員等への承継	①候補者の数だけは少なくとも増える。従業員以外に，同業他社からの採用や異業種からの抜擢・ヘッドハンティングも検討できる。 ②従業員や親族以外の現役員への承継の場合には，安心感が得やすい。	①従業員からの場合には，経営者としての資質がさらに問題になる。 ②多くの場合，後継者候補には，承継する会社の株式を買取る資力が無い。 ③現在の社長の個人保証が引継げなかったり，銀行等の理解が得られない可能性も多い。
M&A	①より広範囲から適格な会社を選択できる。 ②現在の社長にとっては会社の売却で現金を得られる可能性がある。 ③従業員にとっては，より良い条件になる可能性も。	①売り手，買い手の双方の条件を満たす可能性は高くはない。 ②原則として手が離れて心配。特に役員解任の可能性。 ③仲介会社への報酬負担が少なくない。

2　従業員等が「買収する」事業承継がMBO

　「親族外承継」は「譲渡」ですから「買収」，すなわち「M＆A」に他なりません。オーナーに近しい間柄ということをもって「従業員等への承継」と特に区別しているに過ぎません。また，そのうち役員がする買収をMBO（マネジメント・バイ・アウト：Manegement Buy-Out）といい，従業員による買収をEBO（エンプロイー・バイ・アウト：Employee Buy-Out）といいます。ちなみに，マネジメントは経営陣（役員）を，エンプロイーは従業員を示します。ただ，現実には役員が中心となって，それに賛同する従業員が加わっておこなわれることが多いので，両者で同時に行うことになり，この場合もMBOと表現したり，まとめてMEBOと言う場合もあります。本書ではMBOにEBOを含めて使います。

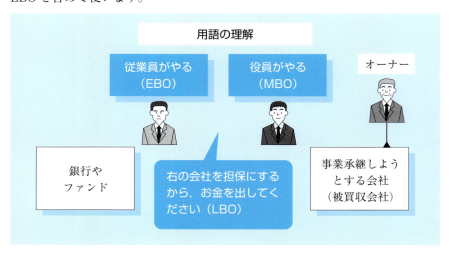

この場合，通常巨額の資金が必要になりますが，役員といえどもサラリーマンですから，その資金調達は容易にはまいりません。そこで，買収する会社（事業承継しようとしている会社）の資産と将来の収益を担保にして資金調達をする方法がLBO（レバレッジド・バイ・アウト：Leveraged Buy-Out）と呼ばれる方法です。

これは，一種異様な感覚がするのは，今は他人（オーナー）の所有物である会社を，買収者である役員や従業員が勝手に担保に差し出すからです。つまり，買収してしまえば自分の物になりますから，それを先取りして，買収の暁には担保に差し出しますから，お金を出してくださいと依頼する資金調達方法なのです。自分の物を担保に提供するなら，レバレッジ（てこ）とは言わないわけです。

MBOは，具体的には，下図のように，役員や従業員が買収を目的とした会社（SPC：特別目的会社）というペーパーカンパニーを設立し，その会社が，LBOで借入などにより資金を調達した上で，株式を買取り，最終的にSPCと被買収会社とを合併させて完了します。

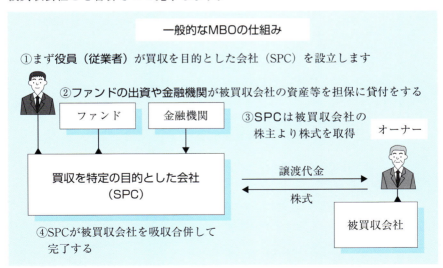

3 MBOの資金手当と事業承継形態

(1) 概要

　従業員等は通常，資金力がありません。その資金調達の可能性によって，事業承継の形態は変化します。まず，資金手当の目途がたつ場合，すなわち前述のようにMBOの資金調達法として会社自身の財産や将来の収益を担保にした

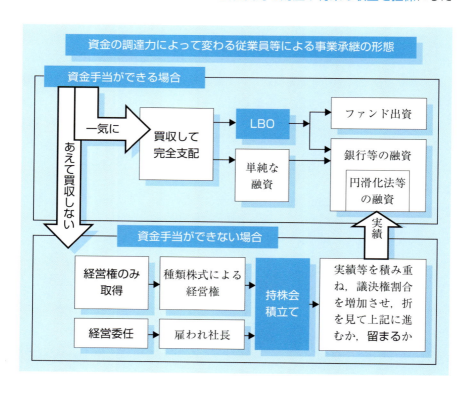

金融機関からの借入や投資ファンドから出資を受けるというLBOを用いる場合を考えます。

しかし，LBOは被買収会社の業績や後継者となる役員等の経営能力共に，見込みがある場合に採られる方法です。その点でも一般的には難関です。

またファンドの場合には，投資効率からみて，通常ある程度のボリュームがないと投資されないようですし，ファンド側からの収益を上げることや上場を目指すことへの圧力が，何らかの形で強くなることは否めないでしょう。

なお平成18年9月に公的機関の中小企業基盤整備機構の「事業継続ファンド」が創設されました（中小企業庁HP参照）。さらには平成20年5月に成立しました経営承継円滑化法による融資は，親族外承継にも使えるものです。

優良型の企業には，ファンドも融資も容易に付き「資金手当」ができます。この場合でも従業員持株会等はもちろん役立ちます。

一方，第3編の最新活用事例は，徐々にオーナーの株式を移動させて，親族外承継を進める方法です。その途中段階では，左図の最下段にある，「経営委任」の状況にあるわけです。後継者は，いわゆる「雇われ社長」で，徐々に役員持株会で積立てを行い，同時に経営者としての実績を積み重ね，事業承継の機の熟するのを待って，その時点での役員持株会の積立てに不足する資金を，単純融資やLBOによる出資や融資をもって，一気にMBOで買収するか否かを検討するのです。

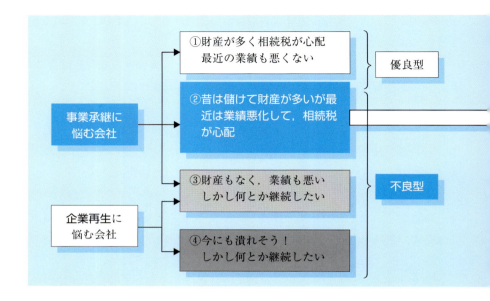

　オーナー急逝に伴う「急激な事業承継」対して，これは「緩やかな事業承継」と表現することもできるでしょう。さらには，最後の段階で買収することなく，オーナーの相続人に株式を相続させて，「所有と経営の分離」を図るというのも一つの方法かと考えられます。この多くの場合，選択は自在です。

　次に資金手当てができない場合では，ファンドにも銀行にも十分には依存できない場合で，本書で扱うのは上記に加えて現実には多いこの場合です。と言うのも，事業承継に悩む会社の多くは，上図のように，優良型の事業承継は少ないのです。優良型は親族承継のなり手も多く，Ｍ＆Ａで第三者にも容易に譲渡できます。もちろん，従業員等によるＬＢＯも容易にできますからさして問題ありません。

　問題は，その②の分類です。相続税はかかる上に，業績は好調とは言い難いというランクの会社に従業員持株会等のてこ入れをして，相続税の節税と共に

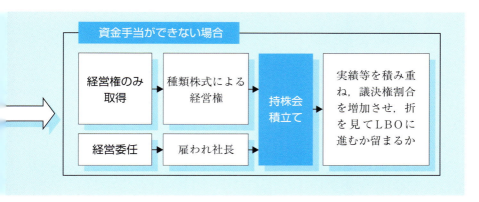

全社一丸となって業績アップを図り事業を継続してゆきたいというレベルです。

　③・④以下のランクの会社にとっては，相続税の心配はないため節税は図らなくともよく，従業員持株会等を用いても，優先配当をする財源に事欠きますから，それ以前の対策とし経営者責任で企業再生を図る必要があります。

　また，左図の②の場合，LBO に持ち込むのは困難が伴います。何故なら，LBO では，被買収会社の将来の収益に担保価値を見出すからです。

　一気に LBO ができなければ，「緩やかな事業承継」で，相当程度の積立て後，最後の資金不足を単純な融資で賄えるか，それが無理なら所有と経営の分離で「経営委任」だけの事業承継に留めるか，種類株式で後継者は経営権のみを取得していくか？

　次項では，この「経営権のみの取得」を述べていくことにします。

(2) 経営権のみ承継すれば従業員等にも買える

前頁のLBOを使ったMBOでは，何故価額が高くなるかと言えば，会社の価値を表す株式をほとんど全て買取らなければなりませんから，どうしても価額面からのハードルが高くなってしまいます。

それならば，株式の価値を構成する，「財産権」と「経営権」のうち，「財産権」は会社の財産価値ですから高額になるので，「経営権」の一部を従業員等が種類株式の活用で分離して取得すれば価額は大幅に下げられます。

このポイントは，従業員等は資金力がないので，株式の一部分しか買取ることができないけれども経営権を維持できることです。

【財産権と経営権の分離の概念図】

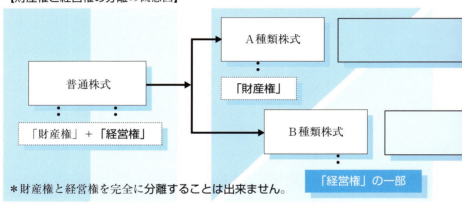

＊財産権と経営権を完全に分離することは出来ません。

さらに，従来は種類株式の評価方法がまったく未定で，リスクがありましたが，後述するように，平成19年3月の「回答」で税務上の取扱いが一部分明確化され，活用の具体性が高まってきました。

そこで「拒否権付株式（黄金株）は普通株式と同様に評価する」との「回答」を使って，以下のような種類株式を設計することも可能となりました。

種類株式を使った従業員等後継者が経営権の一部をもつ設計の一例

現社長の有する種類株式	従業員等後継者が有する種類株式
普通株式の時と同じ権利を有する種類株式とし，合併や多額の借入れをする際の特別決議に必要な議決権の3分の2以上を保有する。	従業員等がその資力に応じて株式を譲受け，その株式は経営者としての立場を確保できるように，役員の解任や役員給与の引下げについてだけは，最低期間だけ，拒否できる権利を付けた黄金株にする。

相続等で承継されるから…
対価不要

現社長やその親族が承継する

経営権の一部の分離が必要に応じて可能。

1株だけでも効果が出る。
1株なら価額も安いので従業員等も取得できる

従業員等が承継する

　つまり従業員等で後継者となった者は，表の右側のように，「雇われ社長」だけでは，簡単に首を切られたり，役員給与を下げられたりすることを防ぐために，株主総会で役員解任の決議や，役員給与の引き下げの決議がなされても，何年かはそれを拒否できる権利を持たせた「黄金株」を保有することで，安心して経営に専念できるようにします。

　重要なことは，この「黄金株」は1株だけ持てば，上記の効果を発揮することです。

　その代わり，オーナーは，表の左側にあるように，3分の2以上の議決権を有して，特別決議ができるようにしておきます。これらはほんの一例にしか過ぎませんから，会社に応じた設計をすることが可能です。

4 MBOにおける適正な税務上の時価

(1) どこまで配当還元価額で移転できるか？

「従業員持株会等への株式の移動は，配当還元価額でできる。」というのは，常にそうであるとは言えません。基本的には，従業員等は，同族株主ではなく，いわゆる「同族株主以外の株主」だからこそ，そうなのであって，従業員等の議決権割合が増加してきた場合には，そうでなくなる瞬間が訪れるわけです。では，どこまでなら配当還元価額で移転できるのか？ これが重要になります。

① 再び「同族株主」の定義を考える（その１）

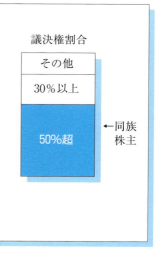

「同族株主」とは（財基通188(1)）

①評価する会社に議決権割合で50％超を持っている株主グループ（同族関係者：ある株主とその親族等に，それらが支配する法人。）がいるとしましょう。

すると残りの株主グループは，たとえ１人で49％持っても，株主総会では50％超のグループには勝てません。

この場合の50％超のグループに属する株主全員は，「同族株主」と言います。「同族株主」は会社の意思決定を左右できますから，「同族株主」とされると一部例外を除き，株価は高い評価となる「原則的評価法」で評価されます。

ここで，第１編第２章（106頁）で述べた「税務上の時価」について確認を

する必要があります。前頁の「同族株主」の定義を見ながら考えましょう。

　例えば，後継者となる見込みの親族外の社長（これを「親族外後継者」と言うことにします。）は，役員持株会の会員であり，持分が議決権にして，3％あるとします。

　オーナーは，当初100％の議決権を有していましたが，下図のように従業員持株会や役員持株会へ供給したため，現在は減少したものの，それでも50％超の議決権を保有しているとします。

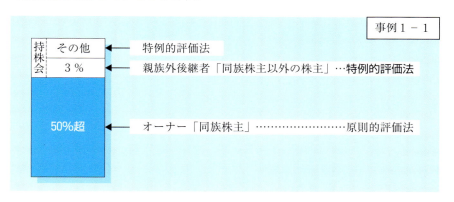

　この場合，前頁の「同族株主」の判定において，オーナーは，「同族株主」となり，親族外後継者は「同族株主以外の株主」となりますから，下表のように，オーナーは「原則的評価法」，親族外後継者は「特例的評価法」（配当還元価額）で評価することになります。ここまでは，極めて常識的な話です。

「同族株主」がいる会社の評価

株主の態様による区分				評価法
「同族株主」	取得後の議決権割合が5％以上の株主			原則的評価法 （規模判定へ）
	取得後の議決権割合が5％未満の株主	「中心的な同族株主」がいない場合		
		「中心的な同族株主」がいる場合	「中心的な同族株主」	
			役員（平取除く）	
			その他	特例的評価法
「同族株主」以外の株主				特例的評価法

② 非同族の役員個人に対する移転と役員持株会に対する移転

　税法上の規定はどこにもありませんが，一般的に，オーナーからの「非同族の役員」への株式譲渡であっても，10％程度が限度と言われています[1]。

　これは，「非同族の役員」は，前頁の『同族株主がいる会社の評価』の図からは，遺贈で当該株式を取得したにしても，「同族株主以外の株主」になり，特例的評価法が適用されます。

　しかし，この表は，あくまで相続税法上の区分ですから，譲渡（所得税法）上では，いわゆる「同族株主以外の株主」である「少数株主」に該当するかは，極めて微妙な立場になります。

　したがって，余りに多数の株式が「非同族の役員」に譲渡されると，株式によって実質的に経営の譲渡がされたものと認定されます。

　また，その譲渡における価額については，「同族株主」と同様，恣意的な価額となる可能性があります。この辺りのことについては，前著[2]でも極めて重要な部分として，新しい概念を提言しました。

　すなわち，前著では，一見第三者と認められる者として取引銀行を例示し，この銀行への特例的評価法による株式の譲渡は，原則的評価法に引き直され，「みなし贈与」となることを解説し，右図を示しました（同上前著284頁）[3]。

　このように，譲渡の場合には，原則的評価方法が適用される株主の範囲は，結構広範に及びます。具体的には，同族株主など，相続において原則的評価の対象となる株主は当然として，特例的評価が認められるところの，遠い親戚の株主や従業員個人株主，取引先株主（銀行等を含む）も含むこととなります。

1　髙正博「他人への事業承継時の留意点／株式買取りコンサルティング事例」2009年12月3日講演レジュメ5頁。また，非同族役員への25％の譲渡について否認されたとの情報も同頁で紹介されています。
2　牧口晴一＝齋藤孝一『非公開株式譲渡の法務・税務』（中央経済社，第4版，2014年）
3　牧口晴一＝齋藤孝一・前掲注(2)250頁。

これらの株主との譲渡の際には,「純粋に経済合理性のある,市場経済原理に基づいて売買価額が決定される間柄」を形成することは極めて困難ですから,原則的評価になります。この部分に「非同族の役員」が含まれてくるのです。

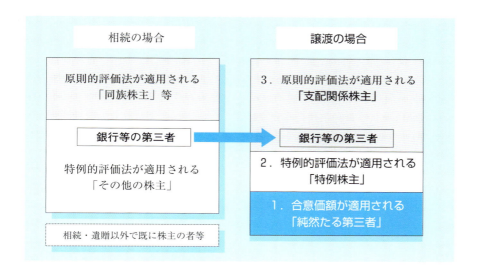

　それらの結果,相続において特例的評価方法の適用された「その他の株主」が,譲渡においても特例的評価法が適用される範囲は,上図は文字の大きさの必要性から,ある程度の範囲があるかのように書きましたが,判決[4]に耐え得る範囲は,1.の「純然たる第三者」とそれと準ずるほどの2.の特例的評価法が適用される「特例株主」となり,範囲は非常に狭いと考えられます。

　さらに,前著では,この「特例株主」の具体例として,少数株主であることを前提に,従業員持株会,取引先持株会で規約により民主的運営において合理的な買戻し価額が事前に規定されている場合の当該持株会が挙げられるとしました。

4　前掲注(2)310頁および東京地裁判決ジュリスト1215号30頁。平成12年11月30日東京地裁。

しかし，現実にはありえませんが，仮に上記の「従業員持株会」が極論として100％の議決権を所有するに至った場合はどうでしょう？　従業員持株会は民法上の組合ですから，最低２人の組合員がいるわけですが，その２人の共有財産として，会社を全て保有していることとなり，常識的に考えても特例的評価額とはなり得ないことでしょう。

　では，その分岐点たる「峠」はどこでしょうか。私見としては，ここに相続税法上の概念である「同族株主」を用いてもよいと考えます。従って，通常は50％超になるような従業員持株会は存在しないでしょうから，従業員持株会への譲渡は，「同族株主以外の株主」への譲渡と考え，通常は特例的評価である配当還元価額で問題ないと考えられます。
　しかし，「同族株主」の概念は30％基準もあることは周知の通りで（106頁参照），これに抵触して，原則的評価によらなければならない場合も生じてきます。

　次に，「役員持株会」はどうでしょうか。まず，「役員持株会」のうち，「同族株主」となる，すなわち，その取得にあたって「原則的評価方法の適用される役員が会員となる役員持株会」への譲渡は，当然に原則的評価方法となります。
　しかし，「非同族の役員で構成する役員持株会」（以下，特に断りのない限りは，これを「役員持株会」と称します。）への譲渡は，これまでも述べてきたように，特例的評価方法たる配当還元価額でなされますが，上記のように従業員持株会と同様の限界があることは，容易に想像がつきます。

　したがって，従業員持株会と同様に50％超（場合によっては30％以上）を「峠」とします。しかし従業員持株会と異なり，親族外承継においては，この「峠」を越えることは必然的な課題となってきますが，この点については，次項で述べることとして，ここでは，非同族の役員個人への譲渡，すなわち直接

持株制度と，役員持株会制度との相違点が重要です。

　従業員個人に少数の株式を譲渡した場合には，通常は特例的評価です。しかし，従業員個人に例えば30％以上譲渡したとすると，もはや特例的評価法では，できません。これは，この項の冒頭で述べたように，非同族の役員も同様です（役員の方が経営に携わっているので，より厳しいと考えられます）。

　ところが，従業員持株会に30％譲渡した場合は，あくまで「開かれた従業員持株会」であることが前提ですが，問題なく特例的評価方法が用いられます。何故でしょうか？　それは，従業員持株会が「民法上の組合」だからです。

　同様に，「役員持株会」も「民法上の組合」ですから，共有物の分割が禁止された「合有」（186頁参照）で，親族外後継者といえども，その持分を分割することもできませんし，退会しても，特約がない限り，株式を引出すことすら出来ません（特約がある場合は，297頁参照）。
　つまり，役員持株会をもって事業承継する場合には，一種の集団指導体制になるのです。

　従って，以降では，「譲渡」であるにも関わらず，「相続」での概念である「同族株主」，「同族株主以外の株主」を用いて述べることにします。しかしながら，これが適用できるのは，役員持株会の「目的の適法性」と「買戻しが強制されていて，その価額が殆ど固定的」であり，「開かれた持株会」であることが必須要件となることにご注意ください。

③ 巨大「少数株主」の登場

事例1－1に続き、オーナーの株式の放出が進み、議決権割合は、オーナーが50.1％、親族外後継者が44.9％、その他の株主が5％（役員持株会の会員の合計49.9％）で、合計100％になったとしましょう。なお、役員持株会の株式は議決権がありますが、従業員持株会の株式は無議決権株式として仮定した事例としますから、この議決権割合には含まれないことになります。

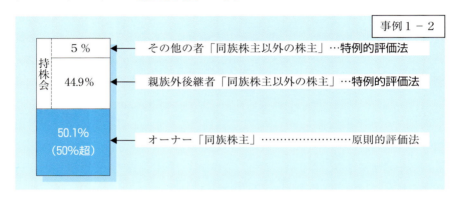

このように、税法では巨大な少数株主が存在することになります。したがって最大49.999…％の配当還元価額で評価できる少数株主が存在することになります（余談：この親族外の社長が、オーナーの娘と結婚したら大変）。

④ 「峠越え」の瞬間…再び「同族株主」の定義を考える（その2）

そして、問題の「峠越え」の瞬間がやってきます。ここに「越える」とは親族外後継者が「同族株主」となる一線を越えることを意味します。

オーナーから役員持株会に0.1％の株式の供給があり、それに親族外後継者が拠出して持分を取得したとしましょう。この瞬間、オーナーの議決権割合は、50％ちょうど、親族外後継者は45％、その他の株主が5％で、合計100％になります。

すると、先程の「同族株主」の判定で50％超の議決権を有する株主は存在しなくなりましたので、「同族株主」は存在しないのか？　といえば、そうでは

ありません。「同族株主」の定義には，50％超の議決権の株主がいない場合の規定が次のように定められ，結局，親族外後継者も「同族株主」となります。

②評価する会社に50％超の株主グループがいない場合には，49％のグループは強力な権限を持ちます。したがって30％以上のグループは，あと少し抱き込み，3分の1超を持てば株主総会で特別決議を否決できる無視できない存在となりますから，「同族株主」となります （財基通188(1)）。

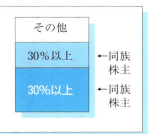

「同族株主」がいる会社の評価

株主の態様による区分				評価法
「同族株主」	取得後の議決権割合が5％未満の株主	取得後の議決権割合が 5 ％以上の株主		原則的評価法
		「中心的な同族株主」がいない場合		
		「中心的な同族株主」がいる場合	「中心的な同族株主」	
			役員（平取除く）	
			その他	特例的評価法
「同族株主」以外の株主				

すると，自らも「同族株主」で，上表の要件を右に辿ると，「取得後の議決権割合が5％以上の株主」となり「原則的評価法」となってしまいます。

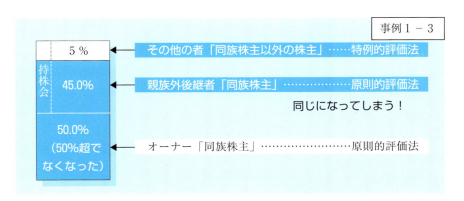

事例1－3

⑤ 「峠越え」の影響

したがって，前頁の場合，原則的評価法で評価した価額で，放出しなければなりませんから，これまでのように，配当還元価額で供給すると親族外後継者に贈与税が課税されてしまうことになります。

このように，「峠越え」をすると，越境して，他国に入ったかのように適用される法律が変ることを捉えて，本書では「峠越え」という表現を比喩的に用いていますが，一般的な慣用句ではありません。

問題は他にも生じます。さらに，この供給を持株会を通して親族外後継者が受ける場合には，役員持株会を退会しなければなりません。なぜなら，これまでの役員持株会は，同族関係のない親族外の役員によって構成されているため，その共有財産である株式の評価は，配当還元価額で統一されますが，親族外後継者が原則的評価法で持分を取得することによって，価額が不統一となってしまい，強行すれば，組合財産は共有のため，他の会員への贈与となってしまうからです。

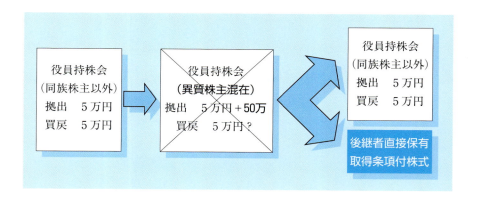

かと言って，親族外後継者以外に，親族関係の役員が居なければ，同族関係の役員持株会を設立することも叶いません。もはやこの場合の親族外後継者は，これまでの役員持株会を退会して，株式を直接保有せざるをえなくなります。

この時のために，直接保有のまま，万が一，親族外後継者が失意のうちに辞任する場合を想定して，取得条項付株式にする必要があります（次頁参照）。

⑥　わざと「峠越え」しない

「峠越え」をしても，さしてメリットがないどころか，デメリットが多いのであれば，踏みとどまるのも一つの方策と考えられます。すなわち，事例1－2の図のままとし，先述のように黄金株化するなりして経営権を高めます。

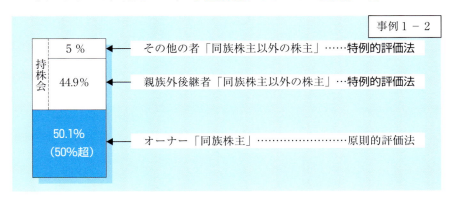

この状態のまま，親族外後継者は持分を増やさず，それどころか，これ以上にオーナーが供給をして，親族外後継者以外の役員の持分が増えただけでも，下図のように，オーナーが50％以下になることで，親族外後継者も「同族株主」になります。

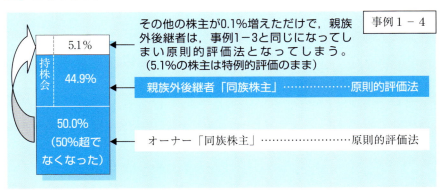

(2) 役員持株会を用いて，親族外後継者に事業承継する方法

2頁前で述べたように，親族外後継者が単純に，役員持株会において持分を増やし続けての「峠越え」には問題があります。といって，前頁のように「峠越え」をせずに留めるとすると，親族外後継者は，いつまで経っても，オーナー経営者になれずに，「雇われ社長」に甘んじなければなりません。

この結果，オーナーに相続が起きれば，残余の株式は，オーナーの相続人に相続されるため，親族外後継者は，一般の<u>上場会社同様に創業家詣</u>をして，協力を取付けることで株主総会をクリアしていくなどの対策に追われることになります。したがって，「峠越え」をするならば，できるだけ，事業承継に理解あるオーナーが存命中にした方がよいわけです。

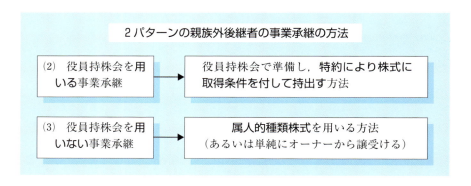

しかし，「峠越え」は，むしろ「当初から役員持株会に加入しない方が得策ではないか？」と考えるのは当然のことで，<u>親族外後継者が既に決まっていて，その者に全権委任していくような場合には，役員持株会に加入せず，当初から取得条項付株式とした上で，直接持株制度にする，次項(3)の方法</u>（属人的種類株式を使う方法「麓越え」）を用いることも良いでしょう。

ただし，役員持株会を設けるような，複数の非同族役員を擁する中堅企業においては，彼らのうち<u>誰を後継者にするか決められない場合も少なくありません。</u>この様な場合には，後継者候補として，<u>能力を見極める数年の間に，役員</u>

持株会を通じて，持分比率を高めるという準備をしていくわけです。

　ところが，親族外後継者として定まって，役員持株会を退会する際には，その規約によれば，持分の強制買戻しによることとされ，株式として持ち出して直接持株制度にすることはできないことになっているのが通常です。

　かと言って，「払戻しを得た現金をもって…」としたところで，役員持株会にそれだけの資金はなく，結局会社からの借入れとなる上に，役員の持分は多額になることも考えられることから，借入金も多額にならざるをえません。当然，その借入金は返済できず，竹中工務店事件（144頁参照）のようなことになります。会社が買取る場合には，原則評価によるため，退会した役員に対しての，「みなし配当」課税の問題となってしまいます。

　そこで，第3編の先進活用事例のように，役員持株会規約に，以下のような株式引出しの特約を入れることにします。

> **役員持株会規約　附則第5条**
> 　第14条の規定にかかわらず，役員持株会を退会するにあたり，理事会の承認がある場合には，持分の買戻しに代えて，1株に相当する持分につき，退職時に5万円で会社が取得することができる旨の取得条項を付した株式として引出すことができるものとする。

　（注）　この規定を入れる場合には，金融商品取引法に抵触しないように留意する必要があります（63頁参照）。また，定款に取得条項付種類株式の定めをしておく必要があります（336頁参照）。

　通常は，この規定による株式の持出しは，5年以上の歳月を経てから行われることでしょうし，当初から親族外後継者が特定されていない中で，役員持株会への拠出が行われている場合には，「役員持株会を用いた株式移転をしたこととする租税回避行為」には該当しないものと解されます。

(3) 役員持株会を用いないで，親族外後継者に事業承継させる方法
① 属人的種類株式を使う

前述の「峠越え」の方法に限界があるとすると，もっと麓から越える方法が有益です。

294頁の⑤「峠越え」の影響にあるように，直接保有せざるを得ない位なら，親族外後継者は当初から役員持株会に加入せず，取得条項を付された株式を配当還元価額で小刻みに30％程度まで買い進みます（300頁参照）。この状態が下図の「事例2－1」です。

仮に，この会社の発行済み株式総数が1,000株として，上図の株式がその全てとし，原則的評価法では1株50万円，配当還元価額が5万円として以後の計算をしてみましょう。親族外後継者は，30％（300株）に至るまで，5万円×300株＝1,500万円を出資したことになります。

ここで，3分の2の議決権を目指して「事例2－2」の図の67％（667株）になるよう一気に買収を掛けます。差額は667株－300株＝367株ですが，これは当然，配当還元価額では買えませんから，最低でも原則評価の50万円となり，買収総額は，50万円×367株＝1億8,350万円となります。もはや，通常の資金手当では覚束なくなり，LBOによるでしょうが，LBOは先述のように困難です。

ただし，通常の買収とは異なり，オーナーの主体的意思の内に行われますか

ら，いわば超友好的買収ということになりますので，第1編第2章の種類株式で述べた属人的種類株式を用いることができます。

すなわち，LBOが不可能であっても，(a)オーナーの現金化の希望額と，(b)親族外後継者の得られる融資可能額等から，買収後に親族外後継者が3分の2以上の議決権を持てるように，属人的種類株式の倍率を調整すれば，下図に達することができます。例えば，先の1億8,350万円の資金手当が不可能だとして，8,000万円なら何とか手当ができ，オーナーもその程度の現金化ができれば納得するとして，合意ができたとします。

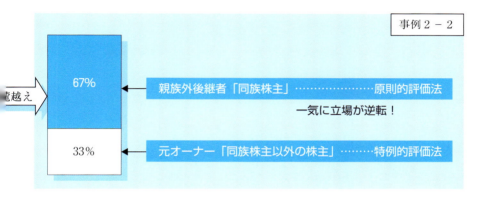

すると，8,000万円÷50万円＝160株の譲渡をします。この結果，親族外後継者の株数は300株＋160株＝460株となり，オーナーは700株－160株＝540株の合計1,000株となります。

このままでは，親族外後継者の議決権割合は，46％しかありませんので，譲渡後に親族外後継者の株式の議決権を2.4倍とする，属人的種類株式にします。すると460株×2.4＝1,104個の議決権となり，全体の議決権（1,104＋540＝1,644）に対する割合は67.1％になり上図「事例2－2」の3分の2を超えて，特別決議が可能となる目的を達成することになります。

なお，議決権数の変更に伴う課税については，次項(4)を参照してください。

② 小刻みに取得していく間の価額

さて、次の問題は「越える」瞬間に至るまでの、月々の積立て等によって、小刻みに買い進んできた「緩慢なる増加」の取引価額は、どうあるべきか？

この徐々に刻んで買い進むという「緩慢なる増加」の場合、これが"持株会でなければ"、下図のように議決権の増加によって株式の価値が増加するのに合わせて必然的に「非公開株式の譲渡における時価」は財産評価基本通達上の時価ではなく、法人税基本通達9－1－13の「原則的な取り扱い」の（四）の「純資産価額等を参酌して通常取引されると認められる価額」となるのは前著で述べたことです。

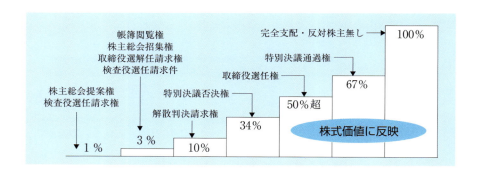

298頁の①において、「親族外後継者が、取得条項付を付された株式を配当還元価額で小刻みに30％程度まで買い進む」と述べました。これには、以下のような理由があります。

すなわち、上図のように、10％までは株式価値として高額となるような権利がありません。しかし、3分の1を超える34％で、特別決議を否決できる権利を有することになるため、一気に株式価値が上昇します。

したがって、親族外後継者と言えども、役員が取得することで、支配権は急激に強固なものとなって、オーナーの支配権を脅かすほどの力を有することになります。

ここに至っては，もはや配当を受領するだけの株式として特例的評価法である「配当還元価額」ではなく，原則的評価法によるべきです。

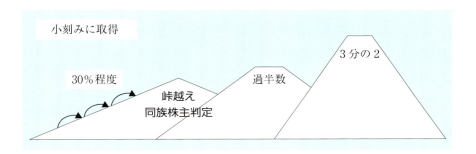

　ちなみに，上場会社の役員持株会において，役員持株会を通じての定期的な自社株式の取得はインサイダー取引規制の適用除外とするとの金融商品取引法上の規定があります[5]。この適用除外となるためには，1会員の1回の拠出金額が100万円未満でなければなりません。

　このように，抜け駆け行為の禁止を規制する中，低額で定時・定額なものは容認していますが，臨時拠出金としての多額な場合には，定時・定額「小刻み」でないことになりますが，規約があれば認められ，規約になくとも，全会員の同意があれば認めても差し支えないと考えられます[6]。

5　金融商品取引法166条6項によって，役員持株会・従業員持株会による定時・定額の買付けは，未公表の重要事実を知っていてもインサイダー取引規制の適用除外とされています。
6　新谷勝『新しい従業員持株制度』261頁（税務経理協会，2008年）。

> **コラム3**

役員持株会の必要性・既存株式の現物組入

① 役員持株会不要論？

　某大手証券会社では，「非上場会社の従業員持株会は，従業員のモチベーションの向上や福利厚生が持株会の目的であり，役員持株会にはそのような目的の必要性がないので，役員持株会の運営受託はしない」とのことでした。また，従業員持株会組成のコンサルティング料は最低50万円が定価とのことでした。

　上場企業では，インサイダー取引規制との関係で，役員が自社株式を市場から購入することが難しいので，役員持株会を通して購入する手立がない[7]ため，役員持株会の運営受託をしているとのことでした。

　しかし，非上場会社でも親族以外の役員に株式を持たせる際には，役員持株会を組成することが必要です。会社の内情を知り得る立場にある役員であるからこそ，個々に株式を持たせるのではなく，持株会を組織し，持株会を通して株式を持たせる必要性があるのです。読者の皆様も株式を持たせた役員が反旗を翻して，株式の高額買取りを要求してきたという話はよく耳にしていると思います。

　某大手証券会社の非上場企業の役員持株会不要論は実態に即していないと言わざるをえません。

　当然役員退任時には，出資額を限度として役員持株会で買戻すことを持株会規約に明記しておくとともに，後継者以外の親族役員または親族外役員に株式を保有させる場合には，従業員持株会のような「無議決権配当優先株式」ではなく，「普通議決権株式」にしておきます。

　また，294頁のように，親族外後継者である役員が，「筆頭株主」になった場

---

[7] 金融商品取引法166条6項において，インサイダー取引に該当しない場合について規定しています。

合には，役員持株会を退会しなければなりません。その場合には，直接保有型の持株制度となりますので，これについては次の②のように「取得条項付株式」（152頁参照）にしておく必要があります。これで，株式高額買戻し問題は回避できることとなります。

② 既存従業員株主からの現物組入

　従業員持株会ガイドラインでは「会員が既に有している取得対象株式について，従業員持株会はその組入れを行わないものとする。ただし，非上場株式を取得対象株式とする従業員持株会を組織するに当たり，合理的な取得価額を証明することができる株式を組入れる場合には，この限りでない。」としています。

　価額が統一できないと困難だからです。組入れができない場合は，直接持株制度として，「取得条項付株式」に換えてもらうことが必要です。

　なお，現物組入がなされた場合の課税は，もともとパススルー課税であるため原則的には生じないものと考えることができます。しかし取得価額と組入時の価額が相当に異なる場合などでは，組合の共有会計（第3編第2章，7(3)参照）から部分的に譲渡が生じて，課税が生ずる場合があり，実務的には現物組入を諦めることも生じます。

　また第3編第2章で述べる社団による場合，パススルー課税でなくなるため現物組入は現物出資と考えられるため譲渡課税されます。

(4) 種類株式の評価
① 概要

　会社法のもとで整備された種類株式は，中小企業の事業承継においても活用が期待されているところでしたが，相続税法上の評価方法が不明確であることから，従来は事業承継における活用は進んできませんでした[8]。

　しかし，平成19年度税制改正に向けて経済産業省を中心になされた与党への働きかけ[9]の結果，平成19年3月16日に，中小企業の事業承継においてその活用が期待される典型的な種類株式について，その評価方法が明確化されました[10]。以下の3類型の種類株式の評価方法につき，中小企業庁から国税庁への文書照会に対する「回答」として出されました。

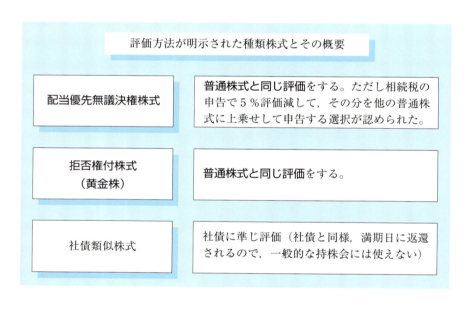

評価方法が明示された種類株式とその概要

種類株式	概要
配当優先無議決権株式	普通株式と同じ評価をする。ただし相続税の申告で5％評価減して，その分を他の普通株式に上乗せして申告する選択が認められた。
拒否権付株式（黄金株）	普通株式と同じ評価をする。
社債類似株式	社債に準じ評価（社債と同様，満期日に返還されるので，一般的な持株会には使えない）

---

[8] 事業承継協議会『中小企業の事業承継円滑化に向けて』143頁（経済産業調査会，2006年）。
[9] 筆者（齋藤）も名古屋商工会議所税制委員会委員として，平成18年度の名古屋商工会議所の税制改正建議書に「種類株式の相続税評価の明確化」について建議をしたところである。
[10] 経済産業省「平成19年度税制改正について」20頁（経済産業省：http://www.meti.go.jp/）。

詳細は後述しますが，この回答によると，「配当優先無議決権株式」も「拒否権付株式」も普通株式と同じ評価をするということになります。

したがって，「回答」の根本に流れるメッセージは「議決権に価値はないとみなした」[11]ということです。下図のように，「普通株式」は，財産権と経営権の源となる，全ての議決権が内在しています。また「議決権制限株式」は，その普通株式の議決権のうちの一部から何も議決権のない「完全無議決権株式」にいたるまで，バラエティ豊かに作れます。

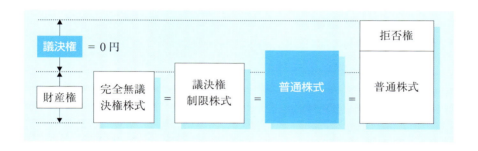

一方，「拒否権付株式」は，1株あれば，水戸黄門の印籠のような株式，あるいはトランプのジョーカーのようなものです。

「回答」では「無議決権株式は普通株式と同じ評価」，「拒否権付株式も普通株式と同じ評価」と規定していますから，上図のように全てが＝で結ばれてしまい，結果的に株式の財産権だけで評価され，議決権は０円評価とされたわけです。

それは明かに矛盾です。素人の常識でも考えられないようなことを「回答」は規定しましたが，様々な組み合わせの議決権の評価は個々の会社の株主構成や議決権割合でも異なってくるという現実があるので，致し方なかった「回答」であると推察されます。

---

11 品川芳宣教授発言『月刊税理』2007年5月号214頁。

さらには非論理的な理由も存在し、その矛盾が同族企業の本質とも考えられます。もちろん、裁判になれば別ですが、通常はそこまでに至りません。例えば、拒否権のない普通株式を僅かしか持たない当主が、ちゃぶ台をひっくり返して怒れば、「親父の言うことだから…」と他の家族株主は渋々ながら従ってしまう現実はなくはありません。つまり拒否権の有無は無関係です。

また逆に、議決権がなくても、家族なら当然のように普段の経営に口を挟んでくる役員でも株主でもない配偶者などが、典型例かもしれません。

要は何かを決定する権利は、同族会社にあっては、議決権の数よりも人間関係その他様々な要素の混沌の中にあるともいえます。

それでは、それぞれの種類株式について「回答」での評価方法の詳細をみてまいります。ただし種類株式のそれ自体の解説は第１編第２章をご覧ください。

②　配当優先無議決権株式の評価

配当優先無議決権株式は、２つの属性である「配当優先」と「無議決権」に分けて規定し、注意すべきは、前者は強制で、後者は任意であることです。

> （ⅰ）配当優先の株式評価
> 　同族株主が相続等により取得した配当（資本金等の額の減少に伴うものを除く。以下同じ。）優先の株式の価額については、次により評価する。
>
> イ　類似業種比準方式により評価する場合
> 　　財産基本通達183（評価会社の１株当たりの配当金額等の計算）の(1)に定める「１株当たりの配当金額」は、株式の種類ごとに計算して評価する。
> ロ　純資産価額方式により評価する場合
> 　　配当優先の有無にかかわらず、財産基本通達185（純資産価額）の定めにより評価する。
>
> （ⅱ）無議決権株式の評価

無議決権株式については，原則として，議決権の有無を考慮せずに評価することとなるが，議決権の有無によって株式の価値に差が生じるのではないかという考え方もあることを考慮し，同族株主が無議決権株式（次の2に掲げる社債類似株式を除く。）を相続又は遺贈により取得した場合には，次のすべての条件を満たす場合に限り，上記(1)又は原則的評価方式により評価した価額から，その価額に5％を乗じて計算した金額を控除した金額により評価するとともに，当該控除した金額を当該相続又は遺贈により同族株主が取得した当該会社の議決権のある株式の価額に加算して申告することを選択することができることとする（以下，この方式による計算を「調整計算」という。）。国税庁ホームページにて明らかにされた「無議決権株式の評価の取扱いに係る選択届出書」を相続税の申告書に添付することとなる。

　なお，この場合の具体的な計算は次頁の算式のとおりとなる。

【条件】

イ　当該会社の株式について，相続税の法定申告期限までに，遺産分割協議が確定していること。

ロ　当該相続又は遺贈により，当該会社の株式を取得したすべての同族株主から，相続税の法定申告期限までに，当該相続又は遺贈により同族株主が取得した無議決権株式の価格について，調整計算前のその株式の評価額からその価格に5パーセントを乗じて計算した金額を控除した金額により評価するとともに，当該控除した金額を当該相続又は遺贈により同族株主が取得した当該会社の議決権のある株式の価格に加算して申告することについての届出書（別添）が所轄税務署長に提出されていること。

（注）無議決権株式を相続又は遺贈により取得した同族株主間及び議決権のある株式を相続又は遺贈により取得した同族株主間では，それぞれの株式の1株当たりの評価額は同一となる。

ハ　当該相続税の申告に当たり，「取引相場のない株式（出資）の評価明細書」に，次の算式に基づく無議決権株式及び議決権のある株式の評価額の算定根拠を適宜の様式に記載し，添付していること。

【算式】

$$\text{無議決権株式の評価額（単価）} = A \times 0.95$$

$$\text{議決権のある株式への加算額} = \left(A \times \text{無議決権株式の株式総数}_{(注1)} \times 0.05 \right) = X$$

$$\text{議決権のあるの評価額（単価）} = \left(B \times \text{議決権のある株式の株式総数}_{(注1)} + X \right) \div \text{議決権のある株式の株式総数}_{(注1)}$$

A … 調整計算前の無議決権株式の1株当たりの評価額
B … 調整計算前の議決権のある株式の1株当たりの評価額

（注1）「株式総数」は，同族株主が当該相続又は遺贈により取得した当該株式の総数をいう（配当還元方式により評価する株式及び下記3により評価する社債類似株式を除く。）。
（注2）「A」及び「B」の計算において，当該会社が社債類似株式を発行している場合は，社債として評価した後の評価額。

③ 拒否権付株式の評価の取扱い

拒否権付株式（会社法108条1項3号に掲げる株式・「黄金株」とも言われる）については，**拒否権を考慮せずに評価する**。

④ 社債類似株式の評価の取扱い

「一定期日において，発行会社は本件株式の全部を発行価格で償還する。」等の所定の条件を満たす株式（社債類似株式）については，その経済的実質が社債に類似していると認められることから，財産評価基本通達197－2（利付公社債の評価）の(3)に準じて発行価格により評価するが，株式であることから，既経過利息に相当する配当金の加算は行わない。

なお，社債類似株式を発行している会社の社債類似株式以外の株式の評価に当たっては，社債類似株式を社債として計算する。

【条件】
　イ　配当金については優先して分配する。
　　　また，ある事業年度の配当金が優先配当金に達しないときは，その不足額は翌事業年度以降に累積することとするが，優先配当金を超えて配当しない（非参加・累積型優先配当株式）。
　ロ　残余財産の分配については，発行価格を超えて分配は行わない。
　ハ　一定期日において，発行会社は本件株式の全部を発行価格で償還する。
　ニ　議決権を有しない。
　ホ　他の株式を対価とする取得請求権を有しない。

⑤　属人的種類株式の評価は規定なし

　以上が，「回答」における３類型の種類株式の評価方法です。従って，その他の種類株式については，何ら評価方法が示されていないわけです。
　本書において多用されることとなる，「属人的種類株式」についても同様で，直接規定されることはありませんでした。

　会社法は次の109条１項で「株主の平等」原則を規定し，第２項で105条の「株主の権利」について，「株主ごとに異なる扱い」を定款で定めれば出来るとし，第３項で，これを「種類株式とみなす」としました。

会社法109条（株主の平等）
１　株式会社は，株主を，その有する株式の内容及び数に応じて，平等に取り扱わなければならない。
２　前項の規定にかかわらず，公開会社でない株式会社は，第105条第１項各号に掲げる権利に関する事項について，株主ごとに異なる取扱いを行う旨を定款で定めることができる。
３　前項の規定による定款の定めがある場合には，同項の株主が有する株式を同項の権利に関する事項について内容の異なる種類の株式とみなして，この編及び第５編の規定を適用する。

> **会社法105条**（株主の権利）
> 1　株主は，その有する株式につき次に掲げる権利その他この法律の規定により認められた権利を有する。
> 　一　剰余金の配当を受ける権利
> 　二　残余財産の分配を受ける権利
> 　三　株主総会における議決権
> 2　（略）

　この条文で注目すべきは，105条3号の「株主総会における議決権」については，109条2項で規定するように「株主ごとに異なる取扱い」ができるとしているところです。

　そして，先述の3類型の種類株式の評価における「回答」では，議決権を評価しないとした考え方から，「属人的種類株式」をどのように評価すべきかとの方向性は見えてきます。つまり，下図のように，普通株式に上乗せされた属人的な規定としての議決権の評価は0なのです。したがって，属人的種類株式の規定を定款に載せたからといって，何らの課税関係も生じません。

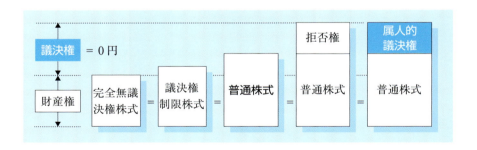

　ただし，298頁で，事例をもって述べてきたように，属人的種類株式の規定を親族外後継者について規定して，仮に親族外後継者の議決権数が，「同族株主」に規定する比率（50％超など）を満たす瞬間に，普通株式相当部分だけでは，「同族株主以外の株主」として配当還元価額による売買が可能としても，

原則的評価法による価額によらなければならなくなります。

つまり，議決権自体の評価額は0でも，議決権数は，その株主の評価方法の判断基準としては機能し，その判定において「同族株主」となれば，必然的に高い価額である原則的評価法が採られるのです。

⑥　議決権の数における注意

自己株式や種類株式がある場合，その議決権の数および議決権総数の計算において勘違いが生じやすく，重大ミスにつながりますので，ここで関連通達と法令を掲げておきます。

> **財産評価基本通達**
> **188－3（評価会社が自己株式を有する場合の議決権総数）**
> 　　188（（同族株主以外の株主等が取得した株式））の(1)から(4)までにおいて，評価会社が自己株式を有する場合には，その自己株式に係る議決権の数は0として計算した議決権の数をもって評価会社の議決権総数となることに留意する。
>
> **188－4（議決権を有しないこととされる株式がある場合の議決権総数等）**
> 　　188（（同族株主以外の株主等が取得した株式））の(1)から(4)までにおいて，評価会社の株主のうちに会社法第308条第1項（右頁参照）の規定により評価会社の株式につき議決権を有しないこととされる会社があるときは，当該会社の有する評価会社の議決権の数は0として計算した議決権の数をもって評価会社の議決権総数となることに留意する。
>
> **188－5（種類株式がある場合の議決権総数等）**
> 　　188（（同族株主以外の株主等が取得した株式））の(1)から(4)までにおいて，評価会社が会社法第108条第1項に掲げる事項について内容の異なる種類の株式（以下この項において「種類株式」という。）を発行している場合における議決権の数又は議決権総数の判定に当たっては，種類株式のうち株主総会の一部の事項について議決権を行使できない株式に係る議決権の数を含めるものとする。

(注)188－5は，一部議決権制限株式は，議決権があるとして扱う旨です。

　会社法においては，親会社や関連会社の株式について議決権がないことに注意しなければなりません（第1編第2章参照）。

会社法308条（議決権の数）
1　株主（株式会社がその総株主の議決権の4分の1以上を有することその他の事由を通じて株式会社がその経営を実質的に支配することが可能な関係にあるものとして法務省令で定める株主を除く。）は，株主総会において，その有する株式1株につき一個の議決権を有する。ただし，単元株式数を定款で定めている場合には，一単元の株式につき一個の議決権を有する。
2　前項の規定にかかわらず，株式会社は，自己株式については，議決権を有しない。

会社法135条（親会社株式の取得の禁止）
1　子会社は，その親会社である株式会社の株式（以下この条において「親会社株式」という。）を取得してはならない。
2　前項の規定は，次に掲げる場合には，適用しない。
　一　他の会社（外国会社を含む。）の事業の全部を譲り受ける場合において当該他の会社の有する親会社株式を譲り受ける場合
　二　合併後消滅する会社から親会社株式を承継する場合
　三　吸収分割により他の会社から親会社株式を承継する場合
　四　新設分割により他の会社から親会社株式を承継する場合
　五　前各号に掲げるもののほか，法務省令で定める場合
3　子会社は，相当の時期にその有する親会社株式を処分しなければならない。

5　投資育成会社の活用

　投資育成会社については，まだまだ知られていない方も多いようです。誤解を恐れずに，イメージとして言うなら，第二従業員持株会で，さらに言うなら，社外従業員持株会であると考えれば，本書をここまで読み進んだ方には理解しやすいでしょう。その意味では取引先持株会に似ていますが，組合ではなく法律の裏付けある半ば公的な会社で，経済産業大臣監督下で，税務上は財務省認定の温厚な外部安定株主と考えればよいでしょう。

　既に述べたように，従業員持株会が第三者割当で株式を引き受ければ，配当還元価額で引き受けができることから，相続税の節税が図れるのは第１編で述べた第三者割当と同様です。

　同様に，投資育成会社に，第三者割当（増資＝発行株数が増える）により株式を引き受けてもらう場合には，配当還元価額に似た，税務上も認められた

「期待利回り」に基づいて決定される価額で（巻末資料3参照），非常に安い価額で引き受けがなされるので，株価が薄められて，結果として，オーナーの持株割合と評価が下がり，その後の株式の移動が容易になるのです。

　しかも，従業員持株会等との併用も可能です。しかし，投資育成会社は，後継者にはなりえませんから，あえて「社外従業員持株会」のようなものと述べたのです。しかし，社外といっても，取引先持株会のように，こちらが事務局となって，面倒をみなければならないこともなく，独立した株式会社ですから，運営に関する面倒さはありません。

　その代わり，れっきとした第三者ですから，株主としてしっかりとした対応，すなわち安定配当と説明責任を果たせば問題はありません。これは従業員持株会をしっかり運営する場合と同様なことになりますが，プロ相手ですから，より厳しいと自覚した方がよいでしょう。

	メリット	必要な対応
1	従業員持株会への，第三者割当と同様により株価が薄まり，結果としてオーナーの持株評価が下がり，**相続税の節税ができる**	審査を通るだけのプレゼン等の努力
2	上記により，その後の株式の移動が容易になり**後継者などへの事業承継がしやすくなる**	
3	従業員持株会等と異なり，**一気に多額（議決権の半分まで）の引受けが可能**	
4	経営が外部の目にさらされ，**いいかげんな同族経営からの脱却に繋がり**，財務の透明化，内部統制の強化などに繋がる	従業員持株会以上に，外部の営利企業ですから，**安定配当と，プロに対する説明が必要になる**
5	従業員持株会等に比べて会社が**事務局になって，面倒を見るというような必要がない**	
6	外部安定株主として，基本的に**経営陣の側に立って議決権行使**をしてくれる	

また，持株会では，一時・大量の株式の引受けは難しいですが，投資育成会社は議決権割合の半分までは，一気に引受けが可能です。もちろん，無条件ではなく審査があります。

　さて，投資育成会社は，正式名称を「中小企業投資育成株式会社」と言い，昭和38年に制定された「中小企業投資育成株式会社法」により設立され，東京[12]，名古屋，大阪に3社あります。
　投資を受けた中小企業側は，一種のお墨付きを得る効果により，銀行借入以外の新たな資金調達の道が拓けると同時に，名前の公表を認めるならば，銀行等が融資に対して，優良企業として非常に積極的に訪れるようになります。

　投資育成会社については，誤解も多いようですが，一般のV.C（ベンチャーキャピタル）の出口戦略のように，株式上場によって巨額のキャピタル・ゲインを得ることを狙うのではなく，巻末の資料2に掲載する同法に見るように，経済産業大臣の厳しい管理下にあって，同法1条の「会社の目的」は「中小企業の自己資本の充実を促進し，その健全な成長発展を図るため，中小企業に対する投資等の事業を行なうことを目的」としています。
　法律の趣旨からして経営支配を目的にしていませんので，望まない限り，経営参加もしてきません。いわば，「お金は出すけれども口は出さない」という，非常に安心と信頼性が高いものです。その代わり繰り返しになりますが，安定配当と株主総会の開催と決算報告が欠かせません。
　特に最近の取材によれば，上場を目的としない会社であっても，安定的な配当を得ることができる優良企業についてはウエルカムの姿勢です。

　次頁の表は，3社のうちから，東京に代表していただいて，同社のHP上から沿革の一部を転載させていただきました。

12　東京のHPは http：//www.sbic.co.jp/

東京中小企業投資育成株式会社の沿革

1963年（昭和38年）	中小企業投資育成株式会社法に基づき，資本金25億円で設立
1973年（昭和48年）	投資先から東証2部上場企業が誕生
1982年（昭和57年）	資本金66億7,340万円に増資
1985年（昭和60年）	投資先から東証1部上場企業が誕生
1986年（昭和61年）	「民間法人化」し，対象業種を拡大
1995年（平成7年）	累計投資先社数が1,000社を突破
1998年（平成10年）	東京都渋谷区に本社ビルを竣工し，移転
2002年（平成14年）	株式公開を達成した投資先社数が累計50社を突破
2008年（平成20年）	業務支援部内に「国際ビジネスセンター」を開設
2010年（平成22年）	累計投資先社数が1,800社を突破

（同社HPより転載）2012年6月現在

　投資育成会社では，自己株式の取得となってしまう退職者からの受皿となることも可能です。民法上の組合として運営している従業員持株会においては「みなし配当」のリスクから竹中工務店事件のようにならないためには検討の余地があります。

　また，投資育成会社に第三者割当してもらう場合，議決権数によっては，同社が「同族株主」等に該当してしまうのではないかと思われますが，その適用除外規定が財産評価基本通達にありますので，次頁に掲げておきます。

財産評価基本通達188－6（投資育成会社が株主である場合の同族株主等）

　188《同族株主以外の株主等が取得した株式》の(1)から(4)までについては，評価会社の株主のうちに投資育成会社（中小企業投資育成株式会社法（昭和38年法律第101号）に基づいて設立された中小企業投資育成株式会社をいう。以下この項において同じ。）があるときは，次による。

(1)　当該投資育成会社が同族株主（188《同族株主以外の株主等が取得した株式》の(1)に定める同族株主をいう。以下同じ。）に該当し，かつ，当該投資育成会社以外に同族株主に該当する株主がいない場合には，当該投資育成会社は同族株主に該当しないものとして適用する。

(2)　当該投資育成会社が，中心的な同族株主（188《同族株主以外の株主等が取得した株式》の(2)に定める中心的な同族株主をいう。以下(2)において同じ。）又は中心的な株主（188《同族株主以外の株主等が取得した株式》の(4)に定める中心的な株主をいう。以下(2)において同じ。）に該当し，かつ，当該投資育成会社以外に中心的な同族株主又は中心的な株主に該当する株主がいない場合には，当該投資育成会社は中心的な同族株主又は中心的な株主に該当しないものとして適用する。

(3)　上記(1)及び(2)において，評価会社の議決権総数からその投資育成会社の有する評価会社の議決権の数を控除した数をその評価会社の議決権総数とした場合に同族株主に該当することとなる者があるときは，その同族株主に該当することとなる者以外の株主が取得した株式については，上記(1)及び(2)にかかわらず，188（（同族株主以外の株主等が取得した株式））の「同族株主以外の株主等が取得した株式」に該当するものとする。

　　(注)　上記(3)の「議決権総数」及び「議決権の数」には，188－5（（種類株式がある場合の議決権総数等））の「株主総会の一部の事項について議決権を行使できない株式に係る議決権の数」を含めるものとする。

6 日本版 ESOP の可能性について

　ESOP（イソップ）（Employee Stock Ownership Plan）は，米国で一般的に普及している退職給付制度ですが，日本版 ESOP は，退職給付制度というよりも，信託等を使った新型の従業員持株制度です。経済産業省では，平成20年11月に「新たな自社株式保有スキーム検討会」を設置し，報告書がまとめられました。平成24年1月現在，上場会社向けに100社程が導入されましたが，本書の対象となる非公開会社では，関係がないといえます。

　しかし，米国の普及状況をみてみると，僅かながら，将来に期待を持てるものがあります。研究レポートによれば[13]，「非公開企業の ESOP で①企業オーナーに対して，引退などに伴う ESOP に対する自社株売却に税制優遇が提供されていること，②オーナー引退などに伴う経営の継続性が ESOP による従業員所有を通して確保される意義があること，などから，一通りの普及をみた公開企業と異なり，現在も活発な動きを示している模様である。」とされており，従業員等による親族外事業承継に可能性を示唆してくれます。

　これと関連し，米国では退職給付制度として，従業員の資産形成を主目的としていることから，一定の年齢まで引出しが制限される代わりに，所得税や運用収益に対する課税がなされないという税制優遇措置がありますが，日本では税制優遇はありません。それどころか，本書「はしがき」で述べたように，従業員持株会それ自体に対しても未だ根拠法が存在しない状況です。

---

[13] 井潟正彦＝野村亜紀子＝神山哲也「米国 ESOP の概要と我が国への導入」資本市場クォータリー 2001年 Winter151頁　野村総合研究所資本市場研究部。

コラム4

「相続クーデター」と利害関係者の議決権排除の論点

1．利害関係者の株主総会議決権排除の歴史的変遷

　株主総会で利害関係者の議決権を排除するという思想は，自分の利害に関係する問題については，公平無私な判断をすることが難しいので決議に参加させてはならないという法命題[14]——普遍的自然法的規範——からの要請であったと思われます。商法に先立つ明治29年民法66条の公益社団法人の規定「社団法人ト或社員トノ関係ニ付キ議決ヲ為ス場合ニ於テハ其社員ハ表決権ヲ有セズ」（平成18年民法改正にて削除）にその嚆矢をみてとることができます。

　明治32年商法において，その161条4項に「総会ノ決議ニ付キ特別ノ利害関係ヲ有スル者ハ其議決権ヲ行フコトヲ得ス」とあります。そして，昭和13年改正商法239条同項（昭和25年改正で5項に移動）で「行使スルコトヲ得ズ」との若干の字句修正が行われました。その際に，253条が新設され，その1項において「株主ガ第239条4項ノ規定ニ依リ議決権ヲ行使スルコト得ザリシ場合ニ於イテ決議ガ著シク不当ニシテ其ノ株主ガ議決権ヲ行使シタルトキハ之ヲ阻止スルコトヲ得ベカリシモノナルニ於イテハ其ノ株主ハ訴ヲ以テ決議ノ取消又ハ変更ヲ請求スルコトヲ得」と規定されました。これをもって決議の公正をより一層確保しようとしたのです。しかし，その後昭和56年改正で239条5項は削除され，同時に253条も削除されました。

　昭和56年改正で削除された理由は，特別の利害関係という表現が，きわめて抽象的であり漫然としているため，利害関係人の解釈が混沌としていて[15]，さらに株主は本来自己の利益のために議決権を行使しうるものであるとの英米法の考え方[16]から削除されたのです。

　ところで，利害関係者の総会議決権行使を認めることとの引換えに，「決議

---

[14]　龍田節教授は，「株主の議決権の排除」（法学論叢64巻3号43頁）にて「表決禁止規範」と命名しています。

[15]　北澤正啓「会社法根本改正の計画とその一部実現」北澤正啓先生古稀祝賀論文集『日本会社立法』444頁（商事法務研究会，平成11年）。

ニ付特別ノ利害関係ヲ有スル株主ガ議決権ヲ行使シタルコトニ因リテ著シク不当ナル決議ガ為サレタトキ」は，その決議は，決議取消しの訴えの対象となるとの規定が新設されましたが（昭和56年改正商法247条1項3号），それは現行会社法831条1項3号に継受されています。事前規制型から事後救済型に変更されたのでした。

しかし，昭和56年改正商法試案の段階では，「一部の株主が自己又はこれと特別の関係ある第三者に特に利益を与える目的で議決権を行使した結果，会社又は他の株主に著しい損害が生ずるとき」に，決議取消しの訴えができるという，「多数決の濫用」により，不当な結果が生じた場合の対応措置として議決議の濫用を包摂する表現をとっていました。

ところが，改正案の段階では，立法者の意図は不明のまま，「決議ニ付特別ノ利害関係ヲ有スル株主ガ議決権ヲ行使シタルコト」という表現に変更され，再び現行会社法831条においても「利害関係人概念」の問題が依然として残ることとなったのです[17]。

2．利害関係者の取締役会議決権の排除の創設

昭和25年の商法改正により旧商法260ノ2条【取締役会の決議方法】が創設され[18]，その第2項に「旧商法239条5項ノ規定ハ前項ノ決議ニ之ヲ準用ス」と定められました。その後，昭和56年改正で，その260ノ2第2項に「前項ノ決議ニ付特別ノ利害関係ヲ有スル取締役ハ決議ニ参加スルコトヲ得ズ」とされ現行会社法369条2項「前項の決議について特別の利害関係を有する取締役は，議決に加わることができない」と継受されています。

株主と異なり取締役は会社との関係は委任の関係に従う（会社法330条）とされているので，善管注意義務（民法644条）を負い，かつ，忠実義務（会社法355条）を課されているので，これは当然の規定でしょう。

---

16 英米法が議決権排除制度を認めていないことについては，龍田節「株主の議決権の排除」（法学論叢64巻3号58頁）に詳しく述べられています。
17 鴻常夫＝北澤正啓＝竹内昭夫＝龍田節＝前田庸「（研究会）会社法改正要綱をめぐって（第2回）」ジュリスト73号104頁以下。
18 昭和25年商法改正で従来任意であった取締役会が強制設置として法定化され（昭和25年改正商法260条），代表取締役を置くこととし，取締役会で選任することとされたのです（同商法261条）。

3．現行会社法における利害関係株主の総会議決権排除の問題点

　現行会社法においても，特別利害関係人が総会において議決権を行使することができない規定が温存されている又は新設されていることにも留意しなければなりません。

① 会社法140条3項【株式会社又は指定買取人による買取り】→旧商法204条ノ3ノ2第3項からの継受
② 会社法160条4項【特定株主からの取得】→旧商法210条5項（旧商法204条ノ3ノ2第3項準用）からの継受
③ 会社法162条2号【相続人からの取得の特則】→〔新設〕
④ 会社法175条2項【相続人に対する売渡し請求の決定】→〔新設〕
⑤ 会社法831条1項3号【株主総会の決議の取消しの訴え】→旧商法247条1項3号からの継受

　上記①②③の規定は，会社と株主との合意契約に基づく取得に関するものですが，株式を会社に譲渡する株主は，既に昭和56年改正で放棄されたはずの特別利害関係人の総会議決権排除の残滓です。⑤は事前規制型から事後救済型へと移行した規定ですが「利害関係人概念」の問題点は依然解決されずに残りました。

　問題は④にあります。④は上記①～③とは異なるきわめて特異な規定です。株主権を強制的に奪われてしまう規定であるにも拘わらず，旧来の利害関係人の法理により自己株式取得の①～③と同様の規定となっています。

　④の問題を考察するにあたり，参考になる最高裁判決[19]があります。取締役解任決議における解任の対象なる当該取締役が，特別利害関係人であるかどうかについて，これを否定し，「会社の取締役を解任するということは，会社の支配ないし経営についてもっとも重要な事項に属するから，株主としては，単に株主総会において発言することができるにとどまらず，これらの事項について，その議決権行使が許されるべきであって，取締役たるべき特定人が株主だからといって，当該事項について，その株主の議決権の行使が禁じられるいわ

19　最判昭和42年3月14日民集21巻2号378頁。

れはないというべきである」という最高裁判決を立法担当者は看過したのではないかと推測されます。

　株主はいかなる議案についても自己の利益に基づいて議決権を行使することが株式会社の理念であろうと思います。また，会社法831条1項3号の解釈も，多数決の濫用により，少数株主にとって不当な決議がなされた場合に限り，事後的救済措置が図られるというように限定的解釈すべきでしょう。

　筆者が過去において公刊した書籍[20]において指摘したように，少数株主に相続が発生し，それによる譲渡制限株式の分散を防止するという立法趣旨，非公開会社にとって好ましからざる株主を排除しようという趣旨から逸脱し，会社法175条2項はオーナー株主の相続開始により，少数株主によるクーデターの可能性を可能とする法理[21]になっているのです。立法担当者が自己株式関連だからと無造作に取り入れたとしか考えられません。

　新会社法の立法担当者は，筆者の問いかけに対して，相続人等に対する売渡しの請求については，定款には予め設けず，少数株主に相続が発生したときに本規定を定款に定め，もって強制的に取得をし，その後定款をもとに戻しておくことにより，相続クーデターを防ぐことができると解説しています[22]が，少数株主の予測可能性を害することから問題があると言えます。
　また，会社法831条により総会決議の取消しの訴えで対応するという考え方もありましょうが，同法1項1号の規定は「招集手続又は決議の方法が法令若しくは定款に違反し，又は著しく不公正なとき」とされており，「著しく不公正」論でオーナーの遺族が係る対応を速やかに行いうるか疑問です。

20　浜田道代監修／牧口晴一＝齋藤孝一『イラストでわかる中小企業経営者のための新会社法』115頁（2006年3月，経済法令研究会），牧口晴一＝齋藤孝一『中小企業の事業承継 四訂版』224頁～229頁（清文社，2009年），牧口晴一＝齋藤孝一『非公開株式 譲渡の法務・税務』26頁～29頁（中央経済社，第3版，2011年）。
21　会社法175条2項は，株式会社が定款に基づき相続人等に売渡し請求をした場合には，「その株式を有する者はその株主総会において議決権を行使することができない」と規定しており，買取り請求の対象となっているその者が相続等により取得した株式に係る議決権のみならず，相続開始前から保有していた株式にかかる議決権も含めて，議決権を行使できないという構造になっています。したがって，少数株主による相続クーデターが発生しうるのです。
22　相澤哲＝葉玉匡美＝郡谷大輔『論点整理 新・会社法 千問の道標』162頁（商事法務，2006年）。

第3編

従業員持株会の先進活用事例と判決検討

第1章

従業員持株会の先進活用事例

- 持株会組成から運営までの法務手続
- 事務手続を含めたコンサル事例の紹介
- 「従業員持株会規約」の実例
- 「役員持株会規約」の実例
- 持株会対応版種類株式を活用した「定款」の実例
- 種類株式の登記事例付「登記簿謄本」の実例

注：本編の記述内容は，第2編までと重複するところがありますが，現実の提案実例として出された文面であることを考慮して出来うる限りそのまま掲載しました。

1 退いていく者の想いを託する…

　従業員持株会について書かれた書籍は山のようにあります。いわゆる相続・事業承継対策として，従業員持株会を組成してオーナーの所有株式を配当還元価額で移転するというものです。

　しかし，創業オーナーは，自分の相続税の心配よりも，会社の今後，特に年若い従業員が今後も安心して家族を養いながら働ける会社として継続していくことに心を傾けているのです。自分のことは勘定にいれず，社員の幸せの実現こそが一番嬉しいというのが本音です。

　筆者もそういう年齢になったから解るようになってきました。自分に万が一のことがあったときに，自分の家族が相続税で悩むことのないようにしておきたいということよりも，会社が存続し，そして，そこを拠り所にして家族を養い暮らしを立てている従業員のことを一番心配していることを。

　そして，今後の経営を託していく役員の諸君が，経営者意識，当事者意識を心底から持ち，自分のことを勘定にいれずに，従業員第一の心で経営にあたってもらえるか…！　を心配しているのです。

　さらに，自分は世間並み以上の報酬を受けているから安心というのではなく，部下従業員の給与をもっと良い給料にするために，寝食を忘れて従業員のために，会社の存続発展のために心を砕いて，「戦略的マーケテイング活動」を展開して欲しいと役員諸君に希求しているのです。

　今回，ご紹介するケースは，実際に筆者の１人が代表を務める株式会社MACコンサルタンツが，従業員持株会・役員持株会を組成・立ち上げして欲

しいとのクライアントから依頼を受けて，軌道に乗せた実際の事例です。

　本ケースは，ご子息が経営後継者とならない事例です。オーナーは，「子供の人生だから，自分の好きな道を歩ませる」と話していました。
　したがって，第三者である役員や従業員に将来を託するという道筋でした。

　一方，幸いに親族内後継者がいる場合でも，「逆境こそが経営者のこころの栄養になり，それを乗り越えることが生き甲斐だ」，「自分を勘定に入れて考えるな，自分や家族以上に従業員を大切にしろ」という創業経営者魂を後継者が受け継いでくれるだろうかと，心配に心配を重ねておられるのが実際だろうと思います。押しつけがましくなるので，創業経営者は口に出して本人達には言いませんが，同年代の筆者には，本音を漏らして下さいますし，その心は痛いほどよく分かります。

　世に出ているいわゆる節税本を読んでも経営者が実行しないのは，書いている税理士・会計士やコンサルタントが，本当の意味で創業経営者に感情移入ができていないからです。
　特に毎年の法人税の節税と異なり，事業承継には微妙な「こころの揺らぎ」があり，単なる節税は二の次なのです。自己の節税以上に自分が採用してきた従業員の将来をオーナー経営者は一番心配しているのです。
　今回のケースは，経営大学院修了のMBAホルダーである当社の若き優秀なコンサルタントである野村誠君が筆者である私と連携を取りながら実際に軌道に乗せたコンサル事例です。

　従業員持株会規約制定とともに策定した，会社法の種類株式を駆使した「定款事例」・「登記事例」を是非参考にしていただきたいと思います。事業承継を考えておられる中小企業オーナーの皆様のお役に立つべく，当事者の了解を受けて実例をオープンにしました。

2 コンサル依頼先の現状分析

事業承継コンサルティングの依頼先の概況は次の通りです。
《概要》
　X社（非公開会社）
- 資本金5,000万円
- 発行済株式総数1,000株
- １株当たりの旧額面価格50,000円
- １株当たりの相続税評価額500,000円
- 配当：毎年１株あたり5,000円
- 株主２名（A会長50％，D専務50％）
- 役員６名
- 取締役会設置会社，監査役設置会社
- 全部株式譲渡制限会社

《株主・役員構成》

株主	役　職（関　係）	議決権数
A	代表取締役会長（創業者）60歳	500
B	代表取締役社長（第三者 後継者）45歳	0
C	代表取締役副社長（第三者）55歳	0
D	取締役専務（創業者）60歳	500
E	取締役常務（第三者）55歳	0
F	取締役常務（第三者）55歳	0

《株主間の関係》
- A会長とD専務は夫婦で，創業時より会社経営に尽力してきました。その結果，会社は無借金の黒字会社です。
- 夫婦仲はとても円満です。
- 創業者の**一人息子は**，先生を志し教員養成系の大学院に在籍しており，今のところ**経営を承継する予定はございません**。

《取締役間の関係》
- 第三者ですが，業務分担が明確で関係も良好です。

《経営後継者》
- B社長が半年前から社長に就任していますが，大手企業のサラリーマンの経験しかないため，どれだけ経営責任を全うできるか未知数といえます。

《将来のビジョンとA会長の思いと当社へのコンサル依頼事項》

　A会長に万が一のことがあっても，B社長のリーダーシップのもとで株式の上場をも視野にいれて，**若い従業員の幸せを第一に考えた経営をB社長に承継してもらいたい**と考えています。

　そこで，今回は従業員の財産形成とモチベーションアップ，そして，役員諸氏が経営者として，より一層の自覚をもって経営に当たってもらいたいとの思いから，**従業員持株会と役員持株会の組成と同時に定款の見直し**もして欲しいとの依頼がありました。

　なお，ご本人よりの直接的依頼はないのですが，2次相続まで見越した，自社株の相続税対策も必要であると考えられます。

3 従業員持株会組成を前提の定款整備

(1) 定款整備の工夫点と実際 －定款実例と登記簿実例－

〈全体構想〉

　会社の憲法である定款を整備する際は，会社の機関と株主の構成をしっかり押さえた上で，今後の経営戦略を円滑に実行できるように注意します。

　今回は創業者であるＡ会長の思いを踏まえ，持株会の導入とその後の経営戦略及び資本政策にマッチした定款に変更しました。

　定款変更には，特別決議が必要ですが，今回のケースは100％オーナー会社ですから，種類株式や属人的株式の活用など特殊な事項についても，法律に反しない限りはオーナーの意思で定款を自由に変更し，定款自治を実行することが可能です。

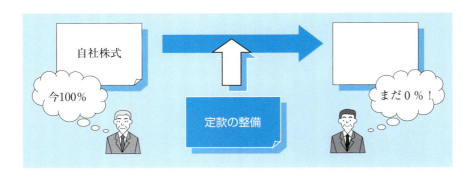

〈魂の吹き込み方〉

　ただ，一般の中小企業の場合，形式的な定款変更を行っただけでは，従業員を含め，古参幹部役員の意識を変化させることは難しいといえます。なぜなら，これまで同族経営の中小企業にとって，会社の取締役会や株主総会の存在は，有名無実である場合がほとんどだったからです。

　後になって形式的に議事録を作って「開いたことにした」株主総会では，万が一，株主代表訴訟になった場合は経営側にとって非常に苦しい展開になります。

　そのような事態を防ぐため，変更内容と理由について事前に役員全員に説明し，持株会の規約に種類株式の内容を盛り込むなどして，変更後の定款が実体として効力を発揮することを関係者に周知していくことが重要といえます。

〈最重要ポイント〉

　今回の定款変更での最重要ポイントは，A会長の持株を第三者に移転させることです。

　単にA会長が保有している普通株式を，そのまま個人従業員や持株会に譲渡した場合，経営権を分散させることになり大変危険です。また，今回のような優良企業の場合は株価が高額な場合が多く，いかにスムーズに移転するかがポイントになります。

〈対策その１．種類株式の活用〉

　そこで，今回は定款自治の象徴である種類株式を活用しました。
まず，A会長の保有する普通株式を以下の３種類の種類株式に変更しました。

- A種類株式（譲渡制限付配当優先議決権制限株式）
- B種類株式（譲渡制限付普通株式）
- C種類株式（譲渡制限付取得請求権付拒否権付株式）

そして，A種類株式を従業員持株会に，B種類株式を役員持株会に譲渡していくことにしました。

〈対策その2．従業員持株会の組成〉

　従業員持株会を導入する意義は，奨励金や優先配当による従業員の長期的な財産形成に寄与し，会社に対する帰属意識向上と従業員のモチベーションアップをはかることにあり，あくまで従業員の福利厚生が目的になります。こうしたことから，従業員には，議決権を持ち経営に直接参加できるという共益権ではなく，奨励金や優先配当によって得られる自益権（経済的メリット）を持つことの魅力を強調した方が，労使ともの理解を得やすく，組織に浸透しやすいといえます。

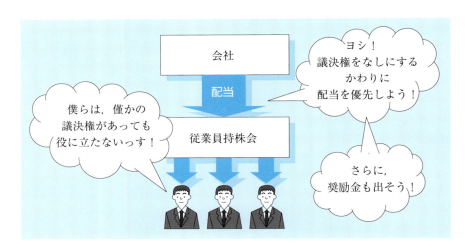

　そのため，今回は株主総会における議決権を制限し，配当を厚くする内容の種類株式を発行し，従業員持株会に譲渡します。議決権を制限するといっても，業績次第で配当金額が変わってきますので，従業員の会社業績に対する関心が高まり，経営参画意識の向上が期待できます。

〈対策その３．役員持株会の組成〉

　役員持株会を導入する目的は，自社株式の取得を容易にし，一層のプロ経営者意識の向上をはかることにあるため，配当は通常の利益配当とし，議決権のある株式を付与します。このことにより経営参画意識がより強固なものになることが期待できます。

〈２つの持株会と種類株式の３つのコラボレーションの妙〉

　従業員・役員いずれの持株会に対して，共通していえることは，すぐにでも上場を予定している会社であれば，キャピタル・ゲインを得られるという旨味を持たすことも考えられますが，通常の非上場会社（非公開会社）であれば，持株会を設ける際には，あらかじめ買戻し価格を持株会規約に明確に規定しておくことが重要といえます。

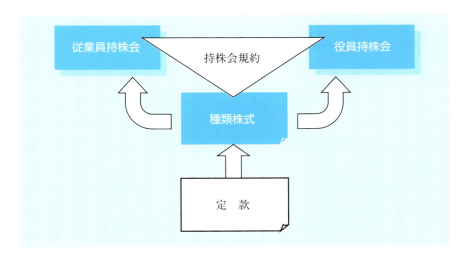

　このようにして持株会に株式を譲渡することで，Ａ会長の保有する自社株式の相続税評価額を引き下げることができます。

計画通り順調にＡ会長の持株が持株会に譲渡されていくことで，相続税の引き下げ効果は高まりますが，同時に持株比率も低下して経営権への影響が懸念されます。

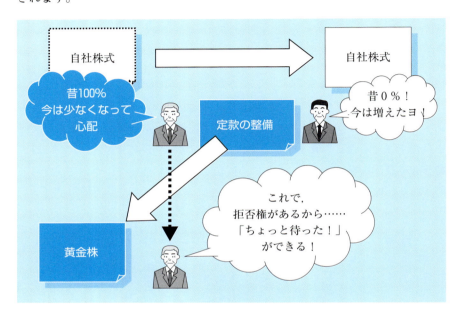

　この対策として普通株式の１株を，拒否権付種類株式（黄金株）に変更し，Ａ会長がこれを保有することで，重要な決定事項について拒否権を発動することが可能になります。

　さらに取得請求権も付しておくことで，Ａ会長にとって必要なタイミングで黄金株を会社に買い取ってもらうことが可能になります。黄金株は強力ですから，通常は同時に取得条項（会社が一定の軸を条件として強制取得できる。）を付すことを検討しますが，今回は創業者であるＡ会長のご意思により，Ａ会長による取得請求権の行使によって会社にこの種類株式を買い取ってもらう方法を選択しました。

　この黄金株を保有する種類株主には，絶対的な拒否権が与えられますが，これはあくまで決められた重要事項について「No！」と言える権利であり，積

極的に株主総会等に提案していくことはできません。今回はB社長に自主的経営を任せつつも，未熟な決定に対して「お目付け役」としての役目を果たそうとするA会長の意思を反映させております。

さらに，体調に優れないA会長の持株を放出するかわりに，創業者でもあるD専務所有株式の議決権をD専務の保有する間に限り1株につき議決権を2個とし，D専務単独で特別決議を採択可能にし，A会長に万が一の場合にも通常の会社運営に支障がでないようにしてあります。

〈今後の資本政策〉

今回，B社長を親族以外の後継者候補として社外からヘッドハンティングしてきているため，現時点においてB社長には社内における実績が未だありません。そこで，B社長が役員や従業員から信頼を勝ち得るまでは，営業に専念してもらいます。

社長として安定した時期を見はからい，B社長には持株会を退会していただき，その際に持分に相当する株式を取得条項を付した上で引出し（ただし，株式の引出しには，持株会規約に特例が必要です。），さらに手持金でD専務の保有する株式の一部に取得条項を付して譲渡してもらいます。仮にそのときB社長が保有できる株式の数量がわずかであったとしても，B社長の保有する株式について属人的な議決権の定めを設定すれば，経営権（過半数の議決権）をB社長が所持することが可能となります。

(2) 定款整備の法的手続の実際　－各種フォーマット－
　① 種類株式の発行…持株会に株式を譲渡するため，事前に，既存の株式を以下の種類株式に変更しました。

種類株式名（権利内容）	方　針
Ａ種類株式 （譲渡制限付普通株式）	役員持株会へ譲渡
Ｂ種類株式 （譲渡制限付**配当優先議決権制限**株式）	従業員持株会へ譲渡
Ｃ種類株式 （譲渡制限付**取得請求権付拒否権**付株式）	Ａ会長が保有
Ｄ種類株式 （譲渡制限付**取得請求権付**株式）	Ｄ専務が保有
Ｅ種類株式 （譲渡制限付**取得条項付議決権制限**株式）	従業員持株会 退会者対応用
Ｆ種類株式 （譲渡制限付**取得条項付普通**株式）	役員持株会 退会者対応用

　② 属人的株式の定め…Ｄ専務の議決権割合を一定数以上確保するため，Ｄ専務に対する属人的株式の定めを定款に設けました。

　③ 種類株主総会の決議不要の定款の定め
　種類株式を発行した後に種類株主総会の決議不要の定款の定めを置く場合は，その種類株主全員の同意が必要となりますので（会社法322条4項），現に発行する前に「種類株主総会の決議を要しない」という旨の定め（会社法322条2項）を定款に設けました。

定款変更手順

手　順	必要な書類（サンプル書式あり）
①　株主総会へ提出する定款変更案を作成します。	・定款変更議案新旧対照表 　（364頁参照）
②　取締役会で「定款変更のための臨時株主総会開催と議題決定の件」を決議します。	・取締役会招集通知 　（383頁参照） ・取締役会議事録 　（384頁参照）
③　臨時株主総会招集通知を作成し，発送します。	・臨時株主総会招集通知 　（385頁参照）
④　臨時株主総会を開催します。	・定款変更議案新旧対照表 　（364頁参照） ・臨時株主総会議事録 　（386頁参照）
⑤　既存株主から，新たに種類株式を発行すること，および，株主の属人的規定を設けることの同意をとります（登録実務で必要）。	・全株主の同意書 　（387頁参照）
⑥　新定款を登記します。	・新旧定款，株主総会議事録，定款変更議案新旧対照表，全株主の同意書を法務局へ提示。 　（402頁参照）

4 従業員持株会規約はこうして作成した

(1) 従業員持株会規約の工夫点と実際 －規約実例－

持株会制度導入のポイントは以下の通りです。

① 税務上のメリットを考慮し，民法上の組合とする

民法上の組合とは，民法667条の組合契約規程に基づき設立された団体です。この組合は個人の集合体であり法人格を持たないため，法人税の課税関係が生じません。ただ，個人の集合体であることから，従業員持株会そのものとしては株主登録をすることができません。そのため，形式としては従業員持株会を代表する理事長を定め，その理事長に一括して株式の管理を信託する管理信託方式をとります。

会社の株主名簿に登録されるのは従業員持株会ではなく，理事長個人となりますので，従業員はそれらの株式の持分を共有（合有）する形になります。持株会の株式は組合員全員の共有物とされ，収益や財産・債務は組合員の持分に応じて組合員に帰属することになります。株式配当金は，まず理事長に一括して支払われますが，実質の受益者である従業員に課税関係が生じるため，各従業員の配当所得として配当控除の適用を受けることが可能になります（所得税法24条）。

② 持株会が株主となり，加入する従業員が直接株主にならないようにする

同族会社の中には，従業員個人に株式を保有させている例が見受けられます

が，以下の2つの観点から経営者にとって悪影響となるおそれがあります。

1. 退職時の株式買取りがオーナー経営者にとって大きな負担（買取資金の準備）やトラブル（買取金額をどうするか等）となる。
2. 従業員が死亡した場合には，定款に特別な定めがなければ，経営とは関係のない相続人に相続されるおそれがある（社外流出）。

これらは経営権を安定的に承継していくうえで大きなリスクとなるため，従業員に個別に所有させる場合には，あらかじめ定款で取得条項を付しておくなどの備えが必要になります。

③ 経営権を安定させるために，議決権だけでなく持株比率にも注意

オーナーが所有する株式を相続対策のために従業員持株会へ放出する際には，事前に配当優先議決権制限株式へ株式の種類を変更し，持株会へ譲渡します。ただし，少数株主権（帳簿閲覧権など）や単独株主権（株主代表訴訟権など）の2点については注意が必要です。理事長に，これらの権利があると解されます（350頁コラム5参照）。

〈少数株主権〉

　　従業員持株会の有する少数株主権は，オーナーにとって注意しておくべき存在です。というのも，旧商法では少数株主権を議決権で判定したので

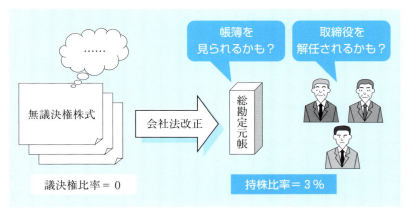

すが，会社法では議決権にかかわらず持株比率で判定するように変わり，少数株主権の重要性が高まっているからです。

例えば，従業員持株会の株式が無議決権株式であっても，持株比率が3％以上あれば帳簿閲覧権や取締役の解任請求権を行使することが可能になると解釈されています（350頁のコラム5参照）。したがって，会社の機関設計や従業員と役員の関係をよく考慮したうえで持株会の設立を決定すべきといえます。

〈株主代表訴訟〉

個人が直接株主の場合，取締役会設置会社である場合には，公開会社であれば6ケ月以上引き続き株式を保有していれば，取締役に対する責任追及などの訴えを提起するよう会社に対して求めることができます。

そして，会社に求めたにもかかわらず，求めた日から60日経っても会社が訴えを起こそうとしない場合は，株主が会社に代わって責任を追及するなどの訴えを起こすことができます（会社法847条）

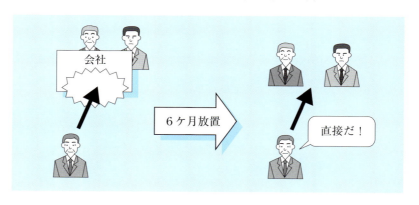

株主の権利については次頁の表[1]で確認できます。

1　神田秀樹『会社法』69頁（弘文堂，第16版，2014年）。

	議決権数・株式数の要件	保有期間の要件	権利内容と根拠条文
単独株主権		要件なし	設立無効等の訴権（828Ⅱ①等），累積投票請求権（342），募集株式発行差止権等（210等）
		行使前6ヶ月	代表訴訟提起権（847等），取締役・執行役の違法行為差止権（360・422）
少数株主権	総株主の議決権の1％以上または300個以上	行使前6ヶ月	提案権（303・305）
	総株主の議決権の1％以上	行使前6ヶ月	総会検査役選任請求権（306）
	総株主の議決権の3％以上または発行済株式総数の3％以上	要件なし	帳簿閲覧権（433），検査役選任請求権（358）
	総株主の議決権の3％以上	要件なし	取締役等の責任軽減への異議権（426Ⅴ）
	総株主の議決権の3％以上または発行済株式総数の3％以上	行使前6ヶ月	取締役等の解任請求権（854・479）
	総株主の議決権の3％以上	行使前6ヶ月	総会招集権（297）
	総株主の議決権の10％以上または発行済株式総数の10％以上	要件なし	解散判決請求権（833）
	法務省令〔規則197等〕	要件なし	簡易合併等の反対権（796）Ⅳ等

注1） 算用数字は「条」，ローマ数字は「項」，丸数字は「号」を示す。（例：828Ⅱ①＝会社法828条2項1号）
注2） 発行済株式総数は自己株式を除く。
注3） 非公開会社では，6ヶ月要件はない。
注4） 少数株主権については，すべての会社において，定款で要件の緩和ないし単独株主権化が可

④ 従業員が退職する場合は，持分の払戻しを金銭により行う

　従業員が退職する場合，従業員持株会はその従業員に対して持分の買戻しを行います。この持分の買戻しの対価を株式で行うと株式が社外に流出するため，金銭で行うようにします。

　この買戻しについては，持株会加入時に持株会規約で条件（退職時取扱い，買戻し価額）を明確にします。

　会社は，従業員持株会は在職中の福利厚生の一環であり，退職によって会社への貢献もなくなることから，会員の資格がなくなる旨の説明を行うべきでしょう。

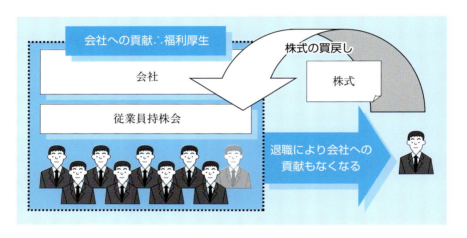

　具体的な買戻し価額の決定方法としては，「配当還元価額で買戻す」又は「配当還元価額を基とした金額を毎期定める」等と規約に定めることが必要です。

　純資産価額ではなく配当還元価額としている以上，配当を行わない場合，従業員との関係が悪化し様々なトラブルのもととなるため，会社は利益が出たら配当を行う等，従業員との関係を良好に保つことが重要となります。

仮に裁判で争われた場合，配当率の高さや利益が出た場合に配当を行っているという実績がポイントになります（216頁参照）。

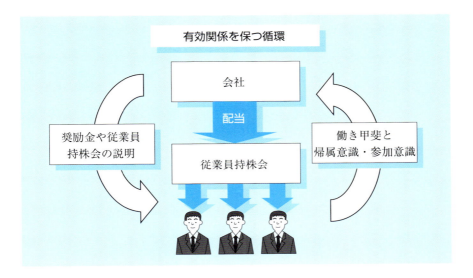

また，あらかじめ定款に規定し，従業員の退職等を取得事由とし，1株5万円で取得するという取得条項付種類株式を発行しておきます。さらに従業員持株会規約に，退会する際に持分を金銭で買戻す代わりに，株式で引出すことを許容する特約を附しておくことも可能です。次の(2)で述べる役員持株会の場合も同様です。

(2) 役員持株会規約の工夫点と実際 －規約実例－

〈従業員持株会との違い〉

役員持株会は，従業員持株会と同様に民法上の組合として組織されますが，その目的や加入資格など異なる点が多数存在します。以下に簡単にまとめてみました。

	従業員持株会	役員持株会
法的形式	民法上の組合	
設立目的	従業員の福利厚生	プロ経営者意識の向上 役員として相応しい蓄財 自社株所有による責任自覚
参加資格	当社および子会社の従業員	当社および子会社の役員
奨励金の支給	可能 （目的が従業員の福利厚生だから）	不可能 （株主平等の原則に抵触の可能性大）
持株会運営について会社からの支援		

〈設立目的〉

その目的は，従業員持株会のように従業員の福利厚生を目的とするのではなく，役員のプロ経営者意識の向上をはかることや役員に相応しい財産形成の一手段として自社株を持つことで，自社に対する責任を自覚することにあるといえます。

〈加入資格〉

役員持株会の会員となるのは，当会社およびその子会社の役員です。

会社法の規定でいう役員とは，取締役，監査役，執行役，会計参与ですが，持株会の規約でその他の役職職員（執行役員や常勤顧問など）を含めることも可能となります。社外取締役などの扱いについても規約で定めておくことで明

確にできます。

　また，従業員持株会と役員持株会の両方の会員に同時になることはできないため，従業員が役員または兼務役員になった場合は，従業員持株会の資格を失ったものとして退会し，希望がある場合は，役員持株会に加入することになります。

〈奨励金等の経済的援助〉

　奨励金は，従業員の財産形成という福利厚生目的を達成するために支給されるものであり，役員に支給することはこの目的にそぐわないため支給する必要はありません。奨励金の支給や運営事務費の経済的援助をすることは，適切ではないため支給すべきではないと考えます[2]。

　そのため，役員は運営事務費等の経費をすべて自己負担で持株会の運営をしていかなければなりません。

　従業員持株会では，総務に事務を委託してもよいですが，それは目的が従業員の福利厚生にあるからです。

　また，非上場会社では役員持株会については，証券会社が事務委託を引き受けてくれませんので，役員持株会規約には「理事長が事務をする」と定めることになります。

2　新谷勝『新しい従業員持株制度』258頁（税務経理協会，2008年）。

5 従業員持株会の組成・運営の実際

持株会の設立と運営の手順

	手　順	必要な書類 （サンプル書式あり）
設立準備	**基本方針の決定**…加入率・拠出額の予想，持株比率（放出株数）や種類株式の内容を決定します。	
	事務局（担当者）の設置…証券会社等に外部委託しない場合には，総務部門に設置します。	
	発起人の選任…オーナーサイドで持株会の理事候補者を選び，発起人になるよう依頼します。	理事長印（兼銀行印）の作成
	規約案等作成…発起人会・設立総会議事録，契約書，協定書，募集案内等の案を作成します（種類株式を発行するときは定款の変更と登記が必要）。	・発起人会・設立総会議事録案 ・契約書案 ・協定書案 ・募集案内案
	取締役会の承認決議…社内の重要事項であり，基本事項については承認をとっておきます。定款変更には株主総会の特別決議が必要です。	・取締役会議事録 ・株主総会議事録
	説明会の開催…社内関係者，従業員代表者，労働組合などへの説明を行います。	・説明に必要な資料
	設立発起人会兼設立会員総会の開催…規約制定，理事選任などを行います。	・発起人会・設立総会議事録

	契約の締結…設立契約，給与控除協定等の締結を行います	・契約書 ・協定書
	会員の募集・入会受付を行います	・募集案内・加入申込書・預金通帳の作成
運営	**会社は**，毎月の給与と臨時積立に対して，奨励金の支給処理と積立金の控除処理を行います。 **持株会は**，買付残預金の管理，自社株式の買付け並びに買付株券の保管（株券発行会社の場合）と株式の配分計算，配当金の受領と配分計算，預金利息の配分計算，各会員への年1回以上の持分等の残高通知を行います（年1回割当の場合は，決算時での「持分通知＋積立金通知」を行う）。	・通知書
退会時	退会者の持分を持株会で買戻し，その持分の代金と買付残預金の精算金を一括して，現金で払出処理します。	

〈理事・理事長の選任について〉

　一般的に持株会は民法上の組合として設立されますので，法人格を持たず，その代表者である理事長が持株会を取りまとめることになります。理事の人選は会員の統制をとる上で最も重要なポイントになります。

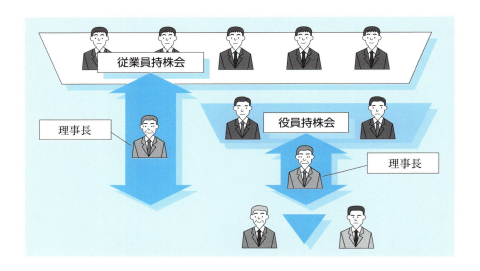

　持株会の設立目的はあくまで従業員の福利厚生であり，副次的効果としてオーナー経営者の相続税対策があるということを従業員に理解してもらうためには，経営者サイドに偏りすぎている従業員をリーダーに選任するのは得策ではないといえます。従業員から信頼を勝ち取るには，従業員からの信頼が厚く，かつ，経営者の意向も理解できる者が適任といえます。

　一般的には，管理部門の課長級以上の役職者が代表者になりますが，場合によっては営業部門等（現場）の役職者を副代表に選任することも効果が見込めます。つまり，リーダーである理事長の人選には，現場の従業員からの信頼度合いを意識しなければならず，この人選が持株会の運営を左右することになるといえます。

6 対策の効果

ご提案による効果

1. 従業員のモチベーションアップ

　　奨励金や優先配当の無議決権株式によって得られる**経済的メリット**と，議決権が制限されるといっても，業績次第で配当金額が変わってきますので，従業員の会社業績に対する関心が高まり，経営参画意識の向上が期待できます。

2. 役員の経営者意識の向上

　　自社株式の取得を容易にし，一層のプロ経営者意識の向上をはかるため，配当は通常の利益配当とし，議決権のある株式を付与することにより**経営参画意識がより強固なものになる**ことが期待できます。

3. 会長の相続税対策（株価評価引き下げ）
   ① 売却前の株式評価額
   　　50万円×500株＝2億5千万円
   ② 株式を持株会に499株を譲渡
   　　売却価額　5万円×499株＝2,495万円
   　　株式譲渡益　なし
   ③ 売却後の株式評価額
   　　株式評価額　50万円×1株＝50万円
   　　株式売却によって得た現金　2,495万円
   　　　合計　　　　　　　　　　2,545万円
   ④ 相続財産減少額　①－③＝2億2,455万円

コラム5

持株会会員の帳簿閲覧権はあるのか？

　339頁において，少数株主権として，帳簿閲覧権などがある可能性を述べました。これについては，少数株主権としての帳簿閲覧権は無いと言う説もあります。私見は，少数株主権は無いとしていますが，このコラムの後半に基づく考え方をもって，ある場合には少数株主権があると考えるべきとするというように，変化する場合があるため，一応本文では，安全を見込んで少数株主権としての帳簿閲覧権がある方向で注意を促しておきました。

　なお，少数株主権のうち，取締役解任請求権については，仮にあったにしても，請求するだけの権利ですので，否決されれば問題ないため，ここでは，帳簿閲覧権に絞って述べることにします。

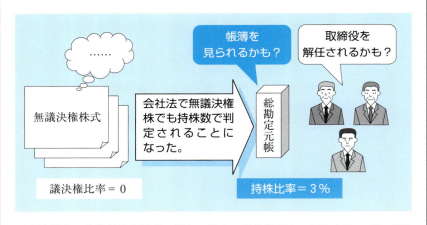

　直接保有の従業員持株制度の場合，特定の従業員が3％以上を持てば，当然に帳簿閲覧権を有することになります。これは会社法も認めるところです。

　問題は，従業員持株会に拠出した3％の株数相当以上の持分を保有する場合に，果たして帳簿閲覧権はあるだろうかという点です。

　本書で取り扱っている従業員持株会は「民法上の組合」です。何度も述べる

ように，その組合においては，分割請求の出来ないという意味で通常の「共有」よりも，より組織的色彩の濃い「合有」と解されています（186頁参照）が，組合について，どの程度の団体性を認めるかについては，民法上の規定は必ずしも十分なものではないものの，判例や学説は，組合の団体性を伸長するように努めています[3]。

ところで，「民法上の組合」は民法第3編「債権」に規定される典型契約の1つとして「組合」があります。その第3編「債権」の総則について契約自由の原則があります[4]。従業員持株会という「民法上の組合」は，その組合員の契約自由の原則によって規定し，加入会員の合意により，その民法の特別法である信託法に基づく概念により，拠出された株券を理事長の名義において管理するという「管理信託」の方法を使うことを，その従業員持株会規約で規定しています（140頁サンプル規則11条参照）。この規定により，個人と組合との関係は信託によって寸断され，より団体的要素を強固にします[5]。

そこで，議決権については，同じく従業員持株会規約によって，信託の結果，当然に名義人である理事長が不統一行使するのですが，例外を組合員の契約自由の原則によって設け，「各人の持分に相当する株式の議決権の行使について，理事長に対し各株主総会ごとに特別の指示を与えることができる」と規定しています。

帳簿閲覧権（会社法433条，353頁参照）は「総株主の議決権の3％以上または発行済み株式総数の3％以上」について認められるものです。

したがって，上記通常の従業員持株会規約においても，各人の割合が3％未満であっても従業員持株会として3％以上であれば，理事長の業務執行の範囲内として，帳簿閲覧権を行使することが可能となります。

つまり，これらをまとめると次表のようになり，個人が3％以上を持ってい

---

[3] 我妻栄＝有泉亨『コンメンタール民法　総則・物権・債権』1189頁（日本評論社，第2版，2008年）。
[4] これは「私的自治の原則」から導かれ，現代私法の3大原則の一つと言われるほど根本的なものです。もっとも，総則の中には，これを直接規定はしていないものの，前掲注の同書958頁では「今日において，契約の通則として最も重要」としている。
[5] 信託法第4章第3節2人以上の受益者による意思決定の方法の特例，第1款総則105条1項「受益者が2以上ある信託における受益者の意思決定は，すべての受益者の一致によってこれを決する。ただし信託行為に別段の定めがあるときは，その定めるところによる。

ても、規約に議決権の指示も、持株数による帳簿閲覧権行使の規定もなければ（通常、この規定はされていない）、個人の権利行使はできないのですが、組合として3％以上であるので理事長名において権利行使が可能となります。

	組合全体が3％未満	組合全体が3％以上	
		閲覧権の指示規定あり	閲覧権の指示規定なし
個人が3％未満	なし	理事長の業務執行として、あり 個人としは、なし	
個人が3％以上	———	理事長の業務執行として、あり かつ、個人の指示権としても、あり	理事長の業務執行として、あり 個人の指図権はない

　後述する、先進活用事例の場合、従業員持株会については、議決権制限株式のため、議決権の指示規定がありませんし、持株数による帳簿閲覧権の行使も、信託により個人と組合との間は、個人の意のままにできない団体性を帯びているため、規定に無い以上、個人からによる行使はできないことになります。

　一方、同活用事例の役員持株会では、普通株式、つまり議決権がありますから、議決権の指示規定があります。よって、議決権の個別指示権によって帳簿閲覧権が行使できます。もっとも役員であれば、それ以前に業務執行上の帳簿閲覧権があると考えられますから、規定による効果は実質ありません。

会社法433条（会計帳簿の閲覧等の請求）
1 　総株主（株主総会において決議をすることができる事項の全部につき議決権を行使することができない株主を除く。）の議決権の100分の3（これを下回る割合を定款で定めた場合にあっては，その割合）以上の議決権を有する株主又は発行済株式（自己株式を除く。）の100分の3（これを下回る割合を定款で定めた場合にあっては，その割合）以上の数の株式を有する株主は，株式会社の営業時間内は，いつでも，次に掲げる請求をすることができる。この場合においては，当該請求の理由を明らかにしてしなければならない。
　一　会計帳簿又はこれに関する資料が書面をもって作成されているときは，当該書面の閲覧又は謄写の請求
　二　会計帳簿又はこれに関する資料が電磁的記録をもって作成されているときは，当該電磁的記録に記録された事項を法務省令で定める方法により表示したものの閲覧又は謄写の請求
2 　前項の請求があったときは，株式会社は，次のいずれかに該当すると認められる場合を除き，これを拒むことができない。
　一　当該請求を行う株主（以下この項において「請求者」という。）がその権利の確保又は行使に関する調査以外の目的で請求を行ったとき。
　二　請求者が当該株式会社の業務の遂行を妨げ，株主の共同の利益を害する目的で請求を行ったとき。
　三　請求者が当該株式会社の業務と実質的に競争関係にある事業を営み，又はこれに従事するものであるとき。
　四　請求者が会計帳簿又はこれに関する資料の閲覧又は謄写によって知り得た事実を利益を得て第三者に通報するため請求したとき。
　五　請求者が，過去2年以内において，会計帳簿又はこれに関する資料の閲覧又は謄写によって知り得た事実を利益を得て第三者に通報したことがあるものであるとき。
3・4　（略）

定款の記載例

定　　　款

第1章　総則

（理念）

第1条　当社の経営理念は，「お客様に喜んでいただくことが，私達の仕事です」とここに定める。

（商号）

第2条　当会社は，株式会社〇〇〇〇と称し，英文では〇〇〇〇 CO.,LTD と表示する。

（目的）

第3条　当会社は，つぎの事業を営むことを目的とする。
1　日用雑貨の販売
2　前各号に附帯する一切の事業

（本店の所在地）

第4条　当会社は，本店を名古屋市に置く。

（公告の方法）

第5条　当会社の公告は，官報に掲載してする。

第2章　株式

（発行可能株式総数）

第6条　当会社の発行可能株式総数は，〇〇〇株とする。

（発行可能種類株式総数及び発行する各種類株式の内容）

第7条　当会社の発行可能種類株式総数は，以下のとおりとする。
1　A種類株式（譲渡制限付普通株式）　　　　　　　　　〇〇株
2　B種類株式（譲渡制限付配当優先議決権制限株式）　　〇〇株
3　C種類株式（譲渡制限付取得請求権付拒否権付株式）　1株
4　D種類株式（譲渡制限付取得請求権付株式）　　　　　〇〇株
5　E種類株式（譲渡制限付取得条項付議決権制限株式）　〇〇株
6　F種類株式（譲渡制限付取得条項付株式）　　　　　　〇〇株

（株式の譲渡制限）

第8条　当会社の株式を譲渡により取得するには，当会社の承認を要する。

Ⅱ　前項の承認は，代表取締役が行う。ただし，代表取締役が複数の場合は会長，社長，副社長の順に決定権を有し，代表取締役に事故あるときはあらかじめ取締役会において定めた順序により，他の取締役がこれに代わる（以下，本定款において，代表取締役が行うべき行為の定めがある場合において同様とする）。

Ⅲ　株主が当会社に譲渡承認請求をし，又は株式取得者が当会社に取得承認請求をするには，当会社所定の書式による請求書に当事者が記名押印して，これを提出しなければならない。

Ⅳ　前項の譲渡承認請求又は取得承認請求において，当会社が承認しない旨の決定をするときには，当会社又は指定買取人が株式を買い取ることの請求がある場合における指定買取人の指定は，代表取締役がこれを行う。

(種類株式)
第9条　当会社の発行する種類株式の内容は，次のとおりとする。
　　1　A種類株式（譲渡制限付普通株式）
　　2　B種類株式（譲渡制限付配当優先議決権制限株式）
(議決権)
　　　B種類株式は，法令に別段の定めがある場合を除き，当会社株主総会において議決権を有しないものとする。
(配当優先)
　　　当会社は，第36条に定める剰余金の配当をするときは，毎年基準日現在の最終の株主名簿に記載または記録されたB種類株式を有する株主（以下，「B種類株主」という。）に対して，B種類株式1株につき，甲種類株式1株あたりの配当額の○倍の配当をする。
　　3　C種類株式（譲渡制限付取得請求権付拒否権付株式）
(取得請求)
　　　C種類株式を有する株主（以下，「C種類株主」という。）は，当会社に対してC種類株式の取得をいつでも請求することができる。
　　　C種類株主から当該請求があった場合，当会社は，C種類株式の取得と引換えにC種類株式1株につき，当会社所定の算出方法（「法人税基本通達9－1－14上場有価証券以外の株式の価額の特例」を斟酌する方法）により算定された時価に相当する金銭を支払う。
(拒否権)

株主総会または取締役会において決議すべきすべての事項につき，C種類株主のうち1名でも反対の意思表示をした者がいるときには，当該決議のほかC種類株主を構成員とする種類株主総会の決議を要する。

4　D種類株式（譲渡制限付取得請求権付株式）
（取得請求）

D種類株式を有する株主（以下，「D種類株主」という。）は，当会社に対してD種類株式の取得をいつでも請求することができる。

D種類株主から当該請求があった場合，当会社は，D種類株式の取得と引換えにD種類株式1株につき，当会社所定の算出方法（「法人税基本通達9－1－14上場有価証券以外の株式の価額の特例」を斟酌する方法）により算定された時価に相当する金銭を支払う。

5　E種類株式（譲渡制限付取得条項付議決権制限株式）
（議決権）

E種類株式を有する株主は法令に別段の定めがある場合を除き，当会社株主総会において議決権を有しないものとする。

（取得条項）

当会社は，E種類株式を有する株主が，当会社の使用人でなくなった場合には，その有する株式を取得することができる。この場合において，当該株式1株を取得するのと引換えに，その対価として，5万円を交付する。

6　F種類株式（譲渡制限付取得条項付株式）
（取得条項）

当会社は，F種類株式を有する株主が，当会社の役員でなくなった場合には，その有する株式を取得することができる。この場合においては，当該株式1株を取得するのと引換えに，その対価として，5万円を交付する。

（株主総会の議決権に関する株主ごとに異なる取り扱い）

第10条　株主○○○○の所有する株式については，○○○○が株主である場合に限り，1株あたりの株主総会における議決権を○個とする属人的株式とする。

（株券の不発行）

第11条　当会社の株式については，株券を発行しない。
(募集株式の割当て)
第12条　当会社が募集株式の発行等に際して株主に募集株式の割当てを受ける権利を与える場合には，募集事項，株主に募集株式の割当てを受ける権利を与える旨及び募集株式の引受申込期日の決定は，取締役会の決議をもって行う。
　Ⅱ　当会社が募集株式の引受けの申込者の中から募集株式の割当てを受ける者を定める場合には，割当てを受ける者及び割当数の決定は，代表取締役がこれを行う。

(基準日)
第13条　当会社は，毎事業年度の末日を基準日とし，基準日現在の株主名簿に記載又は記録された議決権を有する株主をもって，その事業年度に係る定時株主総会において権利を行使すべき株主(以下，基準日株主という。)とする。なお，代表取締役は，基準日後に募集株式を取得した者に，基準日株主の権利を害さない限りにおいて，株主総会の議決権を付与することができるものとする。
　Ⅱ　代表取締役は，必要があるときは，2週間前に公告して，臨時に基準日を設けることができる。

(株主の住所等の届出)
第14条　当会社の株式の株主，又はその法定代理人は，当会社所定の書式により，その氏名又は名称，住所及び印鑑を当会社に届け出なければならない。
　Ⅱ　株主が法人であるときは，その代表者1名を届け出るものとする。
　Ⅲ　株式を共有する株主は，その代表者1名を定めて届け出るものとする。
　Ⅳ　1項から前項までのこれらの届出事項に変更を生じたときも，その事項につき届け出るものとする。
　Ⅴ　本状による届出は，株主名簿の管理のために行うものであり，届出にかかる情報は，会社法及び個人情報保護法の趣旨に照らして厳正に管理しなくてはならない。

第3章　株主総会
(招集)

第15条　当会社の株主総会は，定時総会及び臨時総会とし，定時総会は，事業年度末日から3ヵ月以内に，取締役会の決議に基づき代表取締役がこれを招集する。臨時総会は，必要に応じて，定時総会の手続きに準じてこれを招集する。
　　Ⅱ　代表取締役は，株主総会を招集するときは，会日の1週間前までにその通知を書面にて行う。ただし，株主全員の同意がある場合は，招集手続を採ることを要しない。

（議決権の代理行使・不統一行使）
第16条　株主は，当会社の議決権を行使することができる他の株主を代理人としてその議決権を行使することができる。この場合においては，株主又は代理人は，代理権を証する書面を当会社に提出しなければならない。
　　Ⅱ　議決権の不統一行使をしようとする株主は，株主総会の3日前までに，会社宛にその有する議決権を統一しないで行使する旨及びその理由を会社所定の書面にて会社に通知しなければならない。なお，会社は株主が他人のために株式を有する者でないときは，株主の議決権不統一行使を拒むことができる。

（議長）
第17条　株主総会の議長は，代表取締役がこれにあたる。
　　Ⅱ　株主総会の議長は，その命令に従わない者その他株主総会の秩序を乱す者を退場させることができる。

（決議等）
第18条　株主総会は，株主総会の目的である事項として決定し，招集通知に記載・記録した事項以外の事項については，決議をすることができない。
　　Ⅱ　株主総会の普通決議は，出席株主の議決権の過半数をもって行う。会社法309条2項から4項に定める決議（特別決議等）は，同項に定めたる定足数，決議要件により行う。
　　Ⅲ　株主総会の目的である事項についての提案された議案につき，議決権を行使することのできる株主の全員が書面又は電磁的記録により同意の意思表示をしたときは，当該提案を可決する旨の株主総会の決議があったものとみなす。なお，定時株主総会の目的である事項のすべての提案につき同意の意思表示があった場合には，そのときに定時株主総会が終結したものとみなす。

Ⅳ　代表取締役が，株主の全員に対して株主総会に報告すべき事項を通知した場合において，当該事項を株主総会に報告することを要しないことにつき株主全員が書面又は電磁的記録により同意の意思表示をしたときは，当該事項の株主総会への報告があったものとみなす。

（種類株主総会の開催）
第19条　当会社は，会社法第322条第2項，第3項の規定に基づき，同条第1項による種類株主総会の決議を要しない。

（種類株主総会の招集）
第20条　種類株主総会を開催する場合には，取締役会の決議に基づき，代表取締役がこれを招集する。
　　Ⅱ　種類株主総会は，種類株主全員の同意がある場合は，その招集手続を採ることを要しない。

（種類株主総会の決議）
第21条　種類株主総会の普通決議は，その種類株主総会に出席した株主の議決権の過半数をもって行う。
　　Ⅱ　会社法第324条第2項に規定する種類株主総会の決議は，その株主総会において行使することができる種類株主の議決権の3分の1以上を有する種類株主が出席し，その議決権の3分の2以上にあたる多数をもって行う。

（議事録）
第22条　株主総会の議事については，その経過の要領及び結果を議事録に記載し，議長並びに出席した取締役，監査役がこれに署名又は記名押印し，これを当会社の本店に10年間備え置くものとする。

第4章　取締役及び監査役

（取締役会及び監査役の設置）
第23条　当会社には，取締役会及び監査役を置く。

（取締役等の員数等）
第24条　当会社の取締役は3人以上10人以内，監査役は，2人以内とする。なお，当会社の監査役の監査範囲は，会計に関するものに限定しない。

（選任の方法）
第25条　当会社の取締役及び監査役は，当会社の株主の中より株主総会におい

て選任する。ただし，必要があるときは，株主以外の者から選任することを妨げない。
　　Ⅱ　当会社の取締役及び監査役は，株主総会において，総株主の議決権の3分の1以上を有する株主が出席し，その議決権の過半数の決議によって選任する。
　　Ⅲ　取締役の選任については，累積投票によらない。
（任期）
第26条　取締役の任期は選任後2年以内，監査役の任期は選任後4年以内に終了する事業年度のうち最終のものに関する定時株主総会の終結の時までとする。
　　Ⅱ　補欠又は増員により就任した取締役の任期は，前任取締役又は他の在任取締役の任期の満了すべき時までとする。
　　Ⅲ　補欠として就任した監査役の任期は，前任監査役の任期の満了すべき時までとする。
（取締役会の招集及び議長）
第27条　取締役会は，代表取締役がこれを招集し，その議長となる。
　　Ⅱ　取締役会の招集通知は，各取締役及び監査役に対して会日の前日以前に発するものとする。ただし，緊急の必要があるときには，取締役及び監査役の全員の同意を得て招集手続を経ないで取締役会を開くことができる。
（決議）
第28条　取締役会の決議は，議決に加わることができる取締役の過半数が出席し，その過半数をもって行う。ただし，その決議について特別の利害関係を有する取締役は，議決に加わることができない。
　　Ⅱ　取締役会の決議の目的である事項について，取締役が提案をした場合において，議決に加わることができる取締役の全員が書面又は電磁的記録により同意の意思表示をしたときは，当該提案を可決する旨の取締役会の決議があったものとみなす。ただし，監査役がその提案について異議を述べたときは除くものとする。
（議事録）
第29条　取締役会の議事については，その経過の要領及び結果を議事録に記載し，出席した取締役及び監査役がこれに署名又は記名押印し，これを本

店に10年間備え置くものとする。
(代表取締役)
第30条　取締役会は，取締役の中から代表取締役を選定する。
　　Ⅱ　代表取締役は，当会社を代表する。
(取締役等の責任についての一部免除)
第31条　当会社は，会社法426条（取締役等による免除に関する定款の定め）の規定により，取締役会の決議をもって，会社法423条（役員等の株式会社に対する損害賠償責任）に規定する取締役，監査役の賠償責任を法定の限度において免除することができる。
(責任限定契約)
第32条　当会社は，会社法427条（責任限定契約）の規定により，社外取締役，社外監査役の会社法423条（役員等の株式会社に対する損害賠償責任）に規定する賠償責任を限定する契約を締結することができる。ただし，当該契約に基づく賠償責任の限度額は，法令の定める責任限度額とする。
(報酬及び退職慰労金)
第33条　取締役及び監査役の報酬の総額及び退職慰労金の総額は，株主総会の決議をもって定める。

第5章　計算
(事業年度)
第34条　当会社の事業年度は，1期あたり1年以内とし，代表取締役がこれを定める。この場合において当該事業年度を所轄税務署長に届け出るものとする。
(剰余金の配当)
第35条　当会社は，株主総会の決議により，剰余金の配当をすることができる。配当金は，事業年度末日現在の株主名簿に記載又は記録された株主に支払う。
　　Ⅱ　1事業年度の途中において1回に限り取締役会の決議によって，事業年度末日の6ヵ月後の日の最終の株主名簿に記載された株主に対して，金銭による中間配当をすることができる。
　　Ⅲ　剰余金の配当がその支払提供の日から満3年を経過しても受領されないときは，当会社はその支払義務を免れるものとする。

附則
(株式上場に伴う定款変更)
第1　当会社が株式を上場するにあたっては，上場申請を行う直前に，種類株式及び株主の属人的規定について全面的に見直しを行うものとする。なお，当該定款変更は従業員持株会及び役員持株会規約に対しても同様の効力を及ぼすものとする。

【改正の記録】
- 平成○○年○○月○○日　新会社法施行に伴う改正
- 平成○○年○○月○○日　従業員持株会・役員持株会設立に伴う改正

当会社の定款に相違ない。

平成○○年○○月○○日
名古屋市○○○区○○○
株式会社○○○○

代表取締役　○○　○○　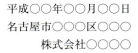

　本定款の中には，会社法改正に伴う，本書のテーマ外の様々な工夫が盛り込まれている現実的な最先端の定款です。一例としては前頁の第34条において，通常の定款では事業年度の年月日が規定されますが，本定款ではありません。その代わり，次頁に「事業年度決定書」において規定しています。何故そうするのか？等様々な仕組みについては，会社法対応のための別途拙著をご覧ください（奥付参照）。

事業年度決定書の記載例

事業年度決定書

　当会社の事業年度は，新定款にて「1期あたり1年以内」とされているところ，これを下記のとおりとすることに決定する。

記

　事業年度　　毎年　　月　　日から翌年　　月　　日までを1期とする。

以上

以上決定したことを証するため本書面を作成し以下記名捺印する。

平成　年　月　日

　　　　　　　　　　　株式会社　〇〇〇〇
　　　　　　　　　　　代表取締役　〇〇　〇〇

株主総会議案：定款新旧対照表（案）

現　行　定　款	変　更　案
定　　　　款	定　　　　款
第1章　総則 （新　設）	第1章　総則 （理念） 第<u>1</u>条　<u>当社の経営理念は，「お客様に喜んでいただくことが，私達の仕事です。」とここに定める。</u>
（商号） 第1条　当会社は，株式会社○○○○と称する。	（商号） 第<u>2</u>条　当会社は，株式会社○○○○と称<u>し，英文では○○○○ CO.,LTD と表示する。</u>
（目的） 第2条　当会社は，つぎの事業を営むことを目的とする。 　　1．日用雑貨の販売 　　2．前各号に附帯する一切の事業	（目的） 第<u>3</u>条　（同　左）
（本店の所在地） 第3条　当会社は，本店を名古屋市に置く。	（本店の所在地） 第<u>4</u>条　（同　左）
（公告の方法） 第4条　当会社の公告は，官報に掲載してする。	（公告の方法） 第<u>5</u>条　（同　左）
第2章　株式 （発行可能株式総数とその種類） 第5条　当会社の発行可能株式総数は，○○○○株とする。 （新　設）	第2章　株式 （発行可能株式総数） 第<u>6</u>条　当会社の発行可能株式総数は，○○○○株とする。 <u>（発行可能種類株式総数及び発行する各種類株式の内容）</u> 第<u>7</u>条　<u>当会社の発行可能種類株式総数は，以下のとおりとする。</u> 　<u>1　A種類株式（譲渡制限付普通株式） 　　　　　　　　　　　　○○○○株</u>

現　行　定　款	変　更　案
	2　B種類株式（譲渡制限付配当優先議決権制限株式）　　　　○○○株 3　C種類株式（譲渡制限付取得請求権付拒否権付株式）　　　　1株 4　D種類株式（譲渡制限付取得請求権付株式）　　　　○○○株 5　E種類株式（譲渡制限付取得条項付議決権制限株式）　　　　○○株 6　F種類株式（譲渡制限付取得条項付株式）　　　　○○株
（株式の譲渡制限） 第6条　当会社の株式を譲渡により取得するには，当会社の承認を要する。 　Ⅱ　前項の承認は，代表取締役が行う。ただし，代表取締役に事故があるときは，あらかじめ取締役会において定めた順序により，他の取締役がこれに代わる（以下，本定款において，代表取締役が行うべき行為の定めがある場合において同様とする）。 　Ⅲ　株主が当会社に譲渡承認請求をし，又は株式取得者が当会社に取得承認請求をするには，当会社所定の書式による請求書に当事者が記名押印して，これを提出しなければならない。 　Ⅳ　前項の譲渡承認請求又は取得承認請求において，当会社が承認しない旨の決定をするときには，当会社又は指定買取人が株式を買い取ることの請求がある場合における指定買取人の指定は，代表取締	（株式の譲渡制限） 第8条　当会社の株式を譲渡により取得するには，当会社の承認を要する。 　Ⅱ　前項の承認は，代表取締役が行う。ただし，<u>代表取締役が複数の場合は会長，社長，副社長の順に決定権を有し，</u>代表取締役に事故があるときはあらかじめ取締役会において定めた順序により，他の取締役がこれに代わる（以下，本定款において，代表取締役が行うべき行為の定めがある場合において同様とする）。 　Ⅲ　（同　左） 　Ⅳ　（同　左）

現　行　定　款	変　更　案
役がこれを行う。 （新　設）	（種類株式） 第9条　当会社の発行する種類株式の内容は，次のとおりとする。 1　A種類株式（譲渡制限付普通株式） 2　B種類株式（譲渡制限付配当優先議決権制限株式） （議決権） 　　B種類株式は，法令に別段の定めがある場合を除き，当会社株主総会において議決権を有しないものとする。 （配当優先） 　　当会社は，第36条に定める剰余金の配当をするときは，毎年基準日現在の最終の株主名簿に記載または記録されたB種類株式を有する株主（以下，「B種類株主」という。）に対して，B種類株式1株につき，A種類株式1株あたりの配当額の○倍の配当をする。ただし，1株あたりの年配当金額は○○○円を限度とする。 3　C種類株式（譲渡制限付取得請求権付拒否権付株式） （取得請求） 　　C種類株式を有する株主（以下，「C種類株主」という。）は，当会社に対してC種類株式の取得をいつでも請求することができる。 　　C種類株主から当該請求があった場合，当会社は，C種類株式の取得と引換えにC種類株式1株につき，当会社所定の算出方法（「法人税基本通達9－1－14上場有価証券以外の株式の価額の特例」を斟酌する方法）により算定された時価に相当する金銭を支払

現　行　定　款	変　更　案
	う。 （拒否権） 　　株主総会または取締役会において決議すべきすべての事項につき，Ｃ種類株主のうち１名でも反対の意思表示をした者がいるときには，当該決議のほかＣ種類株主を構成員とする種類株主総会の決議を要する。 ４　Ｄ種類株式（譲渡制限付取得請求権付株式） （取得請求） 　　Ｄ種類株式を有する株主（以下，「Ｄ種類株主」という。）は，当会社に対してＤ種類株式の取得をいつでも請求することができる。 　　Ｄ種類株主から当該請求があった場合，当会社は，Ｄ種類株式の取得と引換えにＤ種類株式１株につき，当会社所定の算出方法（「法人税基本通達９－１－14上場有価証券以外の株式の価額の特例」を斟酌する方法）により算定された時価に相当する金銭を支払う。 ５　Ｅ種類株式（譲渡制限付取得条項付議決権制限株式） （議決権） 　　Ｅ種類株式を有する株主は法令に別段の定めがある場合を除き，当会社株主総会において議決権を有しないものとする。 （取得条項） 　　当会社は，Ｅ種類株式を有する株主が，当会社の使用人でなくなった場合には，その有する株式を取得することができる。この場合においては，当該

現　行　定　款	変　更　案
	株式1株を取得するのと引換えに，その対価として，5万円を交付する。
	6　F種類株式（譲渡制限付取得条項付株式）
	（取得条項）
	当会社は，F種類株式を有する株主が，当会社の役員でなくなった場合には，その有する株式を取得することができる。この場合においては，当該株式1株を取得するのと引換えに，その対価として，5万円を交付する。
（新　設）	（株主総会の議決権に関する株主ごとに異なる取り扱い）
	第10条　株主○○○○の所有する株式については，○○○○が株主である場合に限り，1株あたりの株主総会における議決権を○個とする属人的株式とする。
（株券の不発行）	（株券の不発行）
第7条　当会社の株式については，株券を発行しない。	第<u>11</u>条　（同　左）
（募集株式の割当て）	（募集株式の割当て）
第8条　当会社が募集株式の発行等に際して株主に募集株式の割当てを受ける権利を与える場合には，募集事項，株主に募集株式の割当てを受ける権利を与える旨及び募集株式の引受申込期日の決定は，取締役会の決議をもって行う。	第<u>12</u>条　（同　左）
Ⅱ　当会社が募集株式の引受けの申込者の中から募集株式の割当てを受ける者を定める場合には，割当てを受ける者及び割当数の決定は，代表取締役がこれを行う。	Ⅱ　（同　左）
（基準日）	（基準日）

現　行　定　款	変　更　案
第9条　当会社は，毎事業年度の末日を基準日とし，基準日現在の株主名簿に記載又は記録された議決権を有する株主をもって，その事業年度に係る定時株主総会において権利を行使すべき株主（以下，基準日株主という。）とする。なお，代表取締役は，基準日後に募集株式を取得した者に，基準日株主の権利を害さない限りにおいて，株主総会の議決権を付与することができるものとする。	第<u>13</u>条　（同　左）
Ⅱ　代表取締役は，必要があるときは，2週間前に公告して，臨時に基準日を設けることができる。	Ⅱ　（同　左）
（株主の住所等の届出）	（株主の住所等の届出）
第10条　当会社の株式の株主<u>及び登録株式質権者</u>，又はその法定代理人は，当会社所定の書式により，その氏名又は名称，住所及び印鑑を当会社に届け出なければならない。	第14条　当会社の株式の株主，又はその法定代理人は，当会社所定の書式により，その氏名又は名称，住所及び印鑑を当会社に届け出なければならない。
Ⅱ　株主が法人であるときは，その代表者1名を届け出るものとする。	Ⅱ　（同　左）
Ⅲ　株式を共有する株主は，その代表者1名を定めて届け出るものとする。	Ⅲ　（同　左）
Ⅳ　1項から前項までのこれらの届出事項に変更を生じたときも，その事項につき届け出るものとする。	Ⅳ　（同　左）
Ⅴ　本条による届出は，株主名簿の管理のために行うものであり，届出にかかる情報は，会社法及び個人情報保護法の趣旨に照らして厳	Ⅴ　（同　左）

現　行　定　款	変　更　案
正に管理しなくてはならない。 **第3章　株主総会** （招集） 第11条　当会社の株主総会は，定時総会及び臨時総会とし，定時総会は，事業年度末日から3ヵ月以内に，取締役会の決議に基づき代表取締役がこれを招集する。臨時総会は，必要に応じて，定時総会の手続きに準じてこれを招集する。 　Ⅱ　代表取締役は，株主総会を招集するときは，会日の1週間前までにその通知を書面にて行う。ただし，株主全員の同意がある場合は，招集手続を採ることを要しない。	 **第3章　株主総会** （招集） 第<u>15</u>条　（同　左） 　Ⅱ　（同　左）
（議決権の代理行使・不統一行使） 第12条　株主は，当会社の議決権を行使することができる他の株主を代理人としてその議決権を行使することができる。この場合においては，株主又は代理人は，代理権を証する書面を当会社に提出しなければならない。 　Ⅱ　議決権の不統一行使をしようとする株主は，株主総会の3日前までに，会社宛にその有する議決権を統一しないで行使する旨を及びその理由を会社所定の書面にて会社に通知しなければならない。なお，会社は株主が他人のために株式を有する者でないときは，株主の議決権不統一行使を拒むことができる。	（議決権の代理行使・不統一行使） 第<u>16</u>条　（同　左） 　　　　　　（同　左）
（議長） 第13条　株主総会の議長は，代表取締役	（議長） 第<u>17</u>条　（同　左）

現　行　定　款	変　更　案
がこれにあたる。 Ⅱ　株主総会の議長は，その命令に従わない者その他株主総会の秩序を乱す者を退場させることができる。	Ⅱ　（同　左）
（決議等） 第14条　株主総会は，株主総会の目的である事項として決定し，招集通知に記載・記録した事項以外の事項については，決議をすることができない。	（決議等） 第<u>18</u>条　（同　左）
Ⅱ　株主総会の普通決議は，出席株主の議決権の過半数をもって行う。会社法309条2項から4項に定める決議（特別決議等）は，同項に定める定足数，決議要件により行う。	Ⅱ　（同　左）
Ⅲ　株主総会の目的である事項についての提案された議案につき，議決権を行使することのできる株主の全員が書面又は電磁的記録により同意の意思表示をしたときは，当該提案を可決する旨の株主総会の決議があったものとみなす。なお，定時株主総会の目的である事項のすべての提案につき同意の意思表示があった場合には，そのときに定時株主総会が終結したものとみなす。	Ⅲ　（同　左）
Ⅳ　代表取締役が，株主の全員に対して株主総会に報告すべき事項を通知した場合において，当該事項を株主総会に報告することを要しないことにつき株主全員が書面又は電磁的記録により同意の意思表	Ⅳ　（同　左）

現　行　定　款	変　更　案
示をしたときは，当該事項の株主総会への報告があったものとみなす。	
（新　設）	<u>（種類株主総会の開催）</u> <u>第19条　当会社は，会社法第322条第2項に定める場合は，同条第1項による種類株主総会の決議を要しない。</u>
（新　設）	<u>（種類株主総会の招集）</u> <u>第20条　種類株主総会を開催する場合には，取締役会の決議に基づき，代表取締役がこれを招集する。</u> <u>Ⅱ　種類株主総会は，種類株主全員の同意がある場合は，その招集手続を採ることを要しない。</u>
（新　設）	<u>（種類株主総会の決議）</u> <u>第21条　種類株主総会の普通決議は，その種類株主総会に出席した株主の議決権の過半数をもって行う。</u> <u>Ⅱ　会社法第324条第2項に規定する種類株主総会の決議は，その株主総会において行使することができる種類株主の議決権の3分の1以上を有する種類株主が出席し，その議決権の3分の2以上にあたる多数をもって行う。</u>
（議事録） 第15条　株主総会の議事については，その経過の要領及び結果を議事録に記載し，議長並びに出席した取締役，監査役がこれに署名又は記名押印し，これを当会社の本店に10年間備え置くものとする。	（議事録） 第<u>22</u>条　（同　左）
第4章　取締役及び監査役	第4章　取締役及び監査役

現　行　定　款	変　更　案
（取締役会及び監査役の設置） 第16条　当会社には，取締役会及び監査役を置く。	（取締役会及び監査役の設置） 第23条　（同　左）
（取締役等の員数等） 第17条　当会社の取締役は3人以上5人以内，監査役は，1人とする。なお，当会社の監査役の監査範囲は，会計に関するものに限定しない。	（取締役等の員数等） 第24条　当会社の取締役は3人以上10人以内，監査役は，2人以内とする。なお，当会社の監査役の監査範囲は，会計に関するものに限定しない。
（選任の方法） 第18条　当会社の取締役及び監査役は，当会社の株主の中より株主総会において選任する。ただし，必要があるときは，株主以外の者から選任することを妨げない。	（選任の方法） 第25条　（同　左）
Ⅱ　当会社の取締役及び監査役は，株主総会において，総株主の議決権の3分の1以上を有する株主が出席し，その議決権の過半数の決議によって選任する。	Ⅱ　（同　左）
Ⅲ　取締役の選任については，累積投票によらない。	Ⅲ　（同　左）
（任期） 第19条　取締役の任期は選任後2年以内，監査役の任期は選任後4年以内に終了する事業年度のうち最終のものに関する定時株主総会の終結の時までとする。	（任期） 第26条　（同　左）
Ⅱ　補欠又は増員により就任した取締役の任期は，前任取締役又は他の在任取締役の任期の満了すべき時までとする。	Ⅱ　（同　左）
Ⅲ　補欠として就任した監査役の任期は，前任監査役の任期の満了すべき時までとする。	Ⅲ　（同　左）

現　行　定　款	変　更　案
（取締役会の招集及び議長） 第20条　取締役会は，代表取締役がこれを招集し，その議長となる。 　　Ⅱ　取締役会の招集通知は，各取締役及び監査役に対して会日の前日以前に発するものとする。ただし，緊急の必要があるときには，取締役及び監査役の全員の同意を得て招集手続を経ないで取締役会を開くことができる。	（取締役会の招集及び議長） 第27条　（同　左） 　　Ⅱ　（同　左）
（決議） 第21条　取締役会の決議は，議決に加わることができる取締役の過半数が出席し，その過半数をもって行う。ただし，その決議について特別の利害関係を有する取締役は，議決に加わることができない。 　　Ⅱ　取締役会の決議の目的である事項について，取締役が提案をした場合において，議決に加わることができる取締役の全員が書面又は電磁的記録により同意の意思表示をしたときは，当該提案を可決する旨の取締役会の決議があったものとみなす。ただし，監査役がその提案について異議を述べたときは除くものとする。	（決議） 第28条　（同　左） 　　Ⅱ　（同　左）
（議事録） 第22条　取締役会の議事については，その経過の要領及び結果を議事録に記載し，出席した取締役及び監査役がこれに署名又は記名押印し，これを本店に10年間備え置くものとする。	（議事録） 第29条　（同　左）
（代表取締役）	（代表取締役）

現　行　定　款	変　更　案
第23条　取締役会は，取締役の中から代表取締役を選定する。 　Ⅱ　代表取締役は，当会社を代表する。	第<u>30</u>条　（同　　左） 　Ⅱ　（同　　左）
（取締役等の責任についての一部免除） 第24条　当会社は，会社法426条（取締役等による免除に関する定款の定め）の規定により，取締役会の決議をもって，会社法423条（役員等の株式会社に対する損害賠償責任）に規定する取締役，監査役の賠償責任を法定の限度において免除することができる。	（取締役等の責任についての一部免除） 第<u>31</u>条　（同　　左）
（責任限定契約） 第25条　当会社は，会社法427条（責任限定契約）の規定により，社外取締役，社外監査役の会社法423条（役員等の株式会社に対する損害賠償責任）に規定する賠償責任を限定する契約を締結することができる。ただし，当該契約に基づく賠償責任の限度額は，法令の定める責任限度額とする。	（責任限定契約） 第<u>32</u>条　（同　　左）
（報酬及び退職慰労金） 第26条　取締役及び監査役の報酬の総額及び退職慰労金の総額は，株主総会の決議をもって定める。	（報酬及び退職慰労金） 第<u>33</u>条　（同　　左）
第5章　計算 （事業年度） 第27条　当会社の事業年度は，1期あたり1年以内とし，代表取締役がこれを定める。	第5章　計算 （事業年度） 第<u>34</u>条　当会社の事業年度は，1期あたり1年以内とし，代表取締役がこれを定める。<u>この場合において当該事業年度を所轄税務署長に届け出るものとする。</u>

現　行　定　款	変　更　案
（剰余金の配当） 第28条　当会社は，株主総会の決議により，剰余金の配当をすることができる。配当金は，事業年度末日現在の株主名簿に記載又は記録された株主<u>又は登録株式質権者</u>に支払う。 　Ⅱ　１事業年度の途中において１回に限り取締役会の決議によって，事業年度末日の６ヵ月後の日の最終の株主名簿に記載された株主<u>又は登録株式質権者</u>に対して，金銭による中間配当をすることができる。 　Ⅲ　剰余金の配当がその支払提供の日から満３年を経過しても受領されないときは，当会社はその支払義務を免れるものとする。 （新　設）	（剰余金の配当） 第<u>35</u>条　当会社は，株主総会の決議により，剰余金の配当をすることができる。配当金は，事業年度末日現在の株主名簿に記載又は記録された株主に支払う。 　Ⅱ　１事業年度の途中において１回に限り取締役会の決議によって，事業年度末日の６ヵ月後の日の最終の株主名簿に記載された株主に対して，金銭による中間配当をすることができる。 　Ⅲ　（同　左） <u>附則</u> <u>（株式上場に伴う定款変更）</u> 　<u>第１　当会社が株式を上場するにあたっては，上場申請を行う直前に，種類株式及び株主の属人的規定について全面的に見直しを行うものとする。なお，当該定款変更は従業員持株会及び役員持株会規約に対しても同様の効力を及ぼすものとする。</u>

従業員持株会規約の記載例

平成○年○月○日
平成　　年　　月　　日

○○○○従業員持株会規約

(名称)
第1条　本会は，○○○○従業員持株会（以下「会」という。）と称する。
(会の性格)
第2条　会は，民法第667条第1項に基づく民法上の組合とする。
　　2　第6条に規定する給与時拠出金，賞与時拠出金，臨時拠出金，奨励金，配当金をもって本会への出資とする。
(目的)
第3条　本会は，会員が少額資金を継続的に拠出することにより株式会社○○○○株式（以下「株式」という。）の取得を容易ならしめ，会員が当該会社の株式上場を目指し，かつ会員の福利厚生並びに会社との共同意識の醸成を図ることを目的とする。
(会員の資格)
第4条　会員は，株式会社○○○○（以下，「会社」という。）及びその子会社（以下，「会社等」という。）に所属する従業員に限るものとする。ただし，毎年12月1日現在で勤続年数1年未満の者は除く。
(入会及び退会・休会)
第5条　入会を希望する者は，毎月10日までに理事長に所定の入会申込書を提出し，理事長の承認を受け入会することができる。入会が承認された場合には，入会申込書提出月の給与支給日をもって入会日とする。
　　2　会員は毎月10日までに所定の退会届を理事長に提出して，翌月末日付で退会することができる。なお，退会届提出月の給与時拠出金はこれを免除するものとする。
　　　　ただし，原則として一度退会した者は理事長が特に認める場合を除き，再入会することはできない。
　　3　やむを得ない事由により，休職する従業員は，休会しようとする月の前月の10日までに所定の休会届を理事長に提出して，理事長の承認を得

て，翌月末日付で休会することができる。なお，休会届提出月の給与時拠出金はこれを免除するものとし，休会中も本会へ出資するための拠出を免除されるものとする。なお，休会した会員は，休会の事由が消滅したときは，理事長あてに拠出再開をしようとする月の10日までに，休会廃止届を提出しなければならない。休会廃止届を提出した月の翌月から給与時拠出金・賞与時拠出金の拠出が再開されるものとする。
4 会員が従業員でなくなった場合（役員昇格含む。）は，自動的に退会するものとする。

（配当金及び給与・賞与時拠出金，奨励金，臨時拠出金）
第6条　理事長名義の株式に割り当てられた会社による第三者割当株式及びオーナー供給株式並びに退会者持分株式の購入に備えるために，次の拠出金を定める。

一　会の所有する理事長名義の株式に対する配当金は，再投資のために会に拠出するものとする。ただし，理事長に申し出ることにより，再投資にせず，現金で受領することもできるものとする。なお，理事長は会に対する配当金があった年の翌年1月末日までに所轄税務署へ「信託の計算書」を提出するものとする。

二　会員は，毎月の給与支給時及び賞与支給時に，本会への出資を拠出するものとする。給与及び賞与支給時に，毎月1口1,000円を最低口数として任意の口数を会員は拠出するものとする。ただし，給与時拠出金は最高○○口までとし，賞与時拠出金は一律給与時拠出口数の○倍とする。この場合において，拠出口数の変更を希望する会員は，毎年11月1日から11月10日までに所定の拠出口数変更申込書を理事長あてに提出し，12月から拠出口数を変更することができる。ただし，会員は，やむを得ない事由が生じて拠出口数の減少をしたい場合には，毎月10日までに所定の拠出口数変更申込書を理事長に提出し，理事長の承認を得て当月の給与時拠出金から拠出口数の減額をすることができる。

三　給与・賞与時拠出金に対して，拠出金額の3％を会社は奨励金として支給する。かかる奨励金は，本会への出資に充てられ，毎月の給与に加算して源泉徴収を行い，年末調整の対象とされる。なお，子会社の従業員の奨励金の支給は当該子会社が行うものとする。

四　会にて株式購入の際，会員は，拠出金の拠出額が不足する場合には，毎月○日までに理事長あてに臨時拠出金申込書を提出し，手持資金を本会への出資として臨時拠出を行うことができるものとする。なお，臨時拠出であっても，拠出会社の○％を会社は奨励金として支給する。
　2　株式購入後の拠出金残高の運用につき，理事長は理事長名義の総合預金口座又は安全な金融商品にて運用するものとし，その運用益については各人の持分に配分帰属する。ただし，期中の運用益の各人への配分計算は合理的計算方法によるものとし，その計算方法は，理事長に一任するものとする。

（第三者割当増資等の払込み）

第7条　理事長名義の株式に割当てられた株式及びオーナー供給株式（原則として毎年12月1日）並びに退会者持分株式につき，株式の供給がある都度，会は，一括購入するものとする。

（貸付金）

第8条　会社は，会員に対して，第6条1項4号の臨時拠出金につき，金融機関への貸付の斡旋又は直接貸付けを行うことができるものとする。
　2　貸付金の金利は，金融機関への貸付斡旋の場合は各金融機関が定める金利及び返済方法とする。会社が銀行から融資を受けて転貸しをする場合には，当該融資金利とし，会社の自己資金により融資をする場合には，会社が定める金利とする。返済方法は，給与・賞与からの分割返済とし会社が定める方法による。

（持分の算出）

第9条　理事長名義で購入した株式については，各会員の持分を計算し，また次回の株式購入資金に充てられる拠出金残高についても，株式に準じて各会員の持分を算出し，会員別持分明細表に登録する（円未満切捨て）。

（株式の管理及び名義）

第10条　会員は，前条により自己に登録配分された持分株式を，理事長に管理させる目的をもって信託するものとする。
　2　前項により理事長が受託する株式は，会社の株主名簿には，理事長名義とする株主登録を行う。

（会に割り当てられる株式の種類）

第11条　会に割り当てられる株式の種類は，譲渡制限付配当優先議決権制限株

式とする。

2　1株当たりの配当優先額は，普通株式1株当たりの配当額の○倍とする。ただし，1株当たりの年配当金額は○○○○円を限度とする。

(株式の引き出し)

第12条　持分株式の引出しは，これをできないものとする。また，持分全部の払戻しは，退会時を除いて，これをできないものとする。

(株式の処分の禁止)

第13条　会員は，登録配分された持分株式を他に譲渡し，又は担保に供することはできない。

(退会時の持分返還)

第14条　会員が退職したときは，当該会員に登録配分された持分株式（1株未満切捨て）及び拠出金残高の持分を現金（円未満切捨て）にて払戻しを受ける。ただし，退会の精算は，退職月の翌々月の給与時拠出金の拠出日に行う。また，退会時に権利を有しながら交付を受けていない配当金は，本会が受領して残高として確認できた後，それに相当する現金の払戻しを受けるものとする。また，本会が解散する場合には，会所有の株式を会社に売却することにより，持分の返還を受けるものとする。

2　前項により払戻しを受ける持分株式の価額は，1株あたり50,000円とする。ただし，会社が債務超過にて株価が算出されないときはこの限りでない。

(役員)

第15条　この会の業務を執行するために，次の役員をおく。

　一　理事長　1名
　二　理　事　2名
　三　監　事　1名

2　前項の役員の職務は，次のとおりとする。

　一　理事長　本会を代表し，本会の業務を執行する。
　二　理　事　理事会に出席して重要事項を審議し，理事長に事故あるときは予め定めた順序によりこれに代わる。
　三　監　事　本会の財産状況を監査する。

3　役員の選任は，次の通り行う。

　一　理事長　理事の互選による。

二　理　事　理事会の発議により，会員のなかから選任する。
　　三　監　事　理事長が，理事会の同意を得て会員の中から指名する。
　4　前項により役員が選任されたとき，本会は役員の選任結果を会員に公告する。役員選任の効力発生は公告の日より2週間を経過した日とする。公告の日以後2週間以内において，後任理事候補○名の定めを添えた過半数の会員の署名をもって前項役員の選任につき異議の申し立てが書面をもって行われた場合は，前項役員は辞任しなければならない。
　5　役員の任期は2年とし，重任を妨げない。ただし，任期満了後といえども，後任者が選任されるまでは，その職務を執行しなければならない。補充選任された役員の任期は，前任者の残存任期とする。

（理事会）
第16条　理事長は，毎年12月に定例理事会を招集する。また，必要あるときは臨時理事会を招集することができる。
　2　理事会は，理事の過半数の出席で成立し，その過半数の賛成で議決する。監事は，理事会に出席し，意見を述べることができる。
　3　理事会は，次の事項を決議する。
　　一　本会の計算に関する事項
　　二　この規約の改正（ただし，法令及び会社の定款の定めに反する改定はできない。）及び役員選任の発議
　　三　本会の運営に必要な規定（持株会運営細則）の制定及び改廃
　　四　その他会務運営に関する重要事項

（規約の改正）
第17条　この規約を改正するときは，理事会が発議して会員に公告し，改正の効力発生日は公告の日より2週間を経過した日とする。ただし，公告の日より2週間以内において，3分の1を超える会員が書面をもって異議の申し立てを行った場合は，この改正は成立しない。

（通知）
第18条　会務に関する通知及び公告は，次項の通知を除き，原則として社内メールによって行う。
　　2　理事長は，各会員に対して，毎年12月1日から翌年11月30日までを会計期間とする会員持分等報告書を作成し，毎年12月に各会員に個別通知する。

(会の所在地)
第19条　会の所在地は，名古屋市○○区○○○○　株式会社○○○○内とする。
(事務の委託)
第21条　会の事務の一部は，株式会社○○○○総務部に委託する。会運営上の事務経費は会社の負担とする。

【附則】
(発起人による会の設立，規約の施行，理事会の組成)
第1条　本会は発起人による発起人会によって平成○年○月○日に設立され，会則は同日から施行する。
　　2　本会の発足当初の理事及び監事は，第15条の規定にかかわらず，発起人会において選任し，選任された者で理事会を開催し，理事長，副理事長，理事を互選する。発足当初の役員の任期は，第15条5項の規定にかかわらず，発足後1年経過後の定例理事会にて選任された新役員の選任の効力発生日までとする。ただし，重任を妨げない。

(発足時の入会)
第2条　この規約の施行日において，会員資格を有する者は，平成○年○月○日から○日までに，所定の入会申込書を理事長に提出して，理事長の承認により入会することができる。
第3条　本会発足時の初回の拠出は，平成○年○月○日に第5条1項に定める1口50,000円で1口以上の入会時臨時拠出金をもって行う。ただし，○○口を限度とする。なお，理事長が特に認める場合には，平成○年○月○日付にて，理事長名義の持株会預金通帳に入金があった者の入会を認めるものとする。
　　2　初回の株式の購入は，平成○年○月○日に実施する。

(株式の上場)
第4条　本規約は，株式会社○○○○が株式を上場することが確実になったときには，会社定款変更にともなう配当優先議決権制限株式の普通株式への変更等所要の改定を行うものとする。

(株式の引出しの特則)
第5条　従業員持株会を退会するにあたり，理事会の承認がある場合には，持分株式の現金払戻しに代えて，1株に相当する持分株式につき，退職時に50,000円で会社が取得することができる旨の取得条項を付した。譲渡制限付議決権制限株として引出すことができるものとする。

取締役会招集通知の記載例

平成21年○月○日

取締役・監査役各位

代表取締役　○○○○

取締役会開催の件

下記の要領で，取締役会を開催しますので，通知いたします。

記

1．開催日：平成21年○月○日　午前11時～午前12時
2．場所：本社会議室
3．議題：①従業員持株会・役員持株会規約案についての報告
　　　　②同上持株会組成に伴う定款変更のための臨時株主総会開催の件

以上

取締役会議事録の記載例

取 締 役 会 議 事 録

　平成○○年○○月○○日○○時より当会社の本店会議室において取締役会を開催した。

　　　　　総取締役数　　　○名　　　出席取締役数　○名

　以上のとおり取締役の出席があったので，代表取締役○○○○は議長席に着き，直ちに議事に入った。

第1号議案　当会社定款変更のための臨時株主総会開催と議案決定の件

　　議長は，当会社の定款を別紙新旧対照表のとおり変更したい旨を述べ，定款変更に際し，臨時株主総会の開催と，議題を下記のとおり決定したい旨を述べ議場に諮ったところ，満場異議なく次のとおり承認可決した。

　　　　　　　　　　　　　　　　記
1　日　　時　平成○○年○○月○○日　午後○○時より
2　場　　所　当会社本社会議室
3　議　　案　第1号議案　当会社定款変更の件
　　　　　　　第2号議案　種類株式の発行および株主の属人的規定の新設に対する株主同意の件

　　　　　　　　　　　　　　　　　　　　　　　　　　　　　　　　以上

以上をもって本日の議案をすべて終了したので，○○時議長は閉会を宣した。

　上記議事の経過の要領及びその結果を明確にするため，本議事録を作成する。

平成○○年○○月○○日
　　株式会社○○○○　取締役会
　　　　議長代表取締役　　○○○○　　印　出席取締役○○　○○　　印
　　　　　　出席取締役　　○○○○　　印

臨時株主総会招集通知の記載例

平成　年　月　日

株　主　各　位

名古屋市○○区○○－18－1
株式会社○○○○
代表取締役社長　○○　○○

臨　時　株　主　総　会　招　集　ご　通　知

拝啓　ますますご清祥のこととお喜び申し上げます。

　さて，当社臨時株主総会を下記のとおり開催いたしますので，ご出席くださいますようご通知申しあげます。

　なお，当日ご出席願えない場合は，<u>書面によって議決権を行使する</u>ことができますので，お手数ながら後記株主総会参考書類をご検討くださいまして，同封の議決権行使書用紙に議案に対する賛否をご表示いただき，来る平成　年　月　日（　）午後　時　分までに到着するよう，ご返送いただきたくお願い申し上げます。

敬具

記

1．日　時　　平成　年　月　日（　　）午前　　時
2．場　所　　名古屋市○○区○○3－18－1
　　　　　　　当社本店（大会議室）
3．目的事項
　　　　　　　決議事項　第1号議案　定款変更の件

以上

臨時株主総会議事録の記載例

臨時株主総会議事録

1．開催日時　　平成○○年○○月○○日　○○時～○○時
1．開催場所　　当社本店会議室
1．発行済株式の総数　　　　　　　　　　　　　　　　　　○○○○株
　　議決権を行使することができる株主の総数　　　　　　　　○○名
　　議決権を行使することができる株主の議決権の数　　　○○○○個
　　出席した当該株主の数（委任状・書面決議による出席を含む）　○○名
　　出席した当該株主の有する議決権の数　　　　　　　　○○○○個
1．出席役員
　　　取締役　　○○○○（議長兼議事録作成者）取締役　　○○○○

　以上のとおり株主全員の出席があったので，定款の規定により代表取締役○○○○は議長席に着き，本総会は適法に成立したので開会する旨を宣し，直ちに議事に入った。

　第1号議案　当会社定款変更の件
　議長は，定款を別紙新旧対照表のとおり変更したき旨を述べ，その理由を詳細に説明した。議長がその賛否を議場に諮ったところ，満場一致をもって可決承認した。なお，新定款の効力発生日は○○月○○日とする。

　第2号議案　種類株式の発行及び株主の属人的規定の新設に対する株主同意の件
　議長は，第1号議案において種類株式の発行および株主の属人的規定を設けるに当たり，株主の同意を得たき旨を述べ，その理由を説明後，これを議場に諮ったところ，満場一致をもって可決承認した。なお株主の同意を証するため，別紙株主同意書へ株主全員が記名，押印を行った。
以上をもって本日の議案をすべて終了したので，議長は閉会を宣した。
上記議事の経過の要領及びその結果を明確にするため本議事録を作成する。
　　　平成○○年○○月○○日　　　株式会社○○○○　　臨時株主総会
　　　　　議長（兼議事録作成者）代表取締役　○○○○　印
　　　　　　　　　　　　　　　　　出席取締役　○○○○　印

株主同意書の記載例

株　主　同　意　書

　平成〇〇年〇〇月〇〇日の株主総会の決議により，当会社の定款に，新たに種類株式の発行および株主の属人的規定を設けることとなりましたが，私共下記2名の株主は，当該規定に基づき平成〇〇年〇〇月〇〇日に下記変更を行うことに同意いたします。

記

1．貴社の発行可能株式総数〇〇〇〇株につき以下の種類株式とする。
　①A種類株式（譲渡制限付普通株式）　　　　　　　　　　　〇〇株
　②B種類株式（譲渡制限付配当優先議決権制限株式）　　　　〇〇株
　③C種類株式（譲渡制限付取得請求権付拒否権付株式）　　　1株
　④D種類株式（譲渡制限付取得請求権付株式）　　　　　　　〇〇株
　⑤E種類株式（譲渡制限付取得条項付議決権制限株式）　　　〇〇株
　⑥F種類株式（譲渡制限付取得条項付株式）　　　　　　　　〇〇株
2．以下のとおり種類株式を発行する
　①株主オーナー太郎が所有する貴社普通株式を以下の種類株式に変更する
　　　所有株式数　変更株式数　〇〇株
　　　　　A種類株式（取得条項付譲渡制限付普通株式）　　　　〇株
　　　　　B種類株式（取得条項付譲渡制限付配当優先議決権制限株式）　〇株
　　　　　C種類株式（取得請求権付譲渡制限付拒否権付株式）　1株
　②株主オーナー花子が所有する貴社普通株式を以下の種類株式に変更する
　　　所有株式数　変更株式数
　　　　　D種類株式（譲渡制限付取得請求権付株式）　　　　　〇〇株
3．株主総会の議決権に関する株主ごとに異なる取り扱い
　①株主オーナー花子の所有する株式については，オーナー花子が株主である場合に限り，1株あたりの株主総会における議決権を〇個とする属人的株式とする。

以上

平成〇〇年〇〇月〇〇日　　株式会社　〇〇〇〇御中
　　　　　　　　　　　　　株主　氏名　オーナー太郎　印
　　　　　　　　　　　　　株主　氏名　オーナー花子　印

（注）　実際に発行するのは①〜④の4種類の株式です。⑤・⑥は，持株会で買戻しができない場合に，発行します。

発起人会・設立総会議事録の記載例

発 起 人 会 議 事 録

　平成○年○月○日，午前○時○分より，株式会社○○○○の本社会議室において，末尾に記載の○名の出席のもと，○○○○従業員持株会の設立について討議した。

　鈴木太郎より，従業員持株会の設立趣旨並びに従業員持株会の概要を説明したところ，出席者の全員が賛成し，会員となることを約したので，出席者は改めて鈴木太郎を議長に選任し，○○○○従業員持株会の設立に関する審議に入った。

〈審議事項〉
1　持株会規約の制定に関する件
　議長より，別紙の○○○○従業員持株会規約案につき，説明がなされ，その賛否について議場に諮ったところ，全員異議なく，原案通り可決確定した。

2　役員の選任に関する件
　議長より，規約附則1に基づき，会員の中から理事3名（内1名は理事長）及び監事1名を選任する件につき諮ったところ，次のとおり選任され，被選任者は各々その就任を承諾した。

　　　理　事　長　　鈴木　太郎　　　副理事長　　佐藤　一郎
　　　理　　　事　　鈴木　花子　　　監　　事　　加藤　三郎

　以上をもって議案のすべての審議が終了したので，議長は，午前○時○分閉会を宣言した。

　　　　　　　　　　　　　　　　　　　　　　　　平成○年○月○日
○○○○従業員持株会　出席者
　鈴木　太郎　印　　佐藤　一郎　印　　加藤　二郎　印　　加藤　三郎　印
　鈴木　花子　印　　佐藤　春子　印　　佐藤　夏子　印

従業員持株会設立契約書の記載例

従 業 員 持 株 会 設 立 契 約 書

　私たち株式会社○○○○の従業員は，○○○○従業員持株会を結成し，先般行われた発起人会並びに設立総会を受け，別紙規約の定めるところに従い，会員の財産形成に資するため，会員の拠出金をもって株式会社○○○○の株式への共同投資事業を行うことを契約する。

　本契約を証するため，設立時会員全員が下記に署名・捺印する。なお，今後入会する会員については，所定の入会申込書への署名・捺印をもって本契約書への署名・捺印に代えるものとする。

平成○年○月○日
　　　　　　○○○○従業員持株会　設立時会員
　　　　住所　　名古屋市○○区○○○○○
　　　　　　　　鈴木　太郎　　　　印
　　　　住所　　名古屋市○○区○○○○○
　　　　　　　　佐藤　一郎　　　　印
　　　　住所　　名古屋市○○区○○○○○
　　　　　　　　加藤　二郎　　　　印
　　　　住所　　名古屋市○○区○○○○○
　　　　　　　　加藤　三郎　　　　印
　　　　住所　　名古屋市○○区○○○○○
　　　　　　　　佐藤　花子　　　　印
　　　　住所　　名古屋市○○区○○○○○
　　　　　　　　伊藤　春子　　　　印
　　　　住所　　名古屋市○○区○○○○○
　　　　　　　　佐藤　夏子　　　　印

会社・従業員持株会覚書の記載例

会社・従業員持株会　覚書

　株式会社〇〇〇〇（以下甲という）と〇〇〇〇従業員持株会（以下乙という）は，下記の項目を互いに遵守することを約し，ここにこの覚書を取り交わす。

記

1. 甲及び乙は，互いに協力して，乙の目的である甲従業員の福利厚生と資産運用のために努力し，それ以外の目的に乙が利用されることがあってはならない。
2. 甲は乙に対し，会員への通知，報告等のため，社内報・メールの使用の便宜を与えるものとする。
3. 本覚書に定める以外のことについては，互いに〇〇〇〇従業員持株会規約を遵守する。
4. 甲乙の一方もしくは，双方の事業の変動により，この覚書が著しく不適正となった場合は，双方協議の上これを変更する。
5. 甲乙のいずれか一方がこの覚書に違反した場合，他方は，文書により通知することにより，この覚書を破棄することができる。

以上

　本覚書の締結を証するために本書を２通を作成し，甲乙それぞれ１通を保有する。

　　平成　　　　年　　　　月　　　　日

　　　　　　　甲　名古屋市××××××××××
　　　　　　　　　株式会社〇〇〇〇　　　　　代表取締役　　オーナー太郎

　　　　　　　乙　愛知県×××××××××××
　　　　　　　　　〇〇〇〇従業員持株会　　　理事長　　鈴　木　太　郎

賃金の一部控除に関する協定書の記載例

賃金の一部控除に関する協定書

　株式会社〇〇〇〇（以下，「会社」という）と〇〇〇〇の従業員代表鈴木太郎は，労働基準法第24条に基づき，下記のとおり賃金の一部控除に関する協定を締結する。
　その証として本書2通を作成し，会社と従業員代表鈴木太郎が各1通保管する。

記

1．会社は賃金から，〇〇〇〇従業員持株会への拠出金を控除することにつき協定する。
2．この協定の有効期間は，締結の日から1年間とする。
　　期間満了の30日前までに会社，組合いずれからも改廃の申し入れがない時は，更に1年間有効とする。以降も同じとする。
　　この有効期間中であっても，会社，組合双方の合意によって，この協定を改廃することができる。

以上

平成　　　年　　　月　　　日

　　　　　　　　　　株式会社〇〇〇〇
　　　　　　　　　　代表取締役　　　オーナー太郎

　　　　　　　　　　株式会社〇〇〇〇
　　　　　　　　　　従業員代表　　　鈴木　太郎

募集説明書の記載例

平成　年　月　日

従業員各位

株式会社〇〇〇〇
従業員持株会　理事長　鈴木太郎

従業員持株会規約の要約と入会のお誘い

1. 目的：**会員の福利厚生（財産形成）を目的として会社の株式を取得する。年配当1株当たり5,000円を目標とする。**
2. 入会資格：株式会社〇〇〇〇の従業員であること。
3. 株式の種類：譲渡制限付**配当優先（普通株式の配当の〇〇倍）無議決権株式**とする。
4. 拠出金の種類：（株式購入後の拠出金残高は，理事長名義の総合口座預金で運用する）
   ①臨時拠出金：株式購入直前の臨時拠出金（オーナー太郎定期供給分，新株割当増資引受分，退会者供給分に応じて希望者は臨時拠出金とすることができる。）
     1）初回入会時臨時拠出金：1口〇〇〇〇〇円以上（〇月〇日支給の賞与にて拠出する。）。
     2）その都度臨時拠出金（貸付制度あり。金利年〇％）
   ②給与時拠出金：1口〇〇〇〇円以上（毎月給与時天引）。
   ③賞与時拠出金：給与時拠出金の〇倍の金額（賞与時天引）
   ④拠出奨励金：給与時・賞与時拠出金に対して，会社より〇％支給される（給与・賞与に加算となる）。
   ⑤配当時出金：配当金を拠出金として拠出する。

5. 今回〇月〇日付購入者の募集（今後も〇年間に渡って，毎年〇月〇日にオーナー太郎の株式が供給される予定）。
   ①1口〇〇〇〇〇万円以上の拠出とする。〇〇口を限度とする。
   ②1株〇〇〇〇〇円（旧額面）で供給される。
   ③申込期間：〇月〇日〜〇日の期間中に
   入会申込書に1）入会時臨時拠出金口数　2）給与時拠出金口数　3）賞与時拠出金口数（給与時の〇倍）を記入して理事長あてに提出（今回に限り，勤続年数制限はないものとする。また〇％の奨励金の支給がある。）。

6. 〇月以降の入会について：毎月〇日までに理事長に入会申込書を提出する。ただし，〇月〇日現在で勤続1年未満の者は除く。
7. 退会について：退会は規約所定の手続によりいつでもでき，退会時には，現金にて全持分の払戻しを受ける。1株あたりの買取金額は50,000円とする。

以上

従業員持株会入会申込書の記載例

従業員持株会入会申込書
兼告知書　申請書

従業員持株会理事長殿

以下の通り申込みをいたします。　　　　　　申込日　　年　　月　　日

所属	フリガナ		印
	氏名		
住所	〒　　　　　　　　　　　　TEL　（　　　）		

該当の申込欄に（□）にチェックをつけ，必要事項をご記入ください。

	給与時（月例）拠出金額	□任意 賞与拠出金額
□入　会	□　　　　　　　円	□　　　　　　　円
□臨時拠出	臨時拠出額	
	□　　　　　　　円	

□上記申込みは，株式会社○○○○従業員持株会規約に同意し申込みします。

事務局確認欄	
確認印	理事長確認印

残高報告書の記載例

```
                                            平成　年　月　日
_____殿
                              ○○○従業員持株会　理事長　○○○○
　平成　年11月30日現在の貴殿の株式持分及び積立金残高について報告します。
```

株　式　持　分	積　立　金　残　高
株	円（内奨励金分　　　円）

注1）理事長名義の普通預金通帳に記帳された2月と8月の預金利息の合計額の会員按分については，当分の間，計算の簡便性を考慮して，各人の10月末積立金残高によって按分して配賦してあります。
注2）株数，積立金残高については，小数点以下切り捨てで表示してあります。
注3）　月　日現在において，新たに増加する株式持分については，貴殿については，　　　株となります（1株未満切り捨て表示）。

払戻計算書の記載例

```
                                            平成　年　月　日

           積立金・持分　払戻計算書（一部引出・退会用）

_____殿
                                      ○○○○従業員持株会
                                      理事長　　　　　印
　貴殿の当会における　積立金・持分　の内，下記の通り処分払戻を行いますのでお知らせします。
                            記
```

払戻前の積立金残高	払戻金額（A）	払戻後の積立金残高
円	円	円

払戻前の持分残高	払戻持分数	払戻後の持分残高
口	口	口
払戻単価	払戻金額（B）	支払金額（A＋B）
円	円	円

以上

一部引出・退会届出書の記載例

平成　年　月　日

理事長殿　　　　　　一部引出　届出書
　　　　　　　　　　退　会

一部引出は，入会後5年間はできません。
届出書は理事長に，規約所定の日までに提出しなければなりません。

下記とおり，平成　年　　月付で｛一部引出／退　会｝したいのでお届けいたします。

記

該当数字を〇で囲んで，その理由をご記入ください。	
1．一部引出（引出希望額　　　　　円）	2．退　会
理　由	
精算法法　　1．振込（下記の振込口座に支払ください）　　2．現　金	

フリガナ													ご印鑑
ご氏名													
ご住所													

上記届出書による｛一部引出／退　会｝を認める。

平成　年　月　日
〇〇〇〇従業員持株会
理事長　　　　　　　

振込先口座				持　株　会　使　用　欄		
フリガナ				受　領　年　月　日		現金の場合受領印
預金者名				平成　年　月　日		
	銀行／金庫／組合		支店	持分（1口1,000円）		口
コード	銀行番号	店番号		積立金残高		円
預金種目（どちらかに〇印）		口座番号（右づめ）		支払金額		円
1．普　通　2．当　座						

※　振込の場合には，振込手数料を差し引いた金額が指定振込先口座に支払われます。
※　退会した場合には，原則として再入会はできませんので，ご注意下さい。

役員持株会規約の記載例

平成○年○月○日

○○○○役員持株会規約

（名称）
第1条　本会は，○○○○役員持株会（以下「会」という。）と称する。
（会の性格）
第2条　会は，民法第667条第1項に基づく民法上の組合とする。
　　2　第6条に規定する給与時拠出金，臨時拠出金，配当金をもって会への出資とする。
（目的）
第3条　本会は，会員が少額資金を継続的に拠出することにより，株式会社○○○○株式（以下，「株式」という。）の取得を容易ならしめ，当該会社の株式上場を目指しかつ会員の一層のプロ経営者意識の向上に資することを目的とする。
（会員の資格）
第4条　会員は，株式会社○○○○（以下，「会社」という。）及びその子会社（以下，「会社等」という。）の取締役，監査役及び執行役員並びに相談役，顧問その他○○○○グループ所属企業の経営者（以下，「役員等」という。）で理事会が入会を認めた者とする。
（入会及び退会）
第5条　役員等は，この会に入会するためには，毎年1回○月○日から○月○日までの間に理事長に所定の入会申込書を提出し，理事会の承認を受け入会することができる。入会日は原則として毎年○月○日とし，1口○○○○円で○口以上の入会時臨時拠出金の拠出をもって入会することができる。
　　2　会員は毎月○日までに所定の退会申込書を理事長に提出して，翌月○日付で退会することができる。ただし，原則として一度退会した者は理事会が特に認める場合のほか，再入会することはできない。
　　3　会員が役員等でなくなった場合は，自動的に退会するものとする。
（配当金及び給与時拠出金，臨時拠出金）
第6条　理事長名義の株式に割り当てられた会社による第三者割当株式及び

オーナー供給株式並びに退会者持分株式の購入に備えるために，次の拠出金を定める。
- 一　会の所有する理事長名義の株式に対する配当金は，再投資のために会に拠出するものとする。ただし，会員が，配当金を再投資に回さずに，現金にて受領したい旨を理事長に申し出たときは，この限りでない。なお，理事長は会に対する配当金があった年の翌年1月末日までに所轄税務署へ「信託の計算書」を提出するものとする。
- 二　会員は，毎月の給与支給時に，会への出資を拠出するものとし，給与支給時に，毎月1口〇〇〇〇〇円を最低口数として任意の口数を会員は拠出するものとする。だだし，給与時拠出金は最高〇〇口までとする。この場合において，拠出口数の変更を希望する会員は，毎年〇月〇日から〇月〇日までに所定の拠出口数変更申込書を理事長に提出し，〇月から拠出口数を変更することができる。ただし，会員は，やむを得ない事由が生じて拠出口数の減少をしたい場合には，毎月〇日までに所定の拠出口数変更申込書を理事長に提出し，理事長の承認を得て当月の給与時拠出金から拠出口数の減額をすることができる。
- 四　会にて株式購入の際，拠出金の拠出額が不足する場合には，会員は手持資金を会への出資として臨時拠出を行うことができるものとする。

2　株式購入後の拠出金残高の運用につき，理事長は，理事長名義の総合預金口座又は安全な金融商品にて運用するものとし，その運用益については各人の持分に配分・帰属する。ただし，期中の運用益の各人への配分計算は合理的計算方法によるものとし，その計算方法は理事長に一任するものとする。

（第三者割当増資等の払込み）

第7条　理事長名義の株式に割当てられた株式及びオーナー供給株式（原則として毎年〇月〇日）並びに退会者持分株式につき，供給がある都度会は，一括購入するものとする。

（貸付金）

第8条　会社は，会員に対して，第6条1項4号の臨時拠出金につき，金融機関への貸付の斡旋又は直接貸付けを行うことができるものとする。

2　貸付金の金利は，金融機関への貸付斡旋の場合は各金融機関が定める

金利及び返済方法とする。会社が銀行から融資を受けて転貸しをする場合（ただし，取締役会決議により承認を受けた場合に限る。）には，当該融資金利とし，会社の自己資金により融資をする場合には，会社が定める金利とする。返済方法は，給与からの分割返済とし会社が定める方法による。

（持分の算出）
第9条　理事長名義で購入した株式については，各会員の持分を計算し，また次回の株式購入資金に充てられる拠出金残高についても，株式に準じて各会員の持分を算出し，会員別持分明細表に登録する（円未満切捨て）。

（株式の管理及び名義）
第10条　会員は，前条により自己に登録配分された持分株式を，理事長に管理させる目的をもって信託するものとする。
　2　前項により理事長が受託する株式は，会社の株主名簿には，理事長名義とする株主登録を行う。

（議決権の行使）
第11条　理事長名義の株式の議決権は，理事長が行使するものとする。ただし，会員は，各自の持分に相当する株式の議決権の行使について，理事長に対し，各株主総会毎に議決権の行使を指示できる。係る議決権の不統一行使をする場合には，理事長は，会社の定款の定めに従い，会社に対して事前通知をしなければならない。

（株式の引出し）
第12条　持分株式の引出しは，これをできないものとする。また，持分全部の払戻しは，退会時を除いて，これをできないものとする。

（株式の処分の禁止）
第13条　会員は，登録配分された株式を他に譲渡し，又は担保に供することはできない。

（退会時の持分返還）
第14条　会員が会社等の役員等を退任または辞職したときは，当該会員に登録配分された持分株式（1株未満切捨て）及び拠出金残高の持分を現金（円未満切捨て）にて払戻しを受ける。ただし，退会の精算は，原則として退職月の翌々月の給与時拠出金の拠出日に行う。また，退会時に権利を有しながら交付を受けていない配当金は，また，会が受領して残高

として確認できた後，それに相当する現金の精算を受けるものとする。また，会が解散する場合には，会所有の株式を会社に売却することにより，持分の返還を受けるものとする。
2　前項により払戻しを受ける持分株式の価額は，1株あたり50,000円とする。ただし，会社が債務超過になり，株価が算出されない場合には，この限りでない。

（役員）

第15条　この会の業務を執行するために，次の役員をおく。
　　一　理事長　1名
　　二　理　事　2名
　　三　監　事　1名
2　前項の役員の職務は，次のとおりとする。
　　一　理事長　会を代表し，会の業務を執行する。
　　二　理　事　理事会に出席して重要事項を審議し，理事長に事故あるときは予め定めた順序によりこれに代わる。
　　三　監　事　会の財産状況を監査する。
3　役員の選任は，次の通りおこなう。
　　一　理事長　理事の互選による。
　　二　理　事　理事会の発議により，会員のなかから選任する。
　　三　監　事　理事長が，理事会の同意を得て会員の中から指名する。
4　前項により役員が選任されたとき，会は役員の選任結果を会員に公告する。役員選任の効力発生日は，公告の日より2週間を経過した日とする。公告の日以後2週間以内において，後任理事候補○名の定めを添付した，過半数の会員の署名をもって，前項役員の選任につき異議の申し立てが書面をもって行われた場合は，前項役員は辞任しなければならない。
5　役員の任期は2年とし，重任を妨げない。ただし，任期満了後といえども，後任者が選任されるまでは，その職務を執行しなければならない。補充選任された役員の任期は，前任者の残存任期とする。

（理事会）

第16条　理事長は，毎年12月に定例理事会を招集する。また，必要あるときは臨時理事会を招集することができる。

2　理事会は，理事の過半数の出席で成立し，その過半数の賛成で議決する。監事は，理事会に出席し，意見を述べることができる。
　　3　理事会は，次の事項を決議する。
　　　一　会の計算に関する事項
　　　二　この規約の改正（ただし，法令及び会社の定款の定めに反する改定はできない。）及び役員選任の発議
　　　三　会の運営に必要な規定（持株会運営細則）の制定及び改廃
　　　四　その他会務運営に関する重要事項
（規約の改正）
第17条　この規約を改正するときは，理事会が発議して会員に公告し，改正の効力発生日は公告の日より2週間を経過した日とする。ただし，公告の日より2週間以内において，3分の1を超える会員が書面をもって異議の申し立てを行った場合は，この改正は成立しない。
（通知）
第18条　会務に関する通知及び公告は，事項の通知を除き，原則として社内メールによって行う。
　　2　理事長は，各会員に対して，毎年12月1日から翌年11月30日までを会計期間とする会員持分等報告書を作成し，毎年12月に各会員に個別通知する。
（会の所在地）
第19条　会の所在地は，名古屋市○○区○○○○　株式会社○○○○内とする。
（役員持株会の事務）
第21条　会の事務は理事長が行い，会運営上の事務経費は役員持株会の負担とする。
【附則】
（発起人による会の設立，規約の施行，理事会の組成）
第1条　会は発起人による発起人会によって平成○年○月○日に設立され，会則は同日から施行する。
　　2　会の発足当初の理事及び監事は，第15条の規定にかかわらず，発起人会において選任し，選任された者で理事会を開催し，理事長，理事を互選する。発足当初の役員の任期は，第15条2項の規定にかかわらず，発足後2年経過後の定例理事会までとする。ただし，重任を妨げない。

（発足時の入会）
第2条　この規約の施行日において，会員資格を有する者は，平成○年○月○日から○日までに，所定の入会届を理事長に提出して，理事会の承認により入会することができる。ただし，理事長が特別に認める場合には，平成○年○月○日付けにて，理事長名義の持株会預金通帳に入金があった者は発足時入会を認める。

（初回の臨時拠出及び株式の買付け）
第3条　初回の拠出は，平成○年○月○日に1口100,000円で1口以上の入会時臨時拠出金をもって行う。ただし，○○○口を限度とする。
　2　初回の株式の購入は，平成○年○月○日に実施する。

（株式の上場）
第4条　本規約は，株式会社○○○○が株式を上場することが確実になり上場審査をすることにいたったときには，会社定款変更にともなう変更その他所要の改定を行うと同時に会を一時休会し，上場後に再開するものとする。

（株式での引出しの特則）
第5条　会を退会するにあたり，理事会の承認がある場合には，持分株式の現金払戻しに代えて，1株に相当する持分株式につき，退職時に5万円で会社が取得することができる旨の取得条項を付した譲渡制限付取得条項付株式として引出すことができるものとする。

現在事項全部証明書

住所（略）
株式会社×××
会社法人等番号　××××-××-××××××

商　号	株式会社△△△	
	株式会社×××	昭和63年　6月　8日変更

本　店	名古屋市中区（略）	
	名古屋市○区（略）	平成11年　1月　6日移転
		平成11年　1月　20日登記

公告をする方法	官報に掲載してする

会社設立の年月日	昭和61年10月1日

目　的	1．（略） 2．（略） 3．（略） 4．（略） 5．（略） 6．（略） 7．（略） 8．（略） 9．（略） 10．（略） 11．（略） 12．前各号に附帯する一切の事業 　　　平成20年12月1日変更　平成20年12月25日登記

発行可能株式総数	1万株	平成20年　12月　1日変更
		平成20年　12月　25日登記

発行済株式の総数 並びに種類及び数	発行済株式の総数 　各種の株式の数 　　A種類株式　299株 　　B種類株式　200株 　　C種類株式　　1株 　　D種類株式　500株	平成20年　12月　1日変更
		平成20年　12月　25日登記

整理番号　（略）　　＊下線のあるものは抹消事項であることを示す。

住所（略）		
株式会社×××		
会社法人等番号	××××-××-××××××	

資本金の額	金5,000万円	平成○年 ○月 ○日変更
		平成○年 ○月 ○日登記
発行可能種類株式総数及び発行する各種類の株式の内容	A種類株式（譲渡制限付普通株式）3500株 B種類株式（譲渡制限付配当優先議決権制限付株式）2000株 C種類株式（譲渡制限付取得請求権付拒否権付株式） 1株 D種類株式（譲渡制限付取得請求権付株式）500株 E種類株式（譲渡制限付取得条項付議決権制限株式）3,500株 F種類株式（譲渡制限付取得条項付株式）2,000株 B種類株式 　（議決権） 　　B種類株式は，法令に別段の定めがある場合を除き，当会社株主総会において議決権を有しないものとする。 　（配当優先） 　　当会社は，剰余金の配当をするときは，毎年基準日現在の最終の株主名簿に記載または記録されたB種類株式を有する株主に対して，B種類株式1株につき，A種類株式1株あたり配当額の1.25倍の配当をする。ただし，1株あたりの年配当金額は5,000円を限度とする。 C種類株式 　（取得請求） 　　C種類株式を有する株主は，当会社に対してC種類株式の取得をいつでも請求することができる。C種類株主から当該請求があった場合，当会社は，C種類株式の取得と引換えにC種類株式1株につき，当会社所定の算出方法（「法人税基本通達9-1-14上場有価証券以外の株式の価額の特例」を斟酌する方法）により算定された時価に相当する金銭を支払う。 　（拒否権） 　　株主総会または取締役会において決議すべきすべての事項につき，丙種類株主のうち1名でも反対の意思表示をした者がいるときには，当該決議のほか丙種類株主を構成員とする種類株主総会の決議を要する。 D種類株式 　（取得請求） 　　D種類株式を有する株主は，当会社に対してD種類株式の取得をいつでも請求することができる。D種類株主から当該請求があった場合，当会社は，D種類株式の取得と引換えにD種類株式1株につき，当会社所定の算出方法（「法人税基本通達9-1-14上場有価証券以外の株式の価額の特例」を斟酌する方法）により算定された時価に相当する金銭を支払う。 E種類株式 　（議決権） 　　E種類株式は，法令に別段の定めがある場合を除き，当会社株主総会において議決権を有しないものとする。 　（取得条項） 　　当会社は，E種類株式を有する株主が，当会社の使用人でなくなった場合には，その有する株式を取得することができる。この場合において，当該株式1株を取得するのと引換えに，その対価として，50,000円を交付する。 F種類株式 　（取得条項） 　　当会社は，F種類株式を有する株主が，当会社の役員でなくなった場合には，その有する株式を取得することができる。この場合においては，当該株式1株を取得するのと引換えに，その対価として，50,000円を交付する。 　　　　　　　　平成○年 ○月 ○日変更　平成○年 ○月 ○日登記	

整理番号　　（略）　　＊下線のあるものは抹消事項であることを示す。

住所（略）
株式会社 ×××
会社法人等番号　××××-××-×××××××

株式の譲渡制限に関する規定	当会社の株式を譲渡により取得するには，当会社の承認を要する。 　　　　　平成○年　○月　○日変更　平成○年　○月　○日登記		
役員に関する事項	取締役　○　○　○　○		平成○年　○月　○日重任
			平成○年　○月　○日登記
	取締役　○　○　○　○		平成○年　○月　○日重任
			平成○年　○月　○日登記
	取締役　○　○　○　○		平成○年　○月　○日重任
			平成○年　○月　○日登記
	取締役　○　○　○　○		平成○年　○月　○日重任
			平成○年　○月　○日登記
	取締役　○　○　○		平成○年　○月　○日就任
			平成○年　○月　○日登記
	住所（略） 代表取締役　○　○　○　○		平成○年　○月　○日重任
			平成○年　○月　○日登記
	住所（略） 代表取締役　○　○　○　○		平成○年　○月　○日重任
			平成○年　○月　○日登記
	住所（略） 代表取締役　○　○　○　○		平成○年　○月　○日就任
			平成○年　○月　○日登記
	監査役　○　○　○　○		平成○年　○月　○日重任
			平成○年　○月　○日登記
取締役等の会社に対する責任の免除に関する規定	当会社は，会社法426条の規定により，取締役会の決議をもって，会社法423条に規定する取締役，監査役の賠償責任を法定の限度において免除することができる。 　　　　　平成○年　○月　○日設定　平成○年　○月　○日登記		
社外取締役等の会社に対する責任の制限に関する規定	当会社は，会社法427条の規定により，社外取締役，社外監査役の会社法423条に規定する賠償責任を限定する契約を締結することができる。ただし，当該契約に基づく賠償責任の限度額は，法令の定める責任限度額とする。 　　　　　平成○年　○月　○日設定　平成○年　○月　○日登記		

整理番号　（略）　　＊下線のあるものは抹消事項であることを示す。

住所（略）
株式会社×××
会社法人等番号　××××-××-×××××××

取締役会設置会社に関する事項	取締役会設置会社	平成17年法律第87号第136条の規定により平成○年○月○日登記
監査役設置会社に関する事項	監査役設置会社	平成17年法律第87号第136条の規定により平成○年○月○日登記

　　　　これは登記簿に記録されている現に効力を有する事項の全部であることを
　　　　証明した書類である。
　　　　　平成21年　2月　23日
　　　　　×××法務局
　　　　　登記官　　　　　　　○　○　○　○　○　　　印

整理番号　　（略）　　＊下線のあるものは抹消事項であることを示す。　　4／4

第2章

最新判決から学ぶ
従業員持株会の設立と再生
―「組合」から「社団」へ―

(＊本章中において「社団」は「人格なき社団」を示します。)

1 既存の「従業員持株会」を再生する

散見される「幽霊持株会」・「ゾンビ持株会」を見直す。

　第2編の「従業員持株会の問題点と対策」第1章で「**幽霊持株会の危険**」を述べました。統計はないものの，巷には相当数の幽霊持株会が存在するものと思われます。このことは，従業員持株会設立がビジネスとなると同様に，既存の従業員持株会を見直すビジネスが存在することからも類推されます。

　恐らくは，バブル前後の相続税対策で，雨後の筍のように急場凌ぎで魂を入れることなく設立されたものの，**相続税の調査は，相続が発生しないことには起きないため，問題化されず現在に至っている**ものと思われます。

　この場合は，従業員持株会が不存在であるがゆえに，その株式はオーナーの株式と認定されて，相続税の節税が根本から覆されるという意味では，その見直しや再生は，ほとん

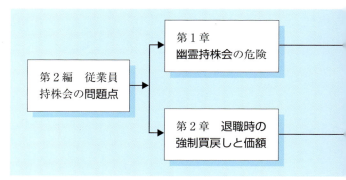

ど最初からリメイクする作業となります。これは，相続税の税務調査によって問題化していない現時点では比較的容易です。

　また，「幽霊」ではなく，現に存続している従業員持株会においても，その

規約・運営の不備から、従業員との訴訟が発生しています。これを取り扱ったのが第2編第2章の「退職時の強制買戻しと価額」で、これも従業員持株会の見直しビジネスの大きな柱となっています。

ところが、この場合、現にそれなりの運営がなされている従業員持株会の外科治療を行うことになりますので、「幽霊持株会」とは異なった意味で大変なことになります。半ば生きているだけに始末に困るわけで、このような"生きながら死んでいる"いわば「ゾンビ持株会」もまた多いようです。

これを放置した結果、税務上は問題なくとも、従業員の退職時に労働法や会社法上の訴訟となり易いものです。訴訟に至らずとも、持分の買戻しに代えて、退職金の上積みなどで解決されて表沙汰にならない例は多いようで、筆者もこれらに「ゴーストバスターズ」のように対応しているのです。

この「幽霊持株会」や「ゾンビ持株会」の再生の中で非常に示唆に富むのが144頁で紹介した、「竹中工務店事件」です。

→ 「本音の目的」である相続税節税が瓦解するので開かれた従業員持株会に。

→ 自己株式の取得は「みなし配当」にもなるので借入金の早期解消・規定整備

反面教師として、こうならないためにどうするか？ は、本書の大きな柱でした。

したがって本判決は、設立・再生の両面に影響し、「みなし配当の本質に関わることで」「従業員持株会が介在した自己株式の取得についてみなし配当課税の適否が争われた事例がほとんど見かけられないだけに、本判決が先例として注目されるものと思われ」ます[1]。以降、本判決を材料として検討して行くことにします。

---

1 品川芳宣「最新判例研究」『T&Aマスター』No.405 28、36頁。

2　事件の概要

持株会に対する貸付金回収のための自己株式取得と「みなし配当」

　第１編で紹介した事件の概要図は以下の通りで，本章で詳細に検討するに当たり，復習を兼ね，重複を恐れずに再掲します。

　新聞報道によると，最近「団塊の世代」の大量退職で従業員持株会の退会に伴う，買戻し支払額がかさんだため，会社からの借入れで応じていました。会社は2004年に320億円になっていた従業員持株会への貸付金解消のため，持株会が退職者から買取った自社株790万株を，会社の簿価500円より約3,500円高い１株約4,000円で持株会から取得し貸付金を相殺しました。

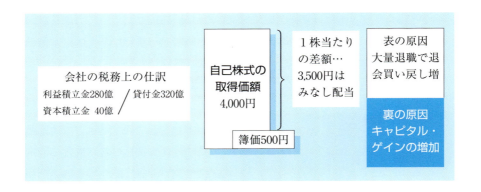

　これに対し国税局は，約3,500円の差額を，利益配当した「みなし配当」と認定。総額280億円につき20％の源泉徴収対象とし，56億円の徴収漏れと，不納付加算税等を含め61億円を追徴・・・が事件結果の概要（平成19年２月７日

読売新聞報道）です。

「みなし配当」は，非上場であるが故の問題で，上場会社なら従業員持株会が市場売却し会社は市場から自己株式取得となり，持株会は売買益を得，譲渡所得課税を受けるため，「みなし配当」にはなりませんから，会社側に源泉徴収義務は生じません。

この**事件からの予防的な教訓**は，「最低限，買戻し価額は固定的であるべき」ということで，「仮に，借入金が生じてしまった場合には，**早期に毎期処理して芽を摘んでおく。**」というのが第1編第2章での民法の組合契約を述べながらの対策・検討でした（一般社団法人を使う方法は本編第3章参照）。

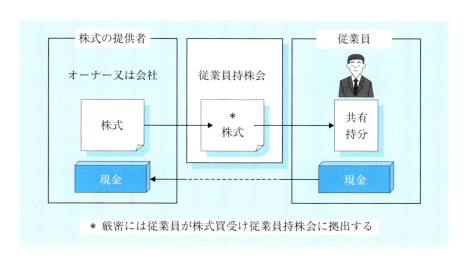

＊厳密には従業員が株式買受け従業員持株会に拠出する

何故なら，従業員持株会は**資金をほとんど持たない団体**だからということが根本にあることも，上図をもって本書で再三述べてきたことです。

審査請求と裁判を通して見えることは，「みなし配当」や「組合」の本質にかかわり，「従業員持株会の設計と見直し業務」に重要な示唆を与えます。

3 地裁判決の争点

「みなし配当」か「非課税」か？　「組合」か「社団」か？

事件は、本書初版発行後の平成20年6月に審査請求の決定（非公開裁決）、平成23年3月17日地裁判決、平成24年2月16日控訴審判決を経て、平成26年1月16日に最高裁で上告棄却されました。

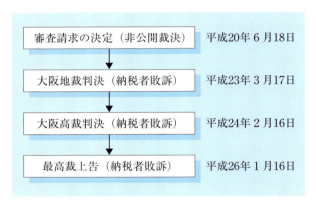

判決内容は、従業員持株会の設立や再生上、大いに注目されるため、次項以降では、地裁判決を中心に検討を加えますが、ここで論点をまとめておくことにします。

本件の争点は様々ありますが、大きくは2つで、「みなし配当」か「非課税」か？　「組合」か「社団」（以下、本章中において、「社団」は「人格なき社団」を示します。）か？　にまとめることができます。

1 本件の最大の争点は、自己株式の取得に伴い「みなし配当」が発生したか否かです。原告（会社側）は、従業員持株会の救済のための強制換価手続の執行が避けられない状況のため、仮に「みなし配当」に該当するとしても、所得税法9条1項10号により「非課税」であると主張しました（本章の 8 項

第2章 最新判決から学ぶ従業員持株会の設立と再生―「組合」から「社団」へ― 413

で掲載した地裁判決文中の注番号⓬参照。以下同じ。）。

❷ また，仮に「みなし配当」としても，自己株式を取得するため対価4,050円（1株当たり）には，**資本等取引のほかに福利厚生費に充てられた部分（損益取引）が混在している**と主張します（⑧項❽㉓参照）。

そしてその**時価**である，類似業種比準価額630円（1株当たり）**を上回る部分**については，「みなし配当」はなかったことになるとも主張します。しかし，**判決は文理解釈上それを認めない**としました（⑧項⓴㊹参照）。

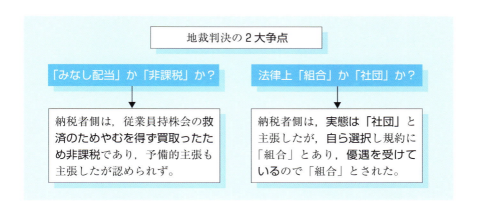

❸ 従業員持株会は「組合」として設立されましたが，「社団」として組織することも可能です。本件では，会社側は，その実態は「社団」であるとして，**従業員持株会をめぐる法的性格も争点**となっています。判決では，**自ら「組合」として設立し，パススルー課税の恩典を受けているので組合**とされました（⑧項㊱㊵参照）。

もちろん「社団」であっても，会社が自己株式を取得すれば「みなし配当」が生ずることに変わりがありませんが，処分の違法性についての論点につながります（⑧項❿参照）。それ以上に，本件訴訟外のところですが，「社団」であれば「みなし配当」であっても受取配当等の益金不算入になり新たな可能性を検討することになり，後述する**本章最大の課題**となります。

4 地裁判決から学ぶ全体像

判決評釈ではなく，実務に活かす検討の結果，新スキームへ。

(1) 現行「従業員持株会」制度の根本的問題

本項より竹中工務店事件として以降詳細に検討してまいりますが，そこで浮かび上がってくることは，本書初版の冒頭の「はしがき」で下図を示しながら述べたことに帰結してきます。すなわち，従業員持株会を規定する法律はない現状にあって，様々な法律の部分を使って，危ういながらも何とか成立させているのです。

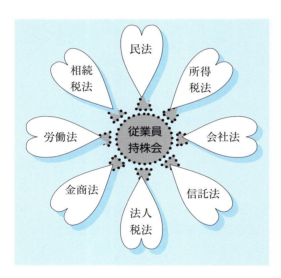

したがって，ある時は民法あるいは会社法上の問題として，ある時は税務上の問題かと思えば，労働法の裁判として取り上げられたり…と変化します。

様々な疑義のあるまま，各法規を借用してあたかも「従業員持株会法」が存在するかのように運用されています。かと言って決して違法なものではありませんし，砂上の楼閣のように実在しえないものでもありません。世の中には法律はなくとも適法に運用されている制度は多く存在します。社会の変化は常に先行しますから，法律はすべてを律しきることは不可能なものです。

この場合は実態に即して法は判断されることになり，従業員や課税当局との紛争は最終的に訴訟に持ち込まれて判断が示されることになります。

ともあれ，永年の実績のある従業員持株会制度でも，本件訴訟が提起されて現実に起こっている実態と照合してみると様々な不具合が見いだされ，今まさにそれに一つの判断が示されようとしています。それは**直接に規定する法律を持たない従業員持株会制度にあっては特に根本的な課題**と言えます。

本書では，いわゆる「判決評釈」のスタンスを取りません。判決文と品川教授の評釈を中心に，実務家が従業員持株会の「設立・再生」において活かし，リスクを回避するための検討を行います。そのため，裁決の決定書や判決文にない部分の推論も挟んで検討していくことをお許しください。

(2) 地裁判決を検討して学ぶ3つのこと

地裁判決を検討し，結果として学ぶこと＝「教訓」と「アイデア」を以下の3つにまとめてみましたが，[7]では前言を翻す**「どんでん返し」さえ可能な結末へ**と導いていくことになります。以下，順次述べてまいります。

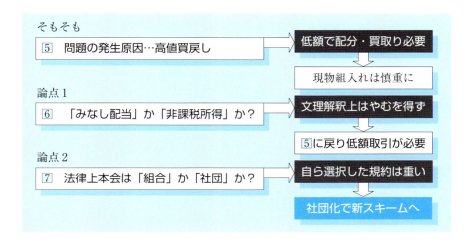

5 問題の発生原因…高額買戻し

審査請求の決定書にも判決文にもない実情が垣間見える。

(1) なぜ高額買戻しをするのか？

そもそも，本件の巨額借入金が何故生じたのかと言う問題の根本は，従業員持株会が会員の財産形成等を重視し，退職等による退会又は会員による一部買取りの際の**買取り価額が高額であった**ことにあります。

具体的には，**会社側の主張する時価（類似業種比準価額）１株当たり630円の約6.5倍の4,050円**です（本章の8項❾⓴参照。以下同じ。）。

したがって，本書で繰り返し述べるように従業員持株会は資金をほとんど持たない組織であるため（8項⓫参照），会社から借入をして買取りに応じていました。なお，本件従業員持株会の規約には，会社からの借入ができる旨規定されています（8項㉚㉞参照）。

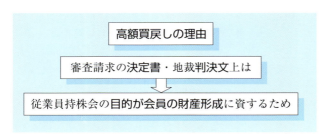

なぜ，このような高額にするのかについては，従業員持株会の目的が会員の財産形成に資するため（8項❶参照）とありますが，実はそればかりではないのではないかと考えられます。

まず，審査請求に係る決定書の「判断」の中の「認定事実」事項を見ると「本件持株会は，平成６年以降■■■■■■■■までの間，退会者等から買い

第2章　最新判決から学ぶ従業員持株会の設立と再生—「組合」から「社団」へ—　417

戻した株式持分の買戻価額及び会員に対して配分した株式持分の配分価額を本件規約第29条に基づき一貫して1株当たり■■■としており，同価額は，本件持株会の理事会で可決され会員に通知されている。」とあります（平成20年6月18日大裁（諸）平19-60情報公開法第9条第1項による開示情報 TAINS コード FO-2-385）。この場合，会員の取得価額も譲渡価額も同価額のため，会員にとっては譲渡益はないことになります。

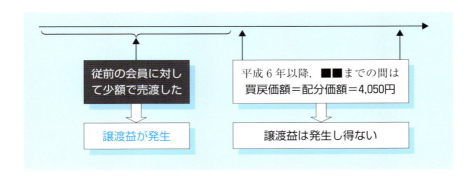

それにも拘わらず，従業員持株会が会員から買戻した折には，会員は**譲渡所得の申告をしている**との審査請求時点での記述があります。

また，当判決を評釈した11の注記にある品川教授によれば「**従前に会員に対して少額な評価額で売り渡した株式を買取り保証額（最高評価額）の4,050円という高値で買取ったことにより本件持株会の会社に対する債務が膨張し**」とあることから，以下のように推察できます。

つまり，平成6年より前は，4,050円よりは低い価額で持分を取得していた，あるいは，この従業員持株会設立以前にこの規定の価額4,050円以下で取得した会員が存在すると考えられます。

(2) 現物組入れの必要から高額買戻し保証に？

　したがって本件が必ずしもそうであるとは言えませんが、この場合、最も考えられることとして恐らくは、設立以前には従業員持株会ではなく一時的にも直接持株制度にしていたものの、譲渡制限株式であれ閉鎖的な会社の株式を直接保有させることは問題が多いため、従業員持株会を設立する際に、「現物組入れ」をさせると、このようなことになり易いと考えられます。

　「現物組入れ」を促し、従業員持株会での一括管理をする必要からは、将来に買戻す際に高値を保証することが必要ではなかったかと考えられます。そうすれば、従業員福祉政策上は損をさせることはできないこと以上に、財産形成上特典を与えつつ、直接持株制度を解消することが一挙に解決します。

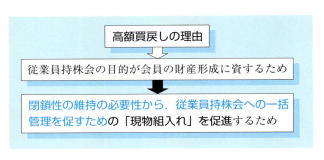

　しかしながら、これは「現物組入れ」を行うことによるリスクの一つとも言えますし、本問題の遠因にもなっていると推察できます。

　それでも、順調に退職による退会と新入会員の入会がバランスしていれば問題は生じませんでした。**新聞報道では、高度成長期の団塊世代の入社により大型化してきた会社と従業員持株会が、従業員の高齢化に伴う退職による退会が増加して、買戻しが増え、それを補うほどの新入会員の増加がありませんでした**（⑧項❸参照）。

　何故なら、先述のように平成6年以降は、新入会員の取得は、買取り価額と同額の4,050円ですから、**配当が得られたにせよ、当初会員のようなキャピタル・ゲインは全くと言っていいほどに見込めない**からと考えられます。

第2章　最新判決から学ぶ従業員持株会の設立と再生―「組合」から「社団」へ―　419

　このような事態は，当初は予期しえなかったものと思われます。本書ではその教訓から，配当還元価額のような**低額で取得し，買戻し価額もそれと余り変わらない価額**とすべきであること，**あるいは昨今の判決の傾向からして，キャピタル・ゲインを多少なりとも加味した「中間型」**を提唱してきたわけです（第2編第4章・本章6の(3)参照）。

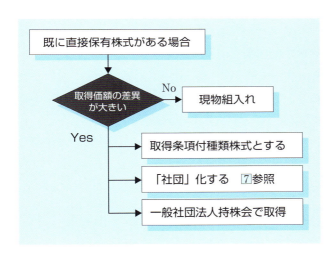

　「現物組入れ」は，直接保有の従業員の取得価額と従業員持株会での取引価額に差がある場合には，慎重に対処する必要があります。

　なぜなら，従業員持株会が民法上の組合である限り，その財産は「共有」となり価値が平均化されてしまいます。したがって，後から高値購入した会員が損失を被ったり，会員間の贈与になる場合もあります。

　この場合は，現物組入れはしないで，最低限，**「取得条項付種類株式」への変更を提唱**してきました（169・303頁参照）。

　また，7で詳説する**「社団」化**する方法があります。また**一般社団法人**として持株会組織を並立設立して，受け皿とし塩漬けする方法もあります（第3章参照）。

6 争点1・「みなし配当」か「非課税所得」か？

「みなし配当」は厳しい条文。回避するためにも低額譲渡が必要。

(1) 「みなし配当」の基本・根拠条文

　これから具体的争点へと入っていきますが，最大の争点である「みなし配当」か「非課税所得」か？　です。100％か0％かと言う意味では対局にあるものですが，その内容は複雑ですので順次みていきます。

　まず，従業員持株会側は巨額な借入金（会社側からすると貸付金）を解消するために，以下の仕訳のように，従業員持株会の唯一の資産である当該会社の株式を当該発行会社に代物弁済として，買取ってもらうことにしました。

＜従業員持株会の仕訳＞　　　　　　　　　　　　　　1株当たり

借　入　金	4,050	有　価　証　券	4,050

＜会社の会計上の仕訳＞　　　　　　　　　　　　　　1株当たり

自　己　株　式	4,050	貸　付　金	4,050

＜会社の税務上の仕訳＞　　　　　　　　　　　　　　1株当たり

資本金等の額	500*	貸　付　金	4,050
利益積立金額	3,550		

　　　＊「資本金等の額」は仮の値です。以下同じ。

　会社側は「自己株式の取得」となるため，税務上の仕訳は上記のように，まずは対応する「資本金等の額」を減額し，それを上回る部分は**「利益積立金**

第2章 最新判決から学ぶ従業員持株会の設立と再生―「組合」から「社団」へ―　421

額」を減額することになり，これが即，「みなし配当」となります。

　条文では以下のように，本件は確かに法人による自己株式の取得となり，文理解釈上は「みなし配当」に該当することになります（8項❼⓭⓮参照）。

> **法人税法24条（配当等とみなす金額）≒ 所得税法25条**
> 　法人（公益法人等及び人格のない社団等を除く。以下この条において同じ。）の株主等である内国法人が当該法人の次に掲げる事由により金銭その他の資産の交付を受けた場合において，その金銭の額及び金銭以外の資産の価額（適格現物分配に係る資産にあつては，当該法人のその交付の直前の当該資産の帳簿価額に相当する金額）の合計額が当該法人の資本金等の額又は連結個別資本金等の額のうちその交付の基因となつた当該法人の株式又は出資に対応する部分の金額を超えるときは，この法律の規定の適用については，その超える部分の金額は，第23条第1項第1号（受取配当等の益金不算入）に掲げる金額とみなす。
> 1. 合併（適格合併を除く。）
> 2. 分割型分割（適格分割型分割を除く。）
> 3. 資本の払戻し（中略）又は解散による残余財産の分配
> 4. 自己の株式又は出資の取得（金融商品取引法第2条第16項（定義）に規定する金融商品取引所の開設する**市場における購入による取得**その他の政令で定める取得及び第61条の2第13項第1号から第3号まで（有価証券の譲渡益又は譲渡損の益金又は損金算入）に掲げる株式又は出資の同項に規定する**場合に該当する場合における取得を除く**。）
> 5. 出資の消却等（略）
> 6. 組織変更（略）

　上記条文のうち，4号のカッコ書きが「みなし配当」とならない「除外事項」で，会社側は裁判の中でこれに該当すると主張します（8項⓭〜❶参照）。その内容を簡単に言えば，**上場会社が自己株式を取得する場合は除く**ことになりますので，一般の非上場会社は自己株式の取得は「みなし配当」の範疇に入ることになります（判決文では同内容の所得税法25条を使用）。

(2) 争点1の全体像

「みなし配当」の基本を見たところで、争点1の全体像を把握します。

① 目的説　　まず、会社側は、本件従業員持株会は、**従業員の財産形成に資することを目的として組織**されていて、借入金の弁済を従業員持株会の唯一の資産である当該会社の株式をもってしたこと、つまり「代物弁済」は、多額の借入金を抱えて危機に瀕していたため、**従業員持株会を維持し福利厚生対策の危機を救済するために行ったもの**であるから、会社にとっては単なる**資本等取引としての自己株式の取得にゆえん**（ゆえん＝理由。わけ。いわれ。）するものではないから「みなし配当」に該当する事実関係は認められないと主張します（8項❽参照）。

これに対して国側は、目的いかんによって左右されず「みなし配当」に該当すると主張し、判決も国側の主張を全面的に採用しました（8項❽および㊸参照）。

<会社の予備的主張での税務上の仕訳>

資本金等の額	＊＊	貸　付　金	＊＊
利益積立金額	＊＊		
福利厚生費	＊＊		

② 混合取引説　　次に会社側は、**予備的主張**（上記の主位的主張が認められない場合の主張で、仮に「みなし配当」に該当するとしても、こう言えるのでは…と主張すること）で、仮に「みなし配当」としても、**自己株式の取得対価4,050円（1株当たり）には、持株会を維持し福利厚生対策の危機を救済するためだから、資本等取引のほかに福利厚生費に充てられた部分（損益取引）が混在している**と主張します（8項❽参照）。これを著した仕訳が上記です。

この時の金額の区分は，自己株式の取得対価は「時価」であるべきだから，その時価は類似業種比準価額の630円となるので（8項❾参照），1株当たりで仕訳をすると以下のようになります。この結果，「みなし配当」に該当する金額は，3,550円から130円に著しく下がることになります。

<会社の予備的主張での税務上の仕訳>　　　1株当たり

時価 630円	資 本 金 等 の 額	500	貸　　　付　　　金	4,050
	利 益 積 立 金 額	130		
	福 利 厚 生 費	3,420		

これに対して国側は，区分する余地はないと主張し（8項❶❾参照），判決では，(1)で掲げた条文の文理解釈をして，取得の対象とされた自己株式の時価を比較対象として「みなし配当」の額を計算すべきものと解釈する余地はないとして，国側の主張をこれまた全面的に採用しています（8項㉕参照）。

③　**非課税説**　さらに会社側は，次の争点2の持株会が「組合」か「社団」かの中での予備的主張として，仮に「みなし配当」に該当するとしても，持株会の救済のため強制換価手続の執行が避けられない状況にあったから，所得税法9条1項10号により「非課税」であると主張しました（8項⓬参照）。

> **所得税法9条（非課税所得）1項10号**
> 　資力を喪失して債務を弁済することが著しく困難である場合における国税通則法第2条第10号に規定する強制換価手続による資産の譲渡による所得その他これに類するものとして政令で定める所得

これに対して国は非課税所得には該当しないと主張し（8項㉓参照），判決ではこれについては触れられませんでした。

(3) 実務対応（常識的対応）

(2)で見たように会社側の主張はことごとく認められず，ほぼ全面的に国側の主張が判決でも採用されています。また，一般的に本件事案を考えたとした場合，原則である文理解釈上はそれが当然とも考えられます。

しかし，この後の争点2の「法律上『組合』か『社団』か？」の検討を加えた上で検討をすると異なった意見を持つにいたります。

それは，そもそも④項で述べたように，**直接的に規定した法律に立脚しない従業員持株会においては，従業員持株会の実態と乖離した解釈が，借用してくる各種法律が，従業員の福利厚生を目的とする保護の掌から零れ落ちるが如く欠落してしまうことから生ずるものと言えます。**

直接規定する法が無いと
間隙から零れ落ちる

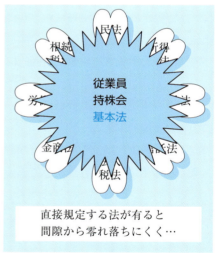
直接規定する法が有ると
間隙から零れ落ちにくく…

その場合，従業員持株会を規定する基本法が存在すれば「みなし配当」を避けることを最小限に留めることができるのですが，現状はそれがありません。

だとすれば，**文理解釈による杓子定規な解釈ではなく，実態に即した判断が求められなければなりません。**

しかしながら、実務家として、その都度、訴訟で争うにはリスクが大きいものがあります。したがって、本裁判の評釈と検討は後述に譲るとして、この段階で、否認されることのない実務対応を考えてみましょう。

まず、「みなし配当」の条文は極めて厳格に規定されており、文理解釈上は一般の未上場会社における自己株式の取得については、まずもって「みなし配当」の規制に掛かってくることから、「みなし配当の額」が生じない、あるいは、その額が少なくなるようにすることが肝要であると考えます。

そのためには、本書で繰り返し述べるように、従業員が株式の持分を取得する場合には、配当還元価額程度の価額として、買戻す場合もこれに近似する価額とすることが望まれます。

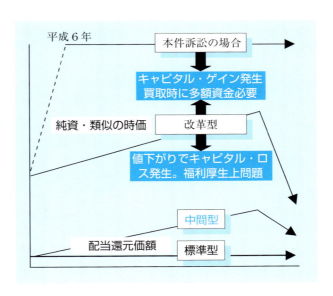

しかし、これらは既に述べてきたことで、ここで特に強調することではありません。

上図のように、「改革型」や「本件訴訟」の場合には、買取時に多額の資金が必要になり、これが必然的に借入金を必要とする従業員持株会の体質を生まれながらにして作ってしまうのです。

7 争点2・法律上「組合」か「社団」か?

論争はさらに複雑化して行く。「社団」に変更する策も。

(1) 争点1＋争点2へ 「社団」のメリット

争点2では，より根本的な部分であるところの，本件従業員持株会の法的性格が「組合」なのか「社団」なのかを巡ってさらに論争が展開されることになります。

そして，争点1の「みなし配当」も加わってきます。しかし先述のように「組合」であれ「社団」であれ「みなし配当」は発生します。しかし，その後に会員への分配をする際の課税が異なってきます。すなわち，「組合」であるならば，パススルー課税となり一般的には会員の配当所得となりますから配当控除が受けられ，「社団」であれば，会員は雑所得となり配当控除が受けられません（所得税法92条）。

	組合	社団
団体の所得	みなし配当	
組合員への分配所得	配当所得	雑所得
配当控除の適用	◎	×

同じ配当なのに，何故，社団の場合には雑所得になるのかというと，『人格のない社団等からの利益の分配については，商法（会社法）のような法規定がなく，現実になされる利益分配の性格に問題があるだけではなく，法人税を課されるのは収益事業の所得に限られ，**利益分配がすべてその所得からなされるとも限らない**ことから，所得税法及び法人税法を通じてこれを配当所得として法人税，所得税のいわゆる二重課税の調整の対象とすることはせず，個人の構

成員が受ける場合の所得は雑所得[2]』ということになり，所得税基本通達35-1(7)にも規定されるところです。

本訴訟では，従業員持株会規約に民法上の組合と自ら規定しパススルー課税の恩恵も永年受けてきているため，国側は「組合」であるとし，判決もそれを採用しています（⑧項❷～❻㉒および㊳㊵参照）。

にも拘わらず会社側は，従業員持株会の実態からして，会員には一見不利な「社団」だと主張します（⑧項❿参照）。それは何故でしょうか？ 実は，これが一番の肝になる部分だからです。

すなわち，従業員持株会がその実態からして「社団」であるとした場合，「社団」が受け取る「配当」や「みなし配当」は，「社団」は，法人税法上は法人とみなされますから「受取配当等の益金不算入」の規定の適用を受けることになります。

	＜社団の場合の仕訳＞		1株当たり	
税額控除 {	現　預　金	80	受　取　配　当　金　　　　　100	} 益金不算入
	法　人　税　等	20		

さらに，その際に課税された源泉税は還付されます。争点1のように「非課税所得」とされなくても，こちらの方が有利で制度上も確実です。従業員持株会は，通常は配当控除を受けるために「民法上の組合」とするのですが，特定の場合に従業員持株会を「社団」化する工夫の余地が見出されます。

以下はそれを念頭に，本件訴訟を検討していくことにします。

2　長谷部啓「パススルー課税のあり方」『税務大学校論叢』平成19年7月4日　95頁。

(2) 「社団」の要件と本件持株会の実態から「新スキーム」へ

「社団」（権利能力なき社団）は，民法その他の"法律に根拠をもたないで"社団としての"実態"を備えたものです。

その「社団」の要件は既に判例で確立しています。これは判決文の中にも明らかにされているように（⑧項❸参照）[3]，最高裁判例の示す4条件は以下のようになります。

> 1．団体としての組織を備えていること。
> 2．多数決の原理が行われること。
> 3．構成員の変更にもかかわらず団体そのものが存続すること。
> 4．組織によって代表の方法，総会の運営，財産の管理その他団体としての主要な点が確立していること。

以上の4条件は，特段に困難な要件ではありませんから，従業員持株会が幽霊持株会でない限りは，**容易に要件を具備することが可能**です。本件においても，裁判所は検証した上で「社団」たる要件を具備していると認定しています（⑧項❸前後を参照）。

この場合，**従業員持株会は「組合」となることも「社団」となることも任意に選択することができます**し，現に従業員持株会規約によれば，「組合」を選択しているわけです（⑧項❷❷参照）。

したがって，本件では，長期にわたって，パススルー課税の恩典である配当控除も受け続けていることもあって，結論としては「組合」と判示されています（⑧項❹参照）。

ここで注目すべきは，次頁の図のように，**民法上は「組合」であると共に**

---

[3] 最高裁判所昭和39年10月15日第一小法廷判決（民集18巻8号1671頁）。

「権利能力なき社団」であり，かつ，税務上も「組合」と「人格のない社団等」のいずれにも該当する場合は，どのように課税するのが合理的かという点です（8項㉟参照）。この点は，本件訴訟に関する唯一と言っていい詳細な評釈を発表されている品川教授も言及されています[4]。

また，より根本的には，「組合」と「社団」とは，「個人」と「法人」のように左右に割り切れるものではなく，重層的な存在であることです。

この点，事業体の多様化が進展してきたことによる課税のあり方としても近年論議の盛んな分野でもあります[5]。

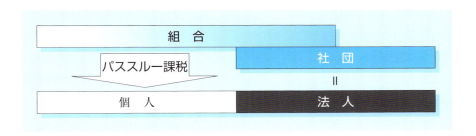

その中で，「組合」と「社団」の区別は，その"実態"をもって"個別に"判断されることになるのが通説となっています[6]。その具体的な判断は，本件訴訟において当然に論争となり，それが，後述する「みなし配当」の除外項目とすべき場合をめぐる論議に（(3)参照），また本項の目的とするゾンビ持株会の「再生・見直し」の「新スキーム」へとつながっていきます。

その論争の中では，先述した「社団」となることの最大のメリットである

4　品川芳宣「最新判例研究」『T&Aマスター』№405　29頁。
5　品川芳宣「最新判例研究」『T&Aマスター』№421　31頁。長谷部啓「パススルー課税のあり方」『税務大学校論叢』平成19年7月4日　68頁。　なお，近年登場してきた事業体の種類としては，合同会社，LLP，投資事業有限責任組合，有限責任事業組合，公益法人，一般社団法人，一般財団法人，NPO法人などがあります。
6　長谷部啓「パススルー課税のあり方」『税務大学校論叢』平成19年7月4日　95頁。

「受取配当等の益金不算入」と「税額控除」のダブルメリットは表現されていません。もちろん、通常であれば、益金不算入は2分の1しかなりませんので、全額益金不算入としたければ25％（平成27年4月1日以降は3分の1）以上を会社が出資して「関係法人」とする等の工夫を凝らします。

税額控除	＜社団の場合の仕訳＞			1株当たり		益金不算入
	現　預　金	80	受 取 配 当 金	100	
	法 人 税 等	20			

しかし、そこまでしなくとも、上記100の2分の1が益金算入ですから所得が50となり、多額の借入金との相殺で本件訴訟のように自己株式を取得した結果「みなし配当」が出て、税率が40％となったとしても50×40％＝20で税額控除をすれば納税が0になります。通常の配当しかない事業年度では、中小法人の税率となって還付となります。

本件訴訟の場合には、従業員持株会は自ら「組合」を選択し、その後変更もせず、さらには「配当控除」を受けてしまっていることが大きく災いして、会員数7,000名を超えて、本当に組織的運用をしないことには成り立たない巨大従業員持株会ですから、"実態として「社団」"といえる状況にもありながら、最終的には、「組合」との個別認定がなされています。

と言うことは、逆に言えば自ら進んで従業員持株会規約において「社団」として立ち上げ、あるいは変更し、配当控除も受けない道を選択すれば、ダブルメリットを受けることが可能ではないか？

さらには、会員から買い取るために生じた会社からの借入金が多額になって生きたまま屍と化した「ゾンビ持株会」がそれを解消するために、本件訴訟と同様に会社が自己株式を従業員持株会から買い取ったら？

もちろん「みなし配当」となります。しかし，ダブルメリットで実質全額非課税となり，会員に分配した部分のみが，会員の雑所得となり，本件訴訟のような大惨事にならない・・・というスキームが考えられます。

そのためには，従業員持株会が"実態として「社団」であること"が不可避ですが，先述のように幽霊持株会でなければ不可能ではない訳です。後は規約を「社団」として，僅かな配当控除のメリットは諦めることにより，組合の煩雑な計算（(3)参照）と多大な課税が後日発生するリスクを回避することを選択することの方が，より従業員福利に資すると考えられます。

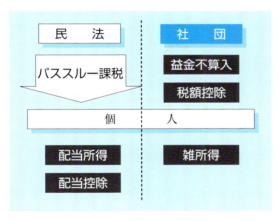

このことは，「従業員持株会＝民法上の組合」というセオリーを覆して考えることが可能であることも示しています。

さらには，買戻しの資金不足→借入金の増大→解消のための自己株式の取得は「みなし配当」で巨額課税との流れを断ち切ることが可能ということになります。

すなわち，前言を翻すかのようですが，「標準型」や「中間型」としての前提であった「低額譲渡と低額買取」ではなく，「高額買取」を保証し，その結果，借入金が増大しても自己株式として買取れば良いことになります。

相続税節税の「本音」から言えば，従業員持株会設立時に，配当還元価額程度の低額で譲渡し，退会時に高額買取（下図のように，一部引き出しは預入期間による段階的価額にするなど工夫もできる）が保証されていて，キャピタル・ロスもなく，従業員のメリットは大きくなります。したがって**従業員持株会の設立（相続税の節税）はより容易**になります。

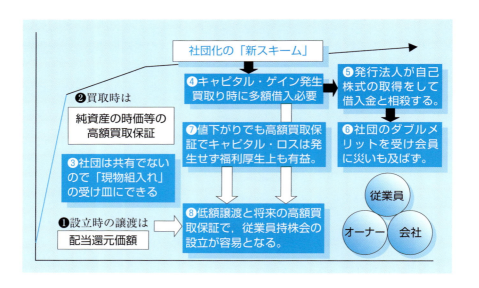

この結果，第2編で述べたキャピタル・ゲインのなさからくる問題点は無い上に，上図①～⑧のようにキャピタル・ロスもなく**従業員福利に資すること**になります。

さらに会社は，次の(3)で見るように「組合」の共有による弊害もないため「現物組入れ」は容易に閉鎖性を維持でき，時価上昇による士気向上を図ることが可能ですから，従業員・会社・オーナーの「三方良し」の関係を構築できます。これは取りも直さず，「本音」の推進にもつながることになります。

また，(4)で検討する「みなし配当」の適用除外を，特別の立法や解釈を必要としないで，実質的に実現できることになります。

しかし，このようにメリットがある「社団」化は何故これまで行われず，従業員持株会＝「民法上の組合」という意識構造になっていたのでしょうか？

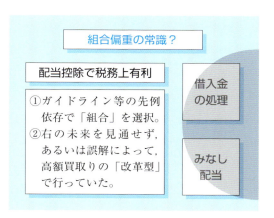

それは，既述のように「組合」なら配当控除が最大のメリットとされ（実額は僅か），ガイドライン等の先例が「民法上の組合」によっていたためと考えられます。

また，高額借入金の処理の問題がありながら半ば無視され，本書第1編第1章38頁のように間違った知識のまま「改革型」で続けられたりもしました。そうして，本件訴訟のように団塊世代の退職や新入会員の減少で借入金が膨らみ，その解消のための「みなし配当」が多額になるリスクに目を伏せていたからです。次の(3)で検討するように実は「組合」の計算は高度です。

目先のメリットだけを考え，数十年後のことはひとまず目をつむって，あるいは無知や誤解から，取りあえずスタートするというのは，「非公開株の納税猶予」や「年金制度」にしろ「原子力発電」にしろ多くあるものです。

また，昨今は登記を要する「一般社団法人」の従業員持株会設立も検討されることもありますが，「一般社団法人」は配当や分配ができず，寄附によらなければなりません。その場合，会員は法人からの寄付（一時所得）でほとんど課税されませんが，法人側では全額損金にならない難点もあります。しかし，分配をせず塩漬け効果を見込んでの活用はあるかもしれません。

もちろん，「社団」化しても，法務的に「集団投資スキーム」に該当しないよう注意を払うのは従前の「組合」の場合と変わりありません（資料4：489頁参照）。

(3) 「組合」の会計は高度

「社団」の会計は，普通法人と同じですから何ら難しくありません。それに比べ「組合」の会計は難解で高度です。それは，**ひとえに「組合」財産が「共有」であるから**というのは，第１編の最終⑮（178頁）で民法の面から述べました。「合有」という概念も述べました。

一方，組合の「会計」はそれ以上に難しいことを一般には知られていません。したがって，ここで，簡単に説明のできるほどではないからこそ，難しいのですが，一言で言えば「共有」の計算が難解なのです。以下に簡単な例で見てみますが，それでも如何に大変であるかを理解できます。

例えば，１株の時価120円の株式をＡＢ２人が１株ずつ拠出した「組合」は，２株とも２人の共有財産で240円，それぞれの財産価値は120円です。

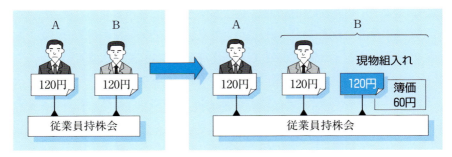

ここに，過去において１株60円で取得していたＢ人が追加で「現物組入れ」をしてきたとしましょう。すると組合財産は240円＋現物組入れ分120円＝360円になり，Ａの出資は120円のままですから出資割合は３分の１，Ｂのそれは120円＋現物組入れ分120円＝240円ですから３分の２となります。

しかし，**ここからが大変です**。２人の個別の財産価値は何度も言うように「共有」ですから**「現物組入れ」をした簿価60円**，時価120円の株式についても**「共有」**になるので，Ｂがした「現物組入れ」による追加出資により共有持ち分の変化を伴います。すなわち，Ａの持分割合は３分の１，Ｂの持分割合は３分の２ですから，「現物組入れ」した追加した分もＡのその割合に相当する３

分の1だけAの所有になります。このため「現物組入れ」した120円の内BからAに対して120円÷3＝40円だけの部分的な譲渡（贈与ではありません）があったことになります。その譲渡原価は簿価60円÷3＝20円ですから以下のように株式譲渡益が生じます（租税特別措置法施行令39の31⑤）。

ことはそれで終わりません，「現物組入れ」したBの自分の持分の3分の2はそのまま組合に移動したので，以下の仕訳が必要となります。

以上①と②を合計すると以下の仕訳になります。

<①＋②　現物組入れしたBの合計仕訳>

組合拠出金	80	株　　　式	60
（資　産）		株式譲渡益	20

上記の結果，借方の「組合拠出金」は簿価60円でもなく，時価120円でもない，一部譲渡したので，その混合である80円と表示されます。

しかし，持分は時価（120円）を基準にして計算されるため，AとBの各々の持分は以下となり，持ち分割合が4：5に変化してしまうのです。

$$A = 120 + 120 \times \frac{1}{3} = 160 \cdots\cdots 4$$

$$B = 120 + \left(60 \times \frac{2}{3} + 120 \times \frac{1}{3}\right) = 200 \cdots\cdots 5$$

ことほど左様に,「組合」の会計,加えて**税務は難解で高度**です。前頁の「部分譲渡」も,実は**平成17年度税制改正でようやく明らかにされたに過ぎません**（ちなみに本件訴訟の原因取引は,平成16年7月です）。それまでは学説上も「全部譲渡説」と入り乱れていて,通達もなく,昭和54年の国税庁質疑応答集の中で税務は「部分譲渡説」によるとあっただけでした[7]。

このように複雑な関係を回避するために,「組合」で行う場合には「現物組入れ」は原則禁止とし,出資も買戻しもほぼ統一価額とするのが賢明です[8]。

組合の共有会計の困難さは,上記「現物組入れ」の場合に留まりません。本件訴訟では,先述のように恐らくは「現物組入れ」をしていると思われますが,これも推測に過ぎませんが上記のような会計をしていなかったと考えられます。

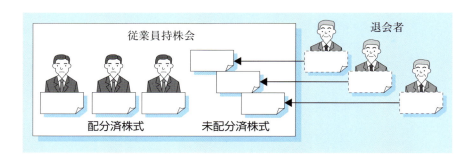

本件訴訟では,基本の「共有」処理がなされておらず（処理がなされていなくとも組合財産は自動的に「共有」となります）,各会員名義に分配された株式「配分済株式」と,それがなされていない,つまり退会者から買戻したままの「未配分株式」とに分けて管理されていました（⑧項❹❶❺参照）。

---

7 審理課情報第5号「資産税関係質疑応答事例集第6集」。
8 資料の「持株制度に関するガイドライン」では原則禁止で,非上場株式は取得価額を証明できる場合はこの限りではないとしています。また本書の従業員持株会の雛形（140頁）では「組み入れることができる」としてありますが,現に現物組入れをしたら上記のように大変な作業になります。

会社からの配当は，当然にその区分に無関係にされ，その都度，源泉徴収もされています。しかし処分行政庁の担当職員による指導により**配当所得として確定申告をし，配当控除を受けていたのは「配分済株式」分だけ**で，「未配分株式」は源泉徴収されたまま，確定申告はされていませんでした。何とこの状態が20年に亘り続いていたのです（⑧項❶❶参照）。

このような状態で，「未配分株式」に相当するだけ，退会者から高額な買取保証価額で買戻ししているのですから，それがそのまま会社からの借入金となっていて，「未配分株式」を会社に譲渡して借入金の代物返済をしたというのが本件の構造です。

その代物弁済に伴う「みなし配当」は**退会者とその時点の会員双方にとっての所得**となりますし，それが**長期間続いています**上に**会員は7,000人**ですから，この共有会計は目も眩む程に複雑な計算になることは先の計算例から容易に想像できます。したがって，その計算は実際には不可能だから**「みなし配当」の除外項目であるべきだと会社側は主張**します（⑧項❶❸〜❶❺❷❹❷❻❷❽参照）。

しかし，国側は，**時点時点の会員も退会者も明確だから計算は可能だと主張**しますし，判決もそう判示します（⑧項❹❷参照）。品川教授の評釈では「そのような帰属計算も不可能であろう。かといって，本件代物弁済時の会員にその損失を帰属させることも，理論的にも問題があり，計算技術的にも困難である。**本判決は，そのようなことも可能であるかのように判示しているが，その根拠を明らかにしていない。**」と述べ，会社側と同じく「みなし配当」除外項目とすべきと結論付けています[9]。

9　品川芳宣「最新判例研究」『T&Aマスター』№405　29頁。

(4) 「社団」の実態

　(2)で述べたように，また前項(3)で述べた「組合」の共有会計の困難さを考えるとき，**社団であることのメリットは大きなものがあります。**しかし，そのためには当然のことながら"実態として「社団」であること"が不可避です。けれども，先述のように幽霊持株会でなければ不可能ではない訳です。しかし，**実態としてそれを確実に具備しない限りはリスクが高くなります。**

　その意味において，本件訴訟を今少し詳細に検討していきますが，裁判の上では，前頁までで述べてきた「社団」であることのダブルメリットに言及されることはありませんでした。これは，当時の法律では「受取配当の益金不算入」は確定申告要件であるため，恐らくは収益事業を行っていないことから確定申告を行っていないので訴訟上の利益がないと考えられます。

　ちなみに平成24年度税制改正により，確定申告書以外でも記載限度で適用できることになりましたが，いずれにしろ「社団」を選択した場合には，**申告要件**となりますし，またそうしないと源泉税の税額控除もできません。

> 法人税法23条　7項
> 　第一項の規定は，確定申告書，**修正申告書又は更正請求書**に益金の額に算入されない配当等の額及びその計算に関する明細を記載した書類の添付がある場合に限り，適用する。この場合において，同項の規定により益金の額に算入されない金額は，当該金額として記載された金額を限度とする。

　それはさておき，そのためか，7,000名余りを有する巨大な組織は**実態として「社団」であり「組合」としての課税を行うことは不可能**であり，仮に行った場合には不合理が生じることをもって「みなし配当」の適用除外とすべきとの主張の展開は前項(3)で述べました。

品川教授も、過去の裁判例や判例から、本判決は「所得税法の関連条項を文理の形式に拘って解釈したにすぎない」と述べられています[10]。筆者は④で述べたように、直接規定の法律を有さない従業員持株会がゆえに、このような救いようのない状態が生じているとの視点で指摘します。

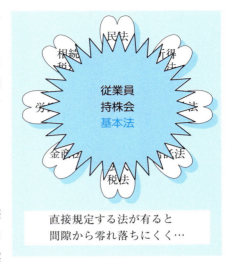

直接規定する法が有ると
間隙から零れ落ちにくく…

このような場合には、その都度実態を判断するというのは個別の判決では必要でしょうが、繰り返すように、実務のリスクは過大になりますから事前に回避しておかなければなりません。そこで改めて、法人税法上の「社団」の規定を以下に確認しておきます。

> **法人税法 2 条八　人格のない社団等**
>   法人でない社団又は財団で代表者又は管理人の定めがあるものをいう。

> **法人税基本通達 1 − 1 − 1（法人でない社団の範囲）**
>   法第 2 条第 8 号《人格のない社団等の意義》に規定する「法人でない社団」とは、多数の者が一定の目的を達成するために結合した団体のうち法人格を有しないもので、単なる個人の集合体でなく、団体としての組織を有して統一された意志の下にその構成員の個性を超越して活動を行うものをいい、次に掲げるようなものは、これに含まれない。
>   (1)　民法第667条《組合契約》の規定による組合
>   (2)　商法第535条《匿名組合契約》の規定による匿名組合

10　品川芳宣「最新判例研究」『T&Aマスター』No.405　32頁。

(5) 「組合」と「社団」のメリット・デメリット

さて，この辺りでこれまでの論議を竹中工務店事件とは離れて，「組合」と「社団」とを比較してみます。

	組 合	社 団（人格なき社団）
最大のメリット	会員側で，**配当控除ができ**，組合はパススルー課税。**投資法制上問題ないとのお墨付き**が，「組合」が前提でなされています。組合側では，法人税申告は不要です。	社団側で法人税申告をすることにより**配当益金不算入と税額控除のダブルメリット**。「みなし配当」のリスクなく，キャピタル・ゲインのプランにも**柔軟**対応可。この結果，**募集が容易になり，相続税節税もし易くなります**。
配当控除	原則，**適用可能**（従業員持株会を特異な形式で設立すると不可→雑所得になる）。	適用できない。**配当控除の額は少ないのでメリットと言える程**でない。申告不要を選択も可能。
所得区分	原則，配当所得です。	雑所得になります。源泉税なし。
キャピタル・ゲイン	原則，得られません。これを目指すと，組合の維持が困難となる。	**自由な設計が可能**です。
キャピタル・ロス	原則，生じないほど取引価額を低くします。	取引価額を高値で保証することで避けられます。
会計の難度	**特異で難解**。(3)参照	**普通法人と同じ**。
現物組入れ	できなくはないが，共有会計が**複雑で困難**です。(3)参照	可能です。現物出資になるので譲渡所得となるもほとんど課税されない可能性大です。
グループ法人課税適用除外	5％未満なら可能。しかし5％では相続税の節税効果上は僅かでしかありません。	できませんが，左にあるように，5％ほどでは意味がないので無視できます。
毎年の事務負担	会員が確定申告をするための計算書・「信託に関する計算書」が必要（148頁参照）	会員が確定申告をするための計算書が必要

第2章 最新判決から学ぶ従業員持株会の設立と再生—「組合」から「社団」へ— 441

　一言で比較できるよう，表の一番上に「最大のメリット」を表しました。
　そのうちの「社団」を図解したのが再掲する下図です。グラフの線は，設立当初の拠出時は，「配当還元価額」程の低額で，この時点での従業員持株会の募集のトークは以下のようになるでしょう。
　「取得後，5年間は取得価額（配当還元価額程度）で買い戻します。5年経過後の退会時には高額で買い戻します。さらに経過年数に応じて徐々に高値で買い戻します。資金の目途は，会社から借り入れができ，最終的には株式を会社に買取って貰って弁済しますから，我が社が倒産しない限り会員のキャピタル・ロスはありません。（みなし配当は難しいので話しませんが…）」

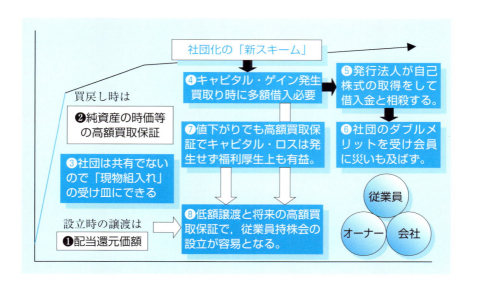

　「組合」の投資法制上問題がない旨のお墨付きは，従業員持株会を「組合」で行うプランを立てた証券業界が当時の大蔵省に照会したため，たまたま「組合」について出ているものです。巻末資料4（539頁）の平成24年3月の金融庁のガイドラインを満たせば，従業員持株会一般について「集団投資スキーム」に該当しないで問題ないものです。

8 竹中工務店事件・地裁・最高裁判決文

持株会に対する貸付金回収のための自己株式取得と「みなし配当」

（太文字・色付け及び❶等の注番号は筆者によるもので，4項〜7項の解説と対応しています。）

大阪地方裁判所　平成20年（行ウ）第231号所得税納税告知処分取消等請求事件（棄却）（控訴）国側当事者・国（処分行政庁　東税務署長）**平成23年3月17日判決**　TAINSコードZ 888-1593

主　文
1　原告の請求をいずれも**棄却**する。
2　訴訟費用は原告の負担とする。

事　実　及　び　理　由

第1　請求
処分行政庁が平成19年2月6日付けでした原告の**平成16年7月分**の源泉徴収に係る所得税納税告知処分及び不納付加算税賦課決定処分を取り消す。

第2　事案の概要
本件は，株式会社である原告が，その**従業員持株会に対する貸付金を回収するため，同会が保有する原告の発行済株式を代物弁済により取得した**ところ，処分行政庁が，当該代物弁済により消滅した債権のうち，取得した株式に対応する資本等の金額を超える部分は**「みなし配当」**に該当し，原告には源泉徴収義務があるとして，原告に対し，源泉徴収に係る所得税の納税告知処分及び不納付加算税の賦課決定処分をしたことから，原告がこれらの処分の取消しを求めた事案である。

1　前提事実等〔事実は，当事者間に争いがないか，掲記の証拠（書証番号には枝番号を含む。以下同じ。）により容易に認められる。〕
（1）当事者
　ア　原告は，■■■■■を営む株式会社である（争いがない）。
　イ　■■■■持株会（以下「本件持株会」という。）は，その❶規約（以下「本件規約」という。）により，会員に原告の株式を保有（共有）することを奨励し，その取得を容

第2章 最新判決から学ぶ従業員持株会の設立と再生―「組合」から「社団」へ― 443

<u>易ならしめ，もって会員の財産形成に資することを目的として組織された</u>原告の従業員持株会である（乙1）。

（2） 代物弁済とこれによる株式の取得

原告は，平成16年7月1日，本件持株会の理事長との間で，本件持株会の原告に対する**借入金残高が321億2973万5400円であることを確認した上で，その弁済に代えて，本件持株会が所有する原告の株式（普通株式）の所有権の移転を受ける旨合意した**（乙2。以下上記合意を「本件代物弁済」といい，これによって消滅した本件持株会の上記債務を「本件借入金債務」，原告が取得した上記株式を「本件株式」，原告がした株式取得を「本件株式取得」，本件代物弁済に係る契約書を「本件契約書」という。なお，本件借入金債務及び本件代物弁済の効果の帰属主体や，本件契約書2条に記載された本件持株会による本件株式の「所有」の意義をどのように捉えるかについては，争いがある。）。

（3） 課税処分の経緯等

ア 処分行政庁は，本件代物弁済により消滅した本件<u>借入金債務の額のうち281億4184万0242円</u>は，所得税法（平成17年法律第21号による改正前のもの。以下同じ。）25条1項5号に規定された**「みなし配当」に該当し**，原告には，同法181条1項に基づき，所得税の源泉徴収及び納付の義務があると認定し，平成19年2月6日，国税通則法（以下「通則法」という。）36条1項2号，67条1項本文に基づき，別表「課税の経緯（源泉所得税）」のとおり，原告の平成16年7月分の源泉徴収に係る所得税納税告知処分及び不納付加算税賦課決定処分を行った（以下，それぞれ「本件告知処分」，「本件賦課決定処分」といい，両者を併せて「本件課税処分」という。）。

イ 原告は，本件課税処分を不服として，平成19年4月4日付けで異議申立てをしたところ，処分行政庁は同年6月12日付けで，原告の申立てを棄却する旨の決定をした。

ウ 原告は，上記異議決定を不服として，**平成19年7月12日付けで審査請求をしたが**，国税不服審判所長は，平成20年6月18日付けで，原告の審査請求を棄却する旨の裁決をした。 （以上アからウまでにつき，いずれも当事者間に争いがない。）

エ 原告は，**平成20年12月10日，本件訴えを提起した**（顕著な事実）。

2 被告の主張する本件課税処分の根拠
（1） 本件告知処分の根拠
ア 本件持株会の法的性格

本件規約によれば，本件持株会は，❷<u>「民法667条1項の定めに基づく組合として組織する」とし</u>（本件規約1条），民法上の組合として設立されたものであることを明らかにしている。

また，本件規約によれば，「本件持株会は，その目的を達成するために，会員のための

持株制度の管理，運営及びそれに附帯する事業を行」い（同4条），「会員は，本件規約4条に定める事業運営のため，本件持株会への出資として，原告の株式及び出資金を拠出する」とされており（同19条），民法667条1項が規定する組合契約の成立要件（各当事者が出資を為して共同の事業を営むこと）を充足している上，❸本件持株会が保有する財産は**会員の共有**とされており（本件規約22条，24条及び31条等），同法668条が規定する「組合財産は，総組合員の共有に属する」にも合致している。

さらに，❹従業員持株会が民法上の組合として設立された場合，従業員持株会の稼得した配当所得は組合員への分配を待たず組合員への配当所得として所得税の課税対象となり（いわゆるパススルー課税），組合員が配当所得として所得税の確定申告をすることにより，配当控除（所得税法92条）の適用を受けることができるところ，本件持株会は，原告から支払を受けた原告の決算配当のうち❺配分済株式（本件持株会が保有する株式のうち，個々の会員の出資に応じて割り当てられ，本件持株会の「会員別持分明細表」に登録され管理されているものをいう。以下同じ。）に係る部分について，「名義人受領の配当所得の調書合計表」を作成するとともに，会員に対し「名義人受領の配当所得の調書」を発行し，本件持株会が民法上の組合であることを前提とした計算処理を行い，**パススルー課税の扱いを受けていた。**

以上のとおり，❻本件持株会は，その規約において，民法上の組合である旨自ら明確に宣言するとともに，民法の定めるその要件を充足するものとして組織され，自らを民法上の組合として扱うことによって税法上の利益も享受してきており，原告も，本件持株会に対する決算配当についてそのような前提での税務処理を行ってきたものであるから，本件持株会は，民法上の組合である。

イ 本件代物弁済に伴う「みなし配当」

本件代物弁済により，❼原告が自己株式である本件株式を取得する一方，株主の本件借入金債務が消滅したのであるから，所得税法25条1項5号が規定する，法人の株主等が当該法人の自己の株式の取得により金銭その他の資産の交付を受けた場合に該当し，同項柱書きにより，本件借入金債務のうち，当該法人の資本等の金額のうちその交付の基因となった本件株式に対応する部分の金額を超える部分は，利益の配当とみなされ（みなし配当），同法24条1項に規定する配当等となる。

本件におけるみなし配当額は，次のとおり，281億4184万0242円となる（乙3から5まで）。

本件借入金債務の額	321億2973万5400円…①
原告の資本等の金額	■■■■■■■■■■■ …②
（内訳）	
資本金■■■■■，資本積立金（資本剰余金）	2億6800万円
本件株式数	■■■■■■■■■■■…③
原告の発行済株式数	■■■（乙4，5）…④
本件株式に対応する資本等の金額	39億8789万5158円…⑤

②×③÷④≒39億8789万5158円
みなし配当額　　　　　　　　　　　281億4184万0242円
①－⑤＝281億4184万0242円

ウ　原告の源泉徴収義務

　原告は，上記みなし配当につき「居住者に対し日本国内において…配当等の支払をする者」（所得税法181条1項）に該当するから，原告には，同項に基づき，所得税の源泉徴収・納付義務がある。

　源泉徴収は，「配当等…の支払の際…にしなければならない」（所得税法181条1項）と規定されているところ，代物弁済により債務が消滅した場合もここでいう「支払」に該当するから，本件においては，本件代物弁済により本件借入金債務が消滅した平成16年7月1日に「支払」がされたものといえ，この時に源泉徴収義務が発生し，同項の定めるところにより，同年8月10日が源泉所得税の納付期限となる。

　源泉徴収・納付すべき所得税の額は，配当等の金額に100分の20の税率を乗じて計算した金額とされており（同法182条2号），上記イのみなし配当所得281億4184万0242円に100分の20を乗じた56億2836万8048円が，原告において源泉徴収・納付すべき所得税の額となる。

エ　まとめ

　以上のとおり，原告は，本件代物弁済によるみなし配当所得につき，平成16年7月分として（法定納期限は同年8月10日），56億2836万8048円の源泉所得税を徴収・納付すべき義務を負っていたから，処分行政庁が，通則法36条1項2号に基づき，「所得の種類」を「配当」，「年月分」を「平成16年7月」（「法定納期限」は「平成16年8月10日」），「本税」を「56億2836万8048円」として行った本件告知処分は適法である。

（2）　本件賦課決定処分の根拠

　原告は，本件代物弁済に伴い「みなし配当」が発生したことから源泉所得税の徴収・納税義務を負っていたにもかかわらず，法定納期限を経過してもその義務を履行しなかったのであるから，通則法67条1項本文に基づき，不納付加算税を徴収される。そして，不納付加算税の額は，本件告知処分によって原告が納付すべき所得税の額〔別表「課税の経緯（源泉所得税）」の「本件告知処分等」欄の「本税額」欄に記載されたもの〕から1万円未満の端数を切り捨てた金額（通則法118条3項）に100分の10の割合を乗じた金額が不納付加算税の額であるから，本件賦課決定処分は適法である。

3　本件の争点は，本件代物弁済に伴い「みなし配当」が発生したか否かであり，争点に関する当事者の主張は，以下のとおりである。

（1）　原告の主張

ア　みなし配当該当性に係る主張

（ア）　本件持株会は，❽原告の従業員の財産形成に資することを目的として組織されたも

のであるところ，本件代物弁済は，多額の債務（本件借入金債務）を抱え危機に瀕していた本件持株会，ひいては，従業員持株制度を維持することにより<u>従業員の福利厚生対策の危機を救済するために行われたものであり</u>，原告にとって，単なる資本取引としての自己株式取得にゆえんするものではないから，所得税法25条1項5号に該当する事実関係は認められない。

（イ）　仮に，本件代物弁済がみなし配当に該当するとしても，本件代物弁済が福利厚生目的でされたものであることからすれば，本件代物弁済において消滅した本件借入金債務の金額には，<u>❾本件株式を取得するための正当な対価（本来の取得価額）に充てられた部分のみが資本等取引としてみなし配当に該当し，その余の部分は福利厚生費に充てられた損益取引とみるべきである。本件株式の時価は類似業種比準価額によれば1株当たり630円と評価することができ，これを上回る部分についてはみなし配当はなかったものとみるべきである。</u>

イ　本件持株会の法的性格及びこれに関連する主張

（ア）　本件持株会は，その<u>❿運営実態等に照らせば，人格のない社団の実体を有する団体として実在しており，人格のない社団であるから，仮に，本件代物弁済がみなし配当に該当するとしても，その受給者は社団である本件持株会とされるべきところ，本件課税処分は，本件持株会が民法上の組合であり，会員（組合員）が受給者であることを前提としてされており，受給者を誤っていることから，違法</u>というべきである。

（イ）　また，<u>⓫人格のない社団である本件持株会の資産としては，本件株式が唯一のものであり，その時価額（類似業種比準価額である1株当たり630円で算定した■■■■■■■■■■■）と本件借入金債務の額（321億2973万5400円）とを対比すれば，⓬本件持株会は著しい債務超過の状態にあり，以後において収支が改善する見込みもなかったから，債務を弁済することが著しく困難であった。原告は，本件持株会がこのような状態にあることについて会計監査人から是正を求められており，本件持株会がこれを放置すれば，原告としては法的手続をとって債権回収に当たらざるを得なかった。このように，本件持株会は通則法2条10号にいう強制換価手続の執行が避けられない状況にあったから，仮に，本件代物弁済がみなし配当に該当するとしても，所得税法9条1項10号の非課税所得規定が適用される。</u>

（ウ）　被告の主張するように，本件持株会が<u>⓭民法上の組合に該当するとした場合，本件代物弁済によって生じた債務の消滅に係る利益を本件持株会の会員らに分配して計算することは，複雑な清算関係や法律関係が生じるため，不可能である。このことからすれば，本件代物弁済について所得税法が予定しているようなみなし配当課税を行うことはそもそも無理がある</u>と考えられる。

　仮に，本件持株会が民法上の組合に該当するとして税法上の課税関係が各会員個人に帰属するというのであれば，<u>⓮未配分株式（本件持株会が保有する株式のうち，配分済株式

以外のものをいう。以下同じ。）の代物弁済による本件借入金債務の消滅という利得は，本件株式を配分済株式として割り当てられていた当時の会員個人，又は貸付金の実行を受けた本件持株会に対して自身の配分済株式を返還売却しその対価を受け取った当時の会員個人を実質的債務者として，当該会員個人に分配して計算するのが最も公平かつ合理的な税務処理というべきである。本件代物弁済により消滅したことが利得と評価された**本件借入金債務は経年により累積，累増してきたものであり，その時々によって会員個人は変動しているから，本件代物弁済当時の会員のみを債務者としてみなし配当課税の責めを負わせることは不公平，不合理**である。

（エ）　❶❺株式の発行会社と株主との間に**本件持株会のような事業体が介在し，当該株主の株式売買が専ら当該事業体との間で行われており，当該事業体と発行会社との間で株式の精算取引（結果的には，自己株式の取得）が行われている場合には，みなし配当課税に係る現行の所得税法の規定（25条1項4号）が定めているみなし配当課税の除外事由と同様に，除外して考えるべき**である。

ウ　処分行政庁の担当職員による指導に係る主張

（ア）　本件持株会においては，❶❻処分行政庁の担当職員の指導により，本件代物弁済の対象となった未配分株式に対する配当金を各会員個人に分配しておらず，配分済株式に対する配当金だけを分配するシステムを構築していた。このような経緯の下で，**本件のみなし配当に係る利得だけを会員個人に分配することは，技術的に困難であり，各会員に納得させるだけの理屈や根拠もないのであるから，これを利得とみてみなし配当の対象とするのは不合理**である。

（イ）　本件持株会が未配分株式に対する配当金を会員個人に分配していないのは，処分行政庁の担当職員による事実上の拘束力をもつ税務指導によるものであり，その結果，❶❼未配分株式に対する配当金に係る所得税が源泉徴収されたまま，**還付金等の取戻しができない状態が20年間継続**してきた。このような経緯の下で，上記指導に反する本件課税処分がされたことは青天の霹靂というべき事態であって，本件課税処分は不誠実である。

（2）　被告の反論
ア　みなし配当該当性に係る原告の主張について

（ア）　原告は，本件代物弁済が従業員の福利厚生対策としてされていることから，所得税法25条1項5号に該当する事実関係が認められない旨主張する。

　しかしながら，仮に，原告が本件持株会との間で本件代物弁済に係る契約を締結するに当たって，従業員の福利厚生を図る目的を併せて有していたとしても，本件代物弁済の時点において，本件持株会の会員ら（本件持株会を民法上の組合と解した場合）又は本件持株会（本件持株会を人格のない社団と解した場合）は，原告に対し本件借入金債務を負っており，本件代物弁済によって本件借入金債務が消滅したという事実関係がある以上，このような本件代物弁済は❶❽所得税法25条1項柱書き及び5号が規定する要件を充足し，こ

のことは，原告が本件代物弁済を行った目的いかんによって左右されるものではない。

（イ）原告は，本件代物弁済において消滅した本件借入金債務の金額には，本件株式を取得するための正当な対価（本来の取得価額）に充てられた部分（資本等取引）のほかに福利厚生費に充てられた部分（損益取引）が混在しているとみた上，本件株式の時価は，類似業種比準価額である1株当たり630円と評価することができることから，これを上回る部分については，みなし配当はなかったことになるとも主張する。

しかしながら，❶所得税法25条1項柱書き及び5号は，株主等が交付を受けた「金銭の額及び金銭以外の資産の価額の合計額」が，「当該法人の…資本等の金額…のうちその交付の基因となった当該法人の株式…に対応する部分の金額」を超えるときに，みなし配当が生じる旨を規定しており，取得の対象とされた自己株式に対応する資本等の金額との間で比較の対象とすべきものは，株主等が交付を受けた金銭の額等であるから，法文上，取得の対象とされた自己株式の時価を比較対象としてみなし配当の額を計算すべきものと解釈する余地はない。

なお，この点をおき，❷仮に，時価を基準としてみなし配当の額を計算することとしても，本件持株会は，本件代物弁済に先立つ平成14年12月20日，■■■■■■■■■■■■に対し，1株当たりの価額を4050円として原告株式を売却しており，かかる取引事例のあることからすれば，原告株式1株当たりの時価は4050円とみるのが相当であるから，原告の上記主張を前提としても，本件告知処分におけるみなし配当の額の計算には何ら誤りはない。

イ　本件持株会の法的性格及びこれに関連する原告の主張について

（ア）原告は，本件持株会が，民法上の組合ではなく，人格のない社団である旨主張するが，❸一般に，従業員持株会は，民法上の組合と権利能力なき社団との両方の性格を備えているものとされており，ある❹従業員持株会がそのいずれであるかは，団体がそれを構成する当事者の意思によって創設・維持されるものであることからすれば，法律行為の解釈に関する一般原則と同様に，当該団体の運営実態等から当事者の意思を合理的に解釈して決するほかない。そして，本件持株会については，前記2（1）アにおいて述べた事実関係に照らし，本件持株会の運営実態等から当事者の意思を合理的に解釈すれば，本件持株会が民法上の組合として組織され運営されてきたことは明らかである。

また，源泉所得税に係る納付告知書には，「納付すべき税額」，「納期限」，「納付場所」及び「納付の目的」の記載が要求されているにとどまり（通則法36条2項，国税通則法施行令43条，国税通則法施行規則6条1項），支払を受ける者の氏名や支払年月日等，支払事実ごとに成立，確定する個々の源泉所得税の納税義務を識別するに足りる事項の記載は一切要求されていない。このことからすると，仮に，本件持株会の法的性格が人格のない社団であると解したとしても，本件告知処分は課税要件を満たしており，処分の同一性が欠けることにもならないから，その適法性に影響を与えることはない。以上の点は，源泉徴収制度において，支払者（源泉徴収義務者）は国に対し，一般の納税義務と同列に扱われている源泉徴収義務を負うのに対し，国と受給者（源泉納税義務者）との間には直接の

法律関係が存しないこと（最高裁判所平成4年2月18日第三小法廷判決・民集46巻2号77頁参照）からも裏付けられている。

（イ）　原告は、本件代物弁済については、所得税法9条1項10号の非課税所得規定が適用されるとも主張するが、㉓本件持株会は、「資力を喪失して債務を弁済することが著しく困難である場合」に該当せず、また、本件代物弁済も「強制換価手続による資産の譲渡」等に該当しないから、原告の上記主張は失当である。

（ウ）　原告は、本件代物弁済によって生じた債務の消滅に係る利益を本件持株会の会員らに分配することが不可能であることや、そのような処理をすることは本件借入金及びその消滅によって生じた利得と直接関係しない本件代物弁済当時の会員のみに負担をさせることになって不公平であること等を主張する。
　　しかしながら、㉔本件代物弁済が行われた時点において、本件持株会に所属する会員らを特定することは可能であるから、上記のような計算を行うことも可能であるし、むしろ、本件規約上、本件持株会が民法上の組合とされている以上、組合員が多数で計算が困難であることを理由に分配を拒否することはできないというべきである。
　　また、㉕所得税法25条1項柱書き及び5号が、自己株式の取得の基因となった金銭等の交付を捉えて、みなし配当の発生原因としていることに照らせば、このような金銭等の交付（本件では、本件借入金債務の消滅）が行われるに至った経緯に関与したにすぎない者（本件代物弁済の対象とされた未配分株式の元所有者や本件借入金債務に係る借入金を原資として自身の配分済株式を本件持株会に返還売却した元会員）を対象として課税処理を行うことは、法律上予定されていないというべきである。
　　さらに、㉖本件持株会は、規約上会員の退職等に伴う構成員の変動を予定しており、そうである以上、本件持株会の債務が長年累積することとなれば、その間に本件持株会の会員の構成に変動が生じることも当然予定されているというべきであり、所得税法が、自己株式の取得の基因となった金銭等の交付を捉えて、みなし配当の発生原因として規定していることにも照らすと、本件借入金債務が累積する過程において構成員の変動が生じているからといって、本件代物弁済時の会員にみなし配当が生じることを「不公平、不合理」などとはいえない。

（エ）　原告は、本件代物弁済については、現行の所得税法の規定（25条1項4号）が定めている㉗みなし配当課税の除外事由に倣い、みなし配当課税の規定の適用対象から除外して考えるべきであるとも主張するが、みなし課税に関する現行法令の規定を無視した主張であって、失当である。そもそも、租税法は、原則として、強行法の性質を持つのであるから、法令の文言上、課税要件の除外事由に該当しないことが明らかであるにもかかわらず、除外事由に該当するものと取り扱うべきことにはならない。

ウ　処分行政庁の担当職員による指導に係る原告の主張について

原告は、本件持株会が未配分株式に対する配当金を会員個人に分配していないのは、処分

行政庁の担当職員による事実上の拘束力を持つ税務指導によるものであり，本件持株会では，配分済株式に対する配当金だけを分配するシステムを構築していたことから，本件のみなし配当に係る利得だけを会員個人に分配することは困難であることや，上記指導により，未配分株式に係る配当金は源泉徴収されたまま，還付金等の取戻しができない状態が20年間継続してきたにもかかわらず，本件課税処分がされたのは不誠実であること等を主張する。

しかし，原告の主張する事実関係を踏まえても，上記担当職員は，㉘<u>実務上，未配分株式を会員に割り当てるなどして早期に処理することが求められていることを前提</u>にした上で，未配分株式に係る配当について支払調書の提出が不要であることを述べたことがうかがわれるにすぎない。本件持株会が多数の未配分株式を抱えていたのは，こうした早期の処理を怠った結果にすぎないから，処分行政庁の対応に非難されるべきところはないというべきである。

第3 争点に対する判断

1 配当所得及びみなし配当に関する所得税法の規定

所得税法の定める配当所得とは，法人から受ける利益の配当，剰余金の分配等に係る所得をいい（同法24条1項），配当所得の金額は，その年中の配当等の収入金額とされている（同条2項）。

配当とは，一般的には，企業活動によって生じる一定期間の利益の処分として株主等出資者に対してされる利益分配を意味するが，税法上の配当所得の概念は，これよりも拡張されており，本来は利益の配分の性格を持たない基金利息や利益の前払の性格をもつ中間配当を含み，さらに，配当，利子，証券の売却益等各種収益の混合から成る証券投資信託の収益の分配等まで取り込まれ，さらには，会社の正式な決算手続に基づき利益が分配されたものでなくても，実質的にみてそれが出資者が出資者の立場で受ける利益の分配とみられる限りにおいて，配当所得として取り扱うこととされている。一方，㉙<u>人格のない社団等からの剰余金の配当，利益又は剰余金の分配等については，所得税法上の配当所得とはされない</u>（同条24条1項）。

所得税法25条は，形式的には法人の利益配当ではないが，資本の払戻し，法人の解散による残余財産の分配等の方法で，実質的に利益配当に相当する法人利益が株主等に帰属したものと認められる行為が行われたときに，その経済的実質に着目し，これを配当とみなして（みなし配当）株主等に課税する趣旨の規定である。

2 認定事実

前記前提事実等（第2の1）に加え，証拠（掲記のもののほか，甲31，32）及び弁論の全趣旨を総合すれば，本件持株会の設立の経緯等について，以下の事実を認めることができる。

（1） 原告は，■■■■■を営む株式会社であり，その株式が金融商品取引所に上場されていない非上場会社であるところ，原告の従業員持株会として，昭和63年以前には「■■■」が存在していた。ただし，本件持株会と異なり，「■■■」の会員には原告の役員も含まれていた。（甲2，12，31，32，弁論の全趣旨）

第2章　最新判決から学ぶ従業員持株会の設立と再生─「組合」から「社団」へ─　　451

（2）　昭和63年11月1日，本件規約に基づき，本件持株会が設立された。本件規約等の概要は，次のとおりである。（甲2，乙1）

ア　本件持株会は，民法667条1項の定めに基づく組合として組織し（1条），会員に原告の株式を保有（共有）することを奨励し，その取得を容易ならしめ，もって会員の財産形成に資することを目的とし（3条），この目的を達成するために，会員のための持株制度の管理・運営及びこれに付帯する事業を行う（4条）。

イ　本件持株会の会員は，原告の総合職をもって構成し（5条），この資格を有する者は，別に定める運営細則の手続によって入会し，会員がこの資格を喪失したときは，自動的に退会するほか，理事長に届け出て退会することができる（6条）。

ウ　本件持株会には，役員として，理事長，副理事長，理事及び監事を置き（7条），理事及び監事は，原告の各本支店所属の会員から候補者を選出し，総会において選任し，理事長及び副理事長は，理事の互選により選任し（8条），理事長が本件持株会を代表し，その業務を執行する（9条）。

エ　本件持株会には，機関として，総会及び理事会を置く（11条）。このうち，総会は，本件規約に定めるもののほか，規約の改廃，決算の承認，解散及び清算並びにその他理事会が必要と認めた事項を決議し（13条），理事会は，本件規約に定めるもののほか，持株制度の管理・運営に関する事項，運営細則の改廃及びその他会務運営に関する事項を決議する（17条）。

オ　運営
（ア）　会員は，本件持株会の事業運営のため，本件持株会への出資として，会社株式及び出資金〔本件持株会設立時に拠出された会員の出資金（以下「運営出資金」という。）並びに積立金，奨励金及び配当分配金（以下，積立金以下3者を一括して「拠出金」という。）をいう。〕を拠出し，本件持株会は，拠出された会社株式，運営出資金及び拠出金を，それぞれ「会社株式持分」，「運営出資金持分」及び「拠出金持分」として算出し，「会員別持分明細表」に登録する（19条から22条まで）。

（イ）　㉚本件持株会は，運営出資金及び拠出金によって，退会者の持分返還による株式，会員の持分一部返還による株式，会社の増資による割当株式及びその他関係株主所有の株式を購入し（ただし，**運営出資金及び拠出金が不足する場合，原告から借入れを行うことができる。**）、購入した株式を所定の基準日に会員の「申込株式持分数」に応じて配分計算するとともに，これを「会員別持分明細表」に追加登録する（23条，24条）。

（ウ）　会員は，本件持株会が保有する株式を管理の目的をもって理事長に信託して，株式は理事長名義とし（25条），出資持分に係る権利を他に譲渡又は担保提供することができない（ただし，事前に理事会の承認を得たときは，この限りでない。26条）。会員は，

その株式持分について，株式による返還を受けることはできず，㉛退会するときは，その株式持分の全部を本件持株会に売却しなければならない。この場合，本件持株会は，当該会員の株式持分数に本件規約の定める株式評価額を乗じて算出した金額を現金で支払う。(27条，29条)

　会員が本件持株会を退会するときは，本件持株会は，当該会員の拠出金持分及び運営出資金持分の全部を現金で返還する（28条）。

カ　解散及び清算

　本件持株会は，①その目的を達成し，事業を完了したとき，②事業遂行が不能となったとき，又は③その他これらに準じた状況が生じたときは，理事会の決議を経た上，総会に付議して解散を決定する（30条）。

　㉜解散及び清算は，民法その他の法令を準用し，残余財産は，会員のそれぞれの持分に応じて配分する（31条）。

(3)　本件持株会は，㉝保有する原告株式に係る配当を原告から一括して受け取っており，このうち配分済株式に係る部分については会員からの拠出金〔上記（2）オ（ア）〕に振り替え，未配分株式に係る部分については「有価証券配当金」に振り替えて本件持株会の収入としていた。さらに，配分済株式に係る部分については，「名義人受領の配当所得の調書合計表」を作成するとともに，会員に対し，その配分済株式に対する配当金額及びその源泉徴収税額を記載した「名義人受領の配当所得の調書」を発行していた。他方，原告では，本件持株会に一括して支払った配当額及び源泉徴収税額を記載した支払調書を発行していた。（甲５，14，弁論の全趣旨）

(4)　本件持株会は，㉞退会者から株式持分を買い戻す場合等に行う**不足資金の借入れ**〔前記（2）オ（イ）〕につき，原告との間で，昭和63年11月１日付けの協定書を交わしていたが，退会する会員から購入した配分済株式を割り当てるだけの新たな会員の入会や拠出金が確保できない状態となったため，**平成８年頃から，未配分株式数及び原告からの不足資金の借入れが増加を続け**，平成14年12月20日時点で，原告からの借入金の額は260億円に達していた。こうした状況を受けて，本件持株会は，原告に金利免除や借入条件の変更を申し入れるなどしたほか，同日には，■■■■■■■■■■■■■に対し，１株当たりの価額を4050円として原告株式100万株を売却した。（甲９，28，31，32，乙10）。

(5)　原告と本件持株会は，本件代物弁済を行うに当たり，１株当たりの価額を4050円と定めた上で，その価額に対応する借入債務を消滅させるものとして本件契約書を作成した。また，原告は，平成16年１月１日から同年12月31日までの事業年度の法人税の確定申告時に提出した「所得の金額の計算に関する明細書」には，本件代物弁済につき，「区分」欄に「自己株式取得」，「処分」，「社外流出」欄に「配当281億4184万0242円」と記載した。（甲５，乙３）

(6)　本件持株会の保有する原告株式の内訳は，平成16年１月１日時点では，配分済株式

■■■■■■■■■■，未配分株式■■■■■■■■であったところ，本件代物弁済を実施した後である平成16年12月31日時点では，配分済株式■■■■■■■■，未配分株式■■■■■■■となった（乙6）。

3 本件持株会の法的性格等について

（1） 原告は，本件持株会が，民法上の組合ではなく，人格のない社団である旨主張するので検討するに，㉟一般に従業員持株会については，権利能力なき社団として組織することも，民法上の組合とすることも可能であると考えられるところ，特定の従業員持株会がそのいずれであるかは，一般に団体がそれを構成する当事者の意思によって創設・維持されるものであることからすれば，法律行為の解釈に関する一般原則と同様に，当該従業員持株会の運営実態等から当事者の意思を合理的に解釈して決するのが相当である。

（2） これを本件持株会についてみれば，㊱本件持株会は，これを権利能力なき社団（人格のない社団）として組織することが可能であったと考えられるにもかかわらず，本件規約1条で，あえて民法上の組合として組織することを明確に宣言し，自らを民法上の組合として扱っているところ，昭和63年に実施された本件規約の上記条項は，今日に至るまで改正されていない。また，あえて実体と異なるものとして上記条項を定めなければならない合理的な理由は見当たらず，これをうかがわせる証拠もないところである。

（3） もっとも，本件規約が会員，役員，機関，運営等として定める内容〔前記2（2）〕をみると，独立した組織として原告の従業員（総合職）によって構成され，理事長が代表し，運営の重要な事項は会員から選出された理事会において決定され，その運営に要する費用は，原告から受け取る株式の配当を充当するなど，本件持株会は団体としての組織を備えている。また，総会・理事会は多数決によって議事の決定を行い，議決権の行使については，会員の意思に基づき理事長が代表して行い，株式の購入，売却等の財産の処分は総会において決定するなど，多数決の原則が行われているし，原告の総合職として採用された者は，入会手続を執ることによって本件持株会の会員となり，会社を退職したとき又は退会手続を執ったときに本件持株会を退会することとされ，㊲構成員の変更にかかわらず団体が存続している。さらに，原告との関係では，原告株式は理事長名で本件持株会が単独保有する形をとり，会員はその持分を有し，理事会は，理事長から本件持株会の資産及び運営の状況に係る報告を定期的に受け，これを承認し，配当金は会社から源泉徴収された金額を受領した後，持分に応じて会員に配分し，理事長は会員の選出した理事の互選により決定し，会員は持分を売却したいときは，本件持株会に対して持分の譲渡を行い，持分の購入は，本件持株会が保有する未配分株式を基に，年度ごとに購入可能枠が設定され，会員の意思で持分の譲渡を受けることとされているから，組織における代表の方法，総会の運営，財産の管理等団体としての要点が確定しているといえる。そして，本件持株会においては，実際にも，総会や理事会が開催されるなどの本件規約に従った運営がされていると認められ（甲15，16），これらの特徴をみる限り，本件持株会は，㊳最高裁判所昭和39年10月15日第一小法廷判決（民集18巻8号1671頁）の示した権利能力なき社団の成

立要件を充足しているようにもみえる。

（4）しかしながら，㊴上記判決は，法人格のない団体が権利能力なき社団として認められるための必要条件を示したものであって，判示された要件を充足する場合には必ず権利能力なき社団であると解すべきである旨判示したものではないから，本件持株会が上記判決の示した要件を充足するとしてもそのことから直ちに人格なき社団に当たるということにはならない。

　かえって，従業員持株会が㊵民法上の組合として設立された場合，従業員持株会の稼得した配当所得は組合員への分配を待たずに組合員への配当所得（所得税法24条）として所得税の課税対象となり，組合員が配当控除（同法92条）の適用を受けることができるのに対し，従業員持株会を人格のない社団として設立した場合には，配当金が従業員持株会から構成員に分配されたとしても，構成員の雑所得（同法35条）となり，構成員は配当控除を受けられないという税法上の扱いの差違があることを受けて，本件持株会は，原告から支払を受けた原告の決算配当のうち配分済株式に係る部分について，「名義人受領の配当所得の調書合計表」を作成するとともに，会員に対し，その配分済株式に対する配当金額及びその源泉徴収税額を記載した「名義人受領の配当所得の調書」を発行する〔前記認定事実（3）〕など，配分済株式に係る部分については，本件持株会が業務に関連して他人のために配当所得の支払を受ける者（所得税法施行規則97条1項参照）であることを前提とした計算処理を行い，本件持株会が民法上の組合であることを前提としたパススルー課税の扱いを受けていたというのである。

　こうした本件持株会の運営実態等に係る事実から当事者の意思を合理的に解釈すれば，本件持株会は，税法上の扱いに即して，民法上の組合という組織形態を積極的に選択した上，これに沿った運営が行われてきたことは明らかであり，以上によれば，本件持株会の法的性格は民法上の組合であると認めることができる。

　なお，㊶本件持株会は未配分株式も保有しており，本件代物弁済が行われた当時，その数が配分済株式と対比しても相当な割合に達していたことは前記2（6）のとおりであり，これらの株式についてはパススルー課税の扱いを受けていなかったことになる。しかし，会員ごとに管理されている株式（配分済株式）に当たらないものであっても，その出資等の割合に対応した持分が観念でき，これを会員らの共有に属する組合財産とみることが可能である。また，パススルー課税の扱いを受けていないことについても，権利，帰属の実体に即した会員らへの割当てをせず，その便益を享受しなかっただけのことであるから，これらの事実をもって，本件持株会を民法上の組合とみることの妨げにはならないというべきである。

（5）　原告は，本件持株会の前身である■■■について，人格なき社団である旨を判示した大阪地方裁判所の判決（甲12）があることから，■■■の法的性格が人格なき社団であることについて，関係当事者が共通の認識をもち，審理に当たった裁判所も同様の認定判断をしたことが分かるところ，本件持株会の設立に当たって，■■■の法的地位に変更が加えられることはなかったから，本件持株会も，人格なき社団である旨主張する。

しかしながら，上記判決によれば，■■■が行う社員持株制度は，会員の会社株式の保有を奨励し，その実行を容易ならしめて会員の財産形成に資することを目的とするものであることや，規約上，会員が定年，死亡又はその他の事由により会社を退社するときは，社員持株制度の維持協力のためその時点における持株全部を■■■に譲渡しなければならないとされていること等が認定されているものの，■■■の規約において，本件持株会と同様に，民法上の組合として設立されたことが明記されているか否か，■■■の会員が配当控除を受けていたのか否かといった点は明らかでない。
　そうすると，仮に，■■■について，人格のない社団であると評価できる事情があったとしても，民法上の組合であるか否かを判断するための重要な指標となる事情の有無に関し，■■■が本件持株会と同様であるか否かは不明であり，上記判決をもって，本件持株会も同様に人格なき社団であると判断することはできない。また，制度の目的や，退社の際の持株の処分方法等については，民法上の組合であれ，人格なき社団であれ，認められる事情であるし，規約に民法上の組合として設立されたことが明記されている以上，本件持株会の設立に当たって，関係者において，■■■の法的地位に変更を加える意図がないということはできず，本件持株会が■■■と同様に人格なき社団であったと結論づけることもできない。

(6)　原告は，本件代物弁済によって生じた債務の消滅に係る利益を本件持株会の会員らに分配されたとみることは不可能であり，そのような処理に伴って本件代物弁済当時の会員のみに源泉納税義務を負担させるのも不公平であるように主張する。しかし，㊷まず，本件代物弁済が行われた時点において，本件持株会に所属する会員らを特定することは可能であるから，上記のような計算を行うことも不可能とはいえないし，所得税法25条1項柱書き及び5号が，自己株式の取得の基因となった金銭等の交付を捉えて，みなし配当の発生原因としていることに照らせば，このような金銭等の交付（本件では，本件借入金債務の消滅）が行われるに至った経緯に関与したにすぎない，本件代物弁済の対象とされた未配分株式を割り当てられていた元会員又は自身の配分済株式を返還売却する際，本件借入金債務に係る借入金を原資として対価の支払を受けた者を対象として課税処理を行うことは，法律上予定されていないというべきであるから，原告の上記各主張も失当である。

(7)　以上のとおり，本件持株会の法的性格は民法上の組合とみるべきであり，これと異なる前提に立つ原告の主張〔前記第2の3(1)イ(ア)から(エ)まで〕はいずれも理由がない。

4　みなし配当該当性に係る原告の主張（前記第2の3ア）について

(1)　原告は，本件代物弁済が従業員の福利厚生対策としてされていることから，所得税法25条1項5号に該当する事実関係が認められない旨主張する。
　この点に関し，本件持株会の法的性格等として上記3で認定したとおり，本件持株会が原告の従業員の財産形成に資すること等の福利厚生を目的としていることは否定できない。しかし，そのことに加えて，本件代物弁済による本件借入金債務の消滅が，そのような目

的を有する本件持株会ないし従業員持株制度を維持して従業員の福利厚生対策の危機を救済するという性質を有するものであるとしても，本件代物弁済の時点において，㊸民法上の組合である本件持株会の会員らは，原告に対し本件借入金債務を負っており，本件代物弁済によって本件借入金債務が消滅したという事実関係がある以上，本件代物弁済は所得税法25条1項柱書き及び5号が規定する要件を充足しており，このことは，原告が本件代物弁済を行った目的いかんによって左右されるものではない。

（2）　原告は，本件代物弁済において消滅した本件借入金債務の金額には，本件株式を取得するための正当な対価（本来の取得価額）に充てられた部分（資本等取引）のほかに福利厚生費に充てられた部分（損益取引）が混在しているとみた上，本件株式の時価は，類似業種比準価額である1株当たり630円と評価することができることから，これを上回る部分については，みなし配当はなかったことになるとも主張する。

　しかしながら，所得税法25条1項柱書き及び5号は，株主等が交付を受けた「金銭の額及び金銭以外の資産の価額の合計額」が，「当該法人の…資本等の金額…のうちその交付の基因となった当該法人の株式…に対応する部分の金額」を超えるときに，みなし配当が生じる旨を規定しており，㊹取得の対象とされた自己株式に対応する資本等の金額との間で比較の対象とすべきものは，株主等が交付を受けた金銭の額等であって，法文上，取得の対象とされた自己株式の時価を比較対象としてみなし配当の額を計算すべきものと解釈する余地はなく，本件代物弁済の結果，原告の株主としての地位に基づき，本件借入金債務が消滅するという利益が発生しているのであるから，上記資本等の金額を上回る部分をみなし配当とみるほかないというべきである。

（3）　以上の次第であるから，原告の上記各主張はいずれも採用できない。

5　処分行政庁の担当職員による指導に係る原告の主張（前記第2の3ウ）について

　証拠（甲14，31，32）によれば，昭和63年に本件持株会が設立され，■■■の保有していた原告株式の承継等が行われたことに伴い，その課税関係について疑問が生じ，原告担当者が東税務署を訪ねて税務相談を行ったこと，その際，処分行政庁の担当者からは，原告から本件持株会に支払われる配当金については，持株会1名のみを受給者として記載した支払調書等を作成して提出すれば足り，会員ごとの内訳を記載する必要はないこと，本件持株会から会員に支払われる配当分配金については，所得税法施行規則97条に基づき，本件持株会が会員に代わって配当を受領したものとして，「名義人受領の配当所得の調書」等を作成して提出する必要があるが，「持株会の繰越共有持分」に係る配当金についてこれを提出する必要がないこと等を説明した事実が認められる。

　原告は，上記の事実から，本件持株会が未配分株式に対する配当金を会員個人に分配していないのは，処分行政庁の担当職員による事実上の拘束力を持つ税務指導によるものであり，本件持株会では，配分済株式に対する配当金だけを分配するシステムを構築しており，本件

のみなし配当に係る利得だけを会員個人に分配することは困難であること，上記指導により，未配分株式に係る配当金は源泉徴収されたまま，還付金等の取戻しができない状態が20年間継続してきたにもかかわらず，本件課税処分がされたのは青天の霹靂ともいうべき事態であること等から，本件課税処分は不誠実であると主張する。

　しかしながら，㊺一般に従業員持株会において会員への配分が行われなかった未配分株式については，配当金の分配や議決権の行使に当たり問題が生じ得ることから，一時的に従業員持株会に株式をプールするとしても，その後早期にその状態を解消することが適切な処理とされている（乙7）。そうすると，原告担当者が処分行政庁の担当職員から，「持株会の繰越共有持分」に係る配当について「名義人受領の配当所得の調書」等の提出は不要であること等の説明を受けたとしても，これは，「繰越共有持分」とあるとおり，未配分株式が早期に解消されることを前提とした上で，暫定的な税務処理について説明を加えたものとみるのが自然であり，原告が主張するように，相当数の未配分株式が恒常的に存在することを念頭に置いた説明であるとは考えにくく，未配分株式に係る配当金の会員個人への分配の要否について具体的な指導があったとは認められないし，他にそのような指導がされたことを認めるに足りる証拠もない。
　そうすると，原告の上記各主張はいずれも採用できないというべきであり，原告主張の事情が本件課税処分の違法事由となることもないというべきである。

6　結論

　以上のとおりであるから，原告の納付すべき本税額及び不納付加算税の額は，別表「課税の経緯（源泉所得税）」の「本件告知処分等」欄のとおりであり，本件課税処分は適法である。
　よって，原告の請求はいずれも理由がないから棄却することとし，主文のとおり判決する。

（平成23年1月13日　口頭弁論終結）
（大阪地方裁判所第7民事部　裁判長裁判官　吉田徹　裁判官　小林康彦　裁判官　五十部隆）

＊＊＊＊＊＊＊＊＊＊＊＊＊＊＊＊＊＊＊＊＊＊＊＊＊＊＊＊＊＊＊＊＊＊
＜その他参考事項１＞ 審査請求決定書上把握できる本件持株会の規約等
（平成20年６月18日大裁（諸）平19-60情報公開法第９条第１項による開示情報 TAINS コードFO-2-385）

　（イ）　本件持株会は，昭和63年11月１日に発足し，以下の内容を要旨とする■■■■■持株会規約（以下「本件規約」という。）を定めている。

A　第１条（名称）
　本会は，民法第667条第１項の定めに基づく組合として組織する。

B　第３条（目的）
　本会は，会員に請求人の株式（以下，本件規約において「会社株式」という。）を保有（共有）することを奨励し，その取得を容易ならしめ，もって**会員の財産形成に資することを目的**とする。

C　第４条（事業）
　本会は，第３条の目的を達成するために，会員のための持株制度の管理・運営及びそれに附帯する事業を行う。

D　第５条（会員の資格）
　本会の会員は，請求人の社員人事規定第２条第２項に定める者をもって構成する。

E　第６条（入会及び退会）
　会員は，理事長に届け出て退会することができる（第３項）。

F　第19条（出資）
　会員は，第４条に定める事業運営のため，本会への出資として，会社株式及び出資金を拠出する（第１項）。

G　第22条（配当分担金の拠出）
　会社株式の配当金は，会員の会社株式持分に応じて分配する。

H　第23条（会社株式の購入）
　本会は，運営出資金及び拠出金によって，**退会者の持分返還及び会員の持分一部返還等による会社株式を購入する。ただし，上記資金が不足する場合，請求人より借入れを行う**ことができる。

I　第24条（株式持分の配分）
　本会は，**第23条により購入した株式を所定の基準日に会員の「申込株式持分数」に応じて配分計算するとともに，これを「会員別持分明細表」に追加登録する**（第１項）。

J　第25条（株式の信託・名義）
　会員は，本会が保有する株式を管理の目的をもって理事長に信託し，理事長はこれを受託する（第１項）。株式の名義は，理事長名義とする（第２項）。

K　第31条（清算）
　解散及び清算は，民法その他の法令を準用する（第１項）。残余財産は，会員のそれぞれの持分に応じて配分する（第２項）。

L　第34条（議決権の行使）
　本会が保有する株式に対する請求人の株主総会における議決権は，理事長がこれを行使

する。ただし，会員は，会社株式持分に相当する議決権行使について，理事長に対し，各株主総会ごとに別の指示を与えることができる。

本件持株会は，■■■■■持株会運営細則（以下「本件細則」という。）において，以下の内容を定めている。
A 第2条（入会及び退会手続き）
　入会しようとする者は，毎年4月1日より4月30日までに入会申込書を理事長あてに提出する（第1項）。
B 第7条（拠出金及び運営出資金の預金利息等の取扱い）拠出金及び運営出資金の金融機関への預金等にかかわる果実は，本会運営のための諸経費に充当する。
C 第9条（株式持分の申込み及び配分方法）
　本会は，各会員に対し，毎年4月に，4月1日以降当年度の請求人決算にかかわる定時株主総会終結日までの期間における株式持分取得の申込みを勧誘する。その際，本会は，会員に本会が同期間に購入（予測）する総株式数を各会員ごとに会社標準年令を基準として配分計算した「申込基準株式持分数」を通知し，会員は，「申込基準株式持分数」を限度として取得を希望する株式持分を「申込株式持分」として申し込む（第1項）。
　本会は，本会が保有する本件規約第23条による「購入株式残高」を，各会員の「申込株式持分」に応じて配分計算し，各会員への「株式持分配分」数として確定する（第2項）。
　「購入株式残高」が，会社決算期日を過ぎて繰り越すことにより，会社配当金の受領が生じたときは，受領配当金は，本会運営のための諸経費に充当する（第4項）。
D 第10条（出資金等にかかわる果実の分配）
　第7条及び第9条第4項等による出資金等の運用にかかわる果実は，同条項による諸経費を控除した後，余剰のある場合，これを毎会計年度末日をもって各会員に分配する。

****

＜その他参考事項2＞　最高裁への上告時点での，竹中工務店のホームページには以下の掲載がなされています。

「当社は，平成16年7月，竹中工務店持株会への短期貸付金に対する代物弁済による自己株式取得を行った。しかし，大阪国税局は，平成19年2月，当該取引に関して所得価額から株式の資本相当額を差引いた約281億円がみなし配当にあたり源泉徴収義務があるとの一方的判断に基づく納税告知処分を行った。
　その結果，当社は告知された源泉所得税約56億円に不納付加算税及び延滞税を含めた約64億円を仮納付し，国税不服審判所への審査請求を経て，平成20年

> 12月，大阪地方裁判所に対し当該課税処分の取り消しを求める訴訟を提起したが，平成23年3月，当社の請求を棄却する判決を受けた。
> 　当社はこれを不服として，同月，大阪高等裁判所に対し控訴を提起したが，平成24年2月16日，当社の請求を棄却する判決を受けた。当社はこれを不服として，同月，**最高裁判所へ上告を提起した。**」[11]

＊＊＊

＜その他参考事項3＞　**税務大学校論叢**　斉木秀憲教授　平成23年6月28日
　　　　　　　　　『従業員持株会の課税関係に関する一考察』

　税務大学校の論文は，「税大論叢掲載論文の内容については，すべて執筆者の**個人的見解**であり，税務大学校，国税庁あるいは国税不服審判所等の公式見解を示すものではありません。」とはあります。

　しかし，斉木教授の論文[12]の以下の部分が，その日付が**控訴審の最中である**こと及び内容からして，**本件諸訴訟を意識したように思われ**，少なくとも**課税庁側にある個人としての意見とは言え「論文」は尊いため**参考のため引用させて頂きました。

> 　したがって，従業員持株会の**法的性格**を判断するに当たっては，両者の差異である配当金の取扱いの状況，実態と異なる規定を定めなければならない特段の事情や合理的な理由の有無などを確認し，従業員持株会を民法上の組合とする規定が，その実態に照らし，単なる名目上のものに過ぎないものかどうかを検討しなければならないものと考える。

11　竹中工務店 HP「会社情報」「有価証券報告書」「第74期（平成23年12月期）」103頁より引用。http://www.takenaka.co.jp/corp/bspl/pdf/23_74.pdf
12　斉木秀憲『従業員持株会の課税関係に関する一考察』税務大学校論叢平成23年6月28日。http://www.nta.go.jp/ntc/kenkyu/ronsou/70/02/index.htm　概要部分。

大阪高等裁判所 平成23年（行コ）第65号所得税納税告知処分取消等請求控訴事件（棄却）（上告・上告受理申立て）国側当事者・国（処分行政庁　東税務署長）**平成24年2月16日判決**【税務訴訟資料　第262号-32（順号11882）】【情報公開法第9条第1項による開示情報】【訟務月報58巻11号3876頁】TAINSコードZ262-11882

主　文
1　本件控訴を棄却する。
2　控訴費用は控訴人の負担とする。

事　実　及　び　理　由

第1　控訴の趣旨
1　原判決を取り消す。
2　処分行政庁が平成19年2月6日付けでした控訴人の平成16年7月分の源泉徴収にかかる所得税納税告知処分及び不納付加算税賦課決定処分を取り消す。

第2　事案の概要
1　本件は，株式会社である控訴人が，その従業員持株会であるA持株会から，貸付金321億2973万5400円につき控訴人の発行済株式793万3268株により代物弁済を受けたところ，処分行政庁から，当該代物弁済により消滅した債権のうち，取得した株式に対応する資本等の金額を超える部分281億4184万0242円は「みなし配当」（所得税法25条1項柱書及び5号）に該当し，控訴人には所得税法181条1項に基づく源泉徴収義務があるとされて，原判決別表「課税の経緯（源泉所得税）」のとおり，源泉徴収に係る所得税の納税告知処分及び不納付加算税の賦課決定処分を受けたので，被控訴人に対し，みなし配当に当たらない等と主張してこれらの処分の取消しを求める事案である。原審は，控訴人の請求をいずれも棄却した。そこで，控訴人は，これを不服として控訴した。
2　前提事実，争点及び争点に関する双方当事者の主張は，3で原判決を補正し，4で当審における当事者の主張を付加するほかは，原判決第2の1～3のとおりである。
3　原判決の補正
（1）原判決7頁24行目～同8頁3行目を次のとおり改める。
　　「（ア）　本件持株会は，その運営実態等に照らせば，人格のない社団である。したがって，仮に本件代物弁済がみなし配当に該当するとしても，その受給者は，個々の会員ではなく，本件持株会であり，人格のない社団は法人とみなされるから，適用法条は所得税法25条1項ではなく，法人税法24条1項（配当所得）となり，源泉徴収義務に関する所得税法181条1項も，受給者が個人であることを前提としているから適用法条とはならない。よって，本件告知処分は，受給者等の事実関係や適用法条を誤っているから処分の同一性を欠くことになり，手続的にも違法である（最高裁昭和45年12月24日第一小法廷判決民集24巻13号2243頁参照）。」
（2）原判決10頁1行目の「このような経緯の下で，」から同3行目末尾までを「このよ

うな経緯によれば，処分行政庁は，本件持株会の設立当時から，本件持株会を民法上の組合ではなく，会員とは切り離した団体資産を所有する人格のない社団として取り扱うよう税務指導し，控訴人がこれに基づいた税務処理を長年にわたり容認し，定着させた。にもかかわらず，処分行政庁は，本件告知処分に当たり，突然従前の税務指導及びその取扱いを転換して，本件持株会を民法上の組合として取り扱い，控訴人に本件告知処分を課した。以上によれば，本件納税告知処分等は，信義に反する違法な不利益処分であり，取り消されるべきである。」に改める。

4　当審における当事者の主張
（控訴人の主張）
（1）　本件代物弁済による本件借入金債務の消滅は，所得税法25条1項柱書きの「金銭その他の資産の交付を受けた場合」に該当しない。すなわち，
　ア　所得税法25条1項（みなし配当）の趣旨会社法上の利益の配当が行われると，純資産が減少し，その原資である利益積立金額も減少する。同様に，会社が自己の株式を取得した場合には，その対価として株主に交付された金銭その他の資産の合計額のうち取得資本金額を除いた部分に相当する利益剰余金（配当可能利益－法人税法上の利益積立金額）が減少することになる。所得税法25条1項柱書きは，会社にとって，自己の株式の取得が，上記のとおり，会社法上の「利益の配当」と同様の経済的実質を有することから，法的には「利益の配当」でない株式の譲渡を，税法上「利益の配当」と擬制してみなし配当課税をする旨の規定である。
　イ　利益配当とみなされるのは「資産」である。
　　　所得税法24条1項（配当所得）に規定する「配当等」は，一般的に金銭その他の資産が実際に交付される行為を意味し，同条25条1項柱書きの「配当とみなす金額」も，それと同様に，実際に交付される具体的な金銭等資産を剰余金の配当であると解することを確認した規定と解される。要するに，同法25条1項で「利益の配当」とみなされる「金銭その他の資産」とは，会社から株主に対し移転した「資産」である。
　ウ　資産概念と「債務の消滅」
　　　所得税法，法人税法で用いられる「資産」とは，少なくとも将来において便宜をもたらす能力としての用役潜在力を有するもので，かつ譲渡性があるものをいう。上記の資産の意義・性質から，この「資産」に「債務の消滅」が当たらないことは，明らかである。
（2）　本件代物弁済による債務の消滅は，所得税法181条1項の「支払」に該当せず，控訴人は源泉徴収義務を負わない。
　ア　「支払」の意義
　　　所得税法181条1項の「支払」とは，支払の債務が消滅する行為，すなわち原則的に私法上の債務の給付による弁済をいう。
　イ　一般の代物弁済の場合，債務者である源泉徴収義務者が代替物の給付をなすことにより，源泉徴収義務者自身の支払債務が消滅することになるから，所得税法181条1項の「支払」に当たるといえる。しかし，本件代物弁済には，債務者である本件持株会が，本来の給付である借り入れた金銭の支払に代えて，債権者である控訴人の発行

済株式を給付したところに特殊性がある。本件代物弁済において，本件借入金債務の消滅を享受するのは，源泉徴収義務者とされる控訴人ではなく本件持株会である。控訴人は，本件持株会に対し，私法上の支払債務を負担しているわけではないし，本件代物弁済によって，その「利益の配当」に係る支払債務が消滅したわけでもない。よって，本件代物弁済は所得税法181条1項の「支払」に当たらない。
（3） 仮に本件代物弁済にみなし配当に該当する部分があるとしても，その該当する部分（所得税法1条，法人税法24条1項）は，本件未配分株式と対価関係に立つ正常な時価の範囲に限られる。
ア 所得税法25条1項柱書きは，「自己の株式の取得」により（因り），と規定し，「自己の株式の取得」と「金銭その他の資産の交付」が原因と結果の関係，すなわち対価関係にあることを示している。したがって，「配当の額とみなす金額」の算定に当たっては，自己の株式の取得に伴って交付された金銭等の合計額のうち，自己の株式と対価関係に立つ部分（正常の取引価額＝時価）と，それを超える部分とを区別しなければならない。その際，時価相当額を超える部分は，①自己株式以外の資産の譲渡の対価，②債務の弁済，③役務の提供に対する対価，④実質的な贈与等にあたり，自己の株式の譲渡の対価とはいえないのであるから，「配当の額とみなす金額」の算定基準となることはない。
イ 時価を超える取引金額で自己の株式を取得する場合，「配当の額とみなす金額」は，会社の利益積立金額を原資とする部分であるから，「配当の額とみなす金額」については，時価を基準にして算定するのが妥当である。このような解釈は，商法上会社に現存する利益積立金が「利益の配当」の原資とされていることとも合致し，みなし配当課税の立法趣旨にかなうものである。
（4） 原判決は，①本件規約1条に民法上の組合とする旨の文言があること，②配分済株式に係る部分についてパス・スルー課税が行われていたことを根拠に，本件持株会が民法上の組合であると認定した。しかし，本件持株会は，次のとおり，民法上の組合ではなく，人格のない社団である。
ア 本件規約1条の上記文言が設けられた目的や，人格のない社団と民法上の組合に関する法律論からすれば，上記文言は，民法上の組合とする根拠にならない。
イ 控訴人は，配分済株式に係る部分についても，本件持株会の前身であるC当時の処理を踏襲し，民法上の組合を前提としたパス・スルー課税の取扱いをしていない。すなわち，① 従業員持株会を民法上の組合として設立した場合，同会から会員への配当金支払においては，会員の持分に対応する「信託計算書」を提出しなければならず，その場合は，配分済株式だけでなく未配分株式も含む合計株数に対する配当を各会員に応じてパス・スルーして計算したものが「信託計算書」に記載されることになる。② しかし，本件持株会は，処分行政庁職員の指導に基づき，会員各自の配分済株式の各配当金に応じて「名義人受領の配当所得の調書合計表」及び「名義人受領の配当所得の支払調書」を作成し，処分行政庁に提出している。③ この配分済株式の税務処理をみても，これ自体が，民法上の組合を前提にしたパス・スルー課税の取扱いをしていないことになる。

ウ 本件持株会は，非上場会社の従業員持株制度に基づく持株会である。
　非上場会社の従業員持株会が，退会会員等の所有する株式を買い戻した場合，未配分株式を所有することも考えられる。このとき，民法上の組合の法理によれば，持株会が未配分株式を取得するための買戻資金の拠出責任や借入金債務も，全会員に按分して負担させることになる。しかし，このような責任や債務を個々の会員に負わせることは，福利厚生施策の一環である従業員持株制度の意義を失わせ，会員に対して予期しない負担を強いる結果になることから到底許されない。このように，従業員持株制度の目的及び性質から，未配分株式の取得等に照らしても，民法上の組合法理に従って取り扱うことは予定されていない。

（被控訴人の主張）
（1）　本件代物弁済による債務の消滅が「金銭その他の資産の交付」（所得税法25条1項柱書き）に当たらないとの主張は，法的根拠に欠けるもので失当である。
　ア　所得税法25条1項の「みなし配当」の趣旨
　　所得税法25条1項柱書きにいう「金銭その他の資産の交付を受けた場合」とは，金銭その他の資産が実際に交付された場合だけでなく，同様の経済的効果をもたらす債務の消滅等があった場合も含む。本件代物弁済では，控訴人が自己株式である本件株式を取得する一方，それに基因して，控訴人の株主である本件持株会の会員らが控訴人に対し負っていた本件借入金債務が消滅した。よって，本件代物弁済は，所得税法25条1項5号のみなし配当に該当し，みなし配当の支払者である控訴人は，源泉徴収義務を負う。
　イ　所得税法181条1項の「支払」の意義
　　（ア）　所得税法25条1項の趣旨は，形式的には法人の利益配当ではないが，資本の払戻し，法人の解散による残余財産の分配等の方法で，実質的に利益配当に相当する法人利益の株主への帰属が認められる行為が行われたときに，その経済的実質に着目して，これを配当とみなして株主等に課税することにある。上記趣旨に照らせば，同柱書きにいう「金銭その他の資産の交付を受けた場合」という文言は，「資産」の実際的な移転があった場合のみを指すものとは解されず，当該取引の経済的実質に着目して，実質的に利益配当に相当する法人利益の株主等への帰属が認められる場合も含むものと解される。
　　（イ）　みなし配当に関する所得税法25条1項柱書の「金銭その他の資産の交付を受けた場合」の文言を解釈するに当たっては，譲渡所得（所得税法33条1項）における「資産」の文言を解釈する場合と異なるから，両者の「資産」の意義を一致させる必要はない。
（2）　本件代物弁済について，所得税法181条1項の適用が制限される余地はない。
　　所得税法25条1項が定めるみなし配当に該当する場合は，「利益の配当」に関する所得税法の規定がすべて適用される。そして，同法181条1項が，「居住者に対し国内において…第24条第1項（配当所得）に規定する配当等…の支払をする者」と規定するとおり，同法24条が規定する「配当等」の支払をした者は，同法181条1項に基づ

く源泉徴収義務を負うとされている。そうすると，同法25条1項が規定するみなし配当に該当する場合は，同項柱書きにより，同法24条が定める「利益の配当」がされたものとみなされ，その結果，「利益の配当」をした場合の源泉徴収義務を定めた同法181条1項が当然に適用されることになる。
(3) 控訴人は，みなし配当に該当するとしても，未配分株式の時価の範囲に限られると主張するが，以下のとおり理由がない。
① 所得税法25条1項柱書きにいう「次に掲げる事由により」の「より」とは，同項各号が定める事由と金銭の交付が「原因と結果の関係」にあることを意味すると解されるが，このことから直ちに，両者が対価関係に置かれていると解することはできない。
② 同項柱書きの文言からは，取得の対象とされた自己株式の時価ではなく，自己株式の取得を原因として，現実に交付された金銭等の額に基づいて，みなし配当の額を計算することを予定していると解される。
③ 所得税法25条1項柱書きにおいて，みなし配当の額を算定するに当たり，会社の利益積立金又は商法上の利益剰余金の額を考慮する必要性があることをうかがわせる文言は一切ない。よって，時価を基準にして「配当の額とみなす金額」を算定すべきとする見解は，実定法上の根拠を欠く独自の見解といわざるを得ない。
(4) 本件持株会が人格のない社団であるという控訴人の主張は失当である。
　ア　信託の計算書について
　　従業員持株会が，会員への配当金の分配に当たって，税務署に「信託の計算書」を提出するのは，管理信託の方法（従業員持株会が株式を保有する目的で形式的に理事長に名義を借りるため，株式を管理の目的で理事長に信託する方法）が採用されている場合であり，管理信託の方法が採用されていない場合には，「名義人受領の配当所得の調書」を作成することになる。信託の計算書を提出する場合も，名義人受領の配当所得の調書を提出する場合も，いずれもパス・スルー課税を前提としている。
　イ　控訴人が未配分株式を人格のない社団として処理する意思であれば，これに沿うように，遅くとも本件代物弁済により793万3268株という大量の未配分株式を処理するまでには，本件持株会において，本件規約1条を改正するなどの組織上・外形上の措置を講じるはずである。しかし，本件持株会においてそのような措置は採られていない。よって，本件代物弁済に際し，契約当事者である本件持株会が人格のない社団であることを前提としてこれを行ったた（ママ）とは認められない。

第3　当裁判所の判断

1　当裁判所も，控訴人の本訴請求はいずれも理由がないと判断する。その理由は，2で原判決を補正し，3で当審主張に対する判断を付加するほかは，原判決「事実及び理由」中の第3の1～4のとおりである。

2　原判決の補正

(1) ㊻原判決21頁13行目〜同22行目を次のとおり改める。

「なお，本件持株会は，本件代物弁済の前年である平成15年末当時で，未配分株式745万5359株を保有していたが，同時点の配分済株式は1082万0851株であり，上記未配分株式数は，本件持株会が保有する株式総数の約40.8％に達していたこと，にもかかわらず，本件持株会は，未配分株式についてパス・スルー課税の扱いを受けていなかったことが認められる（甲43，乙6）。しかしながら，本件持株会では，平成12年以降，未配分株式数が毎年100万株以上の割合で増加し（甲19），これらを早急に解消する必要性があったが，本件代物弁済によって793万3468株の未配分株式を一度に処理するまでには，本件規約1条を改正する等，本件持株会が民法上の組合でないことを組織上・外形上からも明らかにする措置を何ら採らなかったばかりか，配分済株式については，パス・スルー課税を受けてきたことが認められる。

以上の未配分株式の取扱い等によれば，本件持株会では，設立から本件代物弁済に至るまで，本件持株会が民法上の組合であることを前提とした運営がされており，未配分株式についてパス・スルー課税の扱いを受けていないことも，本件持株会において権利帰属の実体に即した会員らへの割当てを取らず，その便益を享受することをしなかったというにすぎない。」

＊㊻に関する著者注　判決原文がないため，「判決21頁13行目〜同22行目」がTAINSのデーターベースの原判決上のどこに該当するかは明確ではありませんが，文脈から判断すると，本書454頁の㊶の段落を上記のように改めると考えられます。

(2) ㊼原判決25頁26行目末尾の次に，「なお，控訴人担当者が，税務相談に当たり，処分行政庁の担当職員に対し，Cでは大量の未配分株式が毎期継続して繰り越されていたため，今後も，本件持株会において未配分株式についての税務処理を長期にわたり継続して行う必要がある旨を伝えたことを認めるに足りる証拠はない。」を加える。

＊㊼に関する著者注　判決原文がないため，「原判決25頁26行目」がTAINSのデーターベースの原判決上のどこに該当するかは明確ではありませんが，文脈から判断すると，本書457頁の㊺の段落の末尾に上記を加えると考えられます。

3　当審主張に対する判断

(1) 控訴人は，①所得税法25条1項5号において「利益の配当」とみなされるのは「資産」である，②資産とは譲渡性のあるものをいい，債務の消滅を含めることはできないとし，本件代物弁済による本件借入金債務の消滅は，所得税法25条1項5号に該当する「金銭その他の資産の交付を受けた場合」（同条項柱書き）に該当しないと主張する。

しかしながら，所得税法25条1項の趣旨は，形式的には法人の利益配当ではないが，資本の払戻し，法人の解散による残余財産の分配等の方法で，実質的に利益配当に相当する法人利益の株主等への帰属が認められる行為が行われたときに，その経済的実質に着目して，これを配当とみなして株主等に課税するところにあるとい

うべきである。上記趣旨に鑑みると，同柱書きにいう「金銭その他の資産の交付を受けた場合」とは，金銭その他の資産が実際に交付された場合だけでなく，同様の経済的利益をもたらす債務の消滅等があった場合も含むものと解される。

そもそも，所得税法25条1項柱書きは，配当等とみなす金額の対象を「金銭その他の資産の交付」と規定している。したがって，その一部である「資産」という文言のみを切り離した上，これを配当所得ではなく，譲渡所得を規定した同法33条1項にいう「資産」と同義と解することは，法文の解釈として相当でない。

本件代物弁済においては，控訴人が自己株式である本件株式を取得する一方で，株主である本件持株会の会員らには，同人らが控訴人に対して負っていた本件借入金債務が消滅するという経済的な利益が認められる。よって，本件代物弁済は所得税法25条1項5号のみなし配当に該当し，**控訴人の上記主張は理由がない。**

（2）　控訴人は，①本件代物弁済において，本件借入金債務の消滅という経済的利益を享受するのは，源泉徴収義務者とされている控訴人ではなく，本件持株会である，②控訴人の「利益の配当」に係る支払債務は消滅しないから，本件代物弁済は，所得税法181条1項にいう「支払」には当たらないと主張する。

しかしながら，所得税法181条1項は，源泉徴収義務者を「居住者に対し国内において…第24条第1項（配当所得）に規定する配当等…の支払をする者」と規定している。上記規定は，文理上，「配当等の支払」をする者が，源泉徴収義務者となるという趣旨であり，それ以上に，「配当等」と「支払」を分けた上，「支払」とは，源泉徴収義務者自身が株主等に対して負う支払債務を消滅させる場合に限られると解すべき根拠は，見当たらない。

他方，所得税法25条1項は，前記（1）のとおり，法人が，実質的に利益配当に相当する法人利益を株主等に帰属させる行為をしたときに，その経済的実質に着目して，これを同法24条にいう「配当等の支払」とみなして株主等に所得を帰属させ，その場合に「利益の配当」に関する所得税法の規定を適用するものと解される。上記趣旨によれば，みなし配当に該当する場合において，同法181条1項にいう「配当等の支払」とみるべきものは，同法25条1項によって配当等とみなされる，株主等に経済的利得を帰属させる行為であり，上記（1）のとおり，本件代物弁済が株主等に経済的利益を帰属させる行為である以上，同法181条1項にいう「配当等の支払」に当たるというべきである。よって，**控訴人の上記主張も理由がない。**

（3）　控訴人は，自己の株式を通常の取引価額（時価）を超える取引で取得する場合には，時価を超える部分については，取引の対価すなわち「配当の額とみなす金額」に当たらないと主張する。

しかしながら，所得税法25条1項柱書き及び同項5号は，①　当該法人の株主が交付を受けた「金銭の額及び金銭以外の資産の価額の合計額」と，②「当該法人の…資本金等のうちその交付の基因となった当該法人の株式又は出資対応する部分の金額」を比較することにより，「配当の額とみなす金額」を決定する旨規定しており，あくまで自己株式の対価として現実に交付された「金銭等の額」に基づいて，みなし配当の額を計算することを予定しているというべきである。

これに対し，同法25条1項柱書きには，「配当の額とみなす金額」を算定するに当たり，取得の対象とされた自己株式のうち，会社の利益積立金又は商法上の利益剰余金に対応する額（株式の時価相当額）に限定されることを窺わせる文言はないから，**控訴人の上記主張は理由がない。**

(4) ア 控訴人は，① 本件持株会は，配分済株式についての配当金の支払に当たっても，「信託の計算書」（所得税法227条）ではなく，「名義人受領の配当所得の調書」（所得税法228条1項）を提出しており，未配分株式のみならず配分済株式についても，民法上の組合を前提としたパス・スルー課税の取扱いがされていない，② 本件持株会には，非上場会社の従業員持株制度に基づく持株会であるという特殊性があるとして，本件持株会は民法上の組合には当たらないと主張する。

イ 名義人受領の配当所得の調書について

民法上の組合として設立された従業員持株会において，持株会が株式を保有するために形式的に理事長との間で株式信託契約を結び，理事長に持株を管理信託する場合には，信託の受託者である理事長が，税務署長に対し「信託の計算書」（同法227条）を提出する。

一方，所得税法228条にいう「名義人受領の配当所得の調書」を提出する者は，「業務に関して他人のために名義人として‥第24条第1項に規定する配当等の支払を受ける者」と規定され，会社から支払われた配当等が，名義人ではなく，「他人」の配当所得として取り扱われることが前提とされている。そうであれば，本件持株会は，控訴人から支払を受けた配分済株式についての配当金総額が「他人」，すなわち個々の会員の配当所得となることを前提に，「名義人受領の配当所得の調書」を提出していたものと認められる。また，本件持株会は，配当済株式に係る配当部分について，「名義人受領の配当所得の調書」を作成するとともに，パス・スルー形態での計算処理を行い，このとおり実際にパス・スルー課税を受けていた（甲5，弁論の全趣旨）。そうすると，本件持株会が「名義人受領の配当所得の調書」あるいは「信託の計算書」のいずれを提出していたかによって，民法上の組合を前提としたパス・スルー課税の取扱いがされるかどうかとは直接結び付かないから，**この点からも理由がない。**

〔なお，本件持株会は，同会が保有する株式を管理の目的をもって理事長に株式を管理信託しているが（乙1．規約25条），「信託の計算書」ではなく，「名義人受領の配当所得の調書」を提出している。しかし，昭和63年12月26日，控訴人の従業員が東税務署の署員に相談した際の状況を記載した書面（甲14）や丙の陳述書（甲32）によっても，控訴人の従業員が，税務相談の際に，本件持株会が管理信託の方法を採用することを告げていたことは認められず，このことを前提として東税務署から誤った指導を受けたとはいえない。〕

ウ 非上場会社の従業員持株会の特殊性について控訴人は，非上場会社の従業員持株会において，民法上の組合の法理を適用して，未配分株式取得のための買戻資金の拠出責任や借入金債務を個々の会員に按分して負担させることは，持

株会が福利厚生施策の一環という従業員持株制度の意義を失わせるものであるから許されないと主張する。

しかしながら、従業員持株会の法的性格を確定するに当たっては、当該持株会の運営実態等に照らして、当事者の意思を合理的に解釈することになるが、本件持株会においては、前記2（1）及び3（4）イのとおり、未配分株式及び配分済株式の取扱い等によれば、本件持株会が民法上の組合であることを前提とした運営がされていたものと認められ、上記**控訴人の主張は理由がない**。

第4　結論

以上の次第で、控訴人の本訴請求はいずれも理由がないから棄却すべきであり、これと同旨の原判決は相当である。よって、本件控訴を棄却することとして、主文のとおり判決する。

（口頭弁論終結日　平成23年12月2日）
（大阪高等裁判所第1民事部　裁判長裁判官　小島浩　裁判官　塚本伊平　裁判官　阿多麻子）

最高裁判所　第一小法廷平成24年（行ツ）第●●号、平成24年（行ヒ）第●●号所得税納税告知処分取消等請求上告事件（棄却・不受理）（確定）
国側当事者・国（処分行政庁　東税務署長）
平成26年1月16日決定　【情報公開法第9条第1項による開示情報】TAINSコードZ888-1843

第1　主文
1　本件上告を棄却する。
2　本件を上告審として受理しない。
3　上告費用及び申立費用は上告人兼申立人の負担とする。

第2　理由
1　上告について

民事事件について**最高裁判所に上告をすることが許されるのは、民訴法312条1項又は2項所定の場合に限られる**ところ、本件上告理由は、違憲及び理由の不備・食違いをいうが、その実質は事実誤認又は単なる法令違反を主張するものであって、明らかに上記各項に規定する事由に該当しない。

2　上告受理申立てについて

本件申立ての理由によれば、本件は、民訴法318条1項により受理すべきものとは認められない。

＜その他参考事項4＞　竹中工務店のホームページには以下の掲載がなされています。

> 「当社は、平成16年7月、竹中工務店持株会への短期貸付金に対する代物弁済による自己株式取得を行った。しかし、大阪国税局は、平成19年2月、当該取引に関して所得価額から株式の資本相当額を差引いた約281億円がみなし配当にあたり源泉徴収義務があるとの一方的判断に基づく納税告知処分を行った。
> 　当社は告知された源泉所得税約56億円に不納付加算税及び延滞税を含めた約64億円を仮納付し、国税不服審判所への審査請求を経て、平成20年12月、大阪地方裁判所に対し当該課税処分の取り消しを求める訴訟を提起したが、平成23年3月、当社の請求を棄却する判決を受けた。
> 　当社はこれを不服として、同月、大阪高等裁判所に対し控訴を提起したが、平成24年2月、当社の請求を棄却する判決を受けた。これに対し、同月、**最高裁判所へ上告したが、平成26年1月、上告を棄却された。**」[13]

---

[13]　竹中工務店 HP「会社情報」「有価証券報告書」「第76期（平成25年12月期）」99頁より引用。
http://www.takenaka.co.jp/corp/bspl/pdf/25_76.pdf

第3章

従業員持株会を一般社団法人として組成する新たな方法

1 一般社団法人・一般財団法人・信託との関係

新しい位置付け

　一般社団法人等や信託を従業員持株会に活用するというスキームが徐々に広がりつつあります。しかし，いずれも新しくできた法律に基づくため，そもそも，それ自体から学ぶ必要性があります。

　中小企業庁が事業承継対策を声高に唱えるようになって以来，「事業承継の方法」は3種類あると言われたものでした。すなわち，①親族内承継，②親族外承継，③M&Aの3種類です。

　思えば事業承継に関係する法律改正の連続でした。平成18年5月に会社法が施行され，翌年9月に84年ぶりの改正となった信託法が施行され，さらに翌年

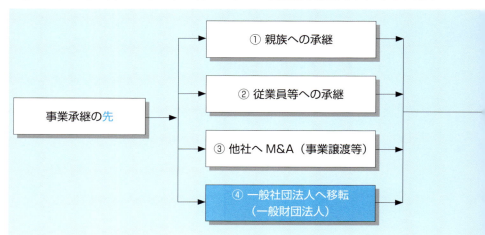

の平成20年12月に「一般社団法人及び一般財団法人に関する法律（以下「一般法」）」の施行です。もちろん，それぞれに対応するための税制改正も毎年のよう行われました。

　これらの法律の施行により，従来の「事業承継の方法」としての3種類では位置づけが苦しくなってきました。そこで，前頁の図のように「事業承継の先」としての4つの財産の移転先と整理しました。①親族へ，②従業員等へはこれまでとは変わりませんが，③はM&Aという手法の名称から他社へと替え，④には新たに「一般社団法人と一般財団法人（以下両者を指すときは「一般社団法人等」という）」を加えました。

　その上で下図のように，それらに「財産移転の方法」として，従来からの❶譲渡，❷贈与，❸相続に加えて❹信託を位置づけました。

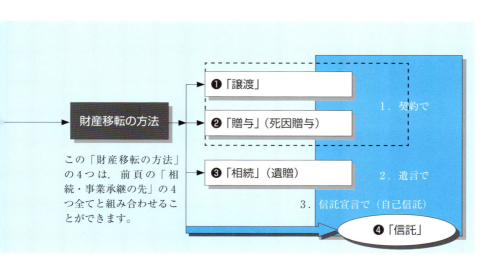

2 一般社団法人と信託をどこで使うか？

支配株主で使う場合と少数株主で使う場合がある

　一般社団法人と一般財団法人や信託を，従業員持株会ではどのように活用するのか？　前項に続き，下図を見てみましょう。

　「相続・事業承継の先」の一つとして財産を移転するのですから，その会社の**支配株主**として，一般社団法人等に株式を移転するという意味です。この場合，一般社団法人等は**持株法人**ということになります。

　しかし，支配株主ということは，その会社の全株式を所有しているとは限りません。右頁の図のように，多くの場合，「少数株主」が存在するものです。

　通常，従業員持株会は，右図❷に位置する「少数株主」の一部でしょう。これは，前章まで述べてきた従業員持株会で「民法組合あるいは人格なき社団」

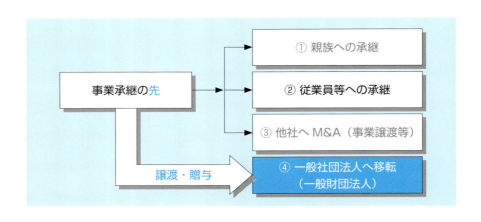

に相当します。これらに共通するのは**「持分がある」**ということです。

これに対して、一般社団法人としての従業員持株会は、同じく下図の「少数株主」に属するものの、❶に該当します。しかし、オーナー株式の大部分を一般社団法人に譲渡または拠出することも可能です。詳しくは後述します（492～507頁参照）。

下図の円の左側にある、支配株主である個人又は株式会社である持株法人から、❶の一般社団法人である従業員持株会に譲渡又は贈与で移転する流れと、前頁の④は、下図の円の❸へのルートとして表現されます。

下図の❶❷の従業員持株会は、その株式を❸の持株法人に信託するということも考えられます。これが下図の❹です。この説明は特にしません（140頁の規約11条と12条で信託と議決権行使を類推適用することや168頁参照）。

さらには、❶や❸の親族持株法人である一般社団法人等を、税務上の特典を完璧なものとするために「❺2階法人・3階法人への道」に進むこともあり得ますが、本書では、実現性が困難なこともあるため詳細に語ることはしません。

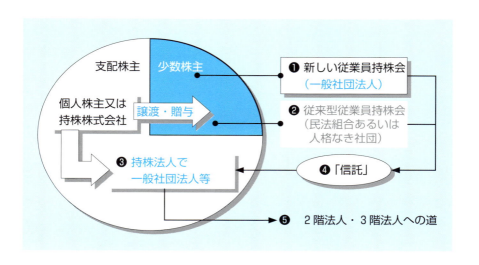

3 一般社団法人・一般財団法人の区分

これまで述べてきた従業員持株会と異なり，持分がありません

(1) まずは，法人税の観点から区分する

　そもそも，一般社団法人等とは何か？からスタートしなければなりません。これは，別途の「公益社団法人及び公益財団法人の認定等に関する法律」により公益認定を受けているか否かにより下表の右端のように2区分されます。

　しかし，法人税法上の区分は左端のように3つに区分されます。その内，相続対策で通常使うのは，法人税の区分の「1階法人」と通称で呼ばれる区分で，株式会社と同様にすべての所得に法人税が課税されます。別の通称では，「全所得課税法人」とも呼ばれています。

税務			法務
3階	公益社団法人・公益財団法人 （公益目的は収益事業でも非課税，その他の収益事業は通常の課税）		2階 公益法人
2階 非営利型	過去から未来に至るまで特定の者に利益を与えない法人（非営利徹底型）	会費により共益的活動を図る法人（共益型）	1階 一般法人
1階	法人税法の普通法人と同じ扱いを受ける 一般社団法人・一般財団法人		

　公益法人は難度の高い認定要件があります。上表左端の2階法人は，特定の収益事業しか法人税が課税されない（逆に言えば非営利事業には課税されない）特典があるため，法務上は公益法人ではないのですが，法人税法上は，「公益法人等」と呼ばれるから混乱を招きやすいです（法法2条六，九の二）。さらに，混乱は続きます。

(2) 通常は使われない2階法人・要件を外れた時のペナルティ

さらに，困ったことに2階の床（破線部分）と1階の天井は紙一重なのです。つまり500頁の2階法人の要件に該当さえすれば，特段の手続を踏むことなく，その法人の意識に関係なく，1階法人は2階法人（非営利徹底型又は共益型）になるのです。

まあ，税務上の特典が受けられるようになるから良いとしても，問題は，その2階法人の要件に1つでも該当しなくなった瞬間に，これまた特段の手続を踏むことなく，その法人の意識に関係なく，底が抜けて，忽然と1階法人に成り下がってしまうのです（法法2条九の二，法令3条）。

2階法人が，剰余金の分配を行うことを決定し，又は行った場合や，特定の個人や団体に特別の利益を与えることを決定し，又は与えたことにより1階法人となった場合，原則として2階法人に戻ることはできません（法基通1-1-9参照）。

そして，2階法人が1階法人に該当してしまった場合には，過去の収益事業以外の事業から生じた所得の累積額（「累積所得金額」といいます）から下図の「一定の公益目的支出額の累積額」を控除した残額を益金の額に算入することとなります（法法64条の4）。1階法人に合併された時も同様です。だから通常は予め1階法人を使うのです。

ただし，⑩で後述する一般社団法人としての従業員持株会は，2階法人を使う可能性があります。

益金に算入すべき額（累積所得金額）＝資産の帳簿価額－負債帳簿価額等

(注) 1　上記算式により計算した金額がマイナス（累積欠損金額）の場合，損金算入します。
2　負債帳簿価額等とは，負債の帳簿価額及び利益積立金額の合計額をいいます。

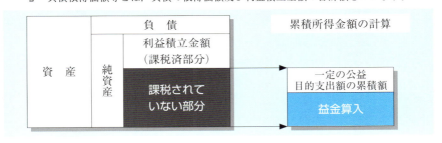

4 「一般財団法人」とは？

あまり使われないがメリットもある。それでも使われない理由は？
「信託」でも一般社団法人と同じことが手軽にできる

⑴ 「一般財団法人」とは？　個人の所有財産でなくなる！

　従業員持株会として通常使われるのは，一般社団法人と一般財団法人の内，一般社団法人です。一般財団法人は，あまり使われないのは何故か？　しかし可能性もありますので，概要を知っておくことも必要です。

　一般社団法人が人の集まりであるのに対して，一般財団法人は財産の集まりです。これに一定の目的を持った財産に法人格が与えられたものです。

　だから，自分の財産から切り離しますから自分の持分はなく，その財産がまったく別個の法人格を持ち，設立者の設立目的（奨学金給付などの慈善事業）を永久に実現し続けるのです。

　たとえば，ノーベル財団を想起して頂ければイメージは簡単に付きます。一般財団法人は，設立者の意思を永久に実現し続けます。

　一般社団法ができるまでは，財団法人を組成するためには，基本財産として1億円以上が許認可の目安とされていました。

　しかし，準則主義となった一般社団法では，300万円以上で可能となりました（一般法153条3項）。これなら，誰にでも作ることができます。

　もっとも，300万円では大した活動はできません。かといって巨額の個人財産を単純に一般財団法人に移動させると，法人側で多額の受贈益課税が起こりますので一般社団法人の場合と同様な工夫が必要となります。

　一般財団法人は，相続・事業承継対策として，ほぼ一般社団法人と同様の活用ができます。

(2) 「一般財団法人」のメリットとデメリット

　一般財団法人は遺言で設立もできます（一般法152条2項）。実務の執行者である理事の運営が設立者の意思から外れていないかを監督するのが，評議員です。評議員は信託の受託者の役割を担うといっていいでしょう。

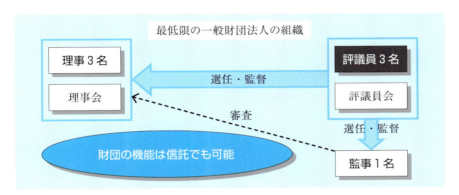

　その評議員の選任・解任の方法は定款に変更を認める規定がない限り変更は禁止されています（一般法200条1項）。
　設立者といえども定款に定められた目的を変更することができません。
　このように，当初の財団の目的を守り続けて行くには最適の組織と言えます。しかし，一般財団法人は，上図のように，最低限の組織を作るためだけでも，7人必要です。
　上場会社系の相続対策では，この人材の手当てができますから一般財団法人も使えるのですが，通常は，困難です。
　一方，一般社団法人は，最高決定機関である社員総会で全てを決めることができるので，法人の目的の変更や，法人自体の売却すら決めることができます。これも，一般社団法人の方が使い勝手が良いことの原因になっています。以降，一般財団法人は除外して述べていきます。しかし，設立者の意思を守り抜くという観点からは，財団はうってつけです。そしてこれを容易に行えてしまうのが「信託」で，その意味では「信託」は財団と言えます（拙著『事業承継に活かす持分会社・一般社団法人・信託の法務・税務』〔中央経済社2015年〕参照）。

5　本命の「一般社団法人」とは？

持分がないとはどういう意味か？　何故，持分がないのか？

(1)　「一般社団法人」の必要性から"持分がない"ことを理解

　一般社団法人とは「紳士クラブ」だと言われますが，日本人には却ってイメージし辛いようです。例えば，趣味や勉強や社会貢献のため，目的はなんでも結構ですが，人が集まります。同窓会やゼミ，同好会です。しかし，それだけでは，団体の人格（法人格）を持つことができません。

- 人の集まり（人格なき社団）
- 株式会社等（営利目的）
- 組合（組合員の共有財産）
- 一般社団法人（持分なし）

　すると，その団体の通帳を作るのも，団体名義で事務所も借りられません。代表者個人の名前で行うことになってしまいます。そこで，代表者に相続が起こると代表者の遺産になってしまいます。

　では，株式会社等の営利法人にすると，そもそも営利を目的としていないので趣旨に沿わず，へんな眼で見られかねません。

　それならば…と，民法上の「組合」にすると，今度は，組合員の共有財産になってしまいます。これが前章までで述べてきた従業員持株会です。

　しかし，財産を共有しようとする目的のない人の集まりは，そもそも，メンバーは，その団体のために使って欲しいと思うだけで会費などを出しているのであって，溜まったお金を，自分の財産にしたい等とは思っていない（つまり，自分の持分とは思っていない）のです。

　このようなニーズに応えるべく，目的に関係なく（営利・非営利共に可）一

定目的の人の集団（これを社団といいます）に法人格を与えたわけです。

(2) 株式会社や組合と，「持分」で比較してみると……

一般社団法人は，株式会社と比較するのが理解し易いでしょう。

まず一般社団法人には，株式会社の株主に相当する者がいません。これが最も大きな特徴です。株主は，その会社の出資者で，会社の所有者です。

だから株主は出資持分があります。つまり，70％の株式を所有する株主は「この会社の70％は俺の物だ」となります。

しかも，株式会社設立に際して株主となる者は，金銭等を出資しなければなりません。つまり資本金です。

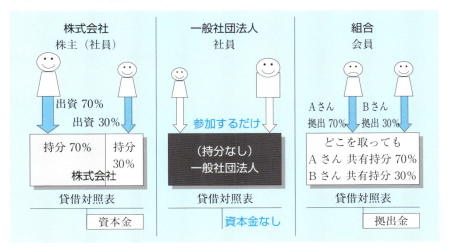

ところが，一般社団法人は，設立に際して金銭等いかなる出資の強制もされません（任意には可能）。人の集合だけで，参加することで成り立つのが一般社団法人だからです。だから資本金もありません。

株式会社では，「株主かつ社員」ですが，一般社団法人では，持分を有する者である株主は存在しませんから，社員という概念だけです。一般社団法人の社員には，その一般社団法人に対して，私の所有分と言うべき「持分」がありませんから，その一般社団法人は，社員の誰のものでもありません。

(3) 持分がないということは,「残余財産」の分配はどうなるのか？

同窓会やゼミなど，志を共にする同志の集まりは，自分はそのメンバー（構成員＝社員）で，参加し所属してはいるけれど，その団体に対して，自分の持分という概念はありません。それが「持分がない」という意味です。

したがって資本金がありません。設立に際して金銭等いかなる出資の強制もされないのです。我々は株式会社の概念がしみ付いてしまっているので，「出資持分」がないという感覚がなかなか持てずにいるのです。

したがって，一般社団法人が利益を出しても，その余剰金を社員に分配することもありませんし，解散しても，残余財産の内に持分がありませんので，その分配を受ける権利を与える旨の定款の定めはできません（一般法11条2項：これについては，次頁で，どんでん返しがあります。さらには，一般法第7章の罰則においても罰則規定がありません）。

> **定款の記載又は記録事項**（一般法11条）
> 一般社団法人の定款には，次に掲げる事項を記載し，又は記録しなければならない。
> 　一　目的
> 　二　名称
> 　三　主たる事務所の所在地
> 　四　設立時社員の氏名又は名称及び住所
> 　五　社員の資格の得喪に関する規定
> 　六　公告方法
> 　七　事業年度
> 　2　社員に剰余金又は残余財産の分配を受ける権利を与える旨の定款の定めは，その効力を有しない。

これも，持分概念が明確な株式会社等と異なる点です。そしてこのことが，一般社団法人の特徴でもある信託と同じ「倒産隔離機能」にもなっています。

第3章　従業員持株会を一般社団法人として組成する新たな方法　483

　前頁で,「一般法」の構成員である社員に残余財産を分配するという定款の定めができないと述べました。
　そうすると,**持分がない**……すなわち誰の物でもない一般社団法人の残余財産はどこに行くかが,同法239条に規定されています。
　1項では,定款で定めるところによるとあります。これは,同法11条2項では,社員に与えないとしているので,社員以外の誰かに渡すことを定款に定めておけば,それによるということです。
　2項は,それができなければ社員総会の決議によるとあります。これは重要です。最後の最後のこの社員総会で社員に分配すると決議すれば,そうなるということです。つまり**持分カムバック**になるのです。

残余財産の帰属（一般法239条）
1　残余財産の帰属は,**定款で定めるところによる**。
2　前項の規定により残余財産の帰属が**定まらないときは**,その帰属は,**清算法人の社員総会又は評議員会の決議**によって定める。
3　前二項の規定により帰属が**定まらない残余財産は**,**国庫に帰属**する。

　しかし,結局は,「持分あり」になるので,個人なら一時所得（所基通34－1）,法人なら**益金**です。

一時所得の例示（所基通34－1）
　次に掲げるようなものに係る所得は,一時所得に該当する。
(6)　人格のない社団等の解散により受けるいわゆる清算分配金又は脱退により受ける持分の払戻金

(4) 一般社団法人の設立手続・重要な「目的」

　一般社団法人の設立を簡単に示せば，下表の通りです。要は株式会社の設立とほとんど同じで，準則主義ですから，1週間もあれば簡単にできます。

No.	作　業　内　容
1	定款（印紙不要）を作成し（一般法10条），公証人の認証を受ける（一般法13条）。
2	設立時理事（設立時監事や設立時会計監査人を置く場合は，これらの者も）の選任を行う（一般法15条）。
3	設立時理事（設立時監事が置かれている場合は，その者も）が，設立手続の調査を行う（一般法20条）。
4	法人を代表すべき者（設立時理事又は設立時代表理事）が，法定の期限内に，主たる事務所の所在地を管轄する法務局又は地方法務局に設立の登記の申請を行う（一般法22条）。

＊　なお，1及び2は設立時社員（法人成立後最初の社員となる者2名以上）が行います。

　この内，重要なのは定款の目的です。一般社団法人の中で最も重要と言って差し支えない項目です。これは「一般法」の中でなんら制限をしていませんので，既に述べたように営利でも非営利でも構いません。ですから，個人の財産を管理する目的の人が集まって作ることもできます。

　後述する租税回避に該当しないように，組織運営が適正であることが大切ですが，それ以前に，目的が「相続税の節税」とはまさか書けません。

　これについては，26頁で述べたのと同じで，「本音の目的」と「本来の目的」とがあります。「本来の目的」は，「建前の目的」と言うことです。

　従業員持株会は，そのほとんどが民法組合で，"持分は共有"です。それでも，「本音の目的」と「本来の目的」をめぐっての葛藤があり，200頁で述べた幽霊持株会の疑惑も頻発します。

　仮に，"表だけの存在"を考えてみれば分かるように，それは存在し得ないものです。見せるべき表があると言うことは，裏面が存在することの証でもあります。それが公序良俗に反しない限り，内に秘める限りは社会的にも容認せ

ざるを得ないのです。

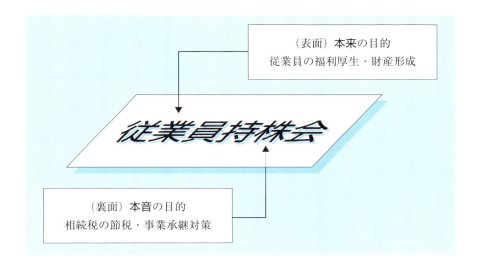

しかし，たとえ「建前の目的」であったとしても，それがなければならず，そしてそれに沿って「組織運営が適正になされている」という外見が，悲しいかな，欠かせないのです。

それは，人間の生き様と同じです。

食べるために働くという「本音の目的」。そして社会のために働くという「本来の目的」でなければならない「建前」。誰が責められましょう。

目的の軟弱さは，やがては税務上の否認にもつながって行くことになりますので重要です。

このリスクについては，拙著『事業承継に活かす持分会社・一般社団法人・信託の法務・税務』（中央経済社）を参照ください。

6 「一般社団法人」の課税の全体像

移転の方法による課税の注意点

　一般社団法人等の内容が分かったところで，これを取り巻く課税の全体像を概観します。2の続きで，同じ図を下に載せましたが，❶の一般社団法人を作るにしても，❸の一般社団法人を作るにしても，「個人株主又は持株（株式）会社」から移動させる方法は，通常は「譲渡」か「贈与」になります。

　問題は，この移動方法によって課税が異なることです。下図から右図に示すように「オーナー側」は，個人から一般社団法人に移動させる場合には，「みなし譲渡」（17頁参照・9参照）を検討しなければなりません。

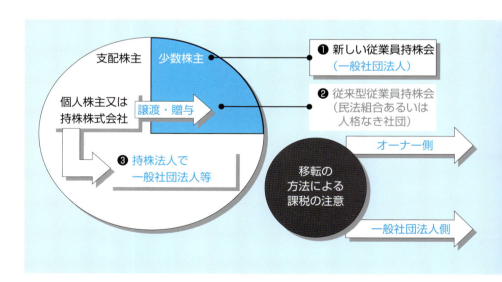

第 3 章　従業員持株会を一般社団法人として組成する新たな方法　487

「一般社団法人側」は，受贈益課税や相続税法66条 4 項の課税を注意します。

同法は，❸の一般社団法人への移動時に特に注意が必要です。親族持株会のような一般社団法人なら，贈与税・相続税の不当な減少になる場合には，その一般社団法人を，個人とみなして贈与税・相続税を課税するものです。

次頁の⑦〜⑨は，この❸の一般社団法人への"入り口課税"である相続税法66条 4 項と，"出口課税"である同法65条を見開きで同時に述べます。さらに入り口課税について，下図の相続税法施行令33条を述べます。その上で，⑩〜は主題である❶の従業員持株会について述べてまいります。

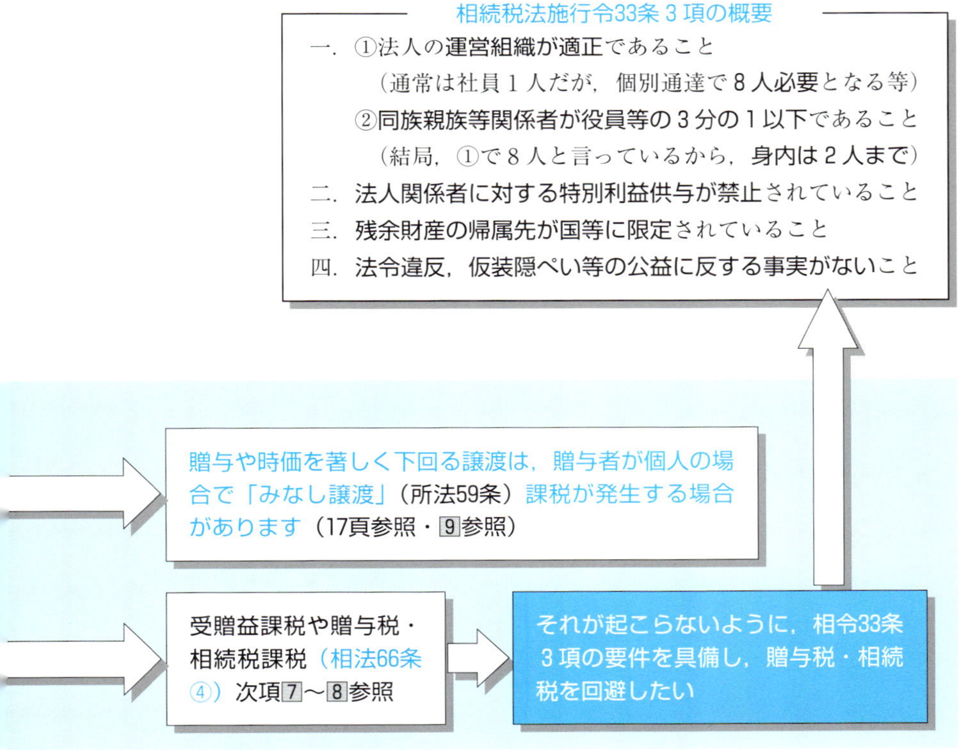

相続税法施行令33条 3 項の概要
一．①法人の運営組織が適正であること
　　　（通常は社員 1 人だが，個別通達で 8 人必要となる等）
　　②同族親族等関係者が役員等の 3 分の 1 以下であること
　　　（結局，①で 8 人と言っているから，身内は 2 人まで）
二．法人関係者に対する特別利益供与が禁止されていること
三．残余財産の帰属先が国等に限定されていること
四．法令違反，仮装隠ぺい等の公益に反する事実がないこと

贈与や時価を著しく下回る譲渡は，贈与者が個人の場合で「みなし譲渡」（所法59条）課税が発生する場合があります（17頁参照・⑨参照）

受贈益課税や贈与税・相続税課税（相法66条④）次項⑦〜⑧参照

それが起こらないように，相令33条 3 項の要件を具備し，贈与税・相続税を回避したい

7 一般社団法人の入り口と出口課税

「一般社団法人」に贈与等で移転したり
「一般社団法人」から利益を得ると租税回避で課税される。

(1) 「一般社団法人」に贈与等をすると贈与税等が（相法66条4項）

一般社団法人は，持分がないので，相続税が掛かりません。そこに個人財産を贈与や遺贈で移転すると，1階法人は普通法人と同じですから，その贈与や遺贈を受けた時に受贈益課税となります。

ところで，これとは別個に，「相続税又は贈与税の負担が不当に減少する結果となると認められる」と，同法人を個人とみなして贈与税や相続税（2割加算あり）が課税されます（下図の上段：相法66条4項）。すると受贈益課税との二重課税になるので，相続税等の計算上，受贈益課税の法人税等は控除されます（相法66条5項）。ただし，前頁の不当減少にならないとされる要件を具備すれば，課税されません（下図の下段：相令33条3項）。この要件は医療法

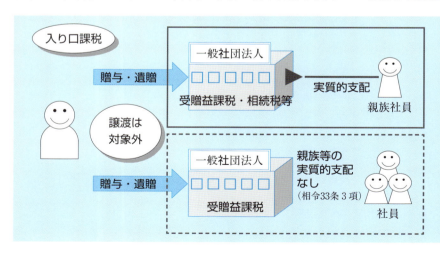

人の場合と同じです。対策はこの具備や「譲渡」です（次項⑧，⑨を参照）。

(2) 「一般社団法人」から利益を得ると贈与税等が（相法65条）

　前記(1)は，一般社団法人に入ってくる方の話ですが，今度は，一般社団法人から出ていく方の話です。入った時に遡って課税されるのです。つまり，同法人から資産の低額譲渡や無償利用，金銭の無償貸付けなど，そして同法人の解散によって残余財産が設立者の親族に分配されるとすると，同法人を経由して贈与税や相続税の回避ができてしまうからです。

　利益を享受した個人が，同法人に贈与または遺贈した者から直接に贈与または遺贈により取得したものとして，財産の移転時に（つまり，遡って！）贈与税または相続税が課税されます。

　前頁の入り口課税で逃れても，それ以降で私的流用があると，遡って課税されるわけです。そして，この問題は一般社団法人の出口問題としても浮上してきます。永久に一般社団法人として存続するのであれば良いのですが，最終的に解散し残余財産を個人が受け取ると，その時に，上記に該当する訳です。ここをどう設計するか課題となります。なお，前記(1)と競合する場合には，前記(1)の適用が優先されます（相法65条1項）ので以下66条4項を中心に述べてゆきます。

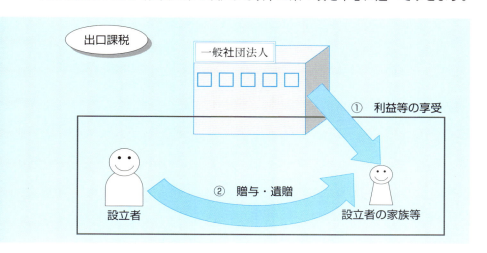

8 「一般社団法人」の税務……入り口

相続税法66条4項と相令33条3項

　一般社団法人の税務を理解する上で欠かせない条文の1つ目が，相続税法66条です。この条文は，相続税法の中の第7章「雑則」の中に位置します。

　66条の題は，「人格のない社団又は財団等に対する課税」で，この等の中に，4項の「法人格のある」一般社団法人又は財団が含まれるのです。

　まず，1項では，人格のない社団又は財団（以下，財団は省略します）に対して贈与又は遺贈があったら（法人税法では法人とみなしていることから，通常は法人扱い），敢えて，個人とみなして贈与税又は相続税を課税するとしています。だから相続税法に規定されているわけです。

　4項そのままの条文は煩雑なので，以下に読み下した内容で示します。

> **（人格のない社団又は財団等に対する課税）第66条4項**
>
> 　「持分の定めのない法人」に対し財産の贈与又は遺贈があった場合において，当該贈与又は遺贈により当該贈与又は遺贈をした者の親族その他これらの者と第64条第1項に規定する特別の関係がある者の相続税又は贈与税の負担が不当に減少する結果となると認められるときは，当該「持分の定めのない法人」に対し財産の贈与又は遺贈があった場合においては，当該法人を個人とみなして，これに贈与税又は相続税を課する。

　そして，上記の「不当に減少する結果と認められる」に関して，逆に「不当に減少する結果となると認めらない場合」を規定したのが次頁の相続税法施行令33条3項です。その概要は既に487頁で紹介しています。

第3章　従業員持株会を一般社団法人として組成する新たな方法　491

相令33条3項
　贈与又は遺贈により財産を取得した法第65条第1項に規定する持分の定めのない法人が，次に掲げる要件を満たすときは，法第66条第4項の相続税又は贈与税の負担が不当に減少する結果となると認められないものとする。
一　その運営組織が適正であるとともに，その寄附行為，定款又は規則において，その役員等のうち親族関係を有する者及びこれらと次に掲げる特殊の関係がある者（次号において「親族等」という。）の数がそれぞれの役員等の数のうちに占める割合は，いずれも3分の1以下とする旨の定めがあること。
　イ　当該親族関係を有する役員等と婚姻の届出をしていないが事実上婚姻関係と同様の事情にある者
　ロ　当該親族関係を有する役員等の使用人及び使用人以外の者で当該役員等から受ける金銭その他の財産によつて生計を維持しているもの
　ハ　イ又はロに掲げる者の親族でこれらの者と生計を一にしているもの
　ニ　当該親族関係を有する役員等及びイからハまでに掲げる者のほか，次に掲げる法人の法人税法第2条第15号（定義）に規定する役員（(1)において「会社役員」という。）又は使用人である者
　(1)　当該親族関係を有する役員等が会社役員となつている他の法人
　(2)　当該親族関係を有する役員等及びイからハまでに掲げる者並びにこれらの者と法人税法第2条第10号に規定する政令で定める特殊の関係のある法人を判定の基礎にした場合に同号に規定する同族会社に該当する他の法人
二　当該法人に財産の贈与若しくは遺贈をした者，当該法人の設立者，社員若しくは役員等又はこれらの者の親族等に対し，施設の利用，余裕金の運用，解散した場合における財産の帰属，金銭の貸付け，資産の譲渡，給与の支給，役員等の選任その他財産の運用及び事業の運営に関して特別の利益を与えないこと。
三　その寄附行為，定款又は規則において，当該法人が解散した場合にその残余財産が国若しくは地方公共団体又は公益社団法人若しくは公益財団法人その他の公益を目的とする事業を行う法人（持分の定めのないものに限る。）に帰属する旨の定めがあること。
四　当該法人につき法令に違反する事実，その帳簿書類に取引の全部又は一部を隠蔽し，又は仮装して記録又は記載をしている事実その他公益に反する事実がないこと。

9 実務の中心スキーム…「譲渡」

資金計画と適正時価での譲渡がポイント

(1) 買取資金計画

　一般社団法人に財産を移転させる方法は，そのほとんどが「譲渡」であることは，これまで述べてきました。しかし，肝心の一般社団法人側は，人の集まりである「社団」としての人格はあれど，株式会社や持分会社であれば当然の**お金がないという特異な存在**です。

　したがって，下図のように，「譲渡」で行く場合には，(1)**買取資金計画**と(2)**譲渡価額**が重要になります。

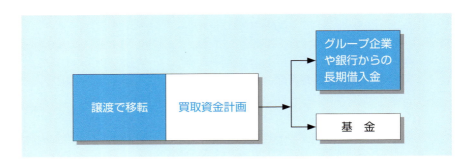

　買取資金を寄附したら，それは結局，資金の贈与になりますので，最低でも，一般社団法人側で受贈益課税を受けてしまい，さらに，既に7で述べてきたように，相続税法66条４項の適用を受けて，個人とみなされて贈与課税となります。

　結局は，上図のグループ企業や銀行等金融機関からの借入になります。

　一方の「基金」は貸付金のようなものですから，結局は相続財産になるので，

あまり使われません。

さて，借入金によると，事業承継の場合，通常，「**グループ法人の株式**」（一般の相続は不動産）**をオーナーから買い取る資金**とします。下図の場合は，グループ法人から借入をしていますが，金融機関からでも構いません。

❶でオーナーからグループ法人の株式を取得し，❷代金をグループ法人等から借入れし，❸オーナーに支払ます。オーナーはそれを株式譲渡所得税について，分離課税で20.42％の課税（措法37条の10）で課税関係は完了し，その残余のお金は，生活費等で費消しない限りは財産として残ります。

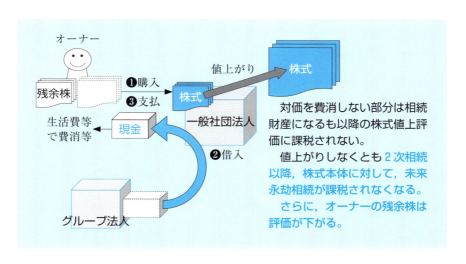

その後，一般社団法人が所有したグループ法人の株式の評価が値上がりしてもその部分に相続税は課税されませんし，2次相続以降，その株式本体については，未来永劫に相続税が課税されないことになります。

この場合，図の❶でグループ法人株式の3分の1超の持株のほとんどを一般社団法人が取得します。こうすれば，平成27年度税制改正により，次表のように，**グループ法人からの配当金が一般社団法人側の収益になりながら，その全額が益金不算入つまり法人税が掛からないわけです。**

受取配当等益金不算入制度の見直し（平成27年度税制改正）

平成27年改正前		平成27年4月1日以降	
持株比率	益金不算入割合	持株比率	益金不算入割合
25％未満	50％	5％以下	20％
		5％超3分の1以下	50％
25％以上	100％	3分の1超	100％

　まとめると，下図(1)の受取配当金から，借入先のグループ法人に(3)の利息を支払い，残りを(4)元金返済に回しますが，(5)定款に定める「目的」（たとえば，障害者支援・環境保護等）のための事業支出との兼ね合いで返済資金とします（元利支払がないと全体が否認される）。

　そうすると，益金は0で利息が損金になりますから，図の右の損益計算書のように，他に益金がないとすると欠損となります。

　この欠損は，基金を放棄した債務免除益に充てるのも一考です（507頁参照）。

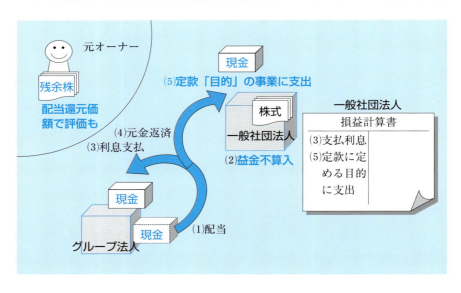

　オーナーは少数株主になりますので，オーナーの株式の評価は特例評価すなわち，配当還元価額にすることすら可能になります。

(2) 譲渡価額

次に，オーナーからの取得時の価額です。中小企業の株式は，「取引相場のない株式」の評価方法として，財産評価基本通達があるものの，これはあくまでも相続・贈与の際の評価方法に過ぎず，本スキームのような「譲渡」は対象外です。それなら実務上は如何にすべきか？

本スキームは，個人から一般社団法人への譲渡ですから，所得税法の範疇に属するため，所得税法59条で，**実務的には**所得税基本通達23－35（共）9を原則としつつも，それに寄り難いときは同通達59－6によることになります。しかし，ことは単純ではありません。下図のように，最後は「以上，4つの条件の下，財産評価基本通達の「取引相場のない株式」の評価によることを認める」とあります（74頁〜121頁，特に98頁〜99頁参照）。

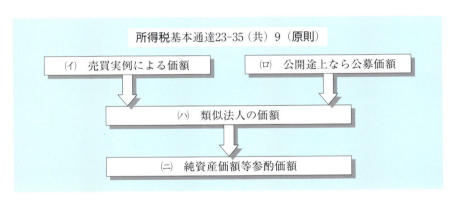

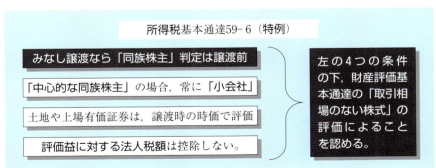

10 「一般社団法人」である従業員持株会

これまでに関連知識を得たので，本章の主題に入ります

(1) 一般社団法人は剰余金の分配禁止規定がある

いよいよ，下図❶の従業員持株会を一般社団法人として組成する場合です。

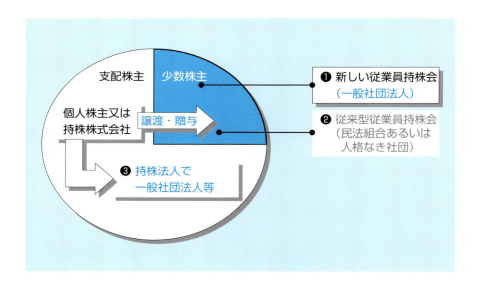

ところで，❷の従業員持株会が前章までで述べてきた「持分がある」のに対して，❶は「持分がない」というのが最大の特徴となります。

そうすると，問題も起こってきます。
一般社団法人は，⑤の(3)で述べたように，剰余金の分配を禁止していますか

ら，会員である従業員に対して何らの配当を分配することができないということです。

すると，従業員としては，加入するメリットが何もありません。

> **定款の記載又は記録事項**（一般法11条）
> 2　社員に剰余金又は残余財産の分配を受ける権利を与える旨の定款の定めは，その効力を有しない。

前章までで述べてきた❷の従業員持株会は，下図のように民法組合であればパススルーで，従業員の配当所得となり，人格なき社団であれば法人とみなされて課税されるも配当は益金不算入となり，剰余金の分配は従業員の雑所得となりました（431頁参照）。

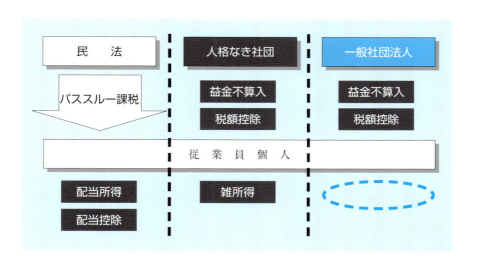

そこで，次のように従業員持株会の目的に従った支出をするという中で従業員へのメリットを提供するのです。

(2) 「目的」に従った支出で従業員福利を達成する

　従業員持株会の目的は，下図のような構造になっていることは，これまでに何度も述べてきました。

　「本来の目的」である「従業員の福利厚生」に役立てば，目的に合致しているので，その**目的の達し方**は，剰余金の分配に限らなくとも良いはずです。

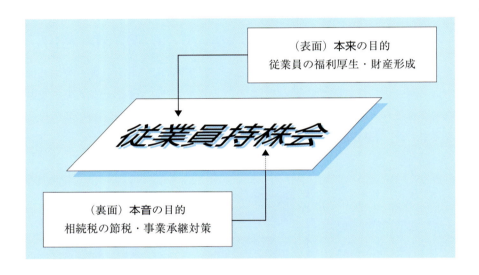

　すなわち，**経費として支出することで従業員福利に資すれば良い**のです。

　494頁の図にこれと同様のスキームを一般社団法人である従業員持株会に組み込めば良いわけです。それは，次頁の図になります。

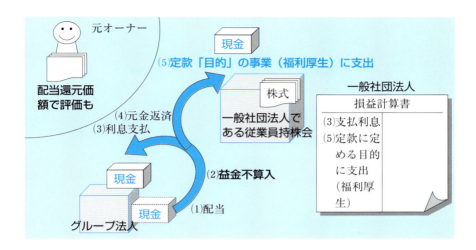

(3) 譲渡価額と贈与

　495頁で述べた，親族持株法人である一般社団法人等がオーナーから株式を譲渡により移転させた場合は，基本的には高い原則的評価となるのに対して，この新しい従業員持株会への譲渡は特例的評価である**配当還元価額でも問題ありません**。

　さらに進んで，贈与であっても，幽霊持株会でなければ，相続税法66条4項の課税もありません。しかも…

(4) 2階法人にできる！

前頁のスキームならば，2階法人（非営利を徹底できる一般社団法人や共益的活動を目的とする法人）化が可能です。そこで，改めて，3で述べた一般社団法人等の全体像を見てみることにします。

税務			法務
3階	公益社団法人・公益財団法人 （公益目的は収益事業でも非課税，その他の収益事業は通常の課税）		2階 公益法人
2階 非営利型	過去から未来に至るまで特定の者に利益を与えない法人（非営利徹底型）	会費により共益的活動を図る法人（共益型）	1階
1階	法人税法の普通法人と同じ扱いを受ける 一般社団法人・一般財団法人		一般法人

2階法人に該当すると，特定の収益事業しか法人税が課税されない（逆に言えば非営利事業には課税されない）特典（次の(5)で解説）があるため寄附，すなわち贈与しても下図のような受贈益課税もなくなることになります。

個人オーナーからの贈与が「みなし譲渡」となったとしても，配当還元価額で譲渡できます。

右表の2階法人の要件を検討する価値はありそうです。右頁表①の非営利徹底型では，2項目の残余財産を国等に贈与することがネックかもしれませんが，

第3章 従業員持株会を一般社団法人として組成する新たな方法　501

決して不可能なことではありません。②の共益型では従業員から会費を徴収することが主なネックかもしれませんが，これとて一部負担金として，不可能ではありません。

2 階法人（非営利型法人）の要件

類　型	要　件
① 非営利性が 徹底された法人 （法法2条九の二号 イ，法令3条1項） ［非営利徹底型］	1　剰余金の分配を行わないことを定款に定めていること 2　解散したときは，残余財産を国・地方公共団体や一定の公益的な団体に贈与することを定款に定めていること 3　上記1及び2の定款の定めに違反する行為（上記1，2及び下記4の要件に該当していた期間において，特定の個人又は団体に特別の利益を与えることを含みます）を行うことを決定し，又は行ったことがないこと 4　各理事について，理事とその理事の親族等である理事の合計数が，理事の総数の3分の1以下であること
② 共益的活動を 目的とする法人 （法法2条九の二号 ロ，法令3条2項） ［共益型］	1　会員に共通する利益を図る活動を行うことを目的としていること 2　定款等に会費の定めがあること 3　主たる事業として収益事業を行っていないこと 4　定款に特定の個人又は団体に剰余金の分配を行うことを定めていないこと 5　解散したときにその残余財産を特定の個人又は団体に帰属させることを定款に定めていないこと 6　上記1から5まで及び下記7の要件に該当していた期間において，特定の個人又は団体に特別の利益を与えることを決定し，又は与えたことがないこと 7　各理事について，理事とその理事の親族等である理事の合計数が，理事の総数の3分の1以下であること

(5) 2階法人の税務上のメリット

2階法人は次頁の表にある34業種の収益事業（法令5条）の所得だけに課税されます。これを見ていると，**結局はほとんど課税される**ということになります。この収益事業に該当しないものなどあるのか？　と思うほどです。しかし，たとえば広告業はないですね！

さらに，**活動資金として寄附を受ける必要のある法人等**は，**寄附はこの課税される34業種に該当しない**ため，2階法人の税務上のメリットを全面的に享受することができます。

従業員持株会であれば，個人オーナーから自社株を寄附してもらうわけです。

また，表の下のただし書きにあるように，公益社団法人と公益財団法人は課税されないので，将来，公明正大に3階に上がることを予定している法人は，2階法人として準備期間を過ごす間は課税されながら公益認定を待ちつつ，実績を作ることになります。

このように，**2階法人の税務上のメリットといっても，その実態はなかなか窮屈**です。③で述べたように，下手に2階法人になっていて，突如床を踏み外し1階法人になり，税務時効もなく，設立当初の過去に遡って，たとえば上記の寄附が受贈益として課税されるリスクもあります（その他，法基通1-1-11「収益事業を行っていないことの判定」参照）が，幽霊でない従業員持株会で

あれば安全性は高いです。

> 公益法人等の"収益事業"から生じた所得に対しては，法人税が課税されます。この場合の収益事業とは，次の34の事業を言いますが，継続して事業場を設けて行われるものに限ります（法令5条1項）。
>
> 1　物品販売業　2　不動産販売業　3　金銭貸付業　4　物品貸付業　5　不動産貸付業　6　製造業　7　通信業　8　運送業　9　倉庫業　10　請負業　11　印刷業　12　出版業　13　写真業　14　席貸業　15　旅館業　16　料理店業その他の飲食店業　17　周旋業　18　代理業　19　仲立業　20　問屋業　21　鉱業　22　土石採取業　23　浴場業　24　理容業　25　美容業　26　興行業　27　遊技所業　28　遊覧所業　29　医療保健業　30　技芸教授業　31　駐車場業　32　信用保証業　33　無体財産権の提供等を行う事業　34　労働者派遣業
>
> ただし，法律の規定に基づき行われる一定の事業は除かれますし，次の事業はその種類を問わず収益事業から除外されます（法令5条2項）。
> 1．公益社団法人・公益財団法人が行う公益目的事業
> 2．身体障害者及び生活保護者等が事業に従事する者の総数が2分の1以上を占め，かつ，その事業がこれらの者の生活の保護に寄与しているもの等

(6) 従業員の拠出は「なし」とする方法が一般的

民法組合や前章の人格なき社団による場合は，持分がありますから拠出する必要がありました。しかし**一般社団法人では持分がなく，ただ参加するだけですから拠出すら必要がありません。参加して従業員福利を受けるだけ**です。

〈民法組合による従業員持株会〉

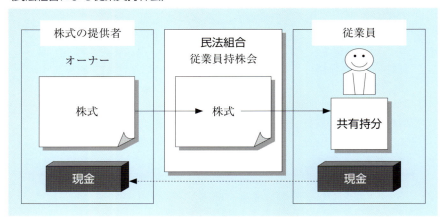

〈一般社団法人による従業員持株会〉

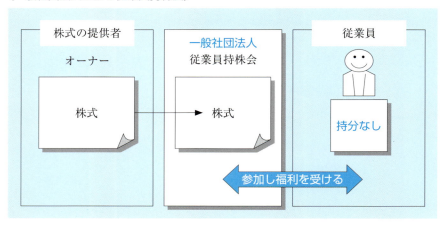

もちろん、「参加するだけ」といっても、480頁で述べたように会務の中でそれなりの役割分担をそれぞれが果たしつつ全体の従業員の福利に資するように行動をするという意味です。

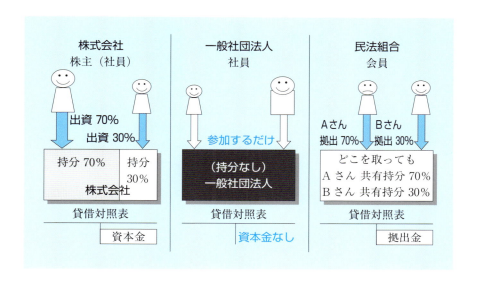

　こうして考えてくると、**従業員持株会はむしろ一般社団法人で作るべきか**もしれません。

　持分がありませんから、退会する折の持分払戻しという一番のトラブルが発生しないのが最大のメリットになるのです。

　そして、オーナーの相続税節税という本音の目的も達成することが可能です。

(7) 従業員の拠出を「基金」とする方法もあるが…

一般社団法人は人の集まりというだけで，資本金を有しない法人ですが，任意に「基金」という名で拠出することもできます（一般法131条～140条）。

> **基金を引き受ける者の募集等に関する定款の定め**（一般社団法131条）
> 　一般社団法人（一般社団法人の成立前にあっては，設立時社員。次条から第134条まで（第133条第1項第一号を除く。）及び第136条第一号において同じ。）は，基金（この款の規定により一般社団法人に拠出された金銭その他の財産であって，当該一般社団法人が拠出者に対してこの法律及び当該一般社団法人と当該拠出者との間の合意の定めるところに従い返還義務（金銭以外の財産については，拠出時の当該財産の価額に相当する金銭の返還義務）を負うものをいう。以下同じ。）を引き受ける者の募集をすることができる旨を定款で定めることができる。この場合においては，次に掲げる事項を定款で定めなければならない。
> 　一　基金の拠出者の権利に関する規定
> 　二　基金の返還の手続

この制度を使って，従業員が持株会に参加する際に，全員定額の基金を出すとすることも可能です。

それは一般社団法人からすると，返還義務がある（同法131条カッコ書き）いわゆる「劣後債務」，つまり負債になります（ただし，表示は「純資産の部」）。

したがって，拠出した従業員からは「貸付金」となり，退職する際に，従業員持株会を退会し，基金の返還を請求することになるのですが，次の条文にあ

るように，定時社員総会の決議によらなければならないなど柔軟性に欠ける点があります。

また，前頁で基金は「劣後債務」であると述べました。返済順位が一般債務に劣るのですから，必ず返済されるものではないのです（一般法141条）。

基金の返還（一般法141条）
1　基金の返還は，定時社員総会の決議によって行わなければならない。

2　一般社団法人は，ある事業年度に係る貸借対照表上の純資産額が次に掲げる金額の合計額を超える場合においては，当該事業年度の次の事業年度に関する定時社員総会の日の前日までの間に限り，当該超過額を返還の総額の限度として基金の返還をすることができる。
　一　基金（第144条第1項の代替基金を含む。）の総額
　二　法務省令で定めるところにより資産につき時価を基準として評価を行っている場合において，その時価の総額がその取得価額の総額を超えるときは，時価を基準として評価を行ったことにより増加した貸借対照表上の純資産額

3　前項の規定に違反して一般社団法人が基金の返還をした場合には，当該返還を受けた者及び当該返還に関する職務を行った**業務執行者**（業務執行理事その他当該業務執行理事の行う業務の執行に職務上関与した者をいう。次項及び第5項において同じ。）は，当該一般社団法人に対し，連帯して，違法に返還された額を弁済する責任を負う。

したがって，(6)で述べたようにむしろ拠出を求めないというのが良いと考えます。

オーナーが一般社団法人である従業員持株会（1階法人の場合）の活動資金を拠出金として基金とする方法もあります。詳しくは拙著『事業承継に活かす持分会社・一般社団法人・信託の法務・税務』〔中央経済社〕参照)。

11　「公益法人」の参考事項

　前項の，10により，従業員持株会を下図の❺の3階法人である公益法人にする必要性はなくなります。2階法人で十分であるからです。

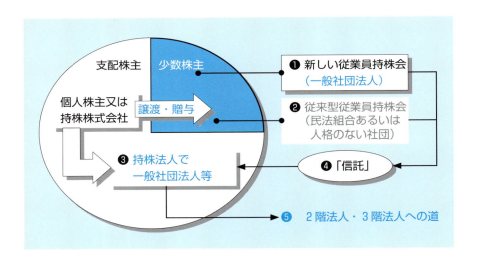

　しかし，❸の持株法人を一般社団法人とした場合に，3階法人を目指すことがないわけではありません。ただし，非常に厳格な審査等で難関です。
　また，本書の従業員持株会からは外れることもあるため，関連条文である租税特別措置法40条と70条を紹介するに留めておきます。

第3章　従業員持株会を一般社団法人として組成する新たな方法

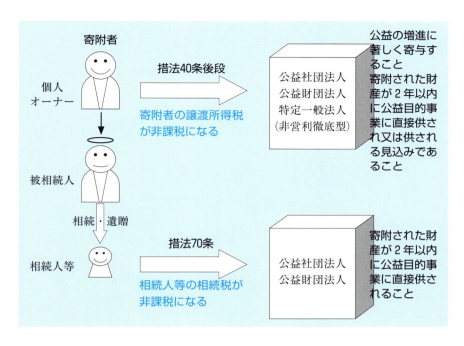

　共通する要件は，寄附者や寄附者の親族等の課税負担を不当に減少させる結果とならないことがあります。

国等に対して財産を寄附した場合の譲渡所得等の非課税（措法40条）

　国又は地方公共団体に対し財産の贈与又は遺贈があつた場合には，所得税法第59条第1項第1号の規定の適用については，当該財産の贈与又は遺贈がなかつたものとみなす。

　公益社団法人，公益財団法人，特定一般法人（法人税法別表第二に掲げる一般社団法人及び一般財団法人で，同法第2条第9号の2イに掲げるものをいう＊。）その他の公益を目的とする事業（以下この項から第3項まで及び第5項において「公益目的事業」という。）を行う法人（外国法人に該当するものを除く。以下この条において「公益法人等」という。）に対する財産（国外にある土地その他の政令で定めるものを除く。以下この条において同じ。）の贈与又は遺贈（当該公益法人等を設立するためにする財産の提供を含む。以下この条において同じ。）で，当該贈与又は遺贈が教育又は科学の振興，文化の向上，社会福祉への貢献その他公益の増進に著しく寄与すること，当該贈与又は遺贈に係る財産（当該財産につき第33条第1項に規定する収用等があつたことその他の政令で定める理由により当該財産の譲渡をした場合において，当該譲渡による収入金額の全部に相当する金額をもつて取得した当該財産に代わるべき資産として政令で定めるものを取得したときは，当該資産（次項，第3項及び第16項において「代替資産」という。））が，当該贈与又は遺贈があつた日から2年を経過する日までの期間（当該期間内に当該公益法人等の当該公益目的事業の用に直接供することが困難である場合として政令で定める事情があるときは，政令で定める期間。次項において同じ。）内に，当該公益法人等の当該公益目的事業の用に直接供され，又は供される見込みであることその他の政令で定める要件を満たすものとして国税庁長官の承認を受けたものについても，また同様とする。

＊501頁の表①の「非営利徹底型」法人のことをいいます。

国等に対して相続財産を贈与した場合等の相続税の非課税等　（措法70条）

　相続又は遺贈により財産を取得した者が，当該取得した財産をその取得後当該相続又は遺贈に係る相続税法第27条第1項又は第29条第1項の規定による申告書（これらの申告書の提出後において同法第4条に規定する事由が生じたことにより取得した財産については，当該取得に係る同法第31条第2項の規定による申告書）の提出期限までに国若しくは地方公共団体又は公益社団法人若しくは公益財団法人その他の公益を目的とする事業を行う法人のうち，教育若しくは科学の振興，文化の向上，社会福祉への貢献その他公益の増進に著しく寄与するものとして政令で定めるものに贈与をした場合には，当該贈与により当該贈与をした者又はその親族その他これらの者と同法第64条第1項に規定する特別の関係がある者の相続税又は贈与税の負担が不当に減少する結果となると認められる場合を除き，当該贈与をした財産の価額は，当該相続又は遺贈に係る相続税の課税価格の計算の基礎に算入しない。

資 料

1. 持株制度に関するガイドライン

2. 中小企業投資育成株式会社法

3. 中小企業投資育成株式会社が第三者割当てに基づき引き受ける新株の価額および保有する株式を処分する場合の価額にかかる課税上の取扱いについて（国税庁長官　個別通達）

4. 金融商品取引法等ガイドライン

5. 会社法（注釈付き）

1．持株制度に関するガイドライン
（日本証券業協会）

Ⅰ　持株制度に関するガイドライン

第1章　総則

1．制定の趣旨
持株制度の適正かつ円滑な運営に資する観点から，金融商品取引業者が行う同制度に関する事務の取扱いについて，本ガイドラインを制定することとする。

2．金融商品取引業者による法令等の遵守等
金融商品取引業者が持株制度に係る事務の取扱いを行う場合には，金融商品取引法，投資信託及び投資法人に関する法律等関係法令及び関係諸規則を遵守するとともに，本ガイドラインに沿って，その取扱いを行うものとする。

3．定義
本ガイドラインにおける次の用語の定義は，それぞれ次に定めるところによる。

・持株制度
　次に掲げる組織において，金銭を拠出し会社の株式を取得する仕組みをいう。
　① 従業員持株会
　　会社の従業員（当該会社の子会社等の従業員を含む。）が，当該会社の株式の取得を目的として運営する組織をいう。
　② 拡大従業員持株会
　　非上場会社の従業員が，当該非上場会社と密接な関係を有する上場会社の株式の取得を目的として運営する組織で，従業員持株会以外のものをいう。
　③ 役員持株会
　　会社の役員（当該会社の子会社等の役員を含む。以下同じ。）が，当該会社の株式の取得を目的として運営する組織をいう。

④ 取引先持株会
　　会社の取引関係者（当該会社の指定する当該会社と取引関係にある者をいう。）が当該会社の株式の取得を目的として運営する組織をいう。

- 実施会社
  ① 「従業員持株会」、「役員持株会」及び「取引先持株会」においては、その取得の目的とする対象の株式を発行する会社をいう。
  ② 「拡大従業員持株会」においては、会員である従業員が所属する当該非上場会社をいう。

- 子会社等
　　ある会社が他の会社を直接又は間接に支配している場合における当該他の会社（金融商品取引法第二に規定する定義に関する内閣府令第6条第3項各号に掲げる当該他の会社をいう。）をいう。

- 役員
　　取締役、会計参与、監査役若しくは執行役又はこれらの者と同等以上の支配力を有するものと認められる者（相談役、顧問その他いかなる名称を有する者であるかを問わない。）をいう。

- 取得対象株式
　　持株会が取得の目的とする対象の株式をいう。

- 会員
　　持株会に加入している従業員、役員又は会社の取引関係者をいう。

- 理事長
　　持株会の会員のうち、持株会を代表し、持株会が定める業務を執行する者をいう。

- 事務局
　　持株会の運営に係る配分計算事務、会員からの諸届出受付事務、会員への諸

連絡事務，金融商品取引業者及び退会者等への金銭及び株式の送金・交付事務，金融商品取引業者との売買約定連絡・確認事務並びにこれらに付随する事務を代行する機関をいう。

- 拠出金
  　会員が株式を取得するため，持株会に拠出する金銭をいう。
- 奨励金
  　持株会を通じた株式取得に際し，実施会社又は実施会社の子会社等が会員に付与する金銭をいう。
  （注）　金融商品取引業者が事務の取扱いを行う従業員持株制度には，
  　　①　持株会が行う持株制度に参加する従業員は，全員がその会員となる「全員組合員方式（間接投資型）」
  　　②　数名の従業員が会員として持株会を組織し，同会が行う持株制度に参加する従業員は，その参加者となる「少数組合員方式（直接投資型）」
  　　の二つの管理運営方式がある。
  　　両方式では，法的構成，使用する用語が異なるが，その取扱いにおいて実質的な差はない。このため，本ガイドラインの用語はすべて全員組合員方式で統一することとする。

　具体例

全員組合員方式	少数組合員方式
規約	規約・約款
入会・退会	参加・脱退
会員	会員・参加者
拠出金	積立金
出資	積立

第2章　従業員持株会

従業員持株会については，次の規定を適用するものとする。

1．目的
　従業員持株会は，実施会社及び実施会社の子会社等の従業員による取得対象株式

の取得，保有の促進により，従業員の福利厚生の増進及び経営への参加意識の向上を図ることを目的とする。

2．設立
(1) 設立

従業員持株会の設立に当たっては，それぞれ次の書類を作成するものとする。

① 「全員組合員方式（間接投資型）」の場合

「従業員持株会設立契約書」及び「従業員持株会規約」（別途「従業員持株会運営細則」を定める場合はこれを含む。）

② 「少数組合員方式（直接投資型）」の場合

「従業員持株会結成契約証書」，「従業員持株会規約」及び「従業員持株制度約款」

(2) 組織

① 従業員持株会は，従業員が，実施会社の株式を取得することを主たる目的とする民法第667条第1項に基づく組合とするものとする。

② 従業員持株会規約（以下「規約」という。）には，次の規定を設けるものとする。

イ 従業員持株会の会員が，株式の取得等のために同会に拠出する金銭は，会員の同会に対する出資であること。

ロ 理事長に管理信託された株式に係る配当金による株式の取得は，各会員の同会に対する拠出金による取得であること。

ハ 少数組合員方式による従業員持株制度においては，株式取得資金，理事長に管理信託された株式に係る配当金は，個々の従業員の所有に帰するものであること。

③ 従業員持株会は，実施会社1社につき，1組織とする。

④ 理事長は，規約の内容を会員に周知させるものとする。

3．取得対象株式

従業員持株会の取得対象株式は，実施会社が発行する株式のうち，規約に定めた株式とする。ただし，2種類以上の株式の取得はできないものとする。

4．会員の範囲

従業員持株会の会員は，実施会社及び実施会社の子会社等の従業員に限るものと

する。

　なお，執行役員制度を導入している会社において，取締役又は執行役を兼任していない執行役員については，規約の定めにより，会員資格を認めることができるものとする。

5．入会

　従業員持株会への入会は，規約の定めにより，随時又は一定の期間を設けて受け付けることができるものとする。ただし，上場株式及び金融商品取引法第67条の18第4号に定める取扱有価証券を取得対象株式とする従業員持株会への入会の取扱いについては，次のとおりとする。

① 入会を希望する従業員が入会時において，実施会社に係る未公表の重要事実を知得している場合には，入会できないものとする。

② あらかじめ規約に定めた一定の期間内において，①により入会できなかった従業員については，規約の定めにより理事長の承諾を得て，当該期間以外の期間に入会できるものとする。

③ 理事長は，入会を希望する従業員の実施会社に係る未公表の重要事実の知得について，厳正に審査するものとする。

6．拠出金等

(1) 拠出金は，その拠出方法により，定時拠出金と臨時拠出金とに区分するものとする。

① 定時拠出金

　定時拠出金は，規約の定めにより，会員があらかじめ申し込んだ金額を給与及び賞与から天引きの方法により拠出するものをいう。

② 臨時拠出金

　臨時拠出金は，規約の定めにより，次の場合に会員の申し出により臨時に拠出するものをいう。

イ　退会の場合

ロ　一時的に定時拠出金に追加する場合

ハ　公募増資及び売出しが行われる場合

ニ　株主割当による有償増資が行われる場合

ホ　第三者割当増資の割当てを受ける場合

ヘ　非上場株式を取得対象株式とする従業員持株会が他の株主から購入する場合

③　拠出金の限度額

定時拠出金及び臨時拠出金の限度額は，それぞれ１会員１回につき100万円未満とする。ただし，②イの場合については，１売買単位の買付けに要する金額を限度額とし，100万円未満とする。また，②ロの場合については，定時拠出金との合計額が100万円未満とする。

(2)　拠出金については，その管理に関する取扱いを定めるものとする。

7．拠出金額の変更

定時拠出金額の変更は，規約の定めにより，随時又は一定の期間を設けて，受け付けることができるものとする。ただし，上場株式及び金融商品取引法第67条の18第４号に定める取扱有価証券を取得対象株式とする従業員持株会における定時拠出金額の変更については，次のとおりとする。

①　定時拠出金額の変更を希望する会員が当該変更時において，実施会社に係る未公表の重要事実を知得している場合には，変更できないものとする。

②　あらかじめ規約に定めた一定の期間内において，①により定時拠出金額の変更を行えなかった会員については，規約の定めにより理事長の承諾を得て，当該期間以外の期間に変更を行えるものとする。

③　理事長は，定時拠出金額の変更を希望する会員の実施会社に係る未公表の重要事実の知得について，厳正に審査するものとする。

8．拠出の休止・再開

(1)　休止

会員は，事故・病気等やむを得ない事情がある場合で，かつ再開の見込みがある場合には，理事長に申し出て，拠出を休止することができるものとする。

(2)　再開

拠出を休止した会員は，休止の事由が消滅したときは，理事長に申し出て，拠出を再開することができるものとする。

9．奨励金

(1)　奨励金の付与

実施会社は，会員に対し，福利厚生制度の一環として取り扱われる範囲内において，定時拠出金に関して一定比率を乗じた額又は一定額の奨励金を付与することができるものとする。

(2) 子会社等における取扱い

　　会員が，実施会社の子会社等の従業員である場合には，当該会員に対する奨励金の付与は，当該会員の属する会社が行うものとする。

10. 事務委託料

　実施会社及び実施会社の子会社等は，従業員持株会が支払うべき事務委託料を負担することができるものとする。

11. 取得方法

　株式の取得に当たっては，一定の計画に従い，個別の投資判断に基づかず，継続的に買付けを行うものとし，理事長や事務局等の裁量により行われることのないようにするものとする。

(1) 取得対象株式が上場株式である場合

　　定時拠出金及び一時的に定時拠出金に追加する場合の臨時拠出金による買付けは，原則として規約によりあらかじめ定めた日に行うものとする。ただし，あらかじめ定めた日に行う買付けが困難となり，その状況が継続している場合には，規約を変更し，連続した複数日による買付けが行えるものとする。この場合，買付金額の分割割合は各買付日において等分とし，あらかじめ規約に定めるものとする。

(2) 取得対象株式が非上場株式である場合

　　買付けは，株式の供給が行われた都度これを行うものとする。ただし，金融商品取引法第67条の18第4号に定める取扱有価証券が取得対象株式である場合は，規約の定めにより，上記(1)に準じた買付けを行うことができるものとする。

12. 取得株式の管理等

　従業員持株会が取得した株式は，理事長名義とし，会員を共同委託者，理事長を受託者とする管理信財産として保管するものとする。規約には，次の規定を設けるものとする。

① 理事長は，株主総会招集通知の内容を会員に周知させること。

② 株主総会における議決権は，理事長が行使するが，各会員は総会ごとに理事長に対して特別の行使（不統一行使）をする旨の指示ができること。

③ 会員の持分が売買単位相当に達し，当該会員の申し出があった場合，事務を委託している金融商品取引業者を通じ，当該会員名義への書換え又は実質株主

登録を行うこと。

なお，取得対象株式が非上場株式である場合は，会員名義への書換えを制限する旨定めることができるものとする。この場合，過度な制限にならないよう配慮することが必要である。

13. 配当金の取扱い

配当金は，これを受領する権利が確定する日における会員の持分に応じて拠出されるものとし，理事長が一括して受領し，管理するものとする。また，現物配当が行われる場合の取扱いを，規約に定めることができる。

14. 現物組入れの制限

(1) 会員が既に有している取得対象株式について，従業員持株会はその組入れを行わないものとする。ただし，非上場株式を取得対象株式とする従業員持株会を組織するに当たり，合理的な取得価額を証明することができる株式を組入れる場合には，この限りでない。

(2) 上記(1)本文の規定にかかわらず，従業員持株会（以下「受入側持株会」という。）は，次の全てを満たす限りにおいて，他の持株会（以下「拠出側持株会」という。）の会員の所有持分の移管を受け付けることができる。

　イ　当該会員が，出向，転籍又は企業再編等を事由として受入側持株会に入会する資格を得ていること。
　ロ　当該会員の所有持分が，受入側持株会の取得対象株式に係るものであること。
　ハ　当該会員が移管に同意していること。
　ニ　双方の持株会の事務の取扱いを同一の金融商品取引業者が行うことにより，移管する持分に関する取得価額の証明が可能であること。
　ホ　移管する持分の数量等が，上記ニの金融商品取引業者において取扱えるものであること。

15. 退会（再入会の制限）

会員は，会員資格を喪失したとき，退会するものとする。また，会員は，理事長に申し出ることにより，何時でも退会することができるものとする。ただし，一旦退会した者は，原則として再入会することができないものとする。

16. 退会処理
　　会員の退会時における株式持分の処理は，次に定める方法により行うものとする。
（1）取得対象株式が上場株式である場合
　①　売買単位相当の持分については，事務を委託している金融商品取引業者を通じ，当該退会者名義への書換え又は実質株主登録を行うものとする。
　②　売買単位相当に満たない持分については，退会者の申し出により，次のいずれかを選択できるものとする。
　　イ　時価で売却し，現金で精算する方法
　　ロ　売買単位相当に達する金額の臨時拠出により，売買単位相当の当該持分について，当該退会者名義に書換えて当該退会者に引き渡す又は実質株主登録を行う方法
　　ハ　取得対象株式が，当該退会者の契約する金融商品取引業者の累積投資業務の対象となっている場合においては，当該金融商品取引業者における当該退会者の株式累積投資口座に当該持分を移管する方法，この場合，整数に満たない持分については，上記イの処理を行うことができるものとする。
　　なお，上記の持分の処理は，月1回，規約に定めた買付日（買付日が複数日の場合は初日）に行うものとする。
（2）取得対象株式が非上場株式である場合
　　売買単位相当又は売買単位相当未満にかかわらず従業員持株会が買い取ることができる旨又は会員名義への書換えを制限する旨規約に定めることができるものとする。この場合，過度な譲渡制限にならないよう配慮することが必要である。ただし，金融商品取引法第67条の18第4号に定める取扱有価証券が取得対象株式である場合は，規約の定めにより，上記．に準じた取扱いとすることができる。

17. 一人株主
　　従業員持株会が一人株主として認められるためには，次の要件を充たす必要がある。
　①　取得株式は理事長名義とすること。
　②　議決権は理事長が行使すること（不統一行使を妨げない。）。
　③　配当金は，これを受領する権利が確定する日における会員の持分に応じて拠出されるものとし，理事長が一括して受領し，管理すること。

18. 規約の変更
　　規約の変更を行う場合には，当該変更部分について，あらかじめ会員への説明を

行ったうえで、同意の手続きを行うものとする。

第3章　拡大従業員持株会に関する特則

拡大従業員持株会については、次の事項を特則として定めるほかは、従業員持株会に関する規定を準用するものとする。

1．設立
(1) 設立

実施会社は、非上場会社に限るものとする。

なお、実施会社が株式を上場した場合には、拡大従業員持株会は速やかに解散手続きに入るものとする。

(2) 複数の銘柄

2以上の銘柄の株式を取得対象株式とする場合には、当該銘柄ごとにそれぞれ拡大従業員持株会を組織するものとし、一の持株会で複数の銘柄の株式を取得することは認められないものとする。

2．取得対象株式
(1) 取得対象株式

取得対象株式は、実施会社を子会社等とする、又はこれに準じた関係を有する上場会社の発行する株式で、会員が当該上場会社の財務状況、株価の変動等からみて財産形成に資するものとして選定したものに限るものとする。

子会社等に準じた関係の有無は、次に掲げる資本的関係、経常的な取引関係及び人的関係等を勘案して判断するものとする（下記.において同じ。）。

① 資本的関係とは、取得対象株式の発行会社が実施会社の株式を所有している関係をいう。ただし、原則として、取得対象株式の発行会社が実施会社の総株主の議決権の発行済株式数の25％以上を直接所有していれば、子会社等に準じた関係があるものと判断される。

② 取引関係とは、実施会社と取得対象株式の発行会社との間における売上・仕入の関係をいう。ただし、原則として、実施会社の売上・仕入のいずれかに占める取得対象株式の発行会社のシェアが、直近3事業年度において、継続して50％以上であれば、子会社等に準じた関係があるものと判断される。

③ ①及び②に掲げるもののほか、取得対象株式の発行会社の役員が実施会社の

役員を兼務しているかどうか，実施会社の設立の沿革，実施会社の事業内容，取得対象株式の発行会社の事業内容との関係，社員の交流関係等を考慮するものとする。
(2) 外国株式
実施会社を子会社等とし，又はこれに準じた関係を有する海外の会社の株式を取得対象株式とする場合には，当該株式が日本証券業協会の「外国証券の取引に関する規則」第12条第1項第1号に掲げるものであることとする。

3．会員の範囲

拡大従業員持株会の会員は，原則として，実施会社の従業員に限るものとする。なお，執行役員制度を導入している会社において，取締役又は執行役を兼任していない執行役員については，規約の定めにより，会員資格を認めることができるものとする。

4．グループ従業員持株会

同一銘柄の株式を取得対象株式とする拡大従業員持株会を設立することができる2以上の会社の従業員は，共同して一の拡大従業員持株会（「グループ従業員持株会」という。）を設立することができるものとする。

第4章　役員持株会に関する特則

役員持株会については，次の事項を特則として定めるほかは，従業員持株会に関する規定を準用するものとする。

1．目的

役員持株会は，役員による実施会社の株式の取得を容易ならしめることを目的とする。

2．設立

役員持株会は，従業員持株会とは別組織として設立するものとする。
(1) 複数の持株会への加入
会員は，他の役員持株会の加入要件を満たせば，当該他の役員持ち株会へ加入することができる。

3．会員の範囲

役員持株会の会員は，実施会社及び実施会社の子会社等の役員とする。

4．入会

役員持株会への入会は，規約の定めにより，年1回一定の期間を設けて受け付けることができるものとする。なお，新任役員は，規約の定めにより，役員就任後直ちに入会することができるものとする。ただし，上場株式及び金融商品取引法第67条の18第4号に定める取扱有価証券を取得対象株式とする役員持株会への入会の取扱いについては，次のとおりとする。

① 入会を希望する役員が入会時において，実施会社に係る未公表の重要事実を知得している場合には，入会できないものとする。

② あらかじめ規約に定めた一定の期間内において①により入会できなかった役員については，規約の定めにより理事長の承諾を得て，当該期間以外の期間に入会できるものとする。

③ 理事長は，入会を希望する役員の実施会社に係る未公表の重要事実の知得について，厳正に審査するものとする。

5．臨時拠出金

臨時拠出金は，規約の定めにより，次の場合に限り拠出ができるものとする。ただし，①の場合については，1売買単位の買付けに要する金額を限度額とし，100万円未満とする。

① 退任によって退会する場合
② 株主割当による有償増資が行われる場合
③ 第三者割当増資の割当てを受ける場合
④ 非上場株式を取得対象株式とする役員持株会が他の株主から購入する場合

6．拠出金額の変更

定時拠出金額の変更は，規約の定めにより，年1回一定の期間を設けて，受け付けることができるものとする。ただし，上場株式及び金融商品取引法第67条の18第4項に定める取扱有価証券を取得対象株式とする役員持株会における定時拠出金額の変更については，次のとおりとする。

① 定時拠出金額の変更を希望する会員が当該変更時において，実施会社に係る

未公表の重要事実を知得している場合には，変更できないものとする。
② あらかじめ規約に定めた一定の期間内において，①により定時拠出金額の変更を行えなかった会員については，規約の定めにより理事長の承諾を得て，当該期間以外の期間に変更を行えるものとする。
③ 理事長は，定時拠出金額の変更を希望する会員の実施会社に係る未公表の重要事実の知得について，厳正に審査するものとする。

7．奨励金等の禁止

実施会社は，会員に対して奨励金及び事務委託料の経済的援助を与えてはならないものとする。

8．実質持分の報告

役員持株会は，会員の持分が売買単位相当に達した場合には，実施会社に対し当該数量を報告するものとする。

第5章　取引先持株会に関する特則

取引先持株会については，次の事項を特則として定めるほかは，従業員持株会に関する規定を準用するものとする。

1．目的

取引先持株会は，取引関係者による取得対象株式の取得により，相互間の親睦関係の増進に寄与することを目的とする。

2．設立

(1) 取引先持株会については，実施会社との取引関係の種別や会員の所在地により，実施会社1社について複数組織することを妨げない。
(2) 会員は，他の取引先持株会の加入要件を満たせば，当該他の取引先持株会へ加入することができる。

3．会員の範囲

取引先持株会の会員は，実施会社の取引関係者（法人か個人かを問わない。）に限るものとする。

4．優越的な地位の濫用の防止等

(1) 実施会社は，取引先持株会への入会の有無又は，拠出金額の多寡等（以下，併せて「取引先持株会に係る事項」という。）によって取引関係において差別的な取扱いを行い又は，通常の条件と異なる不公正な条件を用いてはならない。
(2) 実施会社は取引関係者に対し，取引先持株会に係る事項が取引関係に影響を与えるものでない旨を周知するものとする。
(3) 実施会社は，原則として取引先持株会が取得した株式及びその会員の持分について，質権，譲渡担保権その他これらに類する権利を取得してはならない。
(4) 実施会社は，取引先持株会への入会を条件とする信用の供与又はその代理若しくは媒介を行ってはならない。

5．拠出金等

(1) 定時拠出金

　定時拠出金は，規約の定めにより，会員があらかじめ申し込んだ金額を定期的に拠出することとする。

(2) 臨時拠出金

　臨時拠出金は，規約の定めにより，次の場合に限り拠出できるものとする。

　イ　退会の場合
　ロ　株主割当による有償増資が行われる場合

(3) 拠出金の限度額

　定時拠出金及び臨時拠出金の限度額は，それぞれ1会員1回につき100万円未満とする。ただし，イの場合については，1売買単位の買付けに要する金額を限度額とし，100万円未満とする。

6．奨励金等の禁止

　実施会社は，会員に対し奨励金及び事務委託手数料等の経済的援助を与えてはならないものとする。

7．議決権

　実施会社（実施会社の子会社を含む。）に議決権の総数の25％以上を保有されている法人会員については，実施会社に対する議決権の行使が制限されることに留意するものとする。

8．事務局

取引先持株会は，規約の定めにより，その事務を実施会社に委託できるものとする。

(注) 平 5． 1．11改正
平 5．11． 9改正
平 6． 1．24改正
平 7． 4． 4改正
平 7．12．27改正
平 8． 4．24改正
平14． 6．24改正
平18．10．13改正
平20． 6． 5改正

Ⅱ 税務上の取扱い（参考）

1．奨励金

奨励金は，会員の給与として課税される。この場合，毎月支給される奨励金であれば，毎月の給与に加算して源泉徴収を行い，年1回支給する奨励金であれば，賞与として源泉徴収を行うものとする。

2．配当金

① 配当金は，株式の名義人である理事長あてに一括して支払われるが，実質的には各会員の有する株式の持分に応じて各会員に支払われるものなので，各会員個人に対する配当所得として課税される。また，持株会会員分の配当金についても自己名義分の配当金と合算の上，配当控除の制度を利用できる。

② 理事長は，信託の受託者として配当金が一定額（平成18年現在では年間3万円）を超えた会員について，「信託の計算書」を所轄税務署へ提出するものとされている。

3．譲渡益

株式の譲渡益については，申告分離課税が適用される。

なお，会員が持株会から株式を引き出した場合には，課税関係は生じないことと

なる。

4．譲渡の対価の受領者の告知及び本人確認
① 株式に係る譲渡の対価の受領者の告知については，取扱金融商品取引業者に代わって持株会が，当該株式の譲渡の対価の支払を受ける時までに，会員から氏名及び住所の告知を受けるとともに，本人確認書類の提示を受け，本人確認を行うものとする。
② 取扱金融商品取引業者は，持株会から本人確認を行った旨を記載した書面を受け入れることにより，譲渡の対価の告知，本人確認に関する報告を受けるものとする。

5．支払調書の作成及び提出
株式等の譲渡の対価の支払調書は，取扱金融商品取引業者が作成し，当該金融商品取引業者の所轄税務署に提出するものとする。

以　　上

2．中小企業投資育成株式会社法

制　　定：昭和38年6月10日法律第101号
最終改正：平成16年4月21日法律第35号

（会社の目的）
第1条　中小企業投資育成株式会社は，中小企業の自己資本の充実を促進し，その健全な成長発展を図るため，中小企業に対する**投資等の事業を行なうことを目的**とする株式会社とする。

（会社の数及び事務所）
第2条　中小企業投資育成株式会社（以下「会社」という。）は，**東京**中小企業投資育成株式会社，**名古屋**中小企業投資育成株式会社及び**大阪**中小企業投資育成株式会社とし，それぞれ本店を東京都，名古屋市及び大阪市に置く。

（商号の使用制限）
第3条　会社以外の者は，その商号中に中小企業投資育成株式会社という文字を使用してはならない。

（代表取締役等の選定等の決議）
第4条　会社の代表取締役又は代表執行役の選定及び解職並びに監査役の選任及び解任又は監査委員の選定及び解職の決議は，経済産業大臣の認可を受けなければ，その効力を生じない。

（事業の範囲）
第5条　会社は，その目的を達成するため，次の事業を営むものとする。
　一　資本金の額が3億円以下の株式会社の設立に際して発行する株式の引受け及び当該引受けに係る株式の保有
　二　〜　五　（省略）
　2　（省略）

（事業に関する規則）

第6条　会社は，業務開始の際，その営む事業に関する規則を定め，**経済産業大臣の認可を受けなければならない**。これを変更しようとするときも，同様とする。
2　（省略）

（事業計画等）
第7条　会社は，毎事業年度の**開始前に**，その事業年度の事業計画，資金計画及び収支予算を定め，**経済産業大臣に届け出なければならない**。これらを変更しようとするときも，同様とする。

（定款の変更等）
第8条　会社の定款の変更，合併，分割及び解散の決議は，**経済産業大臣の認可を受け**なければ，その効力を生じない。

（貸借対照表等の提出）
第9条　会社は，毎事業年度経過後3月以内に，その事業年度の貸借対照表，損益計算書及び事業報告並びに剰余金の処分の決議に関する資料（中略）を**経済産業大臣に提出しなければならない**。

（監督）
第10条　会社は，**経済産業大臣がこの法律の定めるところに従い監督**する。
2　経済産業大臣は，この法律を施行するため必要があると認めるときは，会社に対し，業務に関し監督上必要な命令をすることができる。

（報告及び検査）
第11条　**経済産業大臣は**，この法律を施行するため必要があると認めるときは，会社からその業務に関し**報告をさせ**，又はその職員に，会社の営業所若しくは事務所に立ち入り，帳簿，書類その他の物件を**検査させる**ことができる。
2　（省略）
3　（省略）

（中小企業金融公庫の貸付け）
第12条　中小企業金融公庫は，中小企業金融公庫法（昭和28年法律第138号）第19条の規定にかかわらず，会社に対し，その事業に必要な長期資金を貸し付けることが

できる。
2　（省略）

（罰則）
第13条　会社の取締役，執行役，会計参与（会計参与が法人であるときは，その職務を行うべき社員），監査役又は職員が，その職務に関して，賄賂を収受し，又はその要求若しくは約束をしたときは，3年以下の懲役に処する。これによって不正の行為をし，又は相当の行為をしなかつたときは，5年以下の懲役に処する。
2　前項の場合において，犯人が収受した賄賂は，没収する。その全部又は一部を没収することができないときは，その価額を追徴する。

第14条　前条第1項の賄賂を供与し，又はその申込み若しくは約束をした者は，3年以下の懲役又は100万円以下の罰金に処する。
2　（省略）

第14条の2　第13条第1項の罪は，日本国外においてこれらの罪を犯した者にも適用する。
2　（省略）

第15条　第11条第1項の規定による報告をせず，若しくは虚偽の報告をし，又は同項の規定による検査を拒み，妨げ，若しくは忌避した場合には，その違反行為をした会社の取締役，執行役，会計参与（会計参与が法人であるときは，その職務を行うべき社員），監査役又は職員は，20万円以下の罰金に処する。

第16条　次の各号のいずれかに該当する場合には，その違反行為をした会社の取締役，執行役，会計参与若しくはその職務を行うべき社員又は監査役又は職員は，100万円以下の過料に処する。
　一　第5条第2項の規定に違反して，株式等を引き受けたとき。
　二　第6条第1項の規定に違反して，事業に関する規則の認可を受けなかったとき。
　三　第7条の規定に違反して，事業計画，資金計画又は収支予算の届出をしなかったとき。
　四　第9条の規定に違反して，貸借対照表，損益計算書若しくは事業報告又は余剰金の処分の決議に関する資料を提出せず，又は不実の記載若しくは記録をしたこ

れらのものを提出したとき。
　五　第10条第2項の規定による命令に違反したとき。

第17条　第3条の規定に違反した者は，5万円以下の過料に処する。

3. 中小企業投資育成株式会社が第三者割当てに基づき引き受ける新株の価額および保有する株式を処分する場合の価額にかかる課税上の取扱いについて

（直審3－126直審4－109直審5－53　昭和48年11月20日）

国税局長　殿
沖縄国税事務所長　殿

　　　　　　　　　　　　　　　　　　　　　　　　　　　　国税庁長官

中小企業投資育成株式会社が第三者割当てに基づき引き受ける新株の価額および保有する株式を処分する場合の価額にかかる課税上の取扱いについて

　標題のことについては、昭和41年4月8日付直審（法）29通達および昭和43年9月25日付官審（法）55通達により取り扱っているところであるが、今回、中小企業庁計画部長から別紙2のとおり照会があったので、従来の取扱いを改めることとし、当庁直税部長名をもって別紙1のとおり回答したから、了知されたい。

　なお、この取扱いは、中小企業投資育成株式会社の性格、運営の態様等にかえりみり、中小企業庁が定めた評価要領に基づく評価額を税務上適正なものとして取り扱うこととしたものであるから、中小企業投資育成株式会社以外の者が行う一般の取引については、この取扱いにかかわらず、一般の例によることに留意されたい。

　おって、中小企業投資育成株式会社の保有株式の処分について、その適正な運用を図るため、中小企業庁から各中小企業投資育成株式会社に対して別紙3のように通達しているので申し添える。

別紙1　　　　　　直審3－125直審4－108直審5－52　昭和48年11月20日

中小企業庁計画部長
○○○○　殿

国税庁直税部長　○○○○

中小企業投資育成株式会社が第三者割当てに基づき引き受ける新株の価額および保有する株式を処分する場合の価額にかかる課税上の取扱いについて
（昭和48.10.9付48企庁第1110号照会に対する回答）

　標題のことについては，中小企業投資育成株式会社がお申越しの評価要領に基づく評価額により第三者割当てによる新株の引受けおよび保有株式の処分を行なう限り，その引受価額または処分価額は，税務上適正なものとして取り扱うこととします。

……………………………………………………………………………………………………

別紙2　　　　　　　　　　　　　48企庁第1110号　昭和48年10月9日

国税庁直税部長　○○○○　殿
中小企業庁計画部長　○○○○

中小企業投資育成株式会社が第三者割当てに基づき引受ける
新株の価額及び保有する株式を処分する場合の価額について

　中小企業投資育成株式会社（以下「投資育成株式会社」という。）が中小企業投資育成株式会社法（昭和38年法律第101号）の規定に基づき第三者割当てにより新株を引き受ける場合の引受価額及びその保有する株式を処分する場合の処分価額については，従来，税務上も適正なものとして取り扱われているところですが，その価額算定の基礎となっている「新株引受け価額評価基準」及び「投資株式処分価額評価要領」がその後の経済状勢の変化に照らし，必ずしも実情に適合しないと認められるにいたったので，これを廃止し，新たに下記の評価要領を設けて，これによりそれぞれの評価額を算定することとする予定です。

　ついては，投資育成株式会社が新たな評価要領に基づいて算定した評価額により第三者割当てによる新株の引受け及び保有する株式の処分を行った場合において，その

引受け及び処分が投資育成株式会社及びその相手方の所得金額の計算上，適正なものとして取り扱われるかどうかにつき貴見を伺いたく，照会します。

記

第三者割当てにより新株を引き受ける場合の価額及び保有する株式を処分する場合の価額の評価要領

1 第三者割当てによる新株の引受け価額及び保有する株式の処分価額の評価基準
(1)
$$評価額 = \frac{1株当たりの予想純利益 \times 配当性向}{期待利回り}$$

(2) (1)の算式に基づいて算出した価額を基準とするが相手方と協議のうえ当該算式に基づいて算出された価額の上下10%を限度とした価額で売買することを妨げない。

2 評価基準（上記1(1)）の各項目の算出基準
(1) 予想純利益＝別紙1の様式に従い，償却後かつ納税引当前の年間純利益の実績（2～3期，半年決算のときは3期）及び当期の実績見込みを勘案し，翌期（当期の実績が期の3分の1に満たない場合は当期の年間予想純利益でも可）の年間予想純利益を算出する。（ただし，一時的利益変動要因は除く。）

なお，当該様式の評価時において当該企業が設備投資計画または，新製品の生産，販売計画を有する場合においては，当該計画が実施された場合におけるその収支に及ぼす影響を織込むものとする。

(2)
配当性向＝

（予想純利益）	（配当性向）
1株当り25円以下の金額	20%
1株当り26円から50円までの金額	15%
1株当り51円以上の金額	10%

（参考　1株当り利益と配当性向の換算表）

(3) 期待利回り＝当該企業の安定性，成長性などを総合的に判断して8%～12%の範囲内で次の「期待利回り格付基準」により行なうものとする。

期待利回り格付け基準
(イ) 格付け項目及び評点

項目	評点			
	(A	B	C	D)
①経営管理層の状況	4	3	2	1
②設備，技術及び製品の特長と成長性	4	3	2	1
③資金力，販売能力の状況	4	3	2	1
④1株当りの純資産額（簿価）	4	3	2	1
総合点				

(ロ) 1株当りの純資産額から評点への換算

1株当りの純資産額（額面50円）	点数
100円以下	1
100円超150円以下	2
150円超200円以下	3
200円超	4

(ハ) 期待利回りと評価要素の総合点

期待利回り	得点数
8％	15・16
9％	13・14
10％	8〜12
11％	6・7
12％	4・5

別紙3

昭和48年11月20日

○○○○株式会社

総務部長　殿

中小企業庁計画部振興課長

中小企業投資育成制度の今後の運用についての取扱いについて

　昭和46年3月27日付けをもって決定した中小企業投資育成制度の今後の運用について「6実施要領(3)株式の処分ロの(イ)および(ロ)」の項中「投資会社は機関投資家等の持株比率が3分の1以上となるように，その保有株式の処分を行なうものとする」に係る取扱については下記により行うようお願いします。

記

　投資会社は機関投資家等の持株比率が3分の1以上になるように，その保有株式の処分を行うこととなっているが，機関投資家等に処分した後，なお投資会社の保有株式がある場合の処分先は，持株比率に応じた処分を行う等特定の株式（同族または役員等）に片寄ることのないように処分を行うものとする。

4. 金融商品取引法等ガイドライン

金融商品取引法等に関する留意事項について
（金融商品取引法等ガイドライン）
平成24年3月　　金融庁総務企画局

【省略用語例】

　このガイドラインにおいて使用した次の省略用語は，それぞれ次に掲げる法令等を示すものである。

金商法………………………金融商品取引法（昭和23年法律第25号）
金商法施行令………………金融商品取引法施行令（昭和40年政令第321号）
定義府令……………………金融商品取引法第二条に規定する定義に関する内閣府令
　　　　　　　　　　　　　（平成5年大蔵省令第14号）
投信法………………………投資信託及び投資法人に関する法律（昭和26年法律第198号）

　本ガイドラインは，あくまで法令等の適用に当たり，留意すべき事項（制定・発出時点において最適と考えられる法令等の解釈・運用の基準）を示したものであり，個別の事情に応じて，法令等の範囲内においてこれと異なる取扱いとすることを妨げるものではない。

第1章　金融商品取引法

金商法第2条（定義）関係
（集団投資スキーム持分に該当しない場合）
2-1　従業員持株会を通じた株式所有スキームのうち，定義府令第16条第1項第7号の2イからへまでに掲げるすべての要件に該当する行為及び同号イ（1）又は（2）に掲げる買付けを行うことを内容とするスキームに係る権利は，金商法第2条第2項第5号に掲げる権利とはならないことに留意する。
（金商法施行令第1条の3の2第2号に該当する場合）
2-2　リース取引を業として行う者（以下2-2において「リース事業者」という。）が共同してリース取引に係る事業を行うことを約する契約に基づく権利に関

し，リース事業者がリース取引に係る借主の審査及び管理並びにリース物件（リース取引により借主に使用させる物件をいう。）の管理その他のリース取引に係る重要な業務に従事する場合には，当該リース事業者は，金商法施行令第１条の３の２第２号ロに該当することに留意する。

第２章　投資信託及び投資法人に関する法律

投信法第７条（証券投資信託以外の有価証券投資を目的とする信託の禁止）関係
（持株会等）
７－１　次に掲げる契約又は信託は，投信法第７条に規定する信託契約又は信託とはならないことに留意する。
　①　持株会に係る契約又は信託（金商法施行令第１条の３の３第５号に規定する契約（定義府令第６条第２項に規定する要件を満たすものに限る。），定義府令第７条第１項第１号又は第２号に規定する契約，定義府令第16条第１項第７号の２イ（２）に規定する信託契約等）
　②　従業員持株会を通じた株式所有スキームのうち，定義府令第16条第１項第７号の２イからへまでに掲げるすべての要件に該当する行為に係る契約又は信託

平成21年９月９日制定
平成24年３月27日改正

（参考条文）

投資信託及び投資法人に関する法律　第７条
（証券投資信託以外の有価証券投資を目的とする信託の禁止）
　何人も，証券投資信託を除くほか，信託財産を主として有価証券に対する投資として運用することを目的とする信託契約を締結し，又は信託法第三条第三号に掲げる方法によつてする信託をしてはならない。ただし，同法第185条第３項に規定する受益証券発行信託以外の信託であつて信託の受益権を分割して複数の者に取得させることを目的としないものについては，この限りでない。

金融商品取引法第二条に規定する定義に関する内閣府令（平成５年３月３日大蔵省令第14号）　16条１項７号の２

法第２条第８項第６号に掲げる行為のうち，次に掲げるすべての要件に該当するもの
- イ　次に掲げる買付けが行われることを目的として，株券を取得するものであること。
  - (1)　次に掲げる契約に基づき対象従業員（株券の発行者である会社又はその被支配会社等（第六条第三項に規定する被支配会社等をいう。以下この号において同じ。）若しくは関係会社（第七条第二項に規定する関係会社をいう。以下この号において同じ。）の従業員をいう。以下この号において同じ。）が行う買付け
    - (i)　令第一条の三の三第五号に規定する契約（第六条第二項に規定する要件を満たすものに限る。）
    - (ii)　第七条第一項第一号に規定する契約
  - (2)　株券の発行者である会社又はその被支配会社等若しくは関係会社の従業員が，当該株券に対する投資として信託財産を運用することを目的とした信託契約（次に掲げるすべての要件を満たすものに限る。）に基づく買付け
    - (i)　対象従業員が委託者であること。
    - (ii)　対象従業員が一定の計画に従い，個別の投資判断に基づかず，継続的に買付けの指図を行うこと。
    - (iii)　信託財産が他の対象従業員を委託者とする信託契約に係る信託財産と合同して運用されるものであること。
    - (iv)　信託財産への各対象従業員の一回当たりの拠出金額が百万円に満たないこと。
- ロ　当該行為がイ(1)(i)若しくは(ii)に掲げる契約又はイ(2)に規定する信託契約を実施するためのものであること。
- ハ　株券の発行者である会社又はその被支配会社等若しくは関係会社が，当該行為に係る業務によって生じる損失の補てんその他の当該行為をする者への給付を行う場合において，当該給付が，その目的，給付の水準その他の状況に照らし，イの対象従業員の福利厚生のためのものであると認められるものであること。
- ニ　当該行為に係る業務によって生じる利益がイの対象従業員若しくは対象従業員であった者又はこれらの者の相続人その他の一般承継人に帰属するものであること。
- ホ　イの対象従業員又はイ(2)の信託財産が当該行為に係る業務によって生じる債務の弁済の責任を負わないものであること。

ヘ　当該行為により取得した株券に係る議決権が，イの対象従業員の指図に基づき行使されるものであること。

5. 会社法（注釈付き）

（定義）
第2条 この法律において、次の各号に掲げる用語の意義は、当該各号に定めるところによる。

五 **公開会社** その発行する全部又は一部の株式の内容として譲渡による当該株式の取得について株式会社の承認を要する旨の定款の定めを設けていない株式会社をいう。

◆「公開会社」の定義は会社法の理解の上で、冒頭に立ちはだかる難問です。会社法設立直後において、この定義をどう読むかで論議になった程の難解さです。

つまりは、たった1株であろうとも、譲渡制限を付けていない会社を公開会社としています。

したがって、全部を譲渡制限にしている会社は当然該当しませんし、一部分の株式の譲渡制限を外すと、この瞬間、たちまち「公開会社」となってしまいます。

すると、問題は飛び火します。会社法上、公開会社以外の会社にのみ認められた規定が11項目あって、それらが全てフイになる可能性があり、定款等を一斉に見直さなければならなくなります。

種類株式に関係するところでは、下表の2番目の108条1項ただし書きによって、公開会社になると「役員選任権付株式は発行できなくなるなどの影響があります。

規定内容（株式譲渡制限会社だから当然に適用されるというのは、1.4.5.7.11であり、外の規定は定款に定めて初めて有効となります。）	根拠条文
1．設立時株式の総数は発行可能株式総数の4分の1以上の規定不適用	法37③
2．役員選任権付種類株式の定め	法108①九
3．属人的種類株式の定め	法109②
4．議決権制限株式の発行限度額不適用	法115
5．相続人等からの合意による売主追加請求権を排除した自己株式取得	法162

規定内容（株式譲渡制限会社だから当然に適用されるというのは，1.4.5.7.11であり，外の規定は定款に定めて初めて有効となります。）	根拠条文
6．相続人等に対する相続株等の売渡請求	法174
7．取締役会不設置選択可	法327①
8．取締役会設置会社でも会計参与を置けば監査役不設置選択可	法327②
9．取締役を株主に限定することができる	法331②
10．役員の任期を最大10年に延長できる	法332②
11．計算書類の注記の大部分を省略できる	計算規129

十三　**種類株式発行会社**　剰余金の配当その他の第108条第1項各号に掲げる事項について内容の異なる二以上の種類の株式を発行する株式会社をいう。

◆「普通株式」とか「種類株式」とかの表現をよくしますが，「普通株式」という名称は会社法には規定されていない通称です。種類株式発行会社は「普通株式」と「種類株式」とが存在するのではなく，全て「種類株式」となります。また，実際に種類株式を発行していなくても，種類株式を定款に定めただけで種類株式発行会社となります。

十四　**種類株主総会**　種類株主（種類株式発行会社におけるある種類の株式の株主をいう。以下同じ。）の総会をいう。

十七　**譲渡制限株式**　株式会社がその発行する全部又は一部の株式の内容として譲渡による当該株式の取得について当該株式会社の承認を要する旨の定めを設けている場合における当該株式をいう。

◆「譲渡制限株式」は107条で発行すれば，「その発行する全部」が，普通株式としての譲渡制限株式ということになり，通常の中小企業がこれに該当します。

　108条で発行すれば，「一部の株式」が譲渡制限株式になるため，通常はそうは表現しませんが，譲渡制限種類株式とでもいうようなことになります。

　つまり，この条文は普通株式と種類株式との両方を規定しています。以下の2つの株式も同様です。

十八　**取得請求権付株式**　株式会社がその発行する全部又は一部の株式の内容として株主が当該株式会社に対して当該株式の取得を請求することができる旨の定めを設けている場合における当該株式をいう。

◆「取得請求権付株式」は107条で発行すれば，「その発行する全部」が，普通株式としての取得請求権付株式ということになります。

　108条で発行すれば，「一部の株式」が取得請求権付株式になるため，取得請求

権付種類株式と呼ばれます。

　　つまり，この条文は普通株式と種類株式と両方を規定しています。
十九　**取得条項付株式**　株式会社がその発行する全部又は一部の株式の内容として当該株式会社が一定の事由が生じたことを条件として当該株式を取得することができる旨の定めを設けている場合における当該株式をいう。

　◆「取得条項株式」は107条で発行すれば，「その発行する全部」が，普通株式としての取得条項付株式ということになります。

　　108条で発行すれば，「一部の株式」が取得条項付株式になるため，取得条項付種類株式と呼ばれます。

　　つまり，この条文は普通株式と種類株式と両方を規定しています。
二十　**単元株式数**　株式会社がその発行する株式について，一定の数の株式をもって株主が株主総会又は種類株主総会において1個の議決権を行使することができる一単元の株式とする旨の定款の定めを設けている場合における当該一定の数をいう。
二十一　**新株予約権**　株式会社に対して行使することにより当該株式会社の株式の交付を受けることができる権利をいう。

（株主の責任）
第104条　株主の責任は，その有する株式の引受価額を限度とする。

（株主の権利）
第105条　株主は，その有する株式につき次に掲げる権利その他この法律の規定により認められた権利を有する。
　一　剰余金の配当を受ける権利
　二　残余財産の分配を受ける権利
　三　株主総会における議決権
2　株主に前項第一号及び第二号に掲げる権利の全部を与えない旨の定款の定めは，その効力を有しない。

　◆種類株式を設計する上で欠かせない概念の基本中の基本。株主の権利は上記3つです。

　　1号と2号が自益権と呼ばれ，3号が共益権と呼ばれます。

　　2項で，この3つの権利の内，配当受領権と残余財産分配権の両方ともない株式は設計できないことを規定しています。

（共有者による権利の行使）
第106条 株式が二以上の者の共有に属するときは，共有者は，当該株式についての権利を行使する者一人を定め，株式会社に対し，その者の氏名又は名称を通知しなければ，当該株式についての権利を行使することができない。ただし，株式会社が当該権利を行使することに同意した場合は，この限りでない。

　◆相続財産は相続開始と共に分割に関係なく相続人の共有になりますが，株式については，その共有の形態が少し異なり「準共有」になります（194頁参照）。

（株式の内容についての特別の定め）
第107条 株式会社は，その発行する**全部の株式の内容**として次に掲げる事項を定めることができる。
　一　譲渡による当該株式の取得について当該株式会社の承認を要すること。
　二　当該株式について，株主が当該株式会社に対してその取得を請求することができること。
　三　当該株式について，当該株式会社が一定の事由が生じたことを条件としてこれを取得することができること。
2　株式会社は，全部の株式の内容として次の各号に掲げる事項を定めるときは，当該各号に定める事項を**定款で定め**なければならない。
　一　譲渡による当該株式の取得について当該株式会社の承認を要すること　次に掲げる事項
　　イ　当該株式を譲渡により取得することについて当該株式会社の**承認を要する旨**
　　ロ　一定の場合においては株式会社が第136条又は第137条第１項の承認をしたものとみなすときは，その旨及び当該一定の場合
　二　当該株式について，**株主が当該株式会社に対してその取得を請求することができること**　次に掲げる事項
　　イ　株主が当該株式会社に対して当該株主の有する株式を取得することを**請求することができる旨**
　　ロ　イの株式一株を取得するのと引換えに当該株主に対して当該株式会社の**社債**（新株予約権付社債についてのものを除く。）を交付するときは，当該社債の種類（第681条第１号に規定する種類をいう。以下この編において同じ。）及び種類ごとの各社債の金額の合計額又はその算定方法
　　ハ　イの株式一株を取得するのと引換えに当該株主に対して当該株式会社の**新株予約権**（新株予約権付社債に付されたものを除く。）を交付するときは，当該

新株予約権の内容及び数又はその算定方法
- ニ　イの株式一株を取得するのと引換えに当該株主に対して当該株式会社の**新株予約権付社債**を交付するときは、当該新株予約権付社債についてのロに規定する事項及び当該新株予約権付社債に付された新株予約権についてのハに規定する事項
- ホ　イの株式一株を取得するのと引換えに当該株主に対して当該株式会社の**株式等**（株式、社債及び新株予約権をいう。以下同じ。）**以外の財産**を交付するときは、当該財産の内容及び数若しくは額又はこれらの算定方法
- ヘ　株主が当該株式会社に対して当該株式を取得することを請求することができる**期間**

三　当該株式について、当該**株式会社が一定の事由が生じたことを条件としてこれを取得することができること**　次に掲げる事項
- イ　一定の事由が生じた日に当該株式会社がその株式を取得する旨及びその事由
- ロ　当該株式会社が別に定める日が到来することをもってイの事由とするときは、その旨
- ハ　イの事由が生じた日にイの株式の**一部を取得することとするときは、その旨**及び取得する株式の一部の決定の方法
- ニ　イの株式一株を取得するのと引換えに当該株主に対して当該株式会社の**社債**（新株予約権付社債についてのものを除く。）を交付するときは、当該社債の種類及び種類ごとの各社債の金額の合計額又はその算定方法
- ホ　イの株式一株を取得するのと引換えに当該株主に対して当該株式会社の**新株予約権**（新株予約権付社債に付されたものを除く。）を交付するときは、当該新株予約権の内容及び数又はその算定方法
- ヘ　イの株式一株を取得するのと引換えに当該株主に対して当該株式会社の**新株予約権付社債**を交付するときは、当該新株予約権付社債についてのニに規定する事項及び当該新株予約権付社債に付された新株予約権についてのホに規定する事項
- ト　イの株式一株を取得するのと引換えに当該株主に対して当該株式会社の**株式等以外の財産**を交付するときは、当該財産の内容及び数若しくは額又はこれらの算定方法

◆107条は、いわゆる普通株式の設計に必要な項目です。ちなみに「普通株式」という名称は会社法には規定されていない通称です。まず1項では「全部の株式の内容として」と規定していることで普通株式であることが分かります。次の

108条が「異なる二以上の株式」としていることと大きな差があります。

1項1号が「譲渡承認株式」, 2号が「取得請求権株式」, 3号が「取得条項付株式」です。

2項では, 上記の株式の設計をして実行する場合に必要な定款の定めについて, 1項の順に規定しています。それぞれのイには, 定款にその旨や事由をとあります。

2項1号ロの第136条又は第137条第1項の承認とは「譲渡等承認請求」（14頁参照）を指します。

2号ロからは, 取得した時の「対価」の種類別に規定されて, ロが社債, ハが新株予約権, ニが新株引受権付社債, そしてホは, それ以外…つまりは現金となります。

2号ヘは, 請求できる「期間」となります。

そして, 3号は, 2号とよく似た構成で規定されています。

さらに, この107条の構造は, 次の108条の種類株式に引き継がれます。

（異なる種類の株式）
第108条 株式会社は, 次に掲げる事項について異なる定めをした内容の異なる二以上の種類の株式を発行することができる。ただし, 委員会設置会社及び公開会社は, 第9号に掲げる事項についての定めがある種類の株式を発行することができない。
一　剰余金の配当
二　残余財産の分配
三　株主総会において議決権を行使することができる事項
四　譲渡による当該種類の株式の取得について当該株式会社の承認を要すること。
五　当該種類の株式について, 株主が当該株式会社に対してその取得を請求することができること。
六　当該種類の株式について, 当該株式会社が一定の事由が生じたことを条件としてこれを取得することができること。
七　当該種類の株式について, 当該株式会社が株主総会の決議によってその全部を取得すること。
八　株主総会（取締役会設置会社にあっては株主総会又は取締役会, 清算人会設置会社（第478条第6項に規定する清算人会設置会社をいう。以下この条において同じ。）にあっては株主総会又は清算人会）において決議すべき事項のうち, 当該決議のほか, 当該種類の株式の種類株主を構成員とする種類株主総会の決議が

あることを必要とするもの
　九　当該種類の株式の種類株主を構成員とする種類株主総会において取締役又は監査役を選任すること。
2　株式会社は，次の各号に掲げる事項について内容の異なる二以上の種類の株式を発行する場合には，当該各号に定める事項及び発行可能種類株式総数を**定款で定めなければならない。**
　一　剰余金の配当　当該種類の株主に交付する配当財産の価額の決定の方法，剰余金の配当をする条件その他剰余金の配当に関する取扱いの内容
　二　残余財産の分配　当該種類の株主に交付する残余財産の価額の決定の方法，当該残余財産の種類その他残余財産の分配に関する取扱いの内容
　三　株主総会において議決権を行使することができる事項　次に掲げる事項
　　イ　株主総会において議決権を行使することができる事項
　　ロ　当該種類の株式につき議決権の行使の条件を定めるときは，その条件
　四　譲渡による当該種類の株式の取得について当該株式会社の承認を要すること
　　当該種類の株式についての前条第2項第1号に定める事項
　五　当該種類の株式について，株主が当該株式会社に対してその取得を請求することができること　次に掲げる事項
　　イ　当該種類の株式についての前条第2項第2号に定める事項
　　ロ　当該種類の株式一株を取得するのと引換えに当該株主に対して当該株式会社の他の株式を交付するときは，当該他の株式の種類及び種類ごとの数又はその算定方法
　六　当該種類の株式について，当該株式会社が一定の事由が生じたことを条件としてこれを取得することができること　次に掲げる事項
　　イ　当該種類の株式についての前条第2項第3号に定める事項
　　ロ　当該種類の株式一株を取得するのと引換えに当該株主に対して当該株式会社の他の株式を交付するときは，当該他の株式の種類及び種類ごとの数又はその算定方法
　七　当該種類の株式について，当該株式会社が株主総会の決議によってその全部を取得すること　次に掲げる事項
　　イ　第171条第1項第1号に規定する取得対価の価額の決定の方法
　　ロ　当該株主総会の決議をすることができるか否かについての条件を定めるときは，その条件
　八　株主総会（取締役会設置会社にあっては株主総会又は取締役会，清算人会設置

550　資　料

　　　会社にあっては株主総会又は清算人会）において決議すべき事項のうち，当該決議のほか，当該種類の株式の種類株主を構成員とする種類株主総会の決議があることを必要とするもの　次に掲げる事項
　　　イ　当該種類株主総会の決議があることを必要とする事項
　　　ロ　当該種類株主総会の決議を必要とする条件を定めるときは，その条件
　　九　当該種類の株式の種類株主を構成員とする種類株主総会において取締役又は監査役を選任すること　次に掲げる事項
　　　イ　当該種類株主を構成員とする種類株主総会において取締役又は監査役を選任すること及び選任する取締役又は監査役の数
　　　ロ　イの定めにより選任することができる取締役又は監査役の全部又は一部を他の種類株主と共同して選任することとするときは，当該他の種類株主の有する株式の種類及び共同して選任する取締役又は監査役の数
　　　ハ　イ又はロに掲げる事項を変更する条件があるときは，その条件及びその条件が成就した場合における変更後のイ又はロに掲げる事項
　　　ニ　イからハまでに掲げるもののほか，法務省令で定める事項
3　前項の規定にかかわらず，同項各号に定める事項（剰余金の配当について内容の異なる種類の種類株主が配当を受けることができる額その他法務省令で定める事項に限る。）の全部又は一部については，当該種類の株式を**初めて発行する時**までに，株主総会（取締役会設置会社にあっては株主総会又は取締役会，清算人会設置会社にあっては株主総会又は清算人会）の決議によって定める旨を定款で定めることができる。この場合においては，その内容の要綱を定款で定めなければならない。

　　◆108条が，いよいよ種類株式です。まず，2条13号の「種類株式発行会社」の定義を参照し，ただし書きについては，2条5号の「公開株式」の定義を参照してください。
　　　また，ただし書きの「委員会設置会社」については，本書の対象である一般の中小企業にはほとんど関係がありませんが，委員会設置会社では，役員の選任解任を指名する権限のある指名委員会があるため，これと権限が重複するため，9号の種類株式を発行することができないとしています。
　　　1項1号～9号までの種類株式を発行できますが，これをいかようにも組み合わせることも可能ですし，たとえば，1号については配当を優先することも劣後させることも可能で，その程度も，累積型や非累積型（309頁参照）等と様々な工夫が可能なため，無限の種類の株式を設計できることになります。
　　　2項の読み方については，107条と同様，1項との対応関係で理解すると良い

でしょう。

　3項は，107条ではなかった種類株式特有の規定になります。カッコ書きに規定している場合に限定されますが，条文中注意すべき文言は「初めて発行する時までに」です。すなわち，これまで当該種類株式が発行されていませんから，詳しい種類株式の内容は，2項柱書では「定款で定めなければならない」とありますが，「初めて発行する時までに」，その内容の要綱を定め，詳しい内容は「株主総会の決議によって定める旨を定款で定めることができる」のです。

第3版　あとがき

　当初は，増刷すら困難と思われた本書が刷りを重ね，版を重ねて第3版を迎えることができました。

　修士論文からスタートした従業員持株会の出版は，共著の齋藤先生からの企画提案と，中央経済社の露本敦氏の「売れなくとも読者のための品揃え」との気概で世に問うことができました。

　そして，本年8月には同社月刊誌『税務弘報』には「成功税理士のスペシャリスト9」にも，本書の関係する種類株式のスペシャリストとして載せて頂き光栄の極みでした。

　専門書の出版は，印税で食べていけるほどの金銭的な魅力があるわけではありません。その意味では「成功」にはほど遠いものでしょう。
　しかし，間違いなく「成功」した人生を実感できるのは，著者が腐心した，一般の税務関係書籍と異なった分かり易さを追求して，その自らの創造物が世に残るとの幸福感は，著者二人が味わうことができたことでした。

　この場をお借りして皆様への御礼を述べさせていただきます。ありがとうございました。

平成27年10月

著　者

第2版　あとがき

　前著『非公開株式譲渡の法務・税務』の脱稿後，中央経済社の露本氏から，本書の企画を頂いたのは，共著の齋藤先生が，私の修士論文のテーマがそれであったことを伝えてくれたことからでした。
　「ニッチなテーマですから売れない本ですが……」との私の申し出に対して，露本氏の言葉は，今も記憶に残るほど印象的でした。「中央経済社としても，持株会に関する本が品揃えの一環として必要なんです。」……と。

　これに「流石，太っ腹！」と思うも，その言葉に甘えて"予定通り売れないネ…"では，筆者としては面白くありません。実務的な視点を盛り込み，齋藤先生にも最新活用事例を出して頂き，相乗効果のある構成を考えました。

　「親族外承継」や「種類株式」等の時代のニーズを捉えた内容が受け入れられたこともあって，講演日程が先に決まり，これに間に合わせるべく製本前後には露本氏に無理を押して滑り込みで間に合わせて頂くなど奮闘頂きました。お蔭様で好評を得，今日までに4刷まで達することができました。

　2年もすると「早く第2版を……」との要望の中，シリーズ3作目となる『組織再編・資本等取引をめぐる税務の基礎』の原稿に没頭して遅れ，とうとう在庫切れとなり中古相場は1万円を超えてしまいました。しかし，その間に初版時点では非公開の裁決内容であった竹中工務店事件の大阪地裁判決を得ることができたことから，改訂内容を変更して新たに問う内容でお届けできました。

平成24年8月

著　者

あとがき

　「従業員持株会」にまつわる書籍は多くが上場会社のものであることや，一般の非上場会社には関係がないと思われているため，これまで大きく取り上げられることがなく，目立たない存在でありました。
　しかし，高齢社会の到来と共に，非上場会社の事業承継問題が社会問題となり，特にこれまで当然であった親族承継が半数を切る等の後継者難の中にあって，「親族外」の従業員や役員による承継としてクローズアップされてきました。本書は，そこにスポットを当てたことが特色です。

　「従業員持株会」との出会いは，筆者が設立の相談を受けたことを契機に，牧口が修士論文で新しい手法を検討することになったのが始まりでした。
　さらに，事業承継にまつわる自己株式取得に起こり得る「トリプル課税」回避対策としても従業員持株会が役立つことなど，税理士である髭正博先生からご教示頂いたことも大きく，その一端を，先に世に送り出すこととなった『非公開株式譲渡の法務・税務』で記述したことから縁を得て，今回，同書の姉妹書として上梓することが叶いました。
　執筆にあたっては，名古屋大学大学院での修士論文のご指導に当たっていただきました中東正文教授や，その師であり現在は公正取引委員会の委員を務められる浜田道代先生にご指導を著者2人は得ることができました。ここに前著と同様，実務的かつ学術的に融合させた形で刊行させて頂くことになりました。改めて感謝の意を表したく存じます。

平成21年12月

著　者

索　引

■英　数

EBO ·························· 44, 47, 176, **278**
ESOP →日本版 ESOP
LBO ··························· 279, 281, 298
M&A ··············· 276, **278**, 472〜474
MBO ··············· 176, **278**, 280, 286
MEBO ································· 278
SPC ···································· 279

■あ　行

意見表明権··························· 208
イソップ→日本版 ESOP
市川兼三···················· 219, 222, 257
一時供給型··························· 254
一時所得····························· 483
著しく低い価額の対価
　　　　　················ **17**, 19, 20, 22, 24, 97
一部議決権株式······················ 151
一般社団法人··· 419, 429, 433, 472〜511
一般財団法人···················· 478〜479
一般法··························· 472, 483
1 階法人····················· 476, 488, 507
委任······ **57**, 172, 190, 191, 281, 296, 320
入り口課税····················· 488〜489
医療法人····························· 488
インサイダー取引··············· 301, 302
受取配当等の益金不算入
　···413, 421, **427**, 430, 438, 440, 493〜494
運営···32, 37, 143, **202**, 238, 314, 345, 409,
　　　428, 444, 446, 448, 451〜454, 458〜
　　　459
江頭憲治郎············ 146, **216**, 230, 232

エンプロイー・バイ・アウト→ EBO
黄金株→拒否権付株式
親会社······························· 312

■か　行

会員総会····························· 346
改革型··· 30, **32**, 36〜38, 44, 135, 425, 433
開業 3 年未満の会社················· 113
開業前や休業中・清算中の会社······ 113
解散··················· 40, **178**, 185, 188, 190
会社・従業員持株会覚書 **49**, 60, 138, 390
　　──の記載例······················ 390
会社の一部局→従業員持株会の実在性
回答→種類株式の評価
ガイドライン··················· 260, 303
買取資金計画························ 492
買取請求権··························· 129
買戻し···34, 37, 38, 48, 75, **145**, 147, 166,
　　　173, 177, 181, 183, 188, 212, 218,
　　　223, 225, 264, 271, 289, 297, 333,
　　　342, 408, 409, 411, 418, 419, 431,
　　　436, 437
価格決定の申し立て············· 15, 219
確定申告····························· 134
額面額による買戻し·················· 246
加入申込書··························· 347
株券発行会社··················· **149**, 167
株券不発行························ **149**, 167
株式会社······················· 480〜481
株式買取請求権······················ 165
株式譲渡の自由··········· **218**, 223, 225
株式の供給················ 62, **64**, 143, 179
株式の供出···························· 46

555

株式の名義 → 理事長の名義
株式引出しの特約 …………………… 297
株式平等の原則 …………………… 124
株式分割 …………………………… 159
株式保有特定会社 ………………… 112
株主全員の同意 …………………… 153
株主総会 …58, 60, 62, 68, 128, 153, 155,
　　　　170, 172, 194, 202, 208, 285,
　　　　319, 331, 346
株主総会議事録 ……………… 138, 346
株主総会招集通知 …………… 138, 208
株主代表訴訟 …13, 40, 167, 169, 170, 331,
　　　　340
株主同意書 ………………………… 387
　——の記載例 …………………… 387
株主の平等 …………………… 164, 309
株主判定 ……………………… 77, 106
株主平等 …………………………… 155
　——の原則 …67, 68, 132, **164**, 173, 184,
　　　　263
株主割当 ……………………… 46, 64
借入金 …35, 144, 145, 146, 181, **183**, 193,
　　　　297
カリスマ性 ………………………… 32
河本一郎 …………………… 229, **232**
間接投資方式 ……………………… 254
完全無議決権 → 議決権制限
鑑定料 ……………………………… 266
緩慢なる増加 ……………………… 300
管理信託 ……………………… 155, 338, **351**
関連会社の従業員 ………………… 122
企業統治 …………………………… 205
基金 ……………………… 494, 506〜507
議決権 ………………………… 53, 458
議決権行使 …41, 56, 167, 194, 321, **353**,
　　　　453, 457, 458
議決権制限（株式）… 9, 62, **151**, 264, 305

議決権の数 ………………………… 311
議決権の消滅 ……………………… 177
議決権の不統一行使 → 不統一行使
議決権排除 ………………………… 319
寄託信託 …………………………… 135
既得権の侵害 ………… **215**, 239, 240, 242
寄附 ………………………………… 492
規模判定 …………………… 77, **110**
キャピタル・ゲイン
　…37, 48, 61, 124, 146, 206, 213, 215,
　　230, 232, 235, 237, 241, 252, 256, 257,
　　264, 270, 315, 333, 410, 419, 425, 432,
　　440, 441
キャピタル・ロス …… 182, 432, 440, 441
急激な事業承継 …………………… 282
給与課税 …………………………… 184
給与所得 ……………… 134, 144, 184, 266
給与天引 … 40, 58, **60**, 63, 131, 183, 254
共益型 ………………………… 476〜478
行政事件 …………………… 224, 234
業績低迷 …………………………… 179
共有 …53, 169, 173, 178, 181, **185**, 194,
　　　　255, 294, 338, 351, 411, 419, 432,
　　　　434, 436〜438, 440〜442, 444, 451,
　　　　454, 456〜458, 480, 484
共有物の分割請求 …………… 186, 195
拠出資金の調達 ……………… 131, **280**
拒否権 ……………………………… 163
拒否権付株式 …150, 159, **160**, 284, 305,
　　　　308, 334
金融商品取引法 …………… **63**, 297, 301
クアドラプル（4重）課税 ……… 12, 18
グリーンシート …………………… 205
グループ法人 ……………………… 493
経営権のみ承継 …………………… 284
経営参画意識 ……………………… 41, 332
経営者意識 …… 29, 30, 61, 172, 326, 344

索　引　557

経営承継円滑化法……………………281
契約自由の原則……………229, 243, **351**
決算書の公開………………**28**, 169, 203
原則的評価……47, 70, **105**, 118, 217, 290
原則的評価額……………………………66
原則的評価法…**106**, 110, 287, 288, 294, 301, 311
現物組入れ………168, **303**, 415, 418, 419, 432, 434〜436, 440
権利能力なき社団→人格のない社団
合意…………………………………127
公益社団法人……………476, 508〜509
高額配当…61, 125, 179, 185, 188, 222, 233, 240
公序良俗　**221**, 226, 230, 247, 251, 259, 266
黄門株→黄金株
合有………………185, 291, 338, 351, 434
高齢化………………………35, 144, 183
コーポレート・ガバナンス…………205
子会社………………………………176
子会社等の従業員…………………122
国税三法の「時価」…………77, **78**, 120
国税不服審判所…202, **223**, 224, 228, 236
顧問………………………………122, 344

■さ　行

財源規制………………15, 156, **157**, 159
財産移転の方法………………………473
債務免除……………………………193
最高裁判決（平成7年）………220, 236
財産形成………………………………38
財産評価基本通達（による時価）
………77, 81, 94, **100**, 120, 216, 263, 264, 300, 316, 495
債務免除……………20, 144, **184**, 494
差止め請求……………………………69
雑所得………53, **426**〜427, 431, 440, 454

参加→優先株
3階法人……………475〜476, 508〜509
参加的……………………………151
参加・累積型…………………………208
残高報告書…………………………394
　──の記載例……………………394
残余財産…165, 193, 309, 310, 421, 452, 458, 466, 482〜483, 487, 489
資格株………………………………150
事業承継…2, 10, 12, 15, 54, 131, 157, 165, 204, 258, **278**, 326
事業年度決定書……………………363
　──の記載例……………………363
資金計画→買取資金計画
資金をほとんど持たない団体
………………………**147**, 179, 181, 183
自己（の）株式…12, 65, **66**, 157, 312, 409〜413, 420〜423, 441, 447〜449, 452, 455〜456, 459
資産形成……………………215, 222
　──の目的……………………240
自社株……………………40, 172, 240, 257
自社株式………………………………65
執行役員……………………………122, 344
品川芳宣……409, 415, 417, 429, 437, 439
支配株主……………………………474, 476
支払調書……………………………135
私募債………………………………205
資本政策……………54, 205, 252, 330, 335
資本等取引……18, 413, 422, 446, 448, 456
事務委託………………………………58
事務委託会社…………………………60
社員………………………………481〜483
社員総会……………………………479, 483
社債類似株式……………………208, **308**
社団→人格のない社団
社内預金…………………40, 224, 237

558　索　引

収益還元 ……………………… 215
従業員等による親族外事業承継
　　……………… 44, 47, 118, **274**, 318
従業員の所得税 ………………… 133
従業員福祉→福利厚生
従業員持株会規約
　　…59, 138, **140**, 152, 172, 181, 182, 191, 192, 377
　　――の記載例 ………………… 377
従業員持株会設立契約書 ……… 389
　　――の記載例 ………………… 389
従業員持株会入会申込書 ……… 393
　　――の記載例 ………………… 393
従業員持株会の運営→運営
従業員持株会の限界 …………… 33
従業員持株会の実在性　58, **201**, 203, 238
従業員持株会の存在意義 ……… 152
従業員持株会の独立性 ……… 56, 57
就業規則 ………………………… 241
私有財産 …………………… 152, 166
集団指導体制 …………………… 291
集団投資スキーム ………… 433, 441
受贈益課税 ………… 12, 18, 23, 487, 488
出向 ……………………………… 122
取得価額による買戻し
　　…213, 214, **219**, 226, 231, 232, 239, 260, 271
取得条項付株式…150, **152**, 157, 169, 170, 295, 300
取得条項付種類株式… **297**, 298, 343, 419
取得請求権 ……………………… 334
取得請求権付株式 ………… 150, **156**
種類株式 ………………………… 125
　　――の評価 …………………… 304
　　――への転換 ………………… 124
　　――への転換手続 …………… 127
種類株式発行会社 ……………… 128

準共有 …………………………… 194
純資産価額…16, 33, 77, 94, 95, 112, **114**, 118, 173, 237, 263, 300, 306
純然たる第三者 ………………… 289
上場会社の従業員持株会 ……… 44
少数会員方式 …………………… 255
少数株主…118, 187, 288, 292, 322, 474, 476
少数株主権 ………… 126, 339, 341, **350**
譲渡 ………………… 473, 486, 488, 492
譲渡価額 …………………… 492, 495
譲渡所得 ………………………… 135
譲渡制限…14, 67, **149**, 151, 159, 167, 218, 222, 226, 228, 229, 246, 322
譲渡制限株式 ………………… 62, **149**
譲渡制限付取得請求権付拒否権付株式
　　………………………………… 331
譲渡制限付配当優先議決権制限株式
　　………………………………… 331
譲渡制限付普通株式 …………… 331
譲渡等承認請求 ………… **14**, 21, 217, 263
使用人兼務役員 ………………… 122
商法204条1項 ………… 223, 225, 227
剰余金の分配 …………………… 482
奨励金…41, **132**, 133, 173, 184, 185, 253, 257, 332, 345, 347
職場と資産を失う ……………… 28
所得税基本通達 ………… 77, 80, 98, 495
所得税基本通達23～35共－9 … 90, 495
所得税基本通達59－6 ………… 94, 495
所得税基本通達の「時価」 …… 90
所有と経営の分離 ……………… 282
人格のない社団…52, 413, 415, 419, 421, 423, 424, **426**～**434**, 438～441, 446～448, 450, 453～455, 461～468, 474～475, 480, 496, 508

親族外後継者…274, 287, 291, 294, 296, 298, 310
親族外承継…10, 160, 164, 165, 172, 176, 204, **274**, 278, 281, 290
親族内承継……………………………… 472
信託…………………………… 473, 475, 479
信託の隔離……………………… 155, 378
信託の計算書………… 137, 463, 465, 468
信託法……………………………………… 472
新谷勝………………………… 201, 251, 301
人的種類株式→属人的株式
信頼…………………………… 269, 315, 348
ステーク・ホルダー……………………… 215
ストック…………………………… 77, 79
ストック・オプション………… 206, 215
清算………………………………… **178**, 193
税務調査（税務上の否認）
　……………………… 20, 27, 56, **201**
設立………………………………………… 484
設立契約…………………………………… 138
設立総会……………………………………… 59
設立発起人会議事録………………… 59, 138
全員会員方式……………………………… 255
全員総会…………………………………… 202
全所得課税法人…………………………… 476
全部取得条項付種類株式……… 127, 128
相続クーデター…………………………… 319
相続税対策………………………………… 37
相続税の節税…2, **8**, 26, 54, 66, 71, 119, 130, 200, 203, 219, 224, 232, 237, 268, 270, 282, 313, 484
相続税法施行令33条3項…487, 490〜491
相続税法65条……………………… 478, 489
相続税法66条4項………… 487〜490, 492
相談役……………………………………… 122
総有………………………………………… 186

属人的（種類）株式…150, **162**, 296, 298, 299, 309, 330, 336
組織運営が適正…………… 485, 487, 490
租税回避（行為）………… 297, 488, 489
損益取引………… 413, 422, 446, 448, 456
ゾンビ持株会………… **408**, 409, 429, 430

■た　行

退会…34, 58, 61, 63, **142**, 146, 167, 182, 183, 185, 188, 212, 215, 223, 231, 238, 252, 259, 291, 294, 297, 303, 410, 416, 418, 432, 436, 437, 441, 451〜453, 458, 459
退会届出書………………………………… 138
第三者割当…46, 58, 60, 62, 64, **68**, 72, 74, 179, 313
第三者割当増資…………………… 34, 143
退職→退会
退職金の上積み…………………… 212, 234
高橋靖……………………………………… 236
竹中工務店事件…35, **144**, 183, 297, **409**, 414, 440, 442〜470
脱退………………………… **180**, 181, 189
中間型… 48, 135, 146, **262**, 419, 425, 431
中心的な同族株主………………… 106, 195
帳簿閲覧権………… 126, 340, 341, **350**
直接投資方式……………………………… 254
直接保有→直接持株
直接持株（制度）………… 38, **171**, 296
賃金の一部控除に関する協定書
　…………………………………… 138, **391**
　──の記載例……………………… 391
通貨払い原則……………………………… 240
月掛投資型………………………………… 254
定款…62, 128, 138, 149, 153, 154, 161, 165, 167, 218, 222, 226, 246, 322, 330, 343, 346, 482, 484, 494

560　索　引

──の記載例………………………… 354
定款自治………………………………… 208
適正時価→譲渡価額
出口課税………………………………… 489
デメリット……………………………… 6
同意………………………………… 125, 138
投下資本回収→投資回収
登記………………………… 149, 165, **402**, 484
峠越え…………………… 290, **292**, 294, 296
倒産隔離………………………………… 482
投資育成会社………………………… 10, **313**
投資回収…**221**, 227, 229, 231, 239, 241, 251
同族株主…77, 94, **106**, 118, 286, 290, 292, 310, 316, 495
同族株主以外の株主……… **107**, 286, 288, 290
特殊支配同族会社の役員給与の一部損金不算入…………………………………… 200
特定一般法人……………………… 509, 510
特定会社の判定………………………… 77, 112
特別目的会社…………………………… 279
特例的評価… **105**, 118, 287, 288, 290, 301
土地保有特定会社……………………… 112
ドラール事件 146, 207, 214, **238**, 244, 268
取締役会……………………… 60, 62, 170, 331
取締役会議事録……………………… 346, 384
──の記載例………………………… 384
取締役解任……………………………… 321
取締役解任請求権………………… 126, 350
取締役等の解任請求権………………… 341
取締役の解任請求権…………………… 340
取立て株→取得条項付株式
取引先持株会…167, 171, **176**, 184, 205, 276, 289, 313
取引時価……………… 33, 34, 35, 36, 38
トリプル課税……………… **12**, 18, 24, 67

■な　行

2階法人…………… 475〜477, 500〜503
日本経済新聞社事件…………………… 245
日本版 ESOP…………………………… 318
根回し……………………………… 58, 129
納税猶予…………………………………… 10

■は　行

パート・アルバイト…………………… 122
配当可能額……………………………… 208
配当還元（価額・方式）
…14, 16, 24, 33, 46, 67, 70, 77, 96, **118**, 143, 146, 170, 182, 185, 189, 212, 215, 219, 225, 233, 236, 262, 286, 290, 294, 298, 300, 310, 313, 326, 342, 419, 425, 432, 441
配当金…………………………… 53, 133, **134**
配当控除…53, **134**, 338, 426〜428, 430, 431, 433, 437, 440, 444, 454, 455
配当所得…………………………… 134, 338
配当や利益のない会社………………… 113
配当優先…58, 60, 62, 124, 128, **150**, 208, 306
配当優先株式………………………… 54, 151
配当優先権……………………………… 264
配当優先無議決権……………………… 208
配当優先無議決権株式………………… 305
パススルー（課税）…34, 135, 145, 413, **426〜429**, 431, 440, 444, 454, 463, 465〜468
払戻計算書……………………………… 394
──の記載例………………………… 394
反対株主……………………… 127, 128, 165
パンフレット→募集説明書

索　引　561

非営利型……………………………… 476
非営利徹底型……………… 476〜477, 510
非課税所得… 415, 420, **423**, 427, 446, 449
引出・退会届出書…………………… 395
　　――の記載例…………………… 395
髭正博……………………………235, 288
非後継者……………………………176, 195
非参加→優先株
非参加的優先株式→優先株
非参加・累積型……………………… 208
非同族の役員……………………**288**, 290
評価コスト…………………………… 265
評価方法の選択……………………… 104
評議員………………………………… 479
標準型… **26**, 30, 32, 36〜38, 42, 44, 47,
　　　　142, 262
　　――の発展形……………… **30**, 61, 142
開かれた従業員持株会… **202**, 204, 254,
　　　　　　　　　　　269, 270, 291
非累積的優先株式…………………… 151
ファンド………………………… **279**, 281
福利厚生… 2, 26, 38, 49, 58, 132, 135, 147,
　　　　172, 179, 181, 193, 200, 204,
　　　　213, 231, 241, 269, 332, 342,
　　　　345, 348, 413, 418, 422〜425,
　　　　446〜448, 455, 456, 464, 469
附合契約………………………… **230**, 251
藤原俊雄……………… 214, **230**, 232, 234
普段の引出し………………………… 250
不統一行使…………………………… 351
麓越え………………………………… 296
フロー（課税）………………… 77, **79**, 120
分配可能額…………………………15, 158
平時における一部引出し…………… 250
法人格否認の法理……………… **201**, 207
法人税基本通達………………… 77, **80**, 88
法人税基本通達 9 - 1 - 13…… 82, 300

法人税基本通達 9 - 1 - 14…… 85, 158
法人税基本通達の「時価」………… 82
法人税の節税……… 11, 28, 130, 200, 327
募集案内……………………………… 346
募集説明書………………… 61, 138, **392**
　　――の記載例…………………… 392
発起人………………………………… 55
発起人会……………………………… 59
発起人会・設立総会議事録案……… 346
発起人会設立総会議事録…………… 388
　　――の記載例…………………… 388
本音の目的… 2, 26, 54, 58, 254, 268, 409,
　　　　　432, 485, 498
本来の目的… 2, 26, 32, 49, 147, 181, 485,
　　　　　498

■ま　行

マネジメント・バイ・アウト→ MBO
みなし譲渡… 12, **17**, 18, 22, 96, 487〜488,
　　　　495
みなし贈与……… 12, **16**, 18, 21, 22, 288
みなし配当… 12, **17**, 18, 21, 22, 66, 297,
　　　　409〜413, 415, 420〜427,
　　　　429〜433, 437, 438, 440〜
　　　　450, 455, 456, 459, 461, 468
未来永劫……………………………… 493
民事事件……………………………… 224
民法90条………………… 221, 227, 251, 259
民法組合…… 11, 474, 475, 480〜482, 484,
　　　　496, 504, 505, 508
民法上の組合… 34, **52**, 53, 135, 172, 177,
　　　　179, 215, 255, 290, 291,
　　　　338, 348, 350, 419, 427,
　　　　431, 443, 444, 446〜449,
　　　　453〜456, 460, 462〜468
無議決権（株式）…… 55, 126, **150**, 151,
　　　　　　　　　　292, 306, 340, 350

無議決権配当優先……………………… 302
召し上げ株→取得条項付株式
　メリット……………………………… 6
　目的……………… 478〜480, 482, 484, 494
持株会会員の帳簿閲覧権……………… 350
持株制度に関するガイドライン…… 436
持株法人……………………… 474, 476
持分がある………………… 474, 481, 483
持分がない………… 475〜476, 480〜483
持分買戻し計算書……………………… 138
持分通知書……………………………… 138
持分の一部引出し………………… 251, 252
持分の分割請求………………………… 255
持分返還………………………………… 182
モチベーションアップ
　………………… 2, 26, 200, 208, 269, 332

■や 行

役員解任………………………………… 285
役員給与の引き下げ…………………… 285
役員の人数………………………………… 56
役員持株会…45, 122, 131, 159, 160, 167,
　　　　171, 172, 176, 184, 205, 276,
　　　　288, 290, 291, 292, 294, 296,
　　　　302, 333
役員持株会規約………………… 174, 396
　　──の記載例……………………… 396
雇われ社長………………… 281, 285, 296
優越的地位乱用………………………… 177
有価証券の売り出し……………………… 63
優先株…………………………………… 151
有利発行………………………………… 68
優良型の事業承継……………………… 282
幽霊従業員持株会…200, 408, 409, 428,
　　　　431, 438, 484
幽霊従業員持株会化……………………… 27
緩やかな事業承継……………………… 282

■ら 行

利益供与禁止…………………………… 132
利害関係者……………………………… 319
理事……………………………………… 348
理事会…55, 56, 57, 59, 60, 139, 148, 202,
　　　　215, 270, 348, 417, 451〜453
理事会一任……………………………… 239
理事会議事録…………………………… 138
理事長…55, 134, 135, 190, 208, 270, 338,
　　　　348, 468
　　──の人選………………………… 56
　　──の名義………………………… 351
理事長名義の株式……………………… 167
理事長名義の口座……………………… 183
臨時株主総会議事録…………………… 386
　　──の記載例……………………… 386
臨時株主総会招集通知………………… 385
　　──の記載例……………………… 385
臨時拠出……………………………… 130
臨時拠出金…………………………… 301
臨時賞与……………………………… 130
類似業種比準…… 77, 113, 116, 118, 306
類似業種比準価額……………………… 111
累積→優先株
累積所得金額…………………………… 477
累積的優先株式→優先株
累積優先配当…………………………… 309
劣後債務…………………………… 506, 507
レバレッジド・バイ・アウト………… 279
労働基準法…………………………… 60, 172
労働組合……… 58, 60, 191, 201, 254, 346
労働裁判………………………… 238, 242
労働条件…………………… 207, 240, 268
　　──の変更……………………… 240

■わ 行

ワールド事件…………………………… 222
わざと「峠越え」しない……………… 295

著者紹介 ─────────────────────────────

牧口　晴一　昭和28年生まれ。慶應義塾大学卒業。昭和59年税理士試験5科目合格。名古屋大学大学院法学研究科博士課程（前期課程）修了。修士（法学）。税理士，牧口会計事務所所長，株式会社マネジメントプラン代表取締役社長。
　　　　　〈事務所〉〒501-0118　岐阜県大菅北4-31
　　　　　TEL 058-252-6255　FAX 058-252-6512
　　　　　http://www.makiguchikaikei.com/

齋藤　孝一　昭和24年生まれ。早稲田大学卒業。平成2年税理士試験5科目合格。名古屋大学大学院法学研究科博士課程（後期課程）単位取得。名古屋商科大学大学院客員教授，博士（法学）。税理士，中小企業診断士，CFP，1級FP技能士（資産設計提案業務：厚生労働省国家資格），公認会計士試験合格者。MAC＆BPミッドランド税理士法人理事長，株式会社マックコンサルタンツ代表取締役社長兼会長。TKC全国会会員。
　　　　　〈事務所〉〒450-6421　愛知県名古屋市中村区名駅3-28-12
　　　　　大名古屋ビルヂング21F
　　　　　TEL 052-433-8820　FAX 052-433-1308
　　　　　http://www.mac-g.co.jp/

著者の共著紹介 ─────────────────────────────

『イラストでわかる中小企業経営者のための新会社法』2006年3月　経済法令
『逐条解説　中小企業・大企業子会社のためのモデル定款』2006年7月　第一法規
『イラスト＆図解　中小企業経営に活かす税制改正と会社法』2007年10月　経済法令
『事業承継に活かす持分会社・一般社団法人・信託の法務・税務（第2版）』2018年9月　中央経済社
『決算書は役に立たない！経営計画会計入門』2019年9月　中央経済社
『非公開株式譲渡の法務・税務（第7版）』2021年6月　中央経済社
『組織再編・資本等取引をめぐる税務の基礎（第5版）』2022年10月　中央経済社
『事業承継に活かす納税猶予・免除の実務（第4版）』2023年7月　中央経済社
『図解＆イラスト　中小企業の事業承継（15訂版）』2024年5月　清文社

事業承継に活かす従業員持株会の法務・税務(第3版)

2010年2月1日	第1版第1刷発行
2011年1月20日	第1版第4刷発行
2012年9月15日	第2版第1刷発行
2015年6月5日	第2版第6刷発行
2015年12月5日	第3版第1刷発行
2025年7月10日	第3版第15刷発行

著 者	牧　口　晴　一	
	齋　藤　孝　一	
発行者	山　本　　　継	
発行所	㈱中央経済社	
発売元	㈱中央経済グループ パブリッシング	

〒101-0051　東京都千代田区神田神保町1-35
電話　03（3293）3371（編集代表）
　　　03（3293）3381（営業代表）
https://www.chuokeizai.co.jp
印刷／東光整版印刷㈱
製本／誠製本㈱

ⓒ 牧口晴一・齋藤孝一 2015
Printed in Japan

＊頁の「欠落」や「順序違い」などがありましたらお取り替えいたしますので発売元までご送付ください。（送料小社負担）
ISBN 978-4-502-17581-7 C3034

JCOPY〈出版者著作権管理機構委託出版物〉本書を無断で複写複製（コピー）することは，著作権法上の例外を除き，禁じられています。本書をコピーされる場合は事前に出版者著作権管理機構（JCOPY）の許諾を受けてください。
JCOPY〈https://www.jcopy.or.jp　eメール：info@jcopy.or.jp〉